HISTOIRE

DE LA

TERREUR A BORDEAUX

HISTOIRE

DE

LA TERREUR

A BORDEAUX

PAR

M. Aurélien VIVIE,

Vice-Président de la Société des Archives historiques de la Gironde.
Lauréat de l'Académie de Bordeaux.

> L'Histoire est un témoin.
> (Voltaire, *Hist. de Charles XII.*)
>
> La vérité exige que tout soit dit, absolument tout.   (L. Blanc, *Hist. de la Révol. franç.*)
>
> Pour bien écrire l'histoire, il faut être dans un pays libre.   · (Voltaire.)

TOME II

BORDEAUX

FERET ET FILS, LIBRAIRES-ÉDITEURS

15, cours de l'intendance, 15

1877

HISTOIRE

DE LA

TERREUR A BORDEAUX

LIVRE III

LA TERREUR.

CHAPITRE I

CRÉATION DE LA COMMISSION MILITAIRE.

Création du gouvernement militaire à Bordeaux. — Mesures révolutionnaires. — Dorgueil et Julian. — Le général Brune. — Repas civique à la section Franklin. — Organisation de la *Commission militaire.* — Ses attributions. — Noms des juges. — On les surnomma les *Sept Péchés capitaux.* — Désarmement des citoyens. — Le nom de *Bec-d'Ambès* est substitué à celui du département de la Gironde. — On se munit de certificats de civisme. — Installation de la Commission militaire. — Discours du président Lacombe. — L'échafaud est dressé place Dauphine. — Jugement de Lavau-Gayon. — La justice révolutionnaire fonctionne. — Suppression de la Société des Amis de la Liberté et de l'Égalité. — Lettre des proconsuls à la Convention. — Le député Biroteau est condamné à mort. — Arrestation de Girey-Dupré. — Lettre de Pasquier sur les prisonniers bordelais conduits à Paris. — Les conventionnels fixent l'ordre et la distribution de leur travail. — Le Club national établit un Comité pour rédiger les pétitions des indigents. — M. Saige, maire de Bordeaux, est condamné à mort. — Arrestations nombreuses. — Les journaux du temps. — Antony est chargé de visiter les prisons. — Jugement de Marandon. — On taxe les représentants de modérantisme. — Départ de Baudot et Chaudron-Rousseau pour Paris. — Les capitaines américains et l'embargo. — Peyrend d'Herval. — Le conventionnel Cussy. — On saisit l'argenterie des citoyens. — Traitement des juges de la Commission militaire. — Encombrement des prisons. — Lettre de Lacombe à la Commune de Paris. — Le brick l'*Industrie* et les Girondins. — Épuration de la municipalité du 18 septembre. — On alloue des indemnités à ses membres. — Le sans-culotte Barbé à Latresne. — Suicide de Bertonneau. — Situation d'Ysabeau et Tallien à Bordeaux. — On les dit surveillés par des espions du Comité de salut public. — Lettre des conventionnels à ce Comité. — Baudot les défend à la Convention et aux Jacobins. — Arrestation de M. de Verthamon. — Anarchie et désordre. — Nomination d'une nouvelle administration du district. — On applaudit à la mort des Girondins. — L'œuvre de la vengeance nationale.

Nous avons raconté en terminant notre premier volume les pompes de l'entrée à Bordeaux des conventionnels Ysabeau, Baudot, Chaudron-Roussau et Tallien, envoyés pour châtier la ville et pour faire exécuter le décret du 6 août.

Sans doute dans les conciliabules tenus à La Réole, on avait préparé les mesures révolutionnaires qui devaient républicaniser Bordeaux, car dès le surlendemain de leur arrivée, le 18 octobre, les proconsuls publièrent un arrêté qui fut imprimé et affiché sur tous les murs de la ville.

Cet arrêté a une importance trop grande pour ne pas trouver place dans notre récit. Il contient en germe le système tout entier adopté par les conventionnels pour arriver au but qu'ils voulaient atteindre et pour organiser à Bordeaux la *terreur* avec toutes ses sanglantes conséquences.

Nous n'appellerons spécialement l'attention du lecteur sur aucun des articles de l'arrêté dont il s'agit. Toutes leurs dispositions avaient une immense portée et convergeaient, par l'établissement d'institutions nouvelles ou par l'arbitraire de leurs prescriptions, vers un but unique, l'exécution longtemps retardée du terrible décret du 6 août, c'est-à-dire une sorte de décimation des habitants de la ville de Bordeaux et du département de la Gironde, car, à peu d'exceptions, tous avaient au moins *adhéré* aux actes de la Commission populaire de salut public.

« Considérant, disaient les représentants du peuple, que l'époque de leur arrivée dans les murs de cette ville doit être celle de la punition de tous les traîtres ;

» Considérant que le seul moyen d'encourager les patriotes qui viennent enfin de sortir de l'apathie dans laquelle ils furent plongés pendant trop longtemps, c'est de faire justice prompte et sévère des hommes perfides qui les ont trompés ;

» Considérant qu'il est temps de faire tomber sous le glaive de la loi les têtes des scélérats qui voulaient faire de Bordeaux une nouvelle Lyon, et faire courber ses habitants sous le joug anglais en livrant la ville, le port et les magasins nationaux aux agents de l'infâme Pitt ;

» Considérant que les représentants du peuple doivent au peuple outragé une réparation solennelle et promise par les divers décrets de la Convention nationale,

» Arrêtent ce qui suit :

» ART. 1er. — Le gouvernement de la ville de Bordeaux sera provisoirement *militaire*, et exercé sous la surveillance directe et immédiate des représentants du peuple ;

» ART. 2. — Tous les corps, tant infanterie que cavalerie et artillerie, qui ont accompagné les représentants du peuple, lors de leur entrée dans la ville de Bordeaux, sont déclarés *armée révolutionnaire*.

» ART. 3. — Il sera adjoint à ces corps un bataillon de *sans-culottes bordelais*, choisis et indiqués, tant par les sections que par le Club national.

» ART. 4. — Le général Brune commandera cette armée.

» ART. 5. — Tous les comités révolutionnaires des sections de Bordeaux sont supprimés, et cesseront à l'instant leurs fonctions.

» ART. 6. — Il sera sans délai créé par les représentants du peuple un Comité révolutionnaire composé de 24 républicains chargés de rechercher tous les fils de la conspiration, de faire arrêter tous ceux qui y ont pris part, tous les hommes suspects, tous les étrangers, et tous ceux enfin qui leur seront désignés par les bons citoyens comme ennemis de la République.

» ART. 7. — Le Comité de surveillance établi par les représentants du peuple et actuellement en activité continuera ses fonctions jusqu'au moment de l'intallation du nouveau.

» ART. 8. — Toutes les autorités constituées, tant civiles que militaires de la ville de Bordeaux, seront *renouvelées* dans le plus court délai, et à cet effet les représentants du peuple invitent les bons citoyens à leur faire parvenir la liste des hommes qu'ils croient dignes et capables de remplir les fonctions publiques.

» ART. 9. — Il sera sans délai nommé, par les représentants du peuple, une *Commission militaire* composée de 7 membres, chargés de reconnaître l'identité des personnes mises hors la loi par les divers décrets de la Convention nationale, et de les faire exécuter dans les vingt-quatre heures, ainsi que tous les émigrés rentrés sur le territoire de la République et les prêtres qui ne se sont pas soumis à la *loi de déportation.*

» Art. 10. — Tous les gens suspects seront mis en état d'arrestation ; les prévenus de conspiration seront traduits devant les tribunaux compétents, et les autres seront conduits en état d'arrestation dans des maisons nationales, situées au delà des limites du département de la Gironde. Aucun détenu ne pourra être mis en liberté sans un arrêté en forme des représentants du peuple.

» Art. 11. — Le général commandant l'armée révolutionnaire sera tenu de se concerter avec les représentants du peuple pour toutes les mesures de sûreté générale qu'il croira devoir prendre.

» Art. 12. — Tous les citoyens, sans exception, sont requis de déposer, dans un délai de vingt-quatre heures, toutes leurs armes, de quelque nature qu'elles soient, dans *les salles du Château Trompette,* prévenant les bons citoyens qu'il sera incessamment procédé à la remise des armes des gens suspects entre les mains des braves sans-culottes, seuls dignes de défendre la liberté et le gouvernement républicain.

» Art. 13. — Tous les chevaux de luxe, tant de selle que de carrosse, étant dans la ville de Bordeaux, ainsi que les harnais, selles, bottes, manteaux, et autres objets d'armement et d'équipement de cavalerie, sont mis sous la main de la nation ; et il est défendu à tout particulier, marchand, maquignon et autres, de les acheter ou recéler, sous peine d'être poursuivis et punis comme détenteurs d'effets nationaux.

» Art. 14. — Les dispositions de l'article précédent auront lieu à l'égard des habits d'uniforme et autres objets d'équipement, d'habillement et d'armement.

» Art. 15. — Il sera fait fréquemment, par quatre commissaires de sections, accompagnés d'un détachement de l'armée révolutionnaire, des visites domiciliaires dans les maisons publiques et particulières, magasins et navires, à l'effet de découvrir les grains, farines, marchandises prohibées, étrangers et gens suspects qui pourraient s'y trouver.

» Art. 16. — Les biens meubles et immeubles des émigrés, et ceux confisqués, soit par les décrets de la Convention nationale soit par les jugements des tribunaux révolutionnaires et criminels seront mis en vente sans délai.

» Art. 17. — Tous les certificats de civisme, accordés ou visés jusqu'à ce jour par les municipalités et corps administratifs dans toute l'étendue du département de la Gironde sont annulés ; et tous les fonctionnaires publics, qui n'en auront point obtenu dans le délai de deux mois, seront destitués de leurs fonctions.

» Art. 18. — Toutes les délibérations et arrêtés des municipalités et corps administratifs du département de la Gironde, prononçant main levée des biens séquestrés pour cause d'émigration présumée, contenant décharge du paiement de la solde et de l'habillement de deux soldats citoyens et autres, concernant les émigrés ou leurs parents, sont annulés ; et ils seront tenus d'en obtenir de nouveaux dans le délai de deux mois à dater du jour de la publication du présent arrêté.

» Art. 19. — Conformément aux décrets de la Convention nationale, tous les frais de l'armée révolutionnaire et toutes les autres dépenses extraordinaires seront supportés par les RICHES, et surtout par ceux connus par leurs sentiments inciviques et fédéralistes.

» En conséquence, il sera fait un état de tous les particuliers et négocians qui devront contribuer au paiement de ces frais, et il leur sera adressé des réquisitions nominatives et de sommes déterminées, qui devront être payées dans les vingt-quatre heures, sous peine d'exécution militaire et de confiscation de tous leurs biens.

» Art. 20. — Toutes les autres mesures de sûreté générale, et celles relatives à l'approvisionnement des subsistances et des objets nécessaires à l'existence et au bonheur du peuple, seront prises par les représentants, concertées avec les autorités constituées renouvelées, avec tous les bons citoyens, et consignées dans de nouveaux arrêtés, qui, tous, seront rendus publics par la voie de l'impression.

» Art. 21. — Le général Brune est requis de faire solennellement proclamer dans la journée de demain : 1° le décret de la Convention nationale qui déclare que le gouvernement français est révolutionnaire jusqu'à la paix ; 2° celui relatif à l'arrestation des étrangers et des sujets du roi de la Grande-Bretagne ; 3° celui sur la prohibition des marchandises anglaises ; 4° et enfin, le présent arrêté, qui sera en outre imprimé, publié, affiché et envoyé à toutes les municipalités. »

Tel était cet arrêté, qui mérite d'être lu avec attention et dont tous les termes avaient été mesurés et pesés à l'avance. En même temps qu'il ouvrait pour la ville de Bordeaux comme une ère politique nouvelle, il plaçait la cité en dehors du droit commun, créait le système d'arbitraire le plus tyrannique et faisait présager pour l'avenir des deuils et des malheurs incalculables.

Dès qu'il fut connu, il plongea Bordeaux dans la consternation ; mais toute résistance était devenue impossible : les habitants durent se soumettre, et, selon les expressions d'un contemporain, les prescriptions révolutionnaires des proconsuls furent exécutées *sans délai comme sans murmure* (1).

La ville était placée sous le coup du bon plaisir et de l'arbitraire des proconsuls, et les *riches,* qui sont toujours en temps de révolution l'objectif des démagogues, devaient supporter les frais du nouveau régime.

Les Montagnards bordelais furent dans l'enthousiasme; leur triomphe était définitif et assuré; ils régnaient en maîtres dans cette ville qui avait été comme le dernier rempart des Girondins.

Dans la nuit du 18 au 19 octobre, Dorgueil faisant une visite domiciliaire chez le négociant Julian, répondit insolemment à ses observations : *La terreur est à l'ordre du jour, et vous serez bien heureux si votre tête n'en saute* (2). — Ces paroles furent accompagnées d'un geste menaçant et significatif.

Le 19 octobre, dès le matin, le général Brune, pour se conformer à l'arrêté des représentants, fit proclamer les diverses lois et arrêtés désignés à l'article 21. Des tambours, des soldats de l'armée révolutionnaire, un aide de camp faisant lecture à haute voix par les rues et carrefours de la ville, tel fut le cérémonial de cette publication.

Bordeaux était en état de siége, et les formes promptes et rapides du gouvernement militaire succédaient dans cette ville à la discussion libre jusqu'alors et aux hésitations d'une municipalité partagée entre les excitations des démagogues et les conseils des rares et courageux citoyens qui voulaient la liberté dans le droit.

Les temps étaient bien changés! La voix de Ravez s'était tue, et le silence de la peur s'imposait à tous les esprits...

---

(1) Bernadau, *Histoire de Bordeaux.*
(2) Acte d'accusation du procureur général Rateau contre les Terroristes.

Après avoir assisté le 20 octobre à un *repas civique* donné par la section Franklin en leur honneur, les représentants du peuple, désireux d'assurer la durée de l'*œuvre de régénération* commencée par leur arrêté du 16, et *voulant accélérer, par tous les moyens en leur pouvoir, la punition des conspirateurs, réclamée par tous les bons citoyens* (ce sont les termes dont ils se servirent), organisèrent dès le 21 une *Commission militaire* dans la ville de Bordeaux.

Cette Commission était chargée :

1º De reconnaître l'identité des personnes mises hors la loi, avec celles actuellement en état d'arrestation, et de les faire exécuter sur-le-champ;

2º De juger définitivement, et en dernier ressort, tous les prévenus de conspiration contre l'unité et l'indivisibilité de la République;

3º De juger tous les émigrés rentrés sur le territoire de la République, ainsi que les *prêtres* qui ne se seraient pas soumis à la *loi de la déportation;*

4º De juger tous ceux qui, par leurs discours ou leurs écrits, avaient provoqué ou provoqueraient par la suite le rétablissement *de la royauté et la dissolution de l'État;*

5º De connaître de toutes les contraventions et d'appliquer les peines portées par les divers décrets de la Convention nationale, relatifs aux étrangers, à la prohibition des marchandises anglaises et à l'accaparement;

6º De poursuivre tous les fonctionnaires publics qui, chargés du maniement des deniers du peuple, les auraient dilapidés;

7º Et enfin, de connaître de toutes les affaires qui leur seraient renvoyées par les représentants du peuple.

La municipalité de Bordeaux devait fournir un local à la Commission militaire, et le général Brune était requis de faire exécuter tous les jugements et arrêtés de cette Commission.

Les représentants, en fixant provisoirement la résidence de la Commission militaire à Bordeaux, se réservèrent de la faire transporter dans les divers lieux du département où il y aurait des conspirateurs à punir (1).

Telle fut l'arme terrible mise aux mains des modernes Catilinas.

Nous allons voir tout à l'heure l'usage qu'ils surent en faire.

La composition du personnel de la Commission militaire causa d'assez vives discussions dans le Conseil des représentants ; bien des noms furent proposés, ballottés, rejetés enfin comme appartenant à des hommes n'offrant pas les *garanties de sévérité* qu'exigeait la mission à remplir.

Peyrend d'Herval, le secrétaire des proconsuls, exerça une grande influence sur les choix qui eurent lieu. Lié dès longtemps et en relations suivies, depuis qu'il était à La Réole, avec tout ce que la ville renfermait d'hommes exaltés, il connaissait le terrain et pouvait mieux que personne aider à la désignation de juges qui devaient ne garder rien d'humain.

Tallien, dans cette circonstance, réalisa une promesse faite par lui en d'autres temps à Lacombe.

Jean-Charles *Parmentier*, âgé de vingt-cinq ans, comédien, rue Bouhaut, 19 ; Antoine *Marguerié*, âgé de quarante-cinq ans, marchand, à La Réole ; François *Gautier-Giffey*, âgé de quarante et un ans, greffier en chef de la police correctionnelle, rue du Cahernan, 7 ; Jean *Rey*, âgé de trente-trois ans, capitaine au 19e régiment des chasseurs, logé au ci-devant Séminaire ; Jean-Baptiste *Lacombe*, âgé de trente-trois ans, instituteur, domicilié à Sainte-Foy et actuellement à Bordeaux place Nationale ; Jacques *Morel*,

---

(1) Arrêté du 21 octobre 1793 : *Appendice* : note 1.

âgé de quarante-trois ans, doreur, rue Saint-Martin, 33, et Guillaume *Barsac,* âgé de trente-trois ans, commis, rue Doidy, 32, fixèrent définitivement le choix des proconsuls.

C'étaient, a dit quelque part Bernadau [1], un comédien mal famé, un capitaine de l'armée révolutionnaire, trois artisans obscurs, un ancien marchand et un maître d'école connu par ses escroqueries et son immoralité. On les surnomma les *Sept péchés capitaux.*

Le maître d'école était l'instituteur Lacombe, qui voyait enfin se réaliser les promesses de Tallien et le commencement de ses rêves d'ambition.

Doué d'une pénétration peu commune et d'une de ces éloquences qui n'était que de la faconde révolutionnaire, Lacombe fut choisi par ses collègues pour présider la Commission militaire. Il ne tarda pas à conquérir sur eux un tel ascendant, qu'ils en arrivèrent à ne plus oser agir et penser que par lui.

Mais n'anticipons pas sur notre récit.

En créant la Commission militaire, les représentants, qui n'étaient pas entièrement rassurés sur une résistance que les sectionnaires insinuaient comme étant possible, crurent devoir essayer d'un moyen d'intimidation en faisant publier à grand fracas le décret de la Convention nationale ordonnant la destruction de la ville de Lyon, désormais appelée *Ville-affranchie.*

Ce moyen était au moins inutile si nous en croyons le passage suivant d'une lettre écrite le 21 octobre par un contemporain : « La consternation s'est emparée de tout » le monde ici, et chacun obéit en frémissant. Dieu veuille » qu'on ne punisse que les coupables, s'il y en a [2]. » Toute énergie avait disparu à Bordeaux depuis le jour où la Commission populaire avait prononcé sa dissolution,

---

[1] *Histoire de Bordeaux*, p. 186.
[2] V. le dossier Boudin (Ignace-André), jugé le 3 décembre 1793.

depuis le jour où la force brutale avait fermé les portes de la Société de la Jeunesse bordelaise.

Aussi, en demandant à la Convention l'approbation de leur arrêté du 16 octobre, les représentants du peuple disaient : « Nous avons écrit au Comité de salut public notre entrée à Bordeaux; les sans-culottes sont sortis en foule au-devant de nous, des branches de laurier à la main et nous ont accompagnés aux cris de *Vive la République! Vive la Montagne!* Tous les témoignages publics d'allégresse ont été prodigués. Nous avons pris notre logement au milieu des braves sections qui sont restées fidèles aux principes; jaloux de compléter notre ouvrage en abattant les têtes orgueilleuses qui ont voulu fonder ici un empire autre que celui de nos saintes lois, nous avons publié un arrêté dont nous vous prions de prendre lecture et dont nous vous demandons la confirmation. Le désarmement ordonné dans cet arrêté s'exécute aujourd'hui avec un zèle incroyable et donnera des armes superbes et en grande quantité à nos chers sans-culottes. Il y a des fusils garnis en or. L'or ira à la Monnaie, les fusils aux volontaires et les fédéralistes à la guillotine, par jugements de la Commission militaire que nous avons instituée par un deuxième arrêté ci-joint. » Ils ajoutaient : « Le scélérat Lavau-Gayon, envoyé par la Commission populaire de la Gironde pour soulever Toulon, et qui n'a que trop réussi dans cet affreux projet, a été arrêté cette nuit par les sans-culottes d'un village nommé Virelade. Il sera traduit devant la Commission militaire [1]. »

Les choix étant faits pour ce tribunal, il se présenta une difficulté. Bordeaux était soumis au gouvernement militaire, on créait un tribunal militaire, et aucun de ceux choisis pour le composer, le capitaine Rey excepté, n'appartenait

---

[1] *Moniteur universel* du 13 brumaire an II.

à l'armée. On y pourvut sur-le-champ : l'un fut adjudant général, l'autre capitaine, celui-ci général, ainsi des autres [1].

Les choses ainsi régularisées, la Commission militaire put fonctionner; mais avant de raconter son installation, il est nécessaire de rappeler que, dès leur arrivée, les représentants reçurent une députation ayant pour objet d'obtenir le changement de la dénomination du département de la Gironde. Il ne convenait pas, en effet, au dire des Montagnards, que les noms de *Gironde* et de *Girondins* survécussent à la chute du grand parti dont la Montagne avait triomphé.

Déférant à cette invitation, Ysabeau et Tallien prirent un arrêté, approuvé par la Convention nationale et qui conféra au département de la Gironde l'appellation du département du *Bec-d'Ambès*. Cette appellation subsista jusqu'en 1794.

Nul ne récrimina contre cette décision à Bordeaux ou dans la Gironde : la peur avait atrophié les âmes, glacé les courages, et la ville se prosternait suppliante devant le flot montant de la révolution.

De toutes parts, en effet, citoyens et fonctionnaires s'empressaient, pour se conformer aux dispositions de l'arrêté du 18 octobre, de réclamer dans leurs sections des attestations de patriotisme et des certificats de civisme, afin d'échapper aux dangers qui se dressaient menaçants, et les armes s'accumulaient au *Château-Trompette*.

Cependant le 22 octobre, les membres nommés de la Commission militaire se réunirent, pour organiser le tribunal révolutionnaire, dans une des salles du ci-devant Grand-Séminaire, rue du Palais-Gallien.

Lacombe fut élu président, Giffey se fit attribuer les fonctions de greffier, et la Commission délibéra de consulter les représentants relativement à son installation.

---

[1] Sainte-Luce Oudaille, *Histoire de Bordeaux*, etc.

Ceux-ci décidèrent le soir même que l'installation devait être immédiate et qu'on y apporterait une certaine pompe extérieure afin de frapper davantage l'esprit du peuple.

Les frères et amis furent avertis, et le lendemain une partie de l'armée révolutionnaire prit position en armes devant la maison du département (Hôtel de Ville actuel). Une masse de peuple se pressait avide et curieuse, attendant l'ouverture des portes pour assister à la cérémonie annoncée.

A dix heures, les membres de la Commission se rendirent dans le local destiné provisoirement aux séances du tribunal [1].

Quelques détails d'intérieur furent réglés; on choisit un commis greffier et quatre huissiers, — qui prêtèrent immédiatement le serment requis.

A onze heures, Ysabeau et Tallien arrivèrent en grand costume; les tambours battirent aux champs, les soldats présentèrent les armes, et les portes furent enfin ouvertes au public.

Dès que les représentants entrèrent dans la chambre d'audience, les juges quittèrent leurs siéges et se placèrent debout devant le bureau, pendant que Tallien et Ysabeau occupaient les places qu'ils venaient de quitter.

L'affluence du peuple était considérable.

Lacombe et ses collègues avaient revêtu leurs costumes de circonstance : chapeaux à la Henri IV avec panaches tricolores, habits de généraux, d'adjudants généraux, de capitaine, selon le grade conféré, col blanc rabattu sur une cravate noire, gilets blancs à larges revers, sabre au côté, écharpe aux trois couleurs.

C'était, en vérité, un spectacle singulier que de voir ces hommes, simples citoyens la veille, revêtus tout à coup

---

[1] Une des salles de la Faculté actuelle rue Monbazon, celle à droite en entrant, où a lieu le cours d'histoire de notre honorable ami M. Combes.

de grades élevés dans l'armée par l'omnipotence des conventionnels; mais ce qui était vraiment terrible, c'était de songer qu'ils allaient tenir entre leurs mains la vie des habitants de la grande cité et du département tout entier de la Gironde.

La Justice n'avait plus qu'à se voiler la face en présence de pareils juges!

Ysabeau et Tallien prirent successivement la parole, et — dit le procès-verbal de la séance — *parlèrent au peuple d'une manière propre à l'éclairer sur ses véritables intérêts et sur l'importance de la Commission militaire;* s'adressant ensuite à Lacombe et à ses collègues, ils cherchèrent *à leur inspirer la justice et la fermeté nécessaires dans de pareilles circonstances.*

« Des applaudissements vifs et réitérés prouvèrent à ces » dignes Montagnards » — c'est toujours le procès-verbal qui parle — « qu'ils jouissaient de toute la confiance des » bons citoyens. »

Après ces discours, le greffier Giffey donna lecture de l'arrêté de création de la Commission, et les membres du tribunal, ayant prêté serment devant le peuple, prirent place sur les siéges qui leur avaient été préparés.

Lacombe alors se leva, et s'adressant aux représentants du peuple et aux citoyens : « Le sang de nos frères, versé » par torrents depuis le commencement de la Révolution, » demande vengeance, dit-il. Ses cris ont été enfin entendus : » la loi va frapper les coupables. Peuple, et vous Représen- » tants, comptez sur notre justice, sur notre fermeté; » organes de la loi, nous serons impassibles comme elle, » aucune considération ne pourra nous arrêter; et si, dans » cette Commission, il se trouvait un être assez lâche pour » ne pas condamner son père à mort s'il était coupable, que » le perfide tombe lui-même sous le glaive de la loi. »

Ainsi s'annonçait la justice révolutionnaire! Ces paroles

sanguinaires furent accueillies au bruit des applaudissements; les représentants se retirèrent, et la Commission militaire entra immédiatement en activité.

Tallien, en partant, échangea une cordiale poignée de main avec Lacombe.

Comme complément de l'établissement de la Commission militaire et pour que ses jugements fussent exécutés sans délai, il fallait que la guillotine fût dressée et le bourreau à son poste. Tout fut prêt [1]. Dès le 23 octobre au matin des ouvriers élevaient sur la place Dauphine (alors appelée place Nationale) le funèbre instrument, et l'exécuteur attendait les victimes dans le cabinet même du président Lacombe.

Des cavaliers de l'armée révolutionnaire faisaient le service auprès du tribunal, et un cachot voisin renfermait les prévenus à juger.

Dès que les représentants du peuple eurent quitté la salle, Lacombe donna l'ordre aux huissiers d'introduire Lavau-Gayon.

L'accusé fut accueilli par les huées populaires et promena sur l'auditoire un regard impassible et dédaigneux.

— Quels sont vos noms, lui demanda Lacombe?

— Pierre Lavau-Gayon, trente-neuf ans, natif de Marmande, ci-devant chef d'administration de la marine à Bordeaux.

— Vous avez été de la Commission populaire; vous vous êtes livré à des intrigues, vous avez tenu des discours contre-révolutionnaires et voyagé dans l'intérêt du fédéralisme. Vous êtes un mauvais citoyen, qui avez voulu livrer le port de Toulon aux ennemis de la République. Quels sont vos complices?

— Je n'ai pas de complices, répondit avec vivacité

---

[1] Sainte-Luce Oudaille, *Histoire de Bordeaux*, etc.

Lavau-Gayon, n'ayant pas commis de crime. Il est complètement faux que j'aie voulu livrer le port de Toulon; j'ai toujours fait profession de patriotisme, j'ai haï les rois toujours, et si j'avais appris quelque complot au sujet de Toulon, je l'aurais aussitôt révélé. Je n'ai tenu aucun propos contre-révolutionnaire et je défie qu'on le dise devant moi. Je suis allé, il est vrai, à Marseille, mais c'était pour fraterniser avec les Marseillais et les engager à faire comme nous, parce que je croyais que la Convention n'était pas libre.

Ces explications furent contestées par Lacombe, qui lut quelques passages d'un rapport fait par Lavau-Gayon et Maugeret à la Commission populaire pour lui rendre compte des résultats du voyage accompli par eux dans huit départements du Midi.

Lavau-Gayon voulut répliquer, mais le président lui imposa silence.

— Nous sommes fixés, dit-il.

Ce fut tout.

Le greffier donna lecture de quelques articles de lois, et la Commission militaire ayant constaté l'identité de Lavau Gayon mis hors la loi par le décret du 6 août, prononça contre lui la peine de mort.

Le condamné marcha, dit-on, d'un pas ferme au supplice; il montra une énergie et un courage *qui surprirent l'exécuteur lui-même,* et opposa un suprême dédain aux vociférations de la foule, qui l'accompagna jusqu'à la place Nationale et applaudit quand sa tête roula sur l'échafaud [1].

Comme par une amère dérision, le brouillon du jugement du tribunal révolutionnaire porte en tête, à la marge : *Procès-verbal d'installation.*

Quelques jours plus tard, Baudot disait à la Convention

---

[1] Sainte-Luce Oudaille, *Histoire de Bordeaux*, etc.

nationale : « Le traître, l'infâme Lavau-Gayon, ce scélérat qui a opéré la contre-révolution à Toulon, a péri sur l'échafaud [1]. »

Déjà les prisons de Bordeaux regorgeaient de détenus : prêtres réfractaires, négociants, nobles, marchands, magistrats de l'ancien Parlement, représentants du peuple, les décrets de la Convention atteignaient tous les rangs.

Pour ne pas être débordée, la Commission militaire devait se montrer expéditive. Tribunal d'exception, né de la terreur, entretenu par elle, il devait se mettre à la hauteur des circonstances et frapper sans pitié. Il ne faillit pas à sa mission.

Dès le 24 octobre, la Commission militaire jugeait trois affaires, et le nombre en fut plus considérable pour les jours qui suivirent.

La Terreur commençait à prendre ses coudées franches èt Bordeaux se courbait sous le joug de la révolution. — Le Club national triomphait : il n'était resté étranger à aucun des événements que nous venons de raconter, et afin de lui donner un témoignage de leur satisfaction et de frapper en même temps le *fédéralisme* et le *royalisme,* comme ils le disaient, les représentants prononcèrent purement et simplement, par arrêté, la suppression de la Société des Amis de la Liberté et de l'Égalité [2].

Le *Club national* restait seul sur les ruines de la liberté bordelaise.

Il en profita largement, comme on va le voir :

« Citoyens nos collègues, écrivaient le 24 octobre au matin à la Convention nationale les représentants du peuple délégués dans le département de la Gironde, notre présence à Bordeaux commence à y produire les heureux effets que la République avait droit d'attendre. La punition des coupables a commencé et ne finira que lorsque tous les chefs de la conspiration auront subi la peine due

---

[1] *Moniteur universel.*
[2] *Appendice,* note II.

au plus grand des crimes. Le traître Lavau-Gayon, le premier auteur de la contre-révolution à Toulon, a été guillotiné hier aux acclamations d'un peuple immense, qui a applaudi à cet acte de justice nationale. Hier, nous avons fait arrêter Biroteau et Girey Dupré. Le premier, ayant été mis hors la loi par votre décret du 12 juillet dernier, sera exécuté aujourd'hui. Nous envoyons le second au tribunal révolutionnaire de Paris. Cet homme a été rédacteur du *Patriote français,* ami et confident intime de Brissot. Il peut donner des éclaircissements importants. Nous le ferons partir avec un nommé Boisguyon, adjudant destitué dans l'armée de Beysset, et qui, après avoir été au Calvados, s'est rendu ici sous un faux nom, et avec les autres conjurés.

» Le Club national, composé de patriotes dignes d'avoir été persécutés pour la cause du peuple, — sera installé ce soir dans la salle magnifique du club des muscadins et des riches, que nous avons supprimé. Le désarmement continue avec le plus grand succès et nous produira de quoi armer trois nouveaux bataillons qui vont partir pour la frontière d'Espagne, et les sans-culottes, nos frères, qui vont s'incorporer dans l'armée révolutionnaire. Quelques muscadins ont mieux aimé briser leurs armes et les jeter dans la rivière que de les apporter au dépôt; nous aurons soin de corriger ce dépit enfantin. Citoyens nos collègues, l'esprit public se forme à Bordeaux; les méchants sont consternés; le peuple s'instruit, s'éclaire et bénit chaque jour l'heureuse révolution qui l'a arraché à ses tyrans et aux malheurs de la guerre civile.

» Salut et fraternité.

» C.-Alex. Ysabeau, Tallien (1). »

Les lettres, fort instructives, des représentants se passent de commentaires, et celui qui sait lire entre leurs lignes retrouve la vraie situation des choses dans Bordeaux.

Les proconsuls, dans celle que nous venons de reproduire, parlent de Biroteau.

Disons quelques mots de ce législateur.

Lyon, on le sait, avait voulu secouer le joug de la Convention; la réaction s'y était puissamment organisée et s'y manifestait en un *rassemblement,* expression du temps, connu sous le nom de *Congrès départemental.*

(1) *Moniteur* du 29 octobre 1793.

« Le conventionnel Biroteau, disent les mémoires relatifs
» à cette époque, devint l'un des chefs de la conspiration. »

Né à Perpignan, Biroteau favorisa de tout son pouvoir la cause de la Révolution. Successivement officier municipal et administrateur de son département, il fut élu en septembre 1792 député des Pyrénées-Orientales à la Convention. Lié avec le parti de la Gironde, il se prononça contre les Jacobins et la Commune de Paris; dans un rapport du 30 septembre, il déclara que plusieurs des *massacrés* de septembre avaient été reconnus innocents de tout crime, et soutint qu'on devait punir les auteurs de ces néfastes journées. Il ajouta que le Comité et la Commune étaient composés d'intrigants, et conclut en demandant l'organisation d'une force départementale pour défendre la Convention. Envoyé en novembre dans le département d'Eure-et-Loir, il fut sur le point d'être massacré par le peuple, irrité du projet connu de supprimer le traitement des prêtres. Au moment de l'instruction du procès du roi, il déclara que, longtemps avant le 10 août, il avait décidé dans son cœur la mort de Louis XVI; cependant, lors du jugement, il demanda l'appel au peuple et ne vota la mort qu'à la condition de l'exécution de la sentence à la paix et après l'expulsion de tous les Bourbons. En février 1793, il renouvela ses dénonciations contre la Commune de Paris et insista pour la poursuite des auteurs des massacres du 2 septembre. Lorsque Carrier proposa l'établissement d'un tribunal révolutionnaire, Biroteau voulut en vain discuter cette proposition : il ne fut pas écouté. Il prit part dès lors plus que jamais aux débats entre la Gironde et la Montagne, attaqua successivement Robespierre, Danton, Fabre d'Églantine, et fut compris parmi les députés dont les délégués de 35 sections de Paris vinrent le 15 mai 1793 solliciter l'expulsion. Le 18 de ce mois, il accusait Robespierre d'hypocrisie et de tyrannie. Arrêté à la suite des journées des 31 mai, 1er, 2 et 3 juin, il parvint à se soustraire à la surveillance du gendarme qui le gardait et se réfugia à Lyon, où il porta les premiers ferments de l'insurrection. La Convention décréta Lyon en état de rébellion contre la République, et par l'art. 1er de son décret du 12 juillet 1793 elle déclara Biroteau traître à la patrie et le mit hors la loi.

Dès que ce décret fut connu à Lyon, Biroteau ne s'y crut plus en sûreté; il prit la fuite sous un déguisement et se dirigea vers Bordeaux, où il arriva en septembre 1793.

Il y rencontra le journaliste Girey-Dupré, ancien secrétaire de Brissot, avec lequel il se lia d'amitié. Girey-Dupré avait accompagné les Girondins lorsqu'ils quittèrent Caen.

Les deux fugitifs étaient descendus à Bordeaux chez une dame Bernadet, demeurant sur la rivière, près la porte de la Grave, et s'y cachèrent sous les noms empruntés de *Thorel* et *Lanoue*.

Membres assidus de la Société de la Jeunesse bordelaise, ils y trahirent leur incognito, et leur présence à Bordeaux ne fut bientôt plus un secret. Lors de la révolution du 18 septembre, on les rechercha sans succès. Mais les limiers révolutionnaires, mis sur leurs traces par la trahison de Marandon, qui chercha, dit-on, à racheter sa vie par une honteuse délation [1], ne tardèrent pas à découvrir leur retraite, et Marguerié et Rey, membres de la Commission militaire, furent chargés par les représentants d'aller arrêter Biroteau et Girey-Dupré. Escortés d'un détachement de cavalerie et d'infanterie, les deux juges, transformés en exempts de police, se rendirent le 23 octobre chez la dame Bernadet, pénétrèrent dans l'appartement au premier, sur le devant, occupé par les proscrits. Aux interpellations qui leur furent adressées, ils répondirent se nommer *Thorel* et *Lanoue*.

---

[1] Sainte-Luce Oudaille, *Histoire de Bordeaux*, etc.

— Nous sommes chargés de vous arrêter, dirent les représentants.

« Ils se sont alors levés, constate le procès-verbal; ils
» étaient couverts d'une chemise bleue dont se servent
» habituellement les matelots, et sur ce que nous leur
» avons témoigné notre étonnement de les voir ainsi vêtus,
» ils ont répondu qu'ils étaient embarqués sur la corvette
» *le Sans-Culotte* et qu'ils devaient partir incessamment.
» Après s'être revêtus chacun d'une mauvaise lévite, et
» après avoir bu un coup d'eau-de-vie qui était sur leur
» cheminée, ils nous ont suivis. »

Les prévenus semblaient en avoir pris leur parti et paraissaient résignés à subir le sort qui leur était réservé; ils marchaient au milieu de leur escorte; la foule les regardait passer, s'enquérant de leurs noms, de leur crime. On les conduisait devant Tallien. Trompant bientôt la surveillance de l'escorte, Biroteau prit la fuite, et, à la faveur des baraques dressées pour la foire sur la place de la *Liberté* (place Royale), il se déroba un instant. Sur l'ordre de Rey et Marguerié, une partie du détachement se mit à sa poursuite. Un volontaire réussit à l'atteindre au coin de la rue Saint-Rémy et se précipita sur lui. Armé d'un pistolet, Biroteau voulut lui brûler la cervelle; une lutte s'engagea et le conventionnel terrassé fut remis aux mains de la force armée. Amenés au Grand-Séminaire, Girey-Dupré et Biroteau comparurent devant Tallien. De vives paroles s'échangèrent entre les deux représentants : « Je sais que la guillotine m'attend, dit Biroteau; elle ne
» vous eût pas manqué, non plus qu'à tous les partisans de
» la Montagne, si nous avions été les plus forts..»

Le lendemain, 24 octobre, Biroteau comparaissait en vertu d'un arrêté de ses collègues devant la Commission militaire.

— Je demande à faire observer, dit l'accusé à ses juges,

qu'en ma qualité de membre de la Convention, je ne puis être jugé par une Commission nommée par des délégués des représentants du peuple.

— Vous vous trompez, répliqua Lacombe; les commissaires de la Convention nationale ont reçu d'elle des pouvoirs illimités. Vous pouvez d'autant plus être jugé par la Commission militaire, qu'étant mis hors la loi, chaque citoyen a le droit de vous brûler la cervelle.

Quelques autres réponses de Biroteau aux questions de Lacombe méritent d'être conservées :

— Où vouliez-vous aller avec le *Sans-Culotte ?*

— Dans quelque coin de la terre où je pourrais attendre à l'abri de toutes poursuites un nouvel ordre de choses.

— Espériez-vous donc de voir la République renversée ?

— Non, je l'aime, comme vous; mais je voudrais la voir assise sur des bases de justice et d'humanité.

— Est-ce aussi par humanité que vous auriez fait massacrer tous les législateurs montagnards et tous leurs partisans, si votre parti conspirateur eût triomphé ?

— Nous n'aurions fait alors que ce que vous faites.

Toutes ces réponses furent prononcées fièrement par Biroteau.

Comme pour Lavau-Gayon, la Commission militaire *constata l'identité,* et le conventionnel fut condamné à mort.

Biroteau, disent les contemporains, monta à l'échafaud avec un sang-froid et un calme admirables. Son courage électrisa ceux mêmes qui craignaient la mort. Il sourit de pitié quand on l'invita à crier *Vive la République!* On assure que, haussant les épaules, il s'écria : *Quel peuple! pour une République* [1].

Et il se livra au bourreau.

---

[1] Sainte-Luce Oudaille, *Histoire de Bordeaux*, etc.

A la tribune de la Convention nationale, quelques jours plus tard, Baudot s'exprimait ainsi : « Une exécution » remarquable est celle de l'ex-député Biroteau, que nous » avons pris sur le vaisseau *le Corsaire,* sur lequel il se » préparait à faire une expédition au profit de la République. » Vous sentez combien ses intérêts eussent été en bonnes » mains... Il nous a fait un aveu bien précieux en convenant » que, s'ils eussent été vainqueurs, ils nous auraient fait » guillotiner [1] ! »

Quant à Girey-Dupré, conduit à Paris, il ne tarda pas à payer aussi de sa tête son dévouement à Brissot et au parti de la Gironde. Traduit devant le tribunal révolutionnaire de la capitale : « J'ai connu Brissot, dit-il à ses juges ; » j'atteste qu'il a vécu comme Aristide et qu'il est mort » comme Sydney, martyr de la liberté. » Il monta sur l'échafaud le 20 novembre 1793, à l'âge de vingt-cinq ans.

Deux prêtres conduits à l'audience en même temps que Biroteau furent renvoyés au lendemain.

Durant ce temps, le convoi de prisonniers dont nous avons parlé dans notre premier volume [2], envoyés de Bordeaux à Paris par ordre des représentants du peuple pour y être jugés par le tribunal révolutionnaire, était arrivé dans la capitale ; l'un des chefs d'escorte, Pasquier, officier municipal provisoire, rendait compte en ces termes de la mission dont on l'avait chargé :

« Nous arrivâmes hier au soir bien sains et saufs. Notre troupeau de prédestinés, moitié figue, moitié raisin, vont leur train : le bonhomme Dudon [3], qui semblait menacer ruine le premier jour de route, paraît avoir repris une nouvelle vie. Il soutiendra la gageure très gaillardement : Dieu et les hommes lui rendront, sans doute, selon ses œuvres, et alors je lui souhaite bonne chance.....

---

(1) *Moniteur universel.*
(2) T. Ier, p. 400.
(3) Il s'agit ici de Dudon père, l'auteur du fameux réquisitoire contre les Jésuites. C'était un vieillard de près de quatre-vingts ans.

Les ordres que j'avais reçus du Comité de sûreté générale les fixaient à l'Abbaye; mais j'avais été obligé de les déposer dans la maison d'arrêt de la section de l'Unité, lorsqu'il m'arriva à dix heures et demie, le soir, des ordres du Comité, et je fus obligé de parcourir de nouveau les rues de Paris avec quatre fiacres pleins de nos prisonniers, de nos gendarmes, et moi à pied. Je me présentai à l'Abbaye; mais il me fut formellement déclaré, qu'attendu que cette maison de détention était ce qu'on appelle *bondée* au delà du possible, force m'était de chercher un gîte ailleurs. Il fallait tout recharger, et les mener dans la maison d'arrêt de la section de l'Unité. Là, toutes les difficultés s'aplanirent parce que cette maison d'arrêt est moins pleine que les autres. J'y remis cinq de mes personnages, qui sont *Dudon père, Gerci, Hollier, Delormel, Serrier.* Les trois destinés à la Conciergerie n'éprouvèrent aucune difficulté et furent accueillis avec empressement. Ce sont *Lemoine fils,* président du district, *Lacombe-Puyguereau, Lemelle.* Il se pourrait bien faire que le coupe-tête abrégeât leur captivité. Quoique ce ne soit pas le terme de leur vœu, il pourrait bien être le loyer de leurs peines et vertus (1). »

Pendant que la ville de Bordeaux courbait le front sous la terreur, quelques-uns de ses fils d'élite étaient ainsi conduits comme un vil troupeau, et leur geôlier se livrait à des plaisanteries d'autant plus indécentes que la pitié seule aurait dû trouver place à cette heure dans son âme!

Mais comment s'étonner de la cruauté des comparses quand les chefs en donnaient sans cesse le terrible exemple : « Considérant, disaient les représentants du peuple dans un arrêté du 25 octobre, que le moment de la *vengeance nationale* contre les ennemis de la patrie est arrivé, et qu'il est *de leur justice autant que de leur devoir d'en accélérer l'exécution* par tous les moyens que la nation a remis dans leurs mains; qu'un de ces moyens est de rapprocher autant que possible les autorités entre qui le gouvernement militaire et révolutionnaire établit des relations, arrêtent que le Comité de surveillance, actuellement au Grand-Séminaire, sera transféré dans le local

---

(1) Archives municipales de Bordeaux.

qu'occupaient les administrateurs du ci-devant département de la Gironde [1]. »

Ainsi tout était réuni sur un point unique, le Comité de surveillance, la Commission militaire, les généraux Brune et Janet, — c'est-à-dire les éléments qui devaient concourir à l'application du régime révolutionnaire : fournisseurs, force armée, juges et bourreaux.

Depuis leur arrivée à Bordeaux, les représentants du peuple avaient employé tous leurs instants à l'organisation du système de la Terreur; le Comité de surveillance fonctionnait activement, les arrestations se succédaient sans relâche, les nuits étaient agitées et fiévreuses, car c'était dans leur ombre mystérieuse qu'on violait le domicile des citoyens et qu'on arrachait les maris à leurs femmes éplorées, les pères à leurs enfants et les fils à leurs mères [2]. Assaillis de réclamations de toute nature, tant de la part des victimes que de tous ceux qui avaient des demandes à adresser à un pouvoir nouveau, les représentants étaient absorbés par des détails qu'ils trouvaient indignes d'eux et qui pouvaient nuire à leur mission politique.

Ils résolurent de régler, si l'on peut ainsi parler, l'ordre et la distribution de leur travail; ils le firent par un arrêté dont le texte mérite d'être reproduit :

« Les Représentants du peuple en séance à Bordeaux,
» Voulant donner tous leurs soins aux affaires importantes dont ils sont chargés;
» Considérant que la multitude d'objets de détail minutieux dont

---

[1] Archives de la Gironde, série L.
[2] Mme de Guimps, née Victoire de La Montagne, cousine germaine de Mme de Baritault, fut arrêtée vers cette époque comme aristocrate et conduite devant le Comité de surveillance. Quel est ton nom, lui demanda brutalement le président ? — *Victoire de La Montagne*, répondit-elle. — Le président fut surpris. — Tu as un bien beau nom, citoyenne, lui-dit-il. Mme de Guimps fut néanmoins écrouée; mais, oubliée dans les prisons et peut-être protégée par la singularité de son nom, elle reconquit sa liberté après thermidor. Cette tradition, conservée dans la famille, nous a été communiquée par l'honorable M. Raflet, que nous remercions de son obligeance.

on les accable, ne peut que retarder le complément des mesures révolutionnaires qui restent encore à prendre pour assurer, dans la ville de Bordeaux, le triomphe des principes et du *sans-culottisme;*

» Considérant que les représentants du peuple doivent tous leurs soins, toute leur sollicitude, toute leur surveillance, non seulement aux citoyens de Bordeaux, mais encore à ceux du département du *Bec-d'Ambès* (ci-devant de la Gironde) et des autres contrées circonvoisines qui font partie de la mission dont ils ont été honorés par la Convention nationale;

» Considérant que les actes de la justice la plus sévère doivent caractériser toutes les démarches des représentants d'un grand peuple, et qu'il doivent fermer l'oreille à toutes espèces de sollicitations, surtout à celles présentées par une portion de ce sexe (autrefois appelé *dames*) dont la séduction est le premier apanage et souvent le seul mérite;

» Considérant que si le pauvre et l'opprimé doivent avoir un accès facile auprès des hommes chargés des affaires du peuple, les importuns, les oisifs, les muscadins et les dames doivent être soigneusement éloignés;

» Considérant que les formes de l'ancien régime doivent entièrement disparaître sous le nouveau;

» Considérant que des hommes libres ne doivent pas faire *antichambre* chez des citoyens, leurs égaux et leurs mandataires;

» Arrêtent ce qui suit:

» Art. 1er. — Toutes les pétitions, adresses et réclamations particulières seront remises dans un bureau destiné pour cet objet, enregistrées dans l'ordre où elles seront présentées, et répondues le lendemain.

» Art. 2. — Toutes les lettres seront également enregistrées et répondues dans le plus bref délai.

» Art. 3. — Le bureau, pour le *visa* des passeports, continuera à remplir ses fonctions comme il l'a fait jusqu'à présent.

» Art. 4. — Toutes les personnes qui auront des objets importants et secrets à communiquer personnellement aux représentants du peuple, demanderont par écrit un rendez-vous qui leur sera indiqué sans retard, en expliquant toutefois, d'une manière concise, l'objet de leur demande.

» Art. 5. — Le Comité des subsistances, celui de surveillance et les députations des autorités constituées, ainsi que les généraux de l'armée révolutionnaire, seront introduits toutes les fois qu'ils se présenteront.

» Art. 6. — Les citoyennes ou autres individus qui viendraient solliciter *pour les détenus* ou pour obtenir quelque grâce, seront regardés et traités *comme suspects*.

» Art. 7. — Tous les jours, depuis midi jusqu'à deux heures, l'un des représentants du peuple entendra publiquement toutes les réclamations qui pourraient être présentées par les citoyens.

» Art. 8. — Le commandant du poste établi au ci-devant Séminaire ne laissera, jusqu'à l'heure de midi, parvenir près les représentants du peuple que les personnes ci-dessus désignées et celles munies d'un laissez-passer dont le modèle sera convenu.

» Le présent arrêté sera imprimé, publié et affiché.

» Fait à Bordeaux, le 4e jour de la 1re décade du 2e mois de la 2e année de la République française, une et indivisible (25 octobre 1793).

» C.-Alex. Ysabeau, M.-A. Baudot, Tallien, Chaudron-Roussau.

» Par les Représentants du peuple :
» Peyrend d'Herval, *secrétaire de la Commission, commissaire des guerres* (1). »

Comme corollaire de l'arrêté qu'on vient de lire, un avis imprimé informait « les citoyens indigents et illettrés que le » *Club national* venait d'établir *un comité chargé de* » *rédiger leurs pétitions sans aucuns frais.* » Ce comité siégeait dans une des salles du club, rue des Fossés, en face de l'emplacement des ci-devant Récollets.

Nous ne ferons aucune observation sur les mesures édictées par les conventionnels : nous dirons seulement que Thérésia Cabarrus vengea plus tard, comme nous le verrons, les dames de Bordeaux de l'ostracisme dont les frappait cet arrêté.

Pendant ce temps, la Commission militaire condamnait à mort le prêtre *Dumontet,* convaincu d'avoir « induit en » erreur plusieurs citoyens; d'avoir clandestinement exercé » dans plusieurs lieux les fonctions de prêtre; d'avoir, par » sa morale contre-révolutionnaire, augmenté le nombre des » ennemis de la liberté, et mérité ainsi d'être confondu » parmi les conspirateurs contre la République, » et *Saige,*

---

(1) Archives de la Gironde, série L.

ancien maire de Bordeaux et membre de la Commission populaire de salut public, mis hors la loi par le décret du 6 août, et dont elle se borna à constater l'identité [1].

Saige que, dans une adresse à la Convention, on avait appelé le *Capet de Bordeaux,* était un homme considérable, possédant une très grande fortune, dont il faisait le plus noble usage : la ville lui doit deux hospices de charité. Quand on parlait de lui, on disait le *vertueux Saige* [2].

Son hôtel, aujourd'hui occupé par la Préfecture de la Gironde, fut mis au pillage par *Bertrand,* son indigne successeur, et par quelques terroristes dont nous pourrions donner les noms.

Baudot, rendant compte à la Convention de la marche du mouvement montagnard à Bordeaux, écrivait : « Nous avons fait punir aussi le maire de Bordeaux, homme riche de 10 millions et fécond en ressources d'esprit, et que ceux des habitans qui n'étaient pas sans-culottes avaient fait un dieu [3]. » Nous copions *textuellement* ces lignes dans les colonnes du *Moniteur.*

L'exécution de Saige, accomplie au milieu d'une sorte de deuil public, fut un coup funeste pour la partie saine de la population. « Jamais, selon les expressions du grand historien de la Rome impériale, jamais la ville ne fut plus inquiète, ni plus effrayée [4]. »

La Terreur régnait.....

Du 3 au 25 octobre, une centaine d'arrestations avaient été opérées. « On tremblait devant ses proches, on évitait les réunions, les entretiens. Les amis et les inconnus, les choses muettes et inanimées elles-mêmes, les toits et les murailles étaient scrutés du regard [5]. »

---

(1) Audience du 25 octobre 1793.
(2) Sainte-Luce Oudaille, *Histoire de Bordeaux,* etc.
(3) *Moniteur universel.*
(4-5) Tacite, *Annales,* liv. IV, ch. LIX.

Les journaux du temps publiés dans notre ville, et qui ont passé sous nos yeux, gardent le silence le plus complet sur les événements du jour. Des avis divers, le compte-rendu des séances de la Convention, celui du procès de Marie Antoinette et l'annonce des spectacles, tel est le butin peu compromettant des journalistes.

On y devine le silence de la peur.

Le 26 octobre, la Commission militaire acquittait *Hostain* (Joseph) et *Henry* (Gabriel-Denis), et leur offrait l'accolade du président.

Tandis que la Commission militaire se montrait ainsi facile et indulgente envers deux accusés, les représentants étaient assaillis des pétitions des citoyens mis en état d'arrestation, et, malgré les dispositions draconiennes de leur arrêté du 25 octobre, ils ne savaient à qui entendre.

Les prisons regorgeaient; on en augmentait le nombre, qui s'éleva jusqu'à huit sous le règne de la Terreur à Bordeaux.

Il importait d'y faire des vides, bientôt remplis d'ailleurs, et l'humanité, d'un autre côté, exigeait qu'une certaine nature de demandes, celles relatives aux femmes et aux vieillards, par exemple, fussent examinées et accueillies sur-le-champ. Mais les représentants ne pouvaient s'occuper de détails qui auraient absorbé tous leurs instants; ils cherchèrent parmi leur état-major un homme de confiance pouvant être investi de cette mission délicate.

Pendant leur séjour à La Réole, ils avaient remarqué Antony, juge de paix dans cette ville, patriote honnête et ardent, doué d'une grande intelligence et qu'ils avaient admis dans leurs conseils.

Ils fixèrent leur choix sur lui, et un arrêté du 26 octobre *ordonna qu'il se transporterait dans les différentes maisons d'arrestation pour y entendre les réclamations des détenus et y faire droit.*

Antony entra immédiatement en fonctions, et, pendant les jours qui suivirent, plus d'un détenu dut sa liberté, nous pouvons dire la conservation de sa vie, tantôt à la bienveillance du délégué des représentants, tantôt aux influences que l'on ne manqua pas de faire agir sur lui.

On ne tarda pas à incriminer Antony pour ces mises en liberté taxées d'*irrégulières* puisqu'un tribunal devait statuer sur le sort des détenus, et les conventionnels commencèrent à être accusés secrètement de *modérantisme*.

C'est qu'au gré des exaltés du parti montagnard, la justice du peuple semblait bien lente à frapper les aristocrates, les fédéralistes, les contre-révolutionnaires, les suspects. Tous les jours, en effet, on en signalait de nouveaux, et les dénonciations les plus infâmes remplissaient les cartons du Comité de surveillance.

C'était la source impure où devait s'alimenter la besogne de la Commission militaire.

Le 26 octobre, Marandon comparaissait devant elle. Marandon, dont le nom a déjà passé sous notre plume [1], rédigeait à Bordeaux le journal le *Courrier de la Gironde*. On lui doit des poésies charmantes publiées dans les recueils du temps, et notamment le *Voyage des sept sages de la Grèce*. C'était un homme instruit, voyant la meilleure société de la ville, énergique dans ses opinions girondines, estimé de tous pour l'aménité de son caractère, la sûreté de ses relations et les habitudes élégantes de sa vie. Journaliste, il devait devenir acteur dans ces temps de tourmente et se mêler à la vie publique. C'est ce qui arriva.

Il avait trente-cinq ans et était originaire de La Rochelle. Lancé dans la carrière des lettres, les événements le firent publiciste. Il eut dans cette situation, à la tête du *Courrier de la Gironde,* des démêlés nombreux à cause de ses

___
(1) T. Ier, p. 73.

opinions très libérales et de l'appui chaleureux qu'il avait prêté en général à la cause de la Révolution, et en particulier à la constitution civile du clergé. Ferrère, alors avocat à ses débuts, avait été, dit-on, fort malmené par lui.

Le 7 juin 1793, Marandon assistait, dans une tribune publique, à la formation de la Commission populaire de salut public de la Gironde, quand Maugeret, l'apercevant, le fit nommer membre de la Commission. Il eut, en cette qualité, à visiter plusieurs départements et notamment le Gers. Des dépositions jointes au dossier le concernant, et notamment celle de Joseph Boubée, administrateur du département du Gers, établissaient que Marandon et un autre député de la Commission populaire s'étaient présentés à l'assemblée des autorités constituées du département réunies à Auch, et qu'ayant été introduits au bruit des applaudissements, Marandon, après avoir donné lecture des proclamations de la Commission populaire, s'était écrié : « Citoyens, voici le moment où nous devons nous réunir ; ne craignons pas les aristocrates, ils font cause commune avec nous. Élevons-nous avec force contre le parti qui s'élève à la Convention ; marchons contre Paris. Ne craignez pas de manquer d'armes ; nous avons des canons à Bordeaux. Joignez-vous à nous. »

Ces faits constituaient la base de l'accusation portée contre lui. On dit qu'après son arrestation, il espéra conserver sa vie en sacrifiant celle de Biroteau, et qu'il dénonça le conventionnel [1]. Rien n'établit catégoriquement cette allégation, que nous croyons devoir rapporter pour mémoire.

— N'êtes-vous pas, lui demanda Lacombe, l'auteur de la *Lettre à Marat,* ce martyr de la liberté ?

— J'en suis le rédacteur.

---

[1] Sainte-Luce Oudaille, *Histoire de Bordeaux*, etc.

— Vos intentions, si l'on en juge par cette lettre, n'étaient pas pour la mort du tyran?

— Je suis cependant le rédacteur de l'adresse à la Convention. Il n'est personne qui ait rendu plus de services à la République que moi.

— Et Gorsas aussi, dit Lacombe d'un ton insultant, avait rendu de grands services à la République, et néanmoins il avait des vues perfides! — Comme lui, vous êtes coupable.

Marandon protesta de son innocence; il le fit en termes énergiques et fermes.

Lacombe comprit qu'il fallait terrasser un adversaire dont l'attitude impressionnait le peuple.

— Votre fermeté dans vos réponses, lui dit-il, pourrait persuader à l'auditoire que vous n'avez jamais eu de mauvaises intentions; mais qu'il sache les propos que vous avez tenus.

Et le président lut emphatiquement la déposition de Joseph Boubée; puis il ajouta comme pour porter le dernier coup :

— Vous aviez promis aux représentants de leur dévoiler des secrets; quels sont-ils?

— Je connais la conspiration de Wimpffen; elle m'a été confiée.

Lacombe haussa les épaules.

Le greffier donna lecture des pièces du procès, et Marandon fournit quelques explications justificatives, qu'il termina ainsi :

— Je réclame votre indulgence pour ma famille.

— Comme juges, dit le président, nous devons étouffer tous sentiments et n'écouter que l'implacable voix de la loi! Vous aviez des correspondances avec les Girondins membres de la Convention?

— Je n'ai reçu que deux lettres de Fonfrède.

La Commission militaire constata l'identité de Marandon et prononça contre lui la peine de mort.

Un assez triste détail doit terminer le compte-rendu de ce procès; nous l'empruntons à un contemporain :

« Marandon, dit-il, n'était pas aussi philosophe qu'il était poète, car redoutant les approches de la mort, il but une bouteille et demie d'eau-de-vie, et lorsque l'exécuteur le conduisit depuis le lieu du jugement jusqu'à celui de l'exécution, il battait des entrechats, chantait à gorge déployée et mêlait à ses chansons des cris de *Vive la République !* Tout cela ne le sauva pas, et le peuple, lorsque sa tête lui fut montrée, cria aussi *Vive la République !* [1] »

Ces hécatombes ne suffisaient pas au parti montagnard. Comme nous l'avons dit, on commençait à murmurer autour des représentants; on ne craignait pas de les taxer de *modérantisme,* de les accuser d'un manque d'énergie que rien ne semblait justifier. Des plaintes à ce sujet étaient arrivées jusqu'à eux, et pour atténuer l'effet qu'elles pourraient avoir auprès du pouvoir central, si elles lui parvenaient, ils voulurent que leurs opérations fussent connues du gouvernement et de la Convention nationale. Ils prirent à cet effet, le 27 octobre, un arrêté portant que leurs collègues Baudot et Chaudron-Roussau se transporteraient à Paris pour y rendre compte de la conduite des représentants en mission dans la Gironde.

Ceux-ci partirent le même jour, et Tallien et Ysabeau restèrent seuls à Bordeaux.

Un détail important est à noter ici. Avant de quitter notre ville, Chaudron-Roussau fit remettre à la Commission militaire une série de cent et quelques lettres saisies à la poste depuis le commencement de l'année et dont le dépouillement pouvait faire reconnaître des gens suspects.

Ce dépouillement fut confié au Comité de surveillance. Après Marandon, le négociant *Jacques Ségur,* de Castres

---

[1] Sainte-Luce Oudaille, *Histoire de Bordeaux,* etc.

(Tarn), comparaissait devant la Commission militaire; il était acquitté.

Les capitaines américains dont les navires étaient en rade, avaient souffert de l'embargo mis par la Convention sur tous les bâtiments neutres, et des mesures prises par les représentants du peuple en mission pour faire rechercher à la fois les farines et les gens suspects. Ils portèrent leurs doléances à M. Fenwick, consul des États Unis, qui les transmit aux conventionnels en réclamant de justes indemnités pour les dommages éprouvés. Ysabeau et Tallien s'empressèrent de déférer à ces réclamations en ordonnant, par un arrêté du 28 octobre dont nous n'avons pu retrouver le texte, qu'une somme serait remise au consul américain pour être distribuée à ces capitaines; les conventionnels s'appuyaient, pour prescrire cet acte de justice, *sur les sentiments de fraternité unissant les Français avec les États-Unis d'Amérique.*

Ils voulurent aussi chercher à ranimer le commerce, et leurs tendances les auraient peut-être conduits à ramener le règne des lois — (c'est avec un grand doute à coup sûr que nous exprimons une pareille opinion), — mais Peyrend d'Herval, leur secrétaire, faisait une violente opposition à toutes les mesures empreintes de modération. Sa parole était audacieuse et violente, et pesait d'un grand poids dans les décisions des conventionnels.

Peut-être jouait-on ainsi une indigne comédie où chacun avait son rôle tracé à l'avance. Quoi qu'il en soit, les représentants semblaient subir, en la redoutant, l'influence que cet homme avait su acquérir auprès d'eux et parmi les Montagnards bordelais.

Peyrend d'Herval tenait pour le système révolutionnaire de la terreur, et ne pensait pas qu'on pût ramener Bordeaux sans y noyer dans des flots de sang le monstre si redouté du fédéralisme. On assure que Baudot, pendant son séjour à Bordeaux, fut subjugué par lui et resta sous sa domination [1].

La Terreur continua.

Le 28 octobre, la Commission militaire acquittait *Abadie* (Jean), âgé de trente-deux ans, peintre.

Le lendemain, 29, elle acquittait *Dotézac* (André), soixante ans, maître de poste, et *Fourcade* (Guillaume), cinquante-trois ans, tonnelier; condamnait *Lalanne* (Jean-Gabriel), quarante et un ans, *planimètre,* à six années de fers avec exposition pendant deux heures sur la place Nationale, ayant un écriteau devant et derrière portant ces mots: *Partisan de la Commission populaire et de la force départementale,* et prononçait la peine de mort contre *Villeneuve* (Nicolas-Abel), vingt-cinq ans, commis négociant, natif de Castres (Tarn), déclaré coupable d'*aristocratie.*

Le conventionnel Cussy fut sur ces entrefaites arrêté à Bordeaux, et Ysabeau et Tallien ordonnèrent qu'il serait traduit *à l'instant* devant la Commission militaire [2]. Cette victime échappa à Lacombe; Cussy, en effet, transféré à Paris, y fut condamné à mort par le tribunal révolutionnaire le 25 brumaire an II.

Durant ce temps et par les soins de la municipalité et du Comité de surveillance, on versait, ou à peu près, à la Monnaie de Bordeaux l'argenterie saisie dans les visites domiciliaires faites chez les citoyens, ou provenant des biens confisqués des condamnés à mort. La maison de Saige, comme nous l'avons dit, offrit un riche butin aux sans-culottes bordelais.

Les rapines honteuses exercées par eux pendant la Terreur leur valurent des sommes incalculables [3].

---

[1] Sainte-Luce Oudaille, *Histoire de Bordeaux,* etc.
[2] *Appendice*, note III.
[3] D'après diverses déclarations, plus de *six* millions ont dû entrer au Comité de surveillance, d'où l'on prétend qu'à peine il en est sorti *un*. (Delormel, *Feuille de Bordeaux,* nº 114.)

Quant à Lacombe, il ne volait pas encore ; mais de concert avec ses collègues, il voulait un traitement. La Commission militaire, en conséquence, pétitionna auprès des conventionnels pour se faire payer le salaire du sang répandu et de ses peines et travaux.

Lacombe avait sondé à l'avance les représentants dans des conversations particulières, et préparé ainsi le terrain. Il avait eu le soin de s'assurer l'adhésion de Peyrend d'Herval. Celui-ci, en effet, appuya chaleureusement la pétition quand elle fut présentée; il n'eut pas d'ailleurs grand'peine à la faire accueillir, les représentants ayant trouvé à la fois équitable et démocratique l'idée d'une rémunération. Dès le 30 octobre, ils décidèrent que chacun des membres de la Commission militaire recevrait, à titre d'indemnité, la somme de 18 livres par jour, à dater de l'installation du tribunal; que cette indemnité serait soldée par le payeur général du département, et qu'elle serait rétablie dans sa caisse *sur les biens confisqués des hommes que la loi condamne* [1].

C'est toujours, on le voit, le même ordre d'idées : les *riches* fournissaient à la Terreur le luxe, assez chèrement payé, d'un tribunal d'exception, et leurs têtes alimentaient la *machine à meurtres* [2].

Nonobstant les vides qu'y avaient faits la guillotine et la mission d'humanité remplie avec un dévouement digne d'éloges par Antony, les prisons s'encombraient sans cesse de *suspects*. Il en arrivait de toutes les parties du département. Il importe de ne pas oublier comment les choses se passaient en France en l'an II de la République. Chaque village avait son Comité de surveillance investi du pouvoir de décerner mandat d'arrêt contre tout citoyen dénoncé comme suspect, ayant manifesté des sentiments inciviques,

---

[1] *Appendice*, note IV.
[2] Alfred de Musset.

noble, père ou fils d'émigré, etc. Ce mandat transmis à la municipalité était immédiatement mis à exécution, et le citoyen arrêté, après interrogatoire sommaire par l'autorité locale et apposition des scellés sur ses papiers ou dans sa maison, était transféré dans une des prisons de la résidence des représentants du peuple. Ceux-ci devaient, en vertu de leurs pouvoirs illimités, statuer sur le sort des détenus, soit en les mettant en liberté, soit en les envoyant à Paris, soit en les déférant aux tribunaux ou commissions qu'ils ne manquèrent pas de créer auprès d'eux, afin d'échapper en apparence à la responsabilité qui les accablait.

C'était un inextricable réseau étendu sur tout le pays et auquel personne ne pouvait se soustraire. Aussi les prisons étaient-elles toujours pleines, et la Commission militaire avait peine à suffire à sa funèbre besogne.

Le 30 octobre, elle jugeait huit prévenus.

Magendie (Jacques), soixante-un ans, maître d'écriture, fut acquitté.

Delille (François), quarante-cinq ans, cordonnier pour femmes, fut aussi acquitté et reçut une indemnité de 100 livres pour le préjudice que lui avait occasionné sa détention.

Marsœuvre (Jean-Louis-Dominique), quarante-quatre ans, peintre en miniature, fut condamné à un mois de détention.

Raba (Moïse-Antoine-Rodrigue), cinquante-huit ans; *Raba* aîné (Abraham-Henrique), soixante-quatre ans; *Raba* (Gabriel-Salomon-Henrique), cinquante-deux ans; *Raba* (Aaron-Henrique), cinquante-six ans, tous les quatre négociants, et *Raba* (Jacob-Henrique), soixante ans, médecin, furent condamnés solidairement à 500,000 livres d'amende, dont 400,000 pour les frais de l'armée révolutionnaire et 100,000 pour les sans-culottes de toutes les sections de Bordeaux.

Le 31 octobre, *Darodès* (Jean), cinquante ans, marchand fripier, était acquitté par la Commission militaire et recevait une indemnité de 48 livres *pour continuer son petit commerce*. Darodès était coupable d'*indifférence envers la patrie;* mais *son ignorance et sa misère le rendaient digne de l'indulgence du tribunal* [1].

En envoyant au Conseil général de la commune de Paris la collection des jugements de la Commission militaire, Lacombe écrivait, à la fin d'octobre, que ses membres « indulgents envers les pauvres, sévères contre les riches égoïstes, implacables contre tous les conspirateurs, travaillaient à délivrer Bordeaux des principaux ennemis de la liberté et à remonter l'esprit public qui était encore loin d'y être à la hauteur des circonstances [2]. »

Nous avons le regret de dire qu'un peu plus tard le Comité de Salut public reprocha *sa modération* à la Commission militaire.

Les Girondins réfugiés à Caen s'étaient rendus à Bordeaux à bord d'un navire du commerce, le brick *l'Industrie*. Ce brick, saisi à son arrivée à Pauillac, était resté dans la rade, le capitaine avait été arrêté et une procédure s'instruisait contre lui. Cela ne suffisait pas. Le 1er novembre, et considérant que les forces maritimes stationnées au Verdon étaient insuffisantes pour garder l'entrée de la rivière et *pour garantir les côtes de la Gironde et de la Charente Inférieure des insultes des petits corsaires qui ne cessent d'y commettre des brigandages, qui gênent le petit cabotage au point d'arrêter le cours des subsistances*, Ysabeau et Tallien déclarèrent le brick *l'Industrie* propriété nationale et le mirent, ainsi que son équipage, à la disposition de l'ordonnateur de la marine à Bordeaux, pour être armé, équipé et envoyé au Verdon où il devait stationner

---

[1] Dossier Darodès : Archives du greffe de la Cour d'appel.
[2] *Le Courrier républicain*, t. Ier, p. 70.

sous les ordres de la frégate *la Fille unique* [1], et seconder ses opérations.

De pareils procédés étaient-ils bien réguliers? Non, sans doute, et le régime révolutionnaire pouvait seul attenter ainsi à la propriété privée. Mais qu'était-ce après tout qu'une pareille confiscation auprès des sacrifices humains qu'ordonnait la Terreur! Les notions les plus élémentaires des droits et des devoirs de la vie en société étaient obscurcies par la passion politique, et le bon plaisir et la volonté des proconsuls prenaient la place de la loi. C'était l'application du mot si connu : *Sic volo, sic jubeo, sit pro ratione voluntas.*

Depuis leur arrivée, Ysabeau et Tallien n'avaient cessé de se préoccuper de la municipalité du 18 septembre, dont tout le personnel n'était pas à leur convenance. On se souvient qu'il s'y était glissé quelques citoyens modérés. Assaillis de dénonciations, de récriminations, de renseignements de toute nature, ils en préparaient, de concert avec leur entourage, une épuration qui ne se fit pas attendre. En même temps qu'ils confisquaient le brick *l'Industrie,* ils nommaient une municipalité qui devait fonctionner *jusqu'aux élections qui seraient faites par le peuple conformément à la nouvelle Constitution.*

Bertrand fut conservé comme maire. *Dutasta* fut procureur de la commune, *Tustet,* substitut, et vingt-un officiers municipaux, parmi lesquels on remarque Charles, Cogorus, Couteaux, Chaussade, Martial aîné et Germain, furent désignés. La municipalité était chargée de présenter incessamment aux représentants du peuple une liste de vingt-quatre citoyens notables, destinés à partager ses travaux, à former le Conseil général de la commune, et à délibérer avec elle dans tous les cas où la loi exige la convocation du Conseil.

---

[1] Archives de la Gironde, série L.

L'arrêté des conventionnels décidait, en outre, qu'il serait alloué à tous les membres composant la municipalité une indemnité suffisante pour qu'ils pussent consacrer tout leur temps et tous leurs soins à la chose publique (¹).

Par les choix qu'ils venaient de faire, Ysabeau et Tallien donnaient une approbation implicite à tous les actes de violence accomplis à Bordeaux depuis le 18 septembre; ils allaient toujours en avant dans la voie terroriste, et le principe nouveau d'une indemnité aux membres de la municipalité consacrait une innovation essentiellement démocratique. Tous les citoyens pouvaient aspirer aux fonctions municipales, et les conventionnels, substitués de leur propre autorité au suffrage du peuple, étendaient le cercle de leurs choix. Il n'était plus nécessaire d'avoir une valeur intellectuelle ou autre; il suffisait d'être *sans-culotte,* et les sans-culottes ne manquaient pas à Bordeaux.

Ils se manifestaient chaque jour par leurs actes. Barbé, par exemple, se qualifiant d'*agent de la République,* et qui était en mission à La Tresne, demandait à Ysabeau et à Tallien de lui envoyer vingt-cinq Montagnards pour pouvoir faire exécuter les lois et punir les accapareurs de la commune de La Tresne et des environs.

Il en était ainsi des autres, et, comme la tache d'huile, la terreur gagnait et s'étendait peu à peu sur tout le département.

Le 1ᵉʳ novembre, la Commission militaire constatait l'identité de *Bertonneau* (André-Jacques-Pierre), et prononçait la confiscation de ses biens au profit de la République, comme ayant été mis hors la loi par le décret du 6 août. C'était un mort qui comparaissait devant le tribunal : Bertonneau, en effet, poursuivi par un détachement de l'armée révolutionnaire jusqu'à Saint-Aubin en

---

(1) Arrêté du 1ᵉʳ novembre 1793.

Médoc, s'était fait sauter la cervelle après avoir tiré sur la troupe; il avait été membre de la Commission populaire [1].

Elle acquittait ensuite *Expert* (Bernard), trente-deux ans, tonnelier à Lormont, et *Bassier* (Guillaume-Mathieu), vingt-deux ans, marin, en accordant à ce dernier une indemnité de 100 livres.

Dans son audience du 2 novembre, elle acquittait encore *Béraud* (Antoine), quarante-deux ans, tuilier, domicilié à Lormont; *Sarrazin* (Jean), vingt-six ans, tailleur d'habits, et les époux *Lanza* ou *Lance*, marchands de citrons, en accordant à Sarrazin 60 livres d'indemnité et aux époux Lanza 200 livres; et condamnait *Collineau* (Antoine), vingt-six ans, marchand, rue Poitevine, à 500 livres d'amende, *pour indifférence envers la liberté, insouciance et modérantisme*.

Interrompons un instant notre récit de la justice révolutionnaire, et cherchons à retrouver, s'il est possible, au milieu des faits que nous venons de faire connaître, la pensée et la trace intime des conventionnels en mission à Bordeaux. Leur situation était difficile et délicate. Leur séjour dans notre ville n'avait pas tardé à y attirer, disait-on, des espions et des agents du Comité de Salut public, contrôlant leurs actes, leurs paroles, réveillant et stimulant par leur exaltation l'opinion publique. Ces hommes poussaient à chaque instant des cris de désespoir; la Montagne était trahie, d'après eux : ils écrivaient, dénonçaient, se plaignaient sans cesse. On remarquait parmi eux Desfieux, dont nous avons eu à nous occuper [2], et un certain Courtois, employé dans les bureaux du

---

[1] Bertonneau, chef de la Commission populaire et qui était en fuite, se voyant sur le point d'être pris, a tenté d'assassiner celui qui l'arrêtait. Il l'a manqué et s'est fait justice en se tuant avec son second pistolet. (*Moniteur.*)
[2] T. Ier, p. 29.

ministre de la guerre Bouchotte. Que faisaient à Bordeaux Desfieux et Courtois? On le devinait. Ils entretenaient des correspondances avec la Société des Jacobins de Paris et ne cessaient de crier au *modérantisme* et de se plaindre qu'il ne tombait pas assez de têtes à Bordeaux [1].

Ils prirent texte de la mission confiée à Antony de visiter les prisons, pour dénoncer l'arrêté des représentants au Comité de Salut public comme portant atteinte aux droits de la justice et à la sûreté de la République.

Le Comité de Salut public échangea à cet égard des correspondances avec Ysabeau et Tallien qui, fatigués de la puérilité de pareilles dénonciations et de l'accueil qu'on leur faisait à Paris, ne craignirent pas de se plaindre à leur tour en termes assez vifs.

Leur lettre mérite d'être citée :

« Vous ne sauriez trop vous méfier, citoyens collègues, de ce que vous écrivent un tas d'aigrefins, commissaires sous tous les noms et de toutes les couleurs, dont le métier est d'entraver les représentants, d'entraver leurs mesures et de vous tromper enfin à la journée. C'est ainsi qu'ils gagnent leur argent. On dirait que, comme sous l'ancien régime, vous envoyez des contre-ambassadeurs, auxquels vous accordez plus de crédit et de confiance qu'à ceux qui en portent le caractère..... »

En même temps qu'ils écrivaient en ces termes au Comité de Salut public, les conventionnels, comprenant qu'ils avaient besoin d'être soutenus, défendus même, faisaient envoyer à Paris des lettres que le *Moniteur* reproduisait, ou s'adressaient à leur collègue Baudot, en ce moment à la Convention, pour être publiquement justifiés par lui, qui avait participé aux premiers actes de leur mission.

C'est ainsi qu'on lit au journal officiel une lettre conçue

---

[1] Sainte-Luce Oudaille, *Histoire de Bordeaux*, etc.

dans les termes suivants : « Le Club national, stimulé par les représentants du peuple Ysabeau et Tallien, développe et propage dans tous les cœurs les principes brûlants d'amour du bien public et du républicanisme. Il passe au scrutin épuratoire les états-majors des trois bataillons en réquisition. La jeunesse part tous les jours avec l'ardeur et l'allégresse qui présagent la victoire. Tous ceux qui ont des habits d'uniforme s'empressent de les offrir pour être distribués à leurs frères d'armes appelés à la défense de la patrie [1]. »

C'est ainsi, d'un autre côté, que Baudot disait à la Convention : « Nos collègues de Bordeaux m'ont chargé de vous rendre compte de leur conduite. La révolution s'y est faite en silence, elle n'est pas moins inébranlable. La Commission prétendue de salut public disait toujours qu'elle voulait la République, en employant tous les moyens pour la détruire. Vous connaissez ses attentats ; je ne reviendrai pas là-dessus. Notre premier plan fut de ne point l'attaquer d'abord de vive force, parce que nous n'avions pas un assez grand nombre d'hommes. Nous commençâmes par nous emparer de toutes les fortifications qui environnent la ville de Bordeaux. Nous y trouvâmes un bataillon qui prenait le nom de *la Gironde* : nous l'envoyâmes dans un lieu où il ne pouvait être dangereux, après lui avoir donné des officiers patriotes. Bientôt nous fûmes maîtres du Château Trompette, dans l'intérieur de la ville ; alors nous déclarâmes nos projets. La Commission populaire sentant sa faiblesse tenta de s'échapper. Plusieurs de ses membres ont été pris et punis. Il y en a huit dans les prisons de Paris ; il faut les renvoyer à Bordeaux parce que l'exemple aura plus d'effet là qu'ici... Une bonne opération que nous avons faite est le désarmement de tous les aristocrates ; 2,000 fusils nous ont été apportés. Il est impossible de voir plus de précision

---

[1] *Moniteur universel.*

et d'intelligence qu'on n'en a mis dans cette opération. Le Château-Trompette est rempli d'armes qui seront bien utiles à la défense de l'État. Nous pouvons vous assurer que Bordeaux est entièrement à la République. Il n'y a pas une voix récalcitrante. Cependant, avec la meilleure volonté ils n'ont pas la mesure révolutionnaire; ils sont encore dans l'enfance. Quant à l'état actuel, la Convention peut regarder comme certain que tous les délits politiques de la ville de Bordeaux seront effacés par les sans-culottes, disposés à faire tout ce que vous voudrez. Nos collègues Ysabeau et Tallien restent à Bordeaux; ils ont encore beaucoup d'occupation. La régénération de Bordeaux est un événement des plus heureux pour la République. J'insiste pour que la Convention renvoie à Bordeaux les huit membres de la Commission populaire. *Il ne faut que huit minutes pour les juger*, dit-il. »

Sur l'observation de Thuriot que trois d'entre eux avaient été jugés et exécutés [1], la Convention décréta le renvoi des cinq autres à Bordeaux. Ce décret resta à l'état de lettre morte.

Baudot ajouta ensuite : « Nous avons pris un arrêté pour changer provisoirement le nom du département de *la Gironde* en celui de *Bec-d'Ambès*. Nous demandons à la Convention d'approuver cet arrêté. » La proposition de Baudot fut immédiatement accueillie [2].

Il faut reconnaître que Baudot avait l'imagination plus riche qu'exacte : son récit à la Convention contient en effet des détails tout à fait fantaisistes.

Quoi qu'il en soit, Ysabeau et Tallien, satisfaits de ses paroles et de l'approbation de leurs collègues, se

---

[1] Thuriot avait raison : *Lemoine fils* (Guillaume-Antoine), — *Wormeselle* (Gabriel) et *Lacombe-Puyguereau* (Jean-Simon), condamnés à mort le 2 novembre 1793 par le tribunal révolutionnaire de Paris, furent exécutés le même jour.

[2] Séance de la Convention nationale du 2 novembre 1793.

préoccupèrent un peu moins des espions du Comité de Salut public et reprirent avec ardeur les devoirs de leur mission révolutionnaire.

Ils ne tardèrent pas à justifier les paroles prononcées par Baudot le 3 novembre à la Société des Jacobins : « *Tout se fait militairement à Bordeaux,* disait-il, *et le gouvernement ne va qu'à coups de sabre et de guillotine.* C'est la dernière ressource qu'on a trouvée contre les aristocrates de ce pays-là ; il a bien fallu la faire valoir. Ysabeau et Tallien ont trop bien commencé pour rétrograder maintenant ; continuez-leur votre confiance. — *Brune* aussi se comporte très bien et est très révolutionnaire. Il coopère puissamment avec nous au retour de l'établissement des bons principes et tient ferme à l'exécution. C'est à vous à soutenir tous ces bons sans-culottes [1]. »

Ici Baudot parlait avec vérité. Bordeaux, en effet, gémissait sous le joug révolutionnaire : visites domiciliaires, recherche des suspects et des traces du royalisme, arrestations, dilapidations, vols, violences de toute nature, tel était, on le verra, le bilan de la situation de cette malheureuse ville sous le régime terroriste ; il n'y avait de sécurité pour aucun citoyen, et les dénonciations atteignaient toutes les classes de la société.

Dans la nuit du 2 au 3 novembre, Gaubet, Endron, Aindas et d'autres agents du Comité de surveillance se rendirent fossés Marat, n° 20, chez M. de Verthamon, le mirent en état d'arrestation et lui volèrent cinq grands plats d'argent, une paire de flambeaux, des couverts et autres objets formant un poids de 80 à 90 marcs d'argent. Cette masse d'argenterie, dont les armoiries avaient été cependant effacées, ne fut jamais remise au Comité, où M. de Verthamon la réclama vainement. Gaubet, Endron,

---

[1] *Moniteur*, Séance du club des Jacobins du 3 novembre 1793.

Aindas et les autres s'étaient sans doute partagé ces dépouilles opimes.

On ne lira pas sans intérêt le récit qui nous a été fait par un témoin oculaire des enlèvements commis chez M. de Verthamon; c'est très certainement une curieuse page d'histoire : « J'étais de garde au Département, nous a-t-il raconté, lorsque vers une heure après minuit, deux citoyens se présentèrent et dirent au capitaine, en faisant connaître leurs qualités : il nous faut six hommes. Le capitaine les désigna et je me trouvai du nombre. Nous partîmes sous la conduite des deux citoyens qui n'étaient autres que Gaubet et Endron. Après un quart d'heure de marche, nos conducteurs nous recommandèrent de *faire doucement* parce que nous serions bientôt arrivés. Effectivement, nous sommes à la porte du citoyen Verthamon. On frappe deux coups, personne ne bouge; on redouble, alors un vieillard vient à la porte.

— Qui est là? dit-il.

— Ouvre, répond Gaubet dit le Provençal.

La porte est ouverte.

— Où est Verthamon? demande Gaubet.

— Il est au lit, dans sa chambre, répond le vieillard d'une voix tremblante.

— Conduis-nous à sa porte.

Nous montons au deuxième étage, sur le devant.

On frappe à la porte de la chambre.

— Qui est là? demande Verthamon.

— Ce sont des *messieurs* qui veulent vous parler.

Verthamon et sa femme se lèvent, et la porte est ouverte.

Gaubet entre immédiatement et dépose sur une petite table l'un des pistolets dont il est armé.

— Tu as de l'argenterie? dit-il brutalement à Verthamon. Où est-elle? Il faut nous la donner.

— Mais j'en ai donné, il y a quelques jours, pour cent louis en dons patriotiques...

— Il faut nous donner le reste.

— Donnez toute l'argenterie, dit gravement Verthamon en se tournant vers sa femme.

Celle-ci prend un flambeau pour aller la chercher; Gaubet m'ordonne de la suivre, et son collègue Endron nous accompagne. L'argenterie était cachée dans du linge. Endron s'en empare et la porte dans la chambre de Verthamon. Là Gaubet, prenant un grand plat d'argent, l'examine et remarquant que les armoiries ont été grattées avec la pointe d'un couteau :

— Je vois avec plaisir, dit-il ironiquement au citoyen Verthamon, que tu as effacé les marques de féodalité qui étaient là-dessus. Est-ce là toute ton argenterie?

— Je crois qu'il y a encore des cuillères à café et des couteaux à manche d'argent.

— Il faut nous les donner.

On les alla chercher à la cuisine.

Gaubet demanda alors à voir tous les appartements. Endron se fit ouvrir tous les placards et armoires et apposa les scellés où il lui plut, depuis la cave jusqu'au grenier. Cela fait, Gaubet et Endron firent une espèce de note des objets trouvés et demandèrent une corbeille et du linge pour les envelopper.

— N'as-tu pas d'argent monnayé? demande Gaubet à Verthamon.

— Non, citoyen.

— Ne nous le cache pas.

— Si j'en avais, je le donnerais comme j'ai donné le reste de mon argenterie.

— Très bien. Maintenant habille-toi, et suis-nous.

— Je suis atteint en ce moment d'un rhumatisme et je demande que l'on me laisse ici avec des gardes.

— C'est impossible.

Mme de Verthamon, toute en larmes, conjura Gaubet et les autres de lui laisser son mari. Ce fut peine perdue.

— Il faut marcher avec nous, dit-il. Au surplus, ajouta-t-il en s'adressant à Mme de Verthamon, tu peux être tranquille, il ne lui arrivera rien; tu dois savoir qu'hier nous avons été chez un citoyen de ton voisinage et que peu d'heures après il est revenu chez lui.

— Il est étonnant qu'on enferme mon mari, dit Mme de Verthamon en pleurant; il a fait dans toutes les occasions des dons, principalement dans sa section.

— Je le sais, dit Gaubet.

— J'ai payé toutes mes impositions, ajouta Verthamon, et j'ai fait tous les sacrifices que pouvait faire un bon citoyen.

Tout fut inutile, il fallut marcher. M. de Verthamon s'arracha des bras de sa femme éplorée; il fut conduit au Comité de surveillance, et quelques heures après à la maison commune. Cette scène m'avait douloureusement impressionné, et les détails en sont restés gravés dans ma mémoire. Je n'oublierai jamais ces temps terribles, disait le narrateur en terminant. »

Que l'on se souvienne que de pareilles scènes se renouvelaient toutes les nuits, et plusieurs fois par nuit, sur tous les points de la ville et chez des citoyens de tout âge et de tout état, et l'on se rendra facilement compte de l'effroi des habitants honnêtes de Bordeaux, placés sous l'incessante menace de violences et de mesures aussi arbitrairement tyranniques!

Le désordre et l'anarchie régnaient, et à la faveur du désarroi général, quelques misérables de bas étage, devenus les véritables maîtres de la ville, imposaient leur despotisme aux citoyens et se livraient sans crainte aux plus épouvantables exactions.

Les conventionnels, qui avaient lancé le char révolutionnaire, étaient impuissants à le contenir, et d'ailleurs leur autorité s'affirmait, d'autant plus sûre et d'autant plus incontestée, sur les ruines que la Terreur allait accumuler.

Vers ce temps, Brival, de passage à Bordeaux, s'était adjoint à eux et participait à quelques-uns de leurs actes [1].

Après avoir *rajeuni* la municipalité, si l'on peut ainsi parler, ils voulurent réorganiser les autres administrations de la ville de Bordeaux qui depuis trop longtemps, disaient ils, étaient dans une inactivité funeste pour la chose publique. A cet effet, ils consultèrent les bons sans-culottes et recueillirent des renseignements auprès du Club national, et, par arrêté du 3 novembre, ils nommèrent une administration du district dont firent partie Rideau fils aîné, Le Moal, Reynaud, Monville, Boy, Fontanes, Servilliers, Mille, Viette, Chateau, Benoit et Duret; Jay de Sainte-Foy en fut le procureur syndic, et Girard le secrétaire.

Cette administration, qui fut chargée de remplir les fonctions déléguées aux administrations du département, reçut en outre la mission de s'occuper des subsistances, des secours à accorder aux parents des défenseurs de la patrie et de la vente des biens des émigrés et des individus mis hors la loi ou dont les biens avaient été confisqués par jugements des tribunaux et de la Commission militaire [2].

Rideau et ses collègues se mirent à l'œuvre et cherchèrent à débrouiller le chaos qu'une interruption de quelques mois avait introduit dans les affaires du district et du département.

Ils réussirent à faire quelque bien, tout en secondant l'action révolutionnaire des proconsuls.

Pendant que tout ceci se passait à Bordeaux, la *Montagne* remportait à Paris sur la *Gironde* sa dernière victoire. Dans la nuit du 30 au 31 octobre, les députés girondins furent

---

[1] Brival était député de la Corrèze à la Convention.
[2] *Appendice*, note V.

condamnés à mort et exécutés le 31 octobre 1793 au matin. Leur procès est trop connu pour qu'il nous vienne à la pensée de le rééditer ici. Nous dirons seulement que la nouvelle de leur mort fut accueillie à Bordeaux avec une vive satisfaction par le parti montagnard, qui manifesta bruyamment sa joie, et acclama la Convention. Le parti modéré, qui n'existait plus que de nom, car il ne se manifestait par aucun acte extérieur depuis la révolution du 18 septembre, pleura en silence ses illustres enfants et garda soigneusement dans son cœur le deuil de leur disparition.

C'était le dernier épisode de la lutte, un épisode dramatique et sanglant, et Bordeaux n'avait plus rien à espérer.

La Montagne était définitivement triomphante, et la ville était désormais soumise et terrorisée.

Ysabeau et Tallien, bien qu'ils ne dussent plus y trouver de résistance, pas plus que dans le département du *Bec d'Ambès,* continuèrent sans pitié ni merci l'œuvre de la *vengeance nationale.*

Le long martyrologe qu'il nous reste à écrire ne l'attestera que trop, hélas!

Heureux alors ceux qui étaient aux armées! Ils avaient en face d'eux des ennemis! Ceux-là échappèrent, en général, aux hécatombes sanguinaires de la Terreur et ne furent pas témoins des luttes fratricides où s'épuisa la virilité de la patrie!

CHAPITRE II

LA COMMISSION MILITAIRE A LIBOURNE

La Révolution à Libourne. — Gironde et Montagne. — Le Conseil général de la commune ordonne l'arrestation des suspects. — Le Directoire du département rapporte cette mesure. — Comité de surveillance et sections. — La ville de Libourne adhère à la Commission populaire de salut public. — Ardouin-Tranchère et Roujol. — Les sans-culottes s'emparent de l'église des Jésuites. — Dissensions intestines. — Tallien à Saint Émilion. — Arrestations dans cette ville. — Tallien à Libourne. — Récit de M. Souffrain. — Création d'un nouveau Comité de surveillance. — Ses membres. — Épuration des divers corps constitués. — Arrestations nombreuses. — Dénonciations. — Les conventionnels décident l'envoi de la Commission militaire à Libourne. — Réception de Lacombe dans cette ville. — On y dresse l'échafaud. — Lacombe au club. — Sommaire nominatif des jugements rendus par la Commission militaire à Libourne. — Statistique.

En créant la Commission militaire par leur arrêté du 21 octobre 1793, les représentants du peuple, qui en avaient fixé provisoirement la résidence à Bordeaux, s'étaient réservés de la faire transporter sur les divers points du département où il y aurait des conspirateurs à punir.

La ville et l'arrondissement de Libourne ne pouvaient échapper à une investigation spéciale.

Dès les premières années de la Révolution, les Libournais avaient fait un grand étalage de patriotisme et adopté les principes nouveaux.

La Gironde et la Montagne y eurent de nombreux partisans; un antagonisme occulte ne tarda pas à s'établir entre eux et s'accrut avec les circonstances.

On se surveillait réciproquement.

Dès les premiers mois de 1793, et afin de ne pas rester en arrière de Paris, quelques exaltés du Directoire du district réunirent le Conseil général de la commune et demandèrent que l'on fît arrêter sur-le-champ les *suspects*. Le Conseil général délibéra sous l'empire de la peur et adopta la proposition : une douzaine de personnes, fort inoffensives à coup sûr, furent jetées dans les prisons de la ville.

L'émotion fut grande parmi les habitants, et la mesure ne rencontra que de rares approbateurs. Le Directoire du département, à qui le procès verbal de ces arrestations avait été transmis, désapprouva les rigueurs du Conseil général et ordonna la mise en liberté des personnes incarcérées.

Libourne eut son Comité de surveillance, et la ville fut divisée en trois sections : celle du Nord, celle des Récollets ou de l'Est et celle du Sud. Le Comité de surveillance se fit peu remarquer au début, et les sections se réunissaient de temps à autre pour entendre lire les journaux et les décrets de la Convention.

La question des subsistances, là comme ailleurs, était un grave sujet de préoccupations pour les esprits.

Mais sur ces entrefaites, la lutte entre la Gironde et la Montagne s'accentua chaque jour davantage; le parti de la Montagne triompha de ses héroïques adversaires, et le département de la Gironde, comme nous l'avons raconté, créa, contre les décrets de la Convention nationale, cet instrument de résistance qui prit le nom de *Commission populaire de salut public*.

La ville de Libourne adhéra sans réserve aux actes du département et de la Commission populaire, et bientôt on vint au nom de celle-ci enlever, pour la cavalerie de la force départementale, les chevaux existant au quartier militaire. La municipalité consentit à cet enlèvement, et dut plus tard, comme nous le verrons, en rendre un compte sévère.

Les esprits étaient entraînés dans le mouvement organisé par la Commission populaire. Le Libournais Ardouin

Tranchère, membre de l'administration départementale, fut député vers les Lyonnais afin d'établir un accord entre eux et le département de la Gironde, et Roujol, employé des douanes, parcourut les communes du district de Libourne pour leur faire connaître et accepter une adresse engageant les habitants des campagnes à se rallier à la Commission populaire.

Le *Testament de Gensonné,* lu à la Société et dans les sections, contribua, ainsi que des lettres du conventionnel Lacaze, à hâter l'adhésion des Libournais aux idées de résistance préparées par les administrateurs du département.

En même temps que ce mouvement se produisait, les partisans de la Montagne en organisaient un en sens contraire. Ils s'emparèrent de l'église des Jésuites, y firent établir une estrade pour le bureau, une tribune pour les orateurs, un amphithéâtre, des galeries hautes et des gradins pour le peuple, et les sans-culottes s'y rendirent journellement pour entendre lire le bulletin de la Convention et exalter le parti de la Montagne.

L'antagonisme était ainsi publiquement établi entre les partis qui se partageaient la ville et qui n'étaient que le reflet de la division existant au sein de la Convention nationale.

Telle était la situation politique et morale de Libourne vers la fin du mois de septembre 1793.

Le 6 octobre, Tallien arrivait inopinément à Saint Émilion à la tête de 30 cavaliers de l'armée révolutionnaire. S'étant renseigné auprès des sans-culottes de cette ville, le conventionnel fit mettre en état d'arrestation MM. de Carles aîné, de Carles (Cyprien), l'abbé Rivet, Petiteau, Palmade, Boneau de Plimpois, Boneau de Madaillan et d'autres notabilités du pays. Il était à la recherche de Guadet et de ceux de ses collègues qui avaient quitté le Calvados avec lui, et dont la présence avait été dénoncée dans le département de la Gironde par un ex-cuisinier du chapitre de Saint-Émilion. Tallien, déçu dans ses recherches, plaça Guadet père sous la surveillance de deux hommes de garde, confisqua les biens du fils et en ordonna la vente au profit de la nation; il remplaça ensuite par des hommes plus à la hauteur des circonstances les officiers municipaux signalés comme modérés.

M. de Carles et ses compagnons d'infortune furent immédiatement conduits à Libourne et enfermés dans le couvent des ci-devant Ursulines, transformé en prison.

Ces opérations terminées, le conventionnel quitta Saint Émilion.

Il arriva dans la soirée du même jour, vers neuf heures, à Libourne, et descendit à l'Hôtel de Ville au bruit du canon tiré en son honneur et au milieu des acclamations de la foule, qu'attirait la nouveauté du spectacle. Harangué par le maire Barbot, il le remercia de ses soins et dit au peuple *que la Convention nationale allait enfin faire tout pour lui et le venger de ses plus grands ennemis, les aristocrates et les riches.*

Le Représentant, ayant passé la nuit dans l'auberge d'un certain *Bertrand*, se rendit, le 7 octobre au matin, au Directoire de district, et reçut de nombreuses dénonciations contre les personnes de la ville. Il ordonna que tous les corps constitués fussent convoqués pour le soir même dans la salle des sans-culottes.

Il régna toute la journée une grande animation dans la ville de Libourne. Les passions mauvaises se donnèrent carrière, la démagogie prépara les éléments de son triomphe sur les conservateurs et les modérés, et la présence de Tallien, que des individualités bien connues du parti montagnard accaparèrent, aida singulièrement, comme on va le voir, aux projets des hommes de désordre et d'aventure.

Dès cinq heures et demie du soir, toutes les autorités étaient réunies dans le local de la Société populaire. On battait la générale dans la ville, dont les portes avaient été fermées, et le cri *Aux armes!* retentissait de toutes parts.

Un effroi légitime existait au milieu de cette population qui avait, en quelque sorte, vécu jusqu'à ce moment loin des troubles politiques et qui voyait tout à coup fondre sur elle les éclats de la tempête.

Ici nous croyons devoir laisser la parole à un témoin oculaire des événements :

« Vers sept heures, a-t-il écrit, arrive le représentant du peuple, marchant *au pas de charge*, précédé d'un détachement de sa garde à moustaches, suivi de deux secrétaires et de tous les patriotes exaltés. Il était décoré d'une écharpe tricolore, placée en baudrier et formant ensuite une ceinture autour de son corps. Nous battîmes des mains de toutes nos forces, criant : *Vive la République! Vive Tallien!* et puis nous avions peur.

» Il monte au fauteuil et se coiffe d'un bonnet rouge; il fait lire un bulletin de la Convention en attendant que la salle se remplisse; et bientôt arrive une foule de citoyens en armes et de *sans-culottes* crasseux. Les galeries se garnissent de portefaix et de poissardes, parmi lesquelles on remarqua quelques bourgeoises éhontées.

» La salle étant pleine, Tallien fit l'appel de tous les corps constitués, et prononça un discours qui me parut moins improvisé qu'avoir été appris de mémoire. Il débuta d'une manière froide, monotone et presque nasillarde; mais s'échauffant par degrés jusqu'à la fureur, il développa une sorte d'éloquence mâle, énergique et terrible. Après avoir démontré la perfidie des Girondins qui, par des correspondances mensongères, avaient soulevé le département contre la Convention nationale et provoqué le fédéralisme et la guerre civile, il blâma le peuple qui avait voté ou souffert que l'on votât pour la Commission populaire et pour la formation d'une force départementale. Puis, par une sorte d'amendement adroitement amené, il déplora la faiblesse de ce peuple, son erreur et son ignorance, et trouva dans ces considérations des motifs d'excuse et de pardon.

» Mais les hommes éclairés, mais les membres de la prétendue Commission populaire, mais les autorités infidèles, les fédéralistes réfléchis, les prétendus honnêtes gens, les *muscadins,* les agioteurs, les accapareurs, les marchands, les négociants, les riches, *tous modérés et nécessairement,* dit-il, *aristocrates et royalistes,* furent désignés comme ennemis du *peuple souverain* et des *sans-culottes,* et livrés à leur fureur vengeresse. Ici, il se tut pour un moment, roulant ses yeux sur l'assemblée, comme s'il avait à dire : *Allez, et faites justice!* Ensuite, reprenant la parole avec un nouveau feu, il tonna contre la municipalité, qui avait livré les chevaux du dépôt par ordre de la Commission populaire. *Et le peuple,* s'écria-t-il, *n'a pas immolé ces magistrats infidèles!...* Il s'appesantit sur Barbot, maire, qu'il accusa particulièrement d'avoir fait donner un passe-port à *Lidon* et à *Chambon,* conventionnels mis hors la loi ; il le traîna pour ainsi dire dans la boue, et *parut surpris que son sang n'eût pas déjà rougi le pavé de nos rues.*

» On peut juger, par cette déclamation infernale, de l'effroi de ceux qui, comme le maire et moi peut-être, s'étaient secrètement félicités des témoignages de bonté que le Représentant leur avait donnés; au reste, les assistants applaudirent à outrance, et signalèrent par là leur misérable gradation *(sic)* humaine [1]. »

Tallien cassa ensuite le Comité de surveillance antérieurement formé par les sections, et en établit un nouveau où

---

[1] Ce passage est *textuellement* copié dans Souffrain, *Essais et Variétés historiques sur la ville de Libourne,* t. III, p. 494 et suiv.

figuraient notamment : *Saint-Blancart,* huissier; *Cadillac,* perruquier; *Bouygue fils,* cordonnier; *Désalons père,* instituteur; *Barreau-Clavigny,* professeur au collége de Libourne, et quelques autres.

Il les appela, et quand ils furent rangés devant lui : « Bons Montagnards, leur dit-il, vrais amis de la Révolu-
» tion et du peuple, la Convention nationale vous investit
» de tous les pouvoirs pour surveiller, chercher et faire
» arrêter toutes les personnes suspectes, dans le sens porté
» par les instructions que vous recevrez. Vous pourrez
» à cet effet requérir la force armée qui sera tenue d'obéir.
» Écartez comme un obstacle dangereux à vos fonctions
» saintes les liens du sang et de l'amitié. Qu'aucune consi-
» dération ne vous arrête dans vos devoirs. Ne perdez pas
» de vue que le pauvre seul peut mériter votre indulgence.
» Purs et braves sans-culottes, vous allez travailler pour le
» bonheur du peuple et l'affermissement de la République
» une, indivisible et impérissable. Votre latitude est immense;
» vous n'aurez à rendre compte qu'à moi et aux représen-
» tants en mission dans le département. »

Cette allocution finie, il leur fit prêter serment et les déclara installés.

Passant ensuite en revue l'administration du district, la municipalité de Libourne et les tribunaux civil et de commerce, Tallien fit une hécatombe de fonctionnaires et de magistrats dont il ordonna l'arrestation, et les remplaça séance tenante par des patriotes connus.

C'est ainsi que Lacombe-Puyguereau, Berthomieu-Barry, Lulé-Déjardin, Gilbert-Fourcaud, Meynot, Félix Chaperon, Largeteau, Gaussens, Barbot, Brun, Durochez, Berniard, Machureau, Mathieu-Mareuil, Lagrèze fils, Jamet, Paul-Romain Chaperon, Jean Fontémoing, Chauvin fils et d'autres encore cessèrent l'exercice des fonctions publiques qu'ils tenaient de la confiance de leurs concitoyens, pour aller grossir le nombre des malheureux qui gémissaient dans les cachots de la prison des ci-devant Ursulines.

Tallien, après ces actes sommaires de sa puissance proconsulaire, leva la séance et quitta la salle escorté de sa garde, au milieu des cris de *Vive la Convention! Vive la Montagne!*

Dès qu'il fut parti, les nouveaux membres du Comité de surveillance signalèrent leur redoutable existence en faisant arrêter sur-le-champ tous les fonctionnaires et magistrats qui venaient d'être ainsi destitués.

Un voile de deuil se répandit sur la ville et la désolation s'installa au foyer des familles honorables que frappait une injuste adversité. Ce n'est pas tout : à dix heures du soir les membres du Comité de surveillance parcoururent avec des flambeaux, à la tête de détachements militaires, les diverses rues de la ville, se livrèrent à des perquisitions domiciliaires et mirent en arrestation un grand nombre de citoyens. « Toute la nuit se passa à faire des recherches et des enlèvements, dit un contemporain, et le jour ne parut que pour éclairer notre infortune et nos misères [1]. »

Tallien quitta Libourne après avoir accompli les épurations qu'on vient de lire et placé l'élément révolutionnaire à la tête de la ville. Il avait espéré remonter ainsi l'esprit public et rendre difficile, sinon impossible, aux Girondins que la Convention avait décrétés d'accusation et qui s'étaient réfugiés dans le district, une résidence devenue chaque jour plus précaire et plus dangereuse dans le département de la Gironde.

Durant son séjour, il avait été constamment entouré par le perruquier Cadillac, l'huissier Saint-Blancart, les instituteurs Désalons père et fils et quelques autres énergumènes dont Libourne n'a pas perdu le souvenir.

---

[1] Souffrain, *loc. cit.*

Le conventionnel parti, on organisa les dénonciations à la maison commune, et le Comité révolutionnaire de surveillance continua son œuvre en remplissant les prisons de victimes arrachées à leurs familles, soit dans Libourne même, soit dans les diverses communes de l'arrondissement.

La terreur était à l'ordre du jour.

La ville de Bordeaux avait enfin ouvert ses portes à Ysabeau, Tallien, Baudot et Chaudron-Roussau; et, on l'a vu dans le chapitre précédent, la justice révolutionnaire y avait commencé sa sanglante besogne.

Tout y marchait à *coups de sabre et de guillotine,* selon l'expression employée par Baudot [1], et la ville, soumise et terrorisée, gisait impuissante aux pieds de ses nouveaux maîtres. On n'avait plus rien à redouter des Bordelais, et la *Montagne* dominait chez eux en souveraine incontestée.

Rassurés de ce côté, les conventionnels se souvinrent de Libourne. Cette ville les avait longtemps préoccupés : la Commission populaire y avait recueilli de nombreuses adhésions; la cavalerie de la force départementale y avait trouvé des chevaux; des députés en fuite y avaient reçu de *criminels* asiles, et Tallien, qui avait vainement recherché Guadet, Barbaroux, Pétion et les autres, s'était assuré par lui-même de la tiédeur des habitants.

C'en était assez pour motiver des mesures exceptionnelles contre cette ancienne filleule de la ville de Bordeaux, coupable comme elle, et qui avait gardé un cœur pour plusieurs de ses enfants.

D'un autre côté, le président Lacombe, autrefois instituteur à Sainte-Foy, où il avait eu des discussions très vives avec Roujol, lorsque celui-ci venait y prêcher l'adhésion à la Commission populaire, Lacombe rendit un compte détestable de l'esprit public dans le Libournais.

---

(1) Séance des Jacobins de Paris du 3 novembre 1793.

C'est dans ces circonstances, et après avoir pesé les considérations que nous venons d'indiquer sommairement, que les représentants, excités d'ailleurs par Lacombe et par leur secrétaire Peyrend d'Herval, ordonnèrent à la Commission militaire de se transporter à Libourne.

Voici en quels termes leur ordre était conçu :

> « Les Représentants du peuple en séance à Bordeaux,
> » Considérant que la ville de Libourne a été le refuge de plusieurs conspirateurs et que deux des principaux chefs du fédéralisme sont actuellement en état d'arrestation dans cette ville; désirant donner aux citoyens qui l'habitent l'exemple de la punition tardive, mais toujours sûre, des ennemis de la République,
> » Arrêtent que tous les membres composant la Commission militaire établie à Bordeaux se transporteront sans délai dans la ville de Libourne pour y procéder au jugement des conspirateurs contre la patrie qui y sont détenus;
> » Requièrent les autorités civiles et militaires établies dans la même ville de prêter main forte à la dite Commission militaire et d'obéir à toutes les réquisitions qui leur seront faites relativement au service dont elle est chargée.
> » C.-Alex. YSABEAU, TALLIEN. »

Ayant pris les instructions des conventionnels, la Commission partit pour Libourne escortée de l'échafaud, l'*ultima ratio* de cette déplorable époque, et d'un détachement de l'armée révolutionnaire.

Le 3 novembre au matin, Lacombe fit son entrée dans cette ville. Le Comité de surveillance le reçut à bras ouverts et sa présence fut célébrée par des agapes démocratiques où l'on concerta la besogne à accomplir.

Lagrèze, Auguste Decazes, Lanore, Jean Fontémoing, Lemoyne-Nantillac et Grugnet furent rendus de prime abord à la liberté. Cet acte de modération parut rassurer les esprits dans une certaine mesure.

Toutefois, cette assurance ne fut pas de longue durée, car sur la place publique, l'exécuteur, entouré d'une foule inquiète et curieuse et de sans-culottes aux visages satisfaits, dressait l'instrument du supplice, et on affichait sur tous les murs de la ville un placard imprimé chez Puynesge, et contenant l'arrêté de création de la Commission militaire du 21 octobre et l'arrêté du 2 novembre que nous venons de transcrire.

C'est ainsi que se matérialisaient sous les yeux du peuple la justice révolutionnaire et les bienfaits de la Convention nationale.

Le soir, Lacombe se rendit au club et présida la séance; tous les honneurs furent pour lui. Il parla, et sa faconde révolutionnaire fut accueillie au bruit des applaudissements de l'auditoire : il est vrai qu'il flatta le peuple en déplorant son ignorance et sa misère, et qu'il rejeta la cause des malheurs qui l'accablaient sur *les gens éclairés, les aristocrates et surtout les riches; mais,* s'écria-t-il en terminant, *demain la justice nationale en fera raison!* Des bravos accueillirent ces paroles impies.

Le lendemain, 4 novembre, à dix heures du matin, la Commission militaire entrait en séance; elle siégeait dans la salle du club des sans-culottes.

La générale avait été battue toute la matinée, la garde nationale était sous les armes, et le Comité de surveillance tout entier assistait à l'audience : il était là comme partie publique, comme accusateur et comme témoin!

Le premier accusé fut *Ardouin-Tranchère,* âgé de vingt cinq ans, administrateur du département. A la suite de débats assez vifs, le tribunal le condamna à mort comme ayant été membre de la Commission populaire.

Lamit (Pierre), soixante-cinq ans, sans état, fut condamné à 300 livres d'amende. Beylot le cautionna, et il fut mis immédiatement en liberté.

Laurent (Louis), quarante et un ans, horloger, fut acquitté grâce à la recommandation de Saint-Blancart.

Durand (Jean), soixante-quatre ans, ci-devant procureur

du roi, fut condamné à six ans de fers et à 250,000 livres d'amende, dont 50,000 alloués aux sans-culottes des sections de Libourne, pour avoir tenu des propos contre la *sainte Montagne*. (Ces expressions sont dans le jugement.)

Roujol (Jean-Baptiste), trente-huit ans, employé des douanes, et *Chaperon* (Paul-Romain), soixante et un ans, homme de loi, furent condamnés à mort, le premier pour avoir prêché le fédéralisme, et le deuxième pour avoir été membre de la Commission populaire.

Telle fut la moisson du premier jour.

Ardouin-Tranchère, Roujol et Chaperon furent immédiatement exécutés au bruit des applaudissements populaires et aux cris de *Vive la Convention! Vive la Montagne!* poussés par des sans-culottes *purs* et par certaines viragos sans pudeur qui se firent remarquer au premier rang parmi les spectateurs de ces scènes sanglantes. Ces exécutions jetèrent un véritable effroi au sein de la population libournaise.

Le 5 novembre, la Commission militaire prononça les condamnations suivantes :

Garat (Jean-Bernard), quarante-sept ans, rentier : détention jusqu'à la paix, deux heures d'exposition avec un écriteau devant et derrière portant ces mots : *Fanatique, modérantiste, égoïste*, et 10,000 livres d'amende. Garat avait eu le tort de demander à sa municipalité de ne plus le considérer comme *citoyen actif* pour ne pas remplir les fonctions de caporal dans la garde nationale.

Berniard (Pierre), cinquante-huit ans, marchand de fer, surnommé le *Père aux belles filles* : deux mois de détention seulement, en considération de ses onze enfants.

Chaperon-Rouffiac (Bernard), quarante-sept ans, rentier : vingt ans de fers et 6,000 livres d'amende; il avait été signalé comme apôtre du fédéralisme.

Barbot père (Étienne-Michel), cinquante-cinq ans, avocat

et ancien maire de Libourne, détention jusqu'à la paix pour avoir livré les chevaux du dépôt à la Commission populaire. Barbot fut défendu par son fils, et le souvenir de cet acte de piété filiale est conservé par les Libournais.

Limouzin-Brondeau (Joseph), âgé de trente-huit ans, agriculteur et homme de loi : 100,000 livres d'amende dont 85,000 pour la République, 5,000 pour les sans-culottes de Libourne, 5,000 pour ceux de Coutras et 5,000 pour ceux d'Arveyres.

Chauvin fils, ex-greffier du tribunal de commerce, *Tramezaygues* (Joseph-Bernard), instituteur, et *Chaperon* (Félix-Vincent) furent acquittés.

Lacombe et ses acolytes allèrent se délasser des travaux de cette journée dans un repas copieux, auquel assistèrent des membres du Comité de surveillance, et notamment Barreau-Clavigny qui, plus tard, devint à son tour juge de la Commission militaire.

Le lendemain 6 novembre le tribunal condamna :

Largeteau (Jacques) et *Durey-Longa ?* solidairement à 110,000 livres d'amende, dont 100,000 pour la République et 10,000 pour les sans-culottes des sections de Libourne.

Lavigne (Jean-Hugon), quarante-six ans, menuisier à Sainte-Foy : à vingt ans de fers et deux heures d'exposition pendant huit marchés consécutifs sur la place municipale de Sainte-Foy, avec un écriteau devant et derrière portant les mots : *Fanatique, perturbateur* et *royaliste.*

Berthomieu-Meynot (Pierre), soixante-dix-neuf ans, juge de paix à Saint-Émilion : à 2,000 livres d'amende au profit des pères et mères de la paroisse Saint-Émilion dont les enfants défendaient en ce moment la patrie.

Cazemajou (Marguerite), cinquante et un ans, sans état : à la détention jusqu'à la paix pour avoir manifesté des principes contraires au bien public.

Petiteau (Jean), quarante-cinq ans, ancien maire de Saint-Émilion : à 6,000 livres d'amende, dont 4,000 pour la République et 2,000 pour les pères et mères des sans-culottes nécessiteux du canton de Saint-Émilion ayant leurs enfants aux frontières.

Le tribunal prononça l'acquittement d'*Alezais* (Jean), grâce au témoignage favorable de Saint-Blancart, et celui des sœurs *Faure* (Sabine et Jeanne), afin, dit le jugement, de se montrer indulgent envers l'*ignorance* et l'*erreur*.

Le 7 novembre, la Commission militaire jugeait deux affaires seulement, celle contre Gaston *Lacaze*, qui occasionna des débats assez longs, ayant été renvoyée à une audience ultérieure :

Brun (Jean), vingt-neuf ans, avoué, fut condamné à être détenu jusqu'à la paix, comme partisan du fédéralisme.

Brudieu-Beaugérard (Jean-Alain), soixante-deux ans, ancien maire de Veyrac, fut condamné à mort pour avoir refusé d'accepter la Constitution.

Le 8 novembre, six accusés comparurent devant Lacombe; en voici la liste avec l'indication des décisions pour chacun d'eux :

Deval (Jean), trente-cinq ans, homme de loi : un mois de détention.

Petit-Claville (Jean-Pierre), cinquante-cinq ans, notaire : quinze jours de détention.

Jouin (Charles), cinquante ans, tanneur : vingt ans de fers et deux heures d'exposition pendant trois marchés consécutifs sur la place de Libourne, ayant devant et derrière un écriteau portant ces mots : *Calomniateur de la représentation nationale et des braves Parisiens*.

Mounier (Jean), soixante-trois ans, agriculteur à Coutras, *Lalouette* (Simon), quarante et un ans, chirurgien, et *Marseau* (Thomas), soixante ans, cultivateur, furent acquittés.

Le 9 novembre, la Commission militaire jugea les quatre accusés ci-après nommés :

Badailh (Jacinthe), quarante-deux ans, avoué à Libourne : détention jusqu'à la paix et 3,000 livres d'amende, dont 2,000 pour la République et 1,000 pour les pères et mères des citoyens de la ville défendant la liberté contre les ennemis extérieurs et intérieurs.

Badailh (Martial), frère du précédent, cinquante ans, sans profession : 2,000 livres d'amende, dont 1,500 pour la République, et 500 pour les pères et mères des citoyens de Libourne qui versaient leur sang pour la patrie.

Rivet (Christophe-Claude-Bernard), soixante-deux ans, prêtre, et *Palmade* (Pierre), cinquante ans, sans état, demeurant l'un et l'autre à Saint-Émilion, furent acquittés.

Le 10 novembre, la Commission statua sur le sort des six accusés suivants :

Lacaze (Gaston), vingt-cinq ans, négociant : détention jusqu'à la paix et 10,000 livres d'amende, dont 500 au profit des sans-culottes des sections de Libourne. Gaston Lacaze, qui a été longtemps maire de cette ville, est une des gloires les plus pures du Libournais.

Anjoy (Jean), quarante-cinq ans, marchand drapier : huit jours de détention.

Tallemon (Jean), trente ans, marchand : huit jours de détention.

Fontémoing (Jean-Baptiste), vingt-cinq ans, sans profession : 60,000 livres d'amende, dont 5,000 pour les sans-culottes des sections de Libourne.

Lulé-Déjardin (Charles), vingt-sept ans, homme de loi : détention jusqu'à la paix [1].

Plus heureux que les précédents, *Rambaud* (Pierre

---

[1] M. Lulé-Déjardin est représenté de nos jours à Bordeaux par un fils qui consacre avec succès ses loisirs au culte des Muses, et par un petit-fils qui a su conquérir par son talent une place éminente à notre barreau.

Thomas), soixante-cinq ans, homme de loi, obtint le bénéfice d'un acquittement.

Le séjour de la Commission militaire à Libourne approchait de son terme. Ysabeau et Tallien, qui déjà, comme nous l'avons indiqué, commençaient à être en butte à d'occultes attaques, désiraient le retour à Bordeaux du tribunal *expéditif*. Lacombe fut invité à presser la solution des affaires qui restaient à juger et à revenir promptement auprès des conventionnels.

Il se conforma aux instructions qu'il avait reçues, et le 11 novembre, la Commission militaire statua sur le sort de neuf accusés :

Monnier (Guillaume), vingt-neuf ans, commissionnaire en vins, et *Piffon* (Auguste), trente-sept ans, cultivateur : huit jours de détention chacun.

Lamégie (Mathurin-Désiré), vingt-cinq ans, commis au tribunal du district, et *Trimoulet* (Pierre), quarante-deux ans, commis aux douanes : huit jours de détention chacun.

Durand (Jean-Baptiste), vingt-sept ans, commis greffier au tribunal du district, et *Pailhas* (Victorien), trente-huit ans, marchand : huit jours de prison chacun.

Géraud (Pierre), quarante-deux ans, marchand : huit jours de prison.

Fontémoing (Jean), cinquante-deux ans, homme de loi : détention jusqu'à la paix.

Fourcaud (Nicolas), cinquante-six ans, négociant : 20,000 livres d'amende.

Le 12 novembre, huit nouvelles affaires furent jugées :

Boyer (Bernard), cinquante-cinq ans, sans état : 4,000 livres d'amende.

Bourges (Jean), soixante-six ans, marchand cordier : 6,000 livres d'amende.

Costes (Bernard), trente-neuf ans, commis à l'administration du district : vingt ans de fers.

Durand-Lagrangère (Jean-Étienne), quarante-six ans, président du tribunal de Libourne : huit jours de détention.

Mathieu (Charles), quarante ans, ci-devant président de l'élection de Bordeaux : détention jusqu'à la paix pour cause d'aristocratie.

Taffard (Jean), trente-trois ans, ci-devant officier dans le 50ᵉ régiment d'infanterie : détention jusqu'à la paix et 6,000 livres d'amende pour cause d'incivisme.

Piffon aîné (François), trente-deux ans, homme de loi : 10,000 livres d'amende.

Bureau (Michel), cinquante ans, cultivateur, fut acquitté.

Le 13 novembre, la Commission militaire tint sa dernière audience à Libourne.

Durandeau (Pierre), soixante-quatorze ans, ci-devant curé de Laclotte, fut acquitté.

Binet (Martial), soixante-trois ans, ci-devant directeur des postes et juge de paix à Coutras, fut condamné à mort et immédiatement exécuté.

Le sang de cet homme de bien marqua la fin de l'odieuse débauche judiciaire que l'on vient de lire.

Ici s'arrête, en effet, l'œuvre de la Commission militaire à Libourne.

Le 14 novembre, Lacombe était de retour à Bordeaux avec tout l'attirail de la justice révolutionnaire, et le 15, il reprenait dans cette ville sa lugubre moisson.

La Commission militaire siégea dix jours à Libourne; elle y tint 10 séances, et prononça 60 jugements s'appliquant à un pareil nombre d'accusés.

5 furent condamnés à mort;

5 aux fers, avec ou sans amende ou exposition;

10 à la détention, avec ou sans amende ou exposition;

13 à un emprisonnement temporaire;

11 à l'amende seulement,

et 16 furent acquittés.

Le total des amendes s'éleva à 692,300 livres, se divisant ainsi :

585,000 livres au profit de la République et 107,300 au profit des sans-culottes ou des pères et mères des défenseurs de la patrie.

Nous n'avons pas à commenter de pareils résultats ; le lecteur les a sous les yeux et peut les apprécier.....

Nous ne terminerons pas cependant ce chapitre sans dire que, durant son séjour à Libourne, Lacombe fut le héros de fêtes démocratiques que lui offrirent les Montagnards de la ville, qu'il destitua et épura les autorités, présida les séances du Club populaire et fit à l'Hôtel de Ville des orgies auxquelles rien ne manqua, pas même, selon l'expression d'un éminent magistrat, la profanation des vases sacrés ravis aux églises [1].

Quand la Commission militaire fut partie, la ville retrouva un peu de calme et de sécurité ; néanmoins beaucoup de ses enfants étaient encore dans les fers et attendaient les résultats de la justice révolutionnaire : Lacombe, en effet, rappelé à Bordeaux, n'avait pas eu le temps de s'occuper de tous les infortunés que le Comité de surveillance avait marqués pour satisfaire aux fureurs vengeresses de la populace. Mais il n'était pas homme à lâcher sa proie, et nous verrons encore figurer les noms de plus d'un Libournais dans le martyrologe des victimes de la Terreur !

---

[1] M. F. de La Bénodière, *la Justice révolutionnaire*, p. 36.

CHAPITRE III

LA FÊTE DE LA RAISON

Les travaux de la Commission militaire. — Division en trois périodes. — Ysabeau, Tallien et la *troupe rouge*. — Le scrutin épuratoire. — Circulaire du Comité de surveillance aux Comités des départements voisins. — Les prisonniers et leurs familles. — Calomnies contre les conventionnels. — Ils règlent le travail du Comité de surveillance. — Leur arrêté tombe promptement en désuétude. — Adresse du Père Duchêne. — Déprédations chez les particuliers. — Les agents du pouvoir exécutif à Bordeaux. — Lettre à leur sujet d'Ysabeau et Tallien à Carnot et Cavaignac. — La disette. — Lettre du conventionnel Harmand. — Réponse d'Ysabeau et Tallien. — La Terreur dans les campagnes. — Le Conseil général de la commune vote des indemnités pour les magistrats municipaux. — Suppression de la permanence des sections. — Le commerce bordelais. — Il demande la suppression de l'embargo. — Arrêté des conventionnels à ce sujet. — Il n'est pas approuvé par le Comité de Salut public. — Les adjudants généraux et le ministre Bouchotte. — Lettre d'Ysabeau à ce dernier. — Lettre des proconsuls à la Société des Jacobins. — Les plantations d'arbres de la liberté. — Horribles propos de Charles. — Ysabeau et Tallien écrivent à Courtois pour se justifier des calomnies mises en circulation contre eux. — Exploitation des bois dans les propriétés nationales. — Renouvellement du Comité de surveillance. — Peyrend d'Herval en est président. — Mesures prescrites par le nouveau Comité. — Tallien et Thérésia Cabarrus. — Le scrutin épuratoire. — Circulaire de Lacombe aux autorités constituées en envoyant les premiers jugements de la Commission militaire. — On prépare la fête de la Raison. — Réquisitoire de Tustet à cette occasion. — Proclamation du Conseil général de la commune. — Arrestations en masse au Grand-Théâtre. — Prescriptions relatives à la pénurie des subsistances. — La Commission militaire fait arrêter tous les artistes du Grand-Théâtre. — Secours provisoires aux femmes et enfants des condamnés à mort. — Mise en culture des terres vaines et vagues. — Arrestation de deux cents négociants par mesure de sûreté générale. — Visites chez les orfèvres. — Envoi de commissaires dans les campagnes. — Ysabeau et Tallien prescrivent l'ensemencement des jardins et des terrains consacrés à l'agrément. — Le local du Grand-Théâtre est concédé aux acteurs du théâtre de la République. — Enlèvements commis par les agents du Comité de surveillance. — Paroles de Martignac père. — La fête de la Raison. — Fabrication d'une seule espèce de pain. — Lettre des conventionnels aux Jacobins. — Le maire Bertrand et l'agent Taillefer. — Tentative d'assassinat sur la personne de Tallien. — Arrêté pris à ce sujet par la Commission militaire. — Réorganisation du tribunal de commerce de Bordeaux. — Un autographe du général Brune. — Attroupements devant les prisons. — Statistique de la Commission militaire jusqu'à la mi-décembre 1793.

Les travaux du tribunal révolutionnaire de Bordeaux peuvent être divisés en trois périodes parfaitement distinctes :
La première, du 23 octobre au 16 décembre 1793 ;
La deuxième, du 17 décembre 1793 au 2 avril 1794 ;
La troisième, du 3 avril au 31 juillet 1794.

Nous avons, dans les deux premiers chapitres de ce volume, anticipé sur la première période, pendant laquelle le tribunal fonctionna avec une douloureuse activité ; les condamnations furent fréquentes, les acquittements assez rares : c'est la période de création ; il importait de frapper la ville rebelle et de la réduire par la terreur : aussi le décret du 6 août s'exécuta-t-il rigoureusement. Les conventionnels avaient le devoir de donner des garanties aux Jacobins et à la Convention et d'assurer le triomphe de la Montagne dans la capitale du fédéralisme.

Pendant la seconde période, la Terreur subit une sorte de décroissance : Ysabeau et Tallien connaissaient la ville ; ils y avaient des relations ; d'ailleurs, la belle Thérésia Cabarrus avait su amollir l'âme du proconsul Tallien, et Ysabeau se laissait aller volontiers à sa nature pacifique et épicurienne. L'œuvre sanglante de la Commission militaire s'en trouva quelque peu ralentie, et au milieu de leurs malheurs inénarrables, nos pères furent visités par un rayon d'espoir.

La déception fut cruelle et trop prompte, hélas ! La troisième période en effet, du 3 avril au 30 juillet 1794, vit le redoublement de la terreur et présenta les plus sanglants résultats. Le jeune Jullien (de la Drôme), âgé de dix-huit ans, fils du conventionnel du même nom, avait été envoyé à Bordeaux par le Comité de Salut public ; il fit rappeler

Ysabeau signalé comme atteint de *modérantisme,* et pendant un intérim de trois mois, il mena la ville révolutionnairement : les arrestations recommencèrent avec une ardeur nouvelle, les prisons se remplirent, et la guillotine suffit à peine à sa moisson de sang. Garnier (de Saintes) arriva sur ces entrefaites, et la Révolution redoubla ses horreurs.

Afin de rendre notre récit plus clair et plus facile, nous allons partager, suivant les trois périodes que nous venons d'indiquer, ce qui nous reste à raconter sur l'œuvre du tribunal *expéditif,* et chacun de nos chapitres sera complété par des résumés statistiques.

Nous donnerons ensuite une liste alphabétique de toutes les personnes qui comparurent devant la Commission militaire, avec l'indication de la nature et de la date des décisions en ce qui concerne chacune d'elles.

Nous avons dû adopter ce système afin d'éviter des longueurs et de nous renfermer dans les limites que nous nous sommes proposées en écrivant ce livre.

Mais entrons sans plus tarder en matière.

Pendant que la Commission militaire remplissait à Libourne, comme on l'a vu, les actes de sa justice sans appel, la révolution poursuivait son cours à Bordeaux sous les excitations d'Ysabeau et de Tallien et des sans-culottes qui, sous le nom de la *troupe rouge,* composaient leur conseil officieux. On citait parmi ces sans-culottes Lemoal, Fontanes, Charles, Cogorus, Girard, Reynaud, Léard, Casteran, Chaussade, Dorgueil, etc.

Les dénonciations, élevées à la hauteur d'un devoir civique, se produisaient en foule; les visites domiciliaires étaient de tous les instants, et les prisons regorgeaient de victimes prêtes pour l'échafaud.

Dans les sections, on procédait avec une fiévreuse activité au *scrutin épuratoire* des citoyens, et des listes de proscription étaient dressées de toutes parts, afin de préparer l'aliment du tribunal révolutionnaire.

De son côté, le nouveau Comité de surveillance *travaillait révolutionnairement*. Ne croyant sans doute pas avoir assez fait, tant qu'il n'aurait pas élargi le cercle terrible de son pouvoir, il adressait le 6 novembre une circulaire aux Comités de surveillance des départements voisins pour les inviter à lui « donner tous les renseignements qu'ils pourraient avoir sur les individus suspects qui se seraient soustraits à sa surveillance, afin de parvenir à empêcher que le sol de la République ne fût plus longtemps souillé par la présence des conspirateurs (1). »

Les conséquences du régime qui pesait sur la ville de Bordeaux ne tardèrent pas à se faire sentir. Ysabeau et Tallien furent assaillis des pétitions des détenus qui encombraient les maisons d'arrêt, et des réclamations de leurs familles sur l'injustice des détentions et l'insalubrité dangereuse des prisons. Des imputations colportées dans l'ombre par leurs ennemis, qui les taxaient de *modérantisme* parce qu'à leur gré on ne guillotinait pas assez, accusaient hypocritement les conventionnels de laisser périr les prisonniers par défaut de soins et de hâter ainsi la mort de malheureux dont tout le crime consistait dans une erreur momentanée. Il va sans dire que les familles et les amis des détenus propageaient, mais sans l'arrière-pensée des ultra-jacobins, les imputations que nous venons de rappeler.

Ces réclamations et ces calomnies étaient pour les conventionnels un sujet de préoccupation : ils n'ignoraient pas qu'il existait des abus, inséparables des événements. Aussi, afin d'y mettre un terme dans la mesure du possible et pour calmer en même temps les colères et les

---

(1) *Appendice*, note VI.

impatiences, ils prirent le 7 novembre l'important arrêté que l'on va lire :

« Les Représentants du peuple en séance à Bordeaux,
» Considérant qu'au même moment où le glaive des lois fait tomber la tête des conspirateurs, il est juste d'empêcher que l'innocent ne se trouve confondu avec le coupable;
» Considérant que si dans les temps de révolution il faut prendre des mesures extraordinaires pour maintenir la liberté publique, le législateur doit empêcher que l'abus de ces mesures ne compromette la liberté des bons citoyens;
» Considérant que le plus sûr moyen de faire aimer la Révolution, c'est de procurer à l'opprimé les plus grandes facilités pour établir promptement sa justification, et obtenir justice des Représentants et des magistrats du peuple, qui la doivent à tous indistinctement;
» Voulant empêcher que les petites passions, les ressentiments particuliers ne prennent la place de la plus sévère impartialité qui doit toujours guider les hommes chargés de prononcer sur le sort de leurs semblables;
» Voulant repousser, d'une manière grande et digne de la représentation nationale, les calomnieuses imputations des aristocrates et des fédéralistes, contre lesquels tous les bons citoyens ne peuvent exercer une trop active surveillance;
» Voulant prouver aux ennemis de la République que les vrais patriotes, les sincères Montagnards sont aussi les amis les plus ardents de la justice et les vengeurs des opprimés,
» Arrêtent ce qui suit :
» I. Le Comité révolutionnaire de surveillance établi à Bordeaux par l'arrêté des Représentants, du 1er jour de la 2e décade du présent mois (1er novembre 1793), sera tenu de se conformer à toutes les lois rendues par la Convention nationale relativement aux mesures de sûreté générale, et rendra, tous les jours, aux Représentants du peuple un compte précis de ses opérations.
» II. Conformément au décret de la Convention nationale du 17 septembre dernier, toutes les délibérations seront consignées sur un registre et signées de tous ceux des membres qui y auront pris part.
» III. Les mandats d'arrêt devront être revêtus des signatures de sept membres.
» IV. Cependant, pour que les mesures de sûreté générale nécessaires pour réprimer les trames des ennemis du bien public n'éprouvent aucun retard, deux membres pourront décerner un mandat d'amener contre un citoyen dénoncé ou suspect, sauf à en référer, dans les vingt-quatre heures, au Comité assemblé.

» V. Toutes les délibérations ou arrêtés relatifs à la mise en liberté des détenus devront être également signées de sept membres avant d'être remis aux Représentants du peuple pour obtenir leur approbation.

» VI. Le Comité sera tenu d'avoir quatre registres : le premier contiendra ses arrêtés et ses délibérations; le second, les dénonciations qui seront faites par les citoyens; le troisième, la liste des personnes suspectes mises en état d'arrestation; le quatrième, celle des individus envoyés devant les tribunaux, avec l'énoncé des motifs, la date de l'arrêté et l'état des pièces remises.

» VII. Tous les trois jours, deux membres du Comité de surveillance, accompagnés de deux officiers municipaux, se rendront dans les prisons, entendront les réclamations des détenus, viseront les registres d'écrou et feront leur rapport par écrit aux Représentants du peuple.

» VIII. La municipalité de Bordeaux est requise de présenter aux Représentants du peuple, dans le délai de huit jours, les moyens de rendre les maisons d'arrêt et de détention plus salubres et plus commodes.

» IX. Toutes les dépenses nécessaires pour opérer ces changements seront supportées par les *riches* détenus comme suspects.

» X. Il sera, par les Représentants du peuple, assigné des fonds suffisants pour procurer des aliments aux prisonniers qui n'ont aucuns moyens d'existence.

» XI. Toutes les décades, la liste des détenus sera imprimée et insérée dans tous les journaux. »

Cet arrêté, en même temps qu'il constate les abus déplorables qui s'accomplissaient à la faveur du régime de la Terreur, constitue, par l'ordre qu'il établissait dans les travaux du Comité de surveillance et par les prescriptions relatives aux prisons et aux détenus, un progrès réel sur la mesure qui avait chargé antérieurement le juge de paix Antony de l'inspection des maisons d'arrêt; il régularisait — si l'on peut ainsi parler — le système des arrestations arbitraires suivi depuis le 18 septembre, et prescrivait enfin des mesures pour la salubrité des prisons. Il est vrai que les dépenses pour ce dernier objet étaient mises à la charge des *riches* détenus comme suspects !

Les dispositions de cet arrêté, dictées par les circonstances et qui semblaient revêtir un sentiment d'humanité, ne furent toutefois exécutées qu'à demi ; elles étaient gênantes en la forme pour les passions qui avaient fait monter la lie à la surface, et on ne tarda pas à se relâcher et à abandonner des prescriptions qui avaient à ce moment un côté vraiment tutélaire. Trois mois plus tard, les représentants du peuple durent réitérer la complète exécution de leur arrêté.

Pour ne pas rester en arrière des représentants du peuple, et afin, selon ses expressions, de fournir à la Commission militaire les moyens d'absoudre les innocents et de punir les coupables, Lacombe adressa de Libourne, vers le même temps, une circulaire aux Sections de Bordeaux pour les inviter à envoyer les procès-verbaux et renseignements relatifs aux individus contre lesquels elles avaient lancé des mandats d'arrêt. Il terminait en engageant particulièrement les sans-culottes à écrire et à signer tout ce qu'ils savaient sur les prisonniers connus d'eux [1].

C'est au moment où l'on semblait ainsi chercher à donner une apparence de satisfaction à une partie de l'opinion publique, que l'on affichait sur les murs de la ville un placard sortant des presses de l'imprimeur Lafforest et contenant une adresse du Père Duchène aux sans-culottes à l'occasion de la mort tragique de la reine Marie Antoinette, cette noble et grande figure, et de la décapitation de Gorsas. Le style du journaliste Hébert est trop connu pour que nous songions à salir ces pages des grossièretés de sa plume. Hélas! c'est ainsi qu'on essayait de remonter l'esprit public! Et le *Moniteur* pouvait écrire : « Les » nouvelles autorités constituées de Bordeaux marchent » dans les vrais principes. On peut regarder cette ville » comme véritablement régénérée. Le désarmement qui s'y » est fait a produit 18,100 fusils, 6,000 pistolets et environ

---

[1] Lettre du 7 novembre 1793.

» 10,000 sabres. Ces armes, au moins inutiles dans les
» mains des muscadins et dangereuses dans celles des
» malintentionnés, deviennent la terreur des uns et des
» autres, bravement portées par les sans-culottes (1). »

Il est vrai que les pillages et les vols chez les particuliers étaient la principale occupation du jour : Dorgueil, Endron, Gaubet, Aindas et d'autres agents du Comité de surveillance jouaient le principal rôle dans ces odieuses déprédations.

Dans le singulier système de justice et de gouvernement organisé par la Terreur, il existait, dans l'ordre des faits comme dans l'ordre des idées, une confusion inextricable. Ombrageux comme la tyrannie, le Comité de Salut public suspectait les hommes et les dévouements, et n'accordait sa confiance qu'à ceux qui se compromettaient hardiment pour le succès à tout prix de la Révolution.

Aussi, dès que commencèrent les missions des conventionnels dans les départements et aux armées, une nuée d'agents envoyés par lui ou par le pouvoir exécutif se répandirent tout à coup et envahirent les provinces. « Les pouvoirs de ces agents, dit un contemporain, sont illimités; ils destituent les généraux, ils les remplacent; ils ont ordre de ne rien communiquer aux représentants en mission sur les lieux (2). »

Deux de ces proconsuls d'occasion passèrent à Bordeaux vers les premiers jours de novembre, se rendant à l'armée des Pyrénées-Occidentales; ils montrèrent vis-à-vis des conventionnels Ysabeau et Tallien une attitude arrogante et railleuse qui les blessa profondément. Ceux-ci n'hésitèrent pas à signaler ces agents à leurs collègues Carnot et Cavaignac, en mission à l'armée des Pyrénées-Occidentales, afin de les tenir en garde contre les envahissements de ces aventuriers politiques.

---

(1) *Moniteur* du 7 novembre 1793.
(2) Sainte-Luce Oudaille, *Histoire de Bordeaux*, etc

« Nous croyons devoir vous envoyer un courrier extraordinaire, leur écrivaient-ils, pour vous prévenir de l'arrivée de deux commissaires du pouvoir exécutif, dont la mission nous a paru plus que suspecte. Ces hommes se sont présentés ici avec une arrogance sans égale et une intention marquée de braver les représentants du peuple. Leur commission ostensible et les instructions secrètes que le ministre de la guerre leur a données ne parlent aucunement de s'entendre avec vous, et pourtant il ne s'agit de rien moins que du pouvoir de destituer tous les officiers de l'armée. Vous n'aurez pas causé un quart d'heure avec ces personnages, que vous serez surpris de voir en quelles mains les destinées de la France sont déposées. Ces hommes sont d'une ignorance crasse et insolents à proportion; leur nom est Cheval et Leclerc. Nous avons une foule de données pour croire qu'il existe un complot dans les bureaux de la guerre pour envahir l'autorité attribuée aux représentants du peuple et pour les perdre. Les patriotes d'un jour veulent s'élever sur la ruine des anciens, de ceux qui ont combattu depuis 1789 et ont tout sacrifié pour la Révolution. »

Nous ignorons la réception faite aux citoyens Leclerc et Cheval, mais nous sommes convaincu que Carnot et Cavaignac n'étaient pas hommes à souffrir auprès d'eux un pouvoir occulte et insolent.

La ville de Bordeaux continuait à subir les horreurs de la famine. Pour remédier, dans la mesure du possible, aux douleurs d'un tel état de choses, le Comité des subsistances avait expédié de toutes parts des commissaires munis de lettres des représentants Ysabeau et Tallien les accréditant auprès des conventionnels en mission et des autorités constituées des départements qu'ils avaient à parcourir. Ces commissaires, qui étaient chargés d'acheter des grains et de les diriger sur la ville de Bordeaux, rencontrèrent plus d'un obstacle dans leurs pérégrinations ; nous n'en voulons citer qu'un exemple : le conventionnel Harmand, en mission à Angoulême, se plaignit vivement à ses collègues de Bordeaux de ce qu'on venait requérir à prix d'argent, au profit de cette ville, des approvisionnements en grains et farines qui certainement viendraient à faire défaut aux villes et aux départements assez imprudents pour les livrer.

Ysabeau et Tallien crurent nécessaire de répondre à Harmand ; ils le firent le 12 novembre dans les termes suivants, qui méritent une reproduction intégrale :

« Tes réflexions sur la pénurie des subsistances nous ont paru très judicieuses ; nous sentons comme toi que le grand nombre de commissaires envoyés dans les départements peuvent s'entraver, nuire à leurs opérations respectives et répandre l'alarme dans les campagnes ; mais *nous mourons de faim* et nous nous accrochons à toutes les branches pour alimenter au jour le jour une population de 120,000 âmes. Non, tu ne peux pas te figurer la détresse de Bordeaux et la longue patience du peuple qui l'habite et *qui reste souvent trois jours entiers sans avoir un morceau de pain*. Si notre cruelle position était bien connue, nos frères des départements partageraient avec nous leur morceau de pain ; mais on soupçonne de l'exagération dans ce qui n'est que l'exposé simple de la vérité. Nous en sommes à désirer qu'on nous achète des grains partout où ils seront. La loi dit : dans les marchés seulement, et la faim dit : dans les greniers, s'ils ne se trouvent que là.

» Tu ne nommes pas notre commissaire ; nous lui aurions envoyé toutes les autorisations dont il a besoin, et nous te prions instamment de les lui conférer en ton nom et au nôtre. Du pain, du pain aux sans-culottes de Bordeaux si on veut assurer cette ville à la République ! Sois certain que les besoins sont pressants et la distribution très bien faite. »

Si nous avions écrit les lignes qu'on vient de lire, on pourrait peut-être nous taxer d'exagération ; mais elles sont signées par Ysabeau et Tallien, et sans vouloir y rien ajouter, nous en retiendrons seulement ce passage : *Nous mourons de faim!* Tel était le mot cruel de la situation.

Encore faut-il dire que les bruits les plus sinistres

étaient répandus et circulaient dans le département du Bec-d'Ambès; l'alarme était partout : dans les campagnes notamment, on disait que *toutes les municipalités* qui avaient donné leur adhésion à la Commission populaire *seraient guillotinées,* et un certain Siron disait publiquement à Léognan *qu'il recevrait 50 livres pour la peau de chacun de ceux qu'il tuerait.*

La Terreur étendait son réseau de proche en proche et courbait les plus vaillantes natures.

Les conséquences du régime intronisé à Bordeaux par les conventionnels peuvent se résumer en peu de mots : la famine, les pillages, les vols, les arrestations arbitraires, et, comme couronnement de l'édifice, la permanence de l'échafaud !

C'est ce moment que choisirent les sans-culottes composant le Conseil général de la commune de Bordeaux pour prendre une délibération aux termes de laquelle, « consi-» dérant que si toute la fortune des nouveaux magistrats » consiste dans leur travail et leur industrie, il est juste » qu'ils reçoivent des indemnités proportionnées, » il était alloué au maire une somme annuelle de 12,000 livres et son logement dans la maison commune, composé de six pièces meublées; au procureur de la commune et à son substitut, 4,000 livres; aux officiers municipaux, 3,000 livres, et enfin 2,400 livres à chaque notable.

N'est-ce pas le cas de dire que les hommes qui avaient fait la révolution du 18 septembre cherchaient à tirer profit de leur dévouement et se *donnaient une part du gâteau?* Ysabeau et Tallien approuvèrent sans hésitation une mesure provoquée par eux, qui leur paraissait équitable au fond et qui, dans tous les cas, leur permettrait à l'occasion de choisir dans la classe des *pauvres* sans-culottes les administrateurs de la cité fédéraliste.

Depuis le jour où le maire Bertrand et ses acolytes

s'étaient emparés de la municipalité bordelaise et où le parti des Girondins avait été évincé des fonctions publiques, la ville de Bordeaux était livrée à une licence dont rien ne saurait donner l'idée; les Montagnards étaient les maîtres, et avec ce manque de logique qui a tué et qui tuera, si l'on n'y prend garde, toutes les républiques qui tenteront de s'établir en France, ils laissèrent l'anarchie prendre la place d'une sage liberté, et le règne des lois s'en trouva gravement compromis [1]; pour ne citer qu'un exemple qui nous ramène forcément à notre sujet, les vingt-huit sections de Bordeaux étaient restées *en permanence* depuis le 18 septembre : c'est-à-dire que, grâce à ces réunions incessantes où le peuple venait s'abreuver de théories creuses et subir des excitations diverses, les esprits étaient sous le coup d'une exaltation qui pouvait avoir les plus regrettables conséquences. Il ne faut pas se dissimuler d'ailleurs qu'une dualité d'opinions divergentes s'était établie peu à peu dans ces réunions : les motions les plus incendiaires et les plus extravagantes s'y produisaient journellement et compromettaient le salut de la République. D'un autre côté les adhérents de l'ancienne Commission populaire de salut public, qui avaient repris quelque courage et qui comprenaient qu'il fallait réagir contre les surexcitations populaires et contre les abus de toute nature qui pesaient sur la population, essayaient des appels à la modération qui n'étaient pas sans trouver de l'écho. Mais les sans-culottes, qui voulaient régner et qui régnaient par la terreur, avaient une seule préoccupation : ils craignaient qu'une voix ardente et convaincue ne s'élevât au milieu de ce carnaval de liberté dont ils gorgeaient le peuple, à défaut de pain, pour faire éclater un rayon de bon sens et de raison.

---

[1] M. J. Dufaure, l'éminent garde des sceaux, disait à la Chambre des députés, le 8 juin 1876, aux applaudissements de toute la gauche : « La République ne peut vivre et s'affirmer que par le respect des lois. »

La section Franklin et la section Républicaine n° 16 communiquèrent leurs craintes aux autres sections et aux conventionnels. Ces derniers, qui n'étaient pas sans appréhension et redoutaient des excès de part et d'autre, consultèrent le *Club national*. Celui-ci, par son ancienneté et par les preuves de patriotisme qu'il avait données, constituait pour eux comme une sorte de comité consultatif. Durant quatre séances, le Club national discuta la question de la permanence des sections, et finalement il exprima le vœu de la suppression de cette mesure.

Sûrs de leur terrain, Ysabeau et Tallien n'hésitèrent plus et le 13 novembre ils firent publier et afficher sur tous les murs de la ville un arrêté ainsi conçu :

« Les Représentants du peuple en séance à Bordeaux,
» Vu les arrêtés des diverses sections de la commune de Bordeaux et notamment ceux des sections Franklin n° 14 et Républicaine n° 16, par lesquels elles réclament la suppression de la permanence de leurs assemblées, qu'elles regardent comme étant en ce moment bien plus dangereuses qu'utiles ;
» Informés que les intrigants et les partisans du fédéralisme et de la Commission prétendue populaire commencent à reparaître dans ces assemblées et à y souffler l'esprit de désordre et de désorganisation ;
» Considérant que si la permanence des assemblées de sections peut produire d'heureux effets dans les moments difficiles, elle doit, au contraire, en produire de très funestes lorsque l'unité des mesures est nécessitée par l'urgence des circonstances ;
» Considérant qu'un des devoirs les plus impérieux des Représentants du peuple, investis de pouvoirs illimités et chargés de coopérer au salut de la République, c'est de prémunir le peuple contre les dangers et les abus qui peuvent résulter de l'exercice même de ses droits ;
» Considérant (quoi qu'en puissent dire les malveillants) que ce n'est pas porter atteinte à la souveraineté du peuple, que de lui ôter les moyens de s'entre-détruire et lui procurer ceux de surveiller ses ennemis avec plus de sévérité que jamais, en évitant les piéges qu'ils ne cessent de lui tendre, souvent même en se couvrant du masque du patriotisme ;
» Après avoir suivi avec attention la discussion solennelle qui a

eu lieu pendant quatre séances consécutives dans le Club national laquelle a été terminée par un arrêté, *pris à l'unanimité,* exprimant le vœu formel de la suppression prompte de la permanence des sections,

» Arrêtent, *comme mesure révolutionnaire,* ce qui suit :

» I. A compter du jour de la publication du présent arrêté, la permanence des assemblées de sections de la ville de Bordeaux est supprimée; et il est défendu, sous les peines les plus sévères, à tous présidents, secrétaires, ou autres individus, d'en provoquer la réunion.

» II. Les commissaires nommés par les sections pour l'exécution de la loi concernant les accapareurs continueront provisoirement les fonctions dont ils ont été chargés, et ce sous la surveillance immédiate de la municipalité, qui est autorisée à les changer en tout ou partie et à fixer l'indemnité qui doit leur être accordée.

» III. Les citoyens chargés de *surveiller la manipulation et la distribution des cartes pour le pain* continueront provisoirement à remplir leurs fonctions, sous les auspices et la surveillance de la municipalité, qui demeure autorisée à les renouveler, en tout ou en partie, lorsqu'elle le jugera convenable.

» IV. La municipalité de Bordeaux fera, dans le jour de la publication du présent arrêté, apposer les scellés sur tous les papiers des vingt-huit sections.

» V. La municipalité et le général Brune sont chargés de tenir la main à l'exécution rigoureuse du présent arrêté, qui sera imprimé, publié et affiché partout où besoin sera. »

Nous ne nous appesantirons pas sur la gravité de la mesure prise par Ysabeau et Tallien et sur les diverses prescriptions de l'arrêté que l'on vient de lire.

La suppression de la permanence des sections fut diversement appréciée par les habitants; critiquée par les uns, approuvée par les autres, elle ne rencontra aucune résistance sérieuse, et ramena un peu de calme au milieu de la population bordelaise, livrée jusqu'à ce moment aux dangereuses excitations des éternels perturbateurs de l'ordre public.

Prise à titre de *mesure révolutionnaire,* et sur la demande de la généralité des sections et du Club national, elle se trouva ainsi à l'abri des attaques des sans-culottes dont, par le fait, Ysabeau et Tallien avaient eu l'habileté de paraître adopter la volonté souveraine.

Le décret qui, selon l'expression des conventionnels, avait *cassé* les autorités constituées du département et les arrêtés qui avaient organisé dans cette ville le gouvernement militaire, produisaient des résultats au moins singuliers. En plus d'une circonstance, ils mettaient une entrave à l'exécution de certaines lois. C'est ainsi que celle relative au divorce ne pouvait recevoir son application à Bordeaux parce que les arbitres chargés de prononcer en cette matière devaient être désignés par le tribunal de district; or, ce tribunal se trouvait supprimé. Pour remédier à cet empêchement et afin de favoriser l'exécution d'une *loi salutaire,* qui devait *rendre à la République des citoyennes dont les maris avaient lâchement abandonné leur patrie,* Ysabeau et Tallien, par un arrêté du 14 novembre 1793, déléguèrent aux juges de paix, seul pouvoir judiciaire existant alors, les fonctions attribuées de ce chef au tribunal de district. Ce n'était pas pour rien que les conventionnels avaient des pouvoirs illimités, et nous les verrons plus d'une fois jouer avec les lois et les modifier à leur gré, selon les besoins que créaient la désorganisation générale à laquelle ils présidaient, ou les intérêts du terrorisme.

Les 15, 16 et 18 novembre, la Commission militaire jugea un certain nombre d'affaires et prononça plusieurs condamnations à mort.

Nous n'avons pas besoin de dire qu'au milieu des événements qui se succédaient depuis 1789, le commerce autrefois si prospère de la ville de Bordeaux avait décliné de jour en jour, et qu'à l'époque où nous sommes arrivés, il était complètement nul : l'embargo sur les navires des puissances alliées et sur les corsaires et bâtiments de commerce, décrété par la Convention nationale les 11 avril et 22 juin 1793, avait porté le dernier coup aux affaires commerciales. Ysabeau et Tallien voyaient avec un vif regret cette désolante situation; ils comprenaient que l'embargo mettait un obstacle invincible à la résurrection du commerce; toutefois, ils n'osèrent prendre sur eux de lever entièrement la mesure dont il s'agit : il aurait fallu obtenir la sanction du Comité de Salut public, et ils redoutaient, au milieu des variations de l'esprit public et en présence des calomnies dont ils étaient l'objet, de tenter une démarche qui aurait pu les faire taxer de *modérantisme*. Néanmoins, par leurs conseils, des commissaires [1] furent envoyés à Paris pour plaider la cause du commerce bordelais; ils obtinrent quelques adoucissements particuliers; mais quant à l'*embargo général,* leurs demandes furent enterrées sous le formalisme d'une procédure administrative. Ne voulant cependant négliger aucun moyen d'alimenter et de raviver le commerce, Ysabeau et Tallien en prirent bravement leur parti, et le 18 novembre ils édictèrent un arrêté cité dans quelques mémorialistes, mais dont il nous a été impossible de retrouver le texte complet. En voici toutefois quelques extraits conservés par Sainte-Luce Oudaille; nous n'osons en attester l'authenticité :

« Les Représentants du peuple,
» Considérant que les dangers du fédéralisme ont disparu; que plusieurs des traîtres qui avaient égaré Bordeaux ayant subi la juste peine de leur perfidie, il est temps de suspendre les mesures de rigueur qui avaient paru nécessaires;
» Considérant que l'une de ces mesures, l'embargo, pèse principalement sur le peuple, qu'elle réduit à l'inaction par la stagnation des affaires; que le travail est une des premières vertus d'un État républicain, qui ne doit souffrir ni mendiants ni oisifs;
» Considérant qu'à cet esprit d'agiotage, qui fait rougir le négociant honnête et qui doit finir par compromettre les fortunes particulières après avoir attenté à celle de l'État, doit succéder un commerce d'échange propre à tout vivifier, et qu'il fut toujours dans l'intention de la Convention nationale de l'encourager, comme

[1] MM. Gramont, Jona-Jones et Zimmermann.

le seul moyen de lier les peuples par leurs besoins réciproques et par leurs habitudes ;

» Reconnaissant que le plus sûr moyen d'assurer le triomphe de la liberté est de se rendre soi-même esclave des principes de loyauté et de justice qui la caractérisent ; qu'il est de la dignité d'une nation généreuse de ménager, dans des mesures générales de sûreté publique, les intérêts particuliers des étrangers, qui cessent de l'être pour nous lorsqu'ils abordent nos ports avec confiance, et que nous devons traiter en frères lorsqu'ils s'occupent de nos besoins,

» Arrêtent :

» Art. 1er. — L'embargo sera levé..... »

L'article 4 portait : « Le présent arrêté ne sera néanmoins mis à exécution qu'autant qu'il sera approuvé par le Comité de Salut public de la Convention nationale. »

Les proconsuls, nous avons tout lieu de le croire, dépassèrent dans cette circonstance les limites de leur autorité, car leur arrêté, quelque excellent qu'il dût être pour le commerce de Bordeaux, ne reçut pas l'approbation du Comité de Salut public et resta, par suite, à l'état de lettre morte. C'est ce qui explique sans nul doute la difficulté que nous avons éprouvée à en retrouver le texte, puisqu'il ne fut ni imprimé, ni publié, ni affiché, ne devant recevoir aucune exécution.

Nous avons déjà parlé des agents du pouvoir exécutif qui inondaient la France et cherchaient à lutter d'influence et d'autorité avec les représentants en mission. Bordeaux ne fut pas à l'abri des visites de ces agents. D'imberbes *adjudants généraux* avaient fait grand fracas et mené grand train dans cette ville, scandalisant les citoyens par leur attitude cynique et leur insolence envers tous. De plusieurs points du territoire, les représentants s'étaient plaints avec amertume, et le ministre de la guerre Bouchotte avait été fréquemment appelé à la barre de la Convention pour fournir des explications sur les abus de pouvoir de ses agents. Les conventionnels battaient en brèche ce ministre, et leur correspondance revêtait une forme acerbe et irritante, comme nous allons le voir.

Ysabeau, en effet, déterminé, dit un contemporain, à ne pas souffrir qu'on insultât à la représentation nationale, écrivit le 19 novembre à Bouchotte une lettre énergique, approuvée par Tallien, et dont nous extrayons les passages suivants : « ..... Que veux-tu que je dise quand je vois
» conférer des grades supérieurs et qui demandent des
» guerriers consommés, à des *imberbes* sans capacité et
» sans talent, à qui leurs épaulettes et leurs broderies
» achèvent de tourner la tête? Par exemple, *Augé*, dont
» nous parlons, n'est-il pas *adjudant général, chef de*
» *brigade, chef de l'état-major* et *adjoint moral du*
» *ministre de la guerre?* Deux lignes de titres à un
» jeune homme de vingt-trois ans, intrigant de profession,
» calomniateur par caractère! Par exemple, *Cravey*, même
» âge, *adjudant général* comme l'autre, couvert de
» broderies d'or!... Quel respect veux-tu que de pareils
» êtres inspirent? Quel chagrin pour un ancien soldat, criblé
» de blessures, d'être forcé d'obéir à des hommes qui ne
» commandent que le mépris!... Tu inondes les départe-
» ments de tes agents. Fort bien, ils pourraient être d'une
» grande utilité; mais pourquoi, dans leurs instructions
» publiques et secrètes, ne leur as-tu pas recommandé de
» voir les représentants du peuple, de se concerter avec
» eux? Par exemple, *Cheval* et *Leclerc*, que tu envoies à
» Bayonne pour purger l'armée, sans l'aveu de mes
» collègues... ô honte de ma patrie!... ces hommes n'ont
» nulle espèce de connaissance... si tu voyais un billet que
» j'ai d'eux, tu rougirais d'un pareil choix; ce n'est pas
» tout : ces agents ignorants et brutaux ont usurpé les noms
» de représentants du peuple, en ont exercé les fonctions; ils
» se sont fait rendre les *honneurs suprêmes* dus à la seule
» majesté nationale; des villes entières sont sorties au-devant

» d'eux et ils ont menacé de la foudre celles qui se refusaient
» à ces démonstrations... J'ai vu jusqu'à des forgerons, que
» tu as envoyés, avec le titre de tes agents, pour fabriquer
» des piques, avoir l'audace de destituer des municipalités,
» d'en créer d'autres, d'emprisonner des citoyens, d'en
» relaxer, de requérir à tort et à travers tout ce qui leur
» faisait plaisir... Crois-tu que cet état de choses puisse
» durer longtemps? Quelle serait donc cette nouvelle autorité
» rivale, qui prétendrait s'élever sur le seul pouvoir
» légitime? Ou plutôt, y a-t-il deux pouvoirs en France?
» Non, dit le peuple; — Oui, disent tes commis; car j'ai lu
» hier cette phrase dans l'un d'eux : *il est temps qu'on
» trace une ligne de démarcation entre les deux pouvoirs.*
» N'est-ce pas là le langage de la Cour? Faudra-t-il faire
» le siége de tes bureaux, comme on a fait celui des
» Tuileries?... »

Cette lettre, si curieuse à plus d'un titre, et qui semblerait pouvoir être appliquée, notamment en ce qui concerne le galon, à des temps qui ne sont pas encore bien éloignés de nous, est vive et nette, on le voit; mais la fibre des proconsuls, fort susceptible d'ailleurs, l'était justement et à bon droit dans cette circonstance, il faut le reconnaître.

Il existait toutefois pour eux comme une sorte de compensation à ces causes d'irritation et de colère, dans la correspondance sentimentale qu'ils échangeaient avec la Société des Jacobins de Paris; en effet, le jour même où ils admonestaient si vertement le ministre Bouchotte, ils écrivaient à la célèbre Société :

« Vous avez été peut-être étonnés, frères et amis, du retard de notre correspondance; mais l'absence de la Commission militaire que nous avions envoyée à Libourne pour faire justice des conspirateurs, avait un peu ralenti la marche des événements. Les fédéralistes commençaient même déjà à relever la tête; les calomnies contre la représentation nationale circulaient à voix basse, et déjà les Girondins croyaient pouvoir bientôt reparaître sur la scène; mais le retour du tribunal *expéditif* a tout déjoué, et la chute des têtes de quatre conspirateurs a achevé de faire rentrer les aristocrates dans le néant. Telle a été et telle sera toujours la conduite de cette Commission tant calomniée. Tandis que les ennemis de la République nous peignent ici comme des hommes de sang, peut-être se plaint-on à Paris de notre modération ; mais, fidèles à nos devoirs et à remplir les intentions de la Convention nationale, nous nous attachons à faire tomber la tête des meneurs, des conspirateurs en chef, à saigner fortement la bourse des riches égoïstes et à faire jouir des bienfaits de l'indulgence nationale les sans-culottes trompés par les scélérats.

» Nous venons de frapper un coup décisif en supprimant la permanence des assemblées des sections. Les riches et les intrigants étaient les seuls qui les fréquentaient ; aussi tous les sans-culottes et notamment ceux de la bonne section Franklin ont-ils applaudi à notre arrêté.

» Chaque jour nous assistons à la plantation d'un arbre de la liberté. Ces fêtes, qui peuvent paraître enfantines, sont cependant utiles en ce qu'elles attirent un grand concours de citoyens, et que nous avons toujours soin de réchauffer l'esprit public par des discours énergiques.

» Nous ne sommes pas ici aussi avancés en philosophie qu'à Paris. Nous espérons cependant célébrer bientôt aussi la fête de la Raison. Déjà on nous a apporté l'argenterie des églises. Un curé a brûlé hier ses lettres de prêtrise au pied de l'arbre de la liberté, et se dépouillant avec indignation du costume de l'imposture et de la couardise, il s'est, en présence du peuple, revêtu de l'uniforme national et s'est rangé parmi les défenseurs de la liberté et de l'égalité.

» Adieu, braves Jacobins, nous vous embrassons républicainement.

» TALLIEN, C.-Alex. YSABEAU. »

Il ne faut pas oublier qu'Ysabeau était un ancien oratorien !

Nous trouverons diverses autres lettres écrites par les conventionnels aux Jacobins, et nous ne négligerons pas de les reproduire ; elles témoignent de l'influence qu'exerçait cette Société sur la Convention ; elles contiennent, en outre, beaucoup de détails qui permettent de rétablir des faits à leur date ; elles offrent, enfin, commé une sorte de commentaire des actes des représentants du peuple.

Vers cette époque, féconde en plantations d'arbres de la liberté, *Charles,* membre du Comité de surveillance, disait dans l'une des séances du Club national, à une députation qui venait inviter la Société à une de ces fêtes qualifiées d'*enfantines* par les proconsuls. « Les sections feraient » bien mieux de planter devant leurs portes des guillotines » et de les mettre en permanence jour et nuit. » D'aussi odieuses paroles ne sauraient être assez énergiquement flétries, et l'Histoire a le devoir de les clouer à son poteau vengeur. Charles, qui fut l'ami d'Ysabeau, a été l'un des plus redoutables terroristes de Bordeaux.

Comme nous l'avons dit déjà et comme on a pu en voir la confirmation dans la lettre écrite par Ysabeau et Tallien aux Jacobins de Paris, des *calomnies contre la représentation nationale circulaient à voix basse :* elles faisaient un rapide chemin, et des lettres et des pamphlets anonymes les propageaient avec une indomptable ardeur. Ces calomnies dont la source était ignorée, trouvèrent de l'écho jusqu'à Paris, et Courtois, le bordelais Courtois, qui déploya la haine la plus vive contre sa ville natale, s'enquit auprès des conventionnels de la situation, en leur faisant connaître les accusations dont ils étaient l'objet.

« Nous sommes fort aises, cher patriote, lui répondirent ils le 20 novembre 1793, que tu nous fournisses l'occasion de t'instruire du véritable état des choses à Bordeaux, car il paraît que les correspondants te servent mal.

» Tu dis qu'on a renvoyé aux sections à prononcer si les Girondins ont mérité la mort; cette idée est d'une absurdité révoltante, et supposerait de notre part l'excès de la bêtise ou de la trahison. Tu ne sais donc pas que nous avons supprimé toutes les assemblées de sections; et que par ce coup aussi juste que hardi, nous avons coupé la trame de toutes les intrigues dont elles étaient le théâtre! Des hommes qui depuis quatre mois font une étude particulière des

Bordelais, n'en sont pas à ces éléments. Lis notre arrêté ci-joint, et crois que les affaires sont bien avancées lorsqu'une telle opération s'exécute non seulement sans commmentaires, mais encore aux applaudissements de la majorité des citoyens.

» Nous te prions de remarquer une inconséquence assez singulière dans l'affaire de Bordeaux : lorsqu'Ysabeau et Baudot disaient, au commencement de septembre dernier, que les sections étaient corrompues, que la Terreur seule pouvait réduire les Girondins, que la fausse révolution du 18 septembre n'était qu'une grimace et une farce ridicule, qu'en un mot il y avait tout à recommencer sur des bases plus solides, tant le monde se réunissait contre eux pour leur jeter la pierre. On disait, on écrivait que la révolution était complète, la conversion solide; on voulait surtout *leur* (sic) empêcher de conduire à Bordeaux une force révolutionnaire. Ils ont eu le courage de braver les cris et la calomnie; ils ont atteint leur but.

» Maintenant récapitulons ce qui est fait : les Girondins chassés de la citadelle de Blaye, de la Teste-de-Buch et de toutes les batteries sur la rivière; la poudrière de Lormont et tous ses canons et arsenaux mis au pouvoir de la République; entrée des représentants du peuple, environnés d'une bonne petite armée et entourés des sans-culottes; création d'une Commission militaire qui a condamné à mort dix-huit coupables, en commençant par le *Capet* de Bordeaux, le maire Saige; formation d'une municipalité et d'un district composés au gré de tous les bons citoyens; destruction de toutes les assemblées de sections; réintégration du Club national dans le superbe local des Récollets, où il est entouré maintenant d'une foule immense et présidé alternativement par les représentants; prédications civiques de ceux-ci dans les divers quartiers de la ville; police et sûreté rétablies; journaux excellents répandus; fanatisme attaqué et expirant; taxes sur les riches; enfin grandes opérations sur les subsistances, mais qui doivent rester secrètes jusqu'au succès, quoiqu'elles aient obtenu l'assentiment le plus complet du Comité de Salut public. Nous passons sous silence une foule d'autres détails qui, dans un rapport général, prouveront que tous nos moments ont été consacrés à ranimer l'esprit public, et nous toucherons au succès, car on peut dire, sans se faire illusion, que Bordeaux n'est plus le même.

» On se plaint, dis-tu, de ce qu'il n'a pas péri un assez grand nombre de coupables. Mais d'abord, il faut les tenir pour leur couper le col, et tu n'ignores pas qu'un grand nombre s'est échappé sous le règne d'une certaine municipalité provisoire, qui venait vous faire de si beaux contes aux Jacobins, et qui valait moins que l'ancienne. Il est de fait qu'aucun des scélérats n'a été acquitté, et c'est là le grand point; enfin, la Commission militaire n'a pas fini, et c'est au terme de ses opérations qu'il faut l'attendre pour la juger.

» Qu'attendent de nous la Convention nationale et la République entière? Que les meneurs, les séducteurs du peuple, les chefs de l'intrigue, les provocateurs du fédéralisme expient par un juste supplice les maux qu'ils ont voulu faire à la patrie; car, de dire qu'il faille exterminer, suivant la lettre du décret du 6 août, tous ceux qui ont adhéré, ce serait vouloir faire une boucherie générale, puisque, par l'effet de la terreur et de la séduction, l'adhésion a été à peu près complète.

» Sais-tu, cher patriote, que c'était là le grand levier dont se servaient les administrateurs perfides pour lier le peuple entier à leur cause? La loi du 6 août à la main, ils s'écriaient dans leurs assemblées, sur les places publiques : « Vous le » voyez, citoyens, la Convention nationale vous met hors » la loi; tous vos biens sont confisqués; vos femmes, vos » enfants demanderont leur pain! »

» Il a fallu détruire cette impression terrible, en répétant aux citoyens que la loi savait distinguer l'erreur d'avec le crime, et que sa vengeance serait satisfaite par la mort de ceux qui les avaient égarés; et lorsqu'une fois les esprits ont été rassurés, le peuple applaudit au supplice de ses chefs, le peuple nous aide lui-même à les découvrir.

» Venons aux choix que nous avons faits pour la formation des différents corps constitués. La politique et la loi nous faisaient un égal devoir de ne pas convoquer les assemblées primaires pour connaître le vœu du peuple; et comment distinguer, d'un autre côté, les citoyens capables de remplir les places? Voici la marche que nous avons suivie, faute d'en connaître une meilleure : pour chacun des corps, nous avons proclamé au Club national que tous ceux qui aimaient leur patrie eussent à nous fournir la liste des citoyens qu'ils croiraient les plus dignes de remplir telle fonction, en mettant le patriotisme à la tête de toutes les autres qualités. Après avoir recueilli ces listes, nous avons convoqué un comité composé d'un petit nombre de patriotes éprouvés et purs pour en faire le dépouillement; et après avoir passé par ce premier creuset, nous avons encore appelé tous les membres à la tribune du Club, pour y recevoir la censure ou la sanction de l'opinion publique. Il peut se faire, après tout, que nous ayons été trompés; mais tu conviendras que d'après de telles précautions, cela était difficile. Ce Lacombe dont tu nous parles, a subi ces épreuves, et il remplit ses fonctions avec un talent et une fermeté rares; il n'y a pas un reproche à lui faire depuis qu'il est en place; et quelle qu'ait été sa conduite passée, ses ennemis mêmes rendent justice à celle qu'il tient à présent. Patriote, les hommes sont rares à Bordeaux, et tout est à renouveler. Tustet nous a été présenté par le Club national; tu conviendras que cela nous devait suffire.

» Et c'est au moment où tout se réchauffe, se ranime; où

le Club, grâce à nos soins, acquiert un crédit et une consistance incroyables; où la Liberté élève majestueusement sa tête auguste sur les débris honteux du royalisme que tu sembles désespérer du salut de Bordeaux ? Rassure toi, cher patriote, nous connaissons la famille que nous avons à régénérer; ses défauts, ses vices, sa légèreté ne nous ont point échappé; mais nous savons qu'avec de la patience, de l'instruction, de la fermeté, nous assureron, le triomphe de la République; nous l'avons commencé par la terreur, nous le finirons par l'amour. Car, comme tu le dis, le peuple est partout le même, partout bon, juste et sensible; quant aux riches, il nous suffira de les faire payer et de les contenir, et nous aurons fait notre devoir.

» Nous prendrons des renseignements dans l'affaire des forges : Ysabeau observe seulement que pendant assez longtemps le département girondin a fourni des boulets de tous calibres à l'armée des Pyrénées-Orientales; il n'y avait pas de forges dans tout le voisinage, il en a fait établir depuis. »

Le lecteur ne se plaindra pas, nous l'espérons, de la longueur de cette lettre, qui présente un véritable intérêt historique : elle résume, en effet, avec habileté l'œuvre accomplie par les représentants en mission depuis leur arrivée à Bordeaux; et tout en constituant comme une sorte d'apologie de leur conduite, elle jette un peu de lumière sur certains de leurs actes et fait connaître le système qu'ils avaient adopté pour la régénération de cette ville. On y retrouve la trace des accusations de modérantisme que nous avons signalées et dont ils étaient l'objet de la part des exaltés de la démagogie; on y voit Lacombe attaqué et défendu par ses patrons, qui cautionnent ses talents et sa fermeté, Tustet lui-même signalé comme suspect malgré l'appui du Club national, et la Commission militaire taxée de mollesse bien qu'elle eût déjà fauché bien des têtes dans le troupeau humain que la Terreur livrait à ses coups sanguinaires.

Il est vrai qu'Ysabeau et Tallien annonçaient platoniquement qu'ils voulaient terminer par l'*amour* ce qu'ils avaient commencé par la terreur!...

Les contrariétés et les préoccupations qu'ils éprouvaient de ce côté ne les détournaient pas d'ailleurs des objets confiés à leurs soins. Le jour même où ils écrivaient ainsi au *patriote* Courtois, ils prenaient, de concert avec leur collègue Brival, en ce moment à Bordeaux, un arrêté relatif à l'exploitation des bois dans les propriétés nationales. Cet arrêté n'offre aucune particularité digne de remarque.

Les 19 et 21 novembre, la Commission militaire tint audience et prononça plusieurs jugements.

La misère du peuple était extrême à ce moment dans toute l'étendue du département de la Gironde : il faut dire aussi que tous les efforts tentés pour amener des subsistances à Bordeaux échouaient devant la résistance des autres départements et les difficultés des communications.

« Bordeaux n'est plus le même, a dit un contemporain; » les figures sont tristes et maigres. » « Le pain est de la » plus grande rareté, disait un autre, mais malgré cela nous » sommes contents; le Club reçoit journellement des prêtres » dans son sein, qui abjurent la catholicité et leurs erreurs; » les philosophes voient cela avec satisfaction. » Le Comité de surveillance de Libourne écrivait de son côté : « Le » peuple a été pendant huit mois de l'année réduit à la » ration de pain de 1/2 livre, ensuite 1/4, ensuite 2 onces » par jour, et a fini par n'avoir que l'herbe qu'il arrachait » dans les champs [1]. »

Tels étaient les bienfaits du régime révolutionnaire. Mais on vient de le voir, les philosophes éprouvaient de la

---

[1] Archives de la Gironde, série L.

satisfaction, et sans doute ils n'avaient pas le loisir de s'apitoyer sur les malheurs du peuple.

Le Comité de surveillance créé le 1ᵉʳ octobre 1793 par les conventionnels n'était pas à la hauteur des philosophes dont nous venons de parler ; des considérations de famille, d'amitié, de relations, avaient exercé plus d'une fois de l'influence sur ses résolutions. Ysabeau et Tallien reçurent des plaintes à cet égard, et Peyrend d'Herval, leur secrétaire, leur conseilla de prendre une mesure vigoureuse afin de déjouer les calomnies qui ne cessaient d'être propagées contre eux et de donner une apparente satisfaction aux Jacobins, dont Courtois avait certainement été l'interprète.

Ils adoptèrent cet avis, et par un arrêté du 22 novembre ils procédèrent au renouvellement du Comité de surveillance.

Voici le texte de cet important arrêté :

« Les Représentants du peuple en séance à Bordeaux,

» Considérant combien il est important de donner en ce moment la plus grande activité à toutes les opérations du Comité de surveillance, chargé de suivre le fil des trames liberticides des fédéralistes et de tous les ennemis de la République ;

» Considérant que ce Comité étant destiné à surveiller tous les aristocrates et tous les malveillants, non seulement de la ville de Bordeaux, mais de tout le département du Bec-d'Ambès, il est juste et raisonnable d'y appeler des divers districts du département les citoyens connus par leurs lumières et leur plus pur patriotisme ;

» Considérant que l'adoption de cette mesure peut seule détruire cet esprit de localité, ce penchant aux considérations malheureusement trop ordinaires pour les lieux qui nous ont vu naître, ou pour ceux où nous avons nos habitudes et nos affections ;

» Voulant accélérer le triomphe des principes de la Révolution dans la ville de Bordeaux, en faisant punir avec une inflexible sévérité tous les conspirateurs ; en rendant justice prompte à tous les criminels opprimés (s'il se trouve des citoyens dans ce cas), et en faisant ressentir aux hommes égarés par des suggestions perfides les bienfaits de l'indulgence nationale ;

» Arrêtent ce qui suit :

» I. Le Comité de surveillance actuellement établi à Bordeaux est supprimé.

» II. Il sera remplacé par un autre, composé de douze membres et six adjoints.

» III. Et après en avoir conféré avec un grand nombre de bons citoyens, avec les membres des nouvelles autorités constituées, les Représentants du peuple nomment, pour composer le nouveau Comité révolutionnaire de surveillance du Bec-d'Ambès, les citoyens

> *Saint-Blancart*, de Libourne ;
> *Cadillac*, de Libourne ;
> *Constant*, maire de Lesparre ;
> *Perpeʒat*, de La Réole ;
> *Delas*, de La Réole ;
> *Laye*, de Sainte-Foy ;
> *Battu*, officier municipal de Sainte-Foy ;
> *Gaudric* ;
> *Marcel* ;
> *Dorgueil* ;
> *Léard* ;
> *Plénaud*.

ADJOINTS :

> *Rideau* fils aîné, } membres du district de Bordeaux ;
> *Lemoal*,
> *Cogorus*, } officiers municipaux de Bordeaux ;
> *Charles*,
> *Barsac*, membre de la Commission militaire ;
> *Peyrend d'Herval*, commissaire des guerres.

» IV. Les douze membres du Comité recevront chacun 200 livres par mois ; et ceux d'entre eux qui occupent dans ce moment des places ou emplois, de quelque nature qu'ils soient, ne pourront être remplacés que provisoirement et pour le temps de leur absence seulement, leur laissant la faculté de reprendre leurs fonctions lorsqu'ils le jugeront convenable ; déclarant nulle toute destitution ou remplacement qui pourraient être faits au mépris du présent article.

» V. Au moment où le Comité actuellement existant cessera ses fonctions, les scellés seront apposés sur les papiers et sur les effets déposés dans ses bureaux, et il en sera dressé dans le jour un inventaire exact.

» VI. Toutes les matières d'or et d'argent seront envoyées à la Monnaie ; tous les assignats et espèces monnayées seront versés dans la caisse du payeur général, et les marchandises ou objets saisis chez divers particuliers seront déposés dans les lieux qui seront indiqués par la municipalité et par le district de Bordeaux.

» VII. Il sera mis des fonds à la disposition du nouveau Comité, tant pour ses frais de bureau que pour toutes les autres dépenses extraordinaires que les circonstances nécessiteront, après en avoir fourni aux Représentants du peuple un état par aperçu.

» VIII. Ce Comité, au moment de son installation, nommera un trésorier pris hors de son sein, lequel sera tenu d'avoir un registre exact, sur lequel on inscrira tout ce qui sera déposé au Comité, ainsi que toutes les dépenses qu'il fera en vertu des ordres du Comité.

» IX. Toutes les décades, le trésorier rendra compte par écrit de l'état du Comité. Ce compte, visé par ses membres, sera mis sous les yeux des Représentants du peuple, ainsi que l'exposé sommaire de toutes leurs délibérations pendant ce temps.

» X. Le nouveau Comité se conformera dans toutes ses opérations aux décrets rendus par la Convention nationale, ainsi qu'aux arrêtés des Représentants du peuple en séance à Bordeaux.

» XI. Les citoyens d'Herval et Rideau fils aîné sont chargés de l'exécution du présent arrêté, en ce qui concerne l'apposition des scellés, l'inventaire des effets, l'installation du nouveau Comité et l'organisation de ses bureaux.

» XII. Le présent arrêté sera imprimé, publié et affiché, non seulement à Bordeaux, mais encore dans tout le département du Bec-d'Ambès.

» Le 2 frimaire an II, etc.

» C.-Alex. Ysabeau, Tallien [1]. »

Marcel, Léard, Peyrend d'Herval, Charles, Cogorus et Lemoal firent partie, on peut le remarquer, de ce Comité; Peyrend d'Herval même en devint le président. Ce fut avec effroi qu'on le vit appelé à ce poste; sans cesse il acclamait Marat : *Tout ce qui n'est pas maratiste,* disait-il, *doit être banni du sol de la liberté.* « Les vices, les débauches, les crimes, a écrit un témoin oculaire, étaient l'essence de cet homme. Sous son règne, les propos devinrent des crimes; les simples regards, la tristesse, la compassion, les soupirs, le silence même furent incriminés... Les visites domiciliaires se répétèrent trois ou quatre fois la nuit; une recherche exacte se faisait partout, sous prétexte qu'on recélait quelque conspirateur. Ces inquisiteurs exigeaient impérieusement

[1] Archives de la Gironde, série L.

l'ouverture de tous les secrétaires, prenaient lecture des papiers, emportaient ceux qui leur plaisaient sans la moindre formalité (1). »

Ce Comité, qui a laissé une trace douloureuse dans les souvenirs de cette époque, en arriva à un tel degré d'audace et d'arrogance qu'il ne communiquait même plus ses délibérations et ses arrêtés aux représentants du peuple; on peut dire hardiment, pour nous servir d'une expression du temps, qu'il fut *à la hauteur de sa mission,* c'est-à-dire implacable, inhumain, terrible...

Nous aurons bientôt occasion d'en donner plus d'une preuve.

Le 22 novembre, la Commission militaire condamnait à mort deux girondins illustres : Roullet, procureur général syndic du département de la Gironde, et Dudon fils, le dernier procureur général au Parlement de Bordeaux.

Ces condamnations ajoutèrent au légitime effroi qui pesait sur la population. Qui pouvait, en effet, se croire désormais en sûreté en voyant tomber les têtes de ces hommes éminents qu'entourait l'estime publique et qui avaient été les premiers dans cette élite de citoyens courageux et dévoués qui se signalèrent à Bordeaux dans les dernières années du xviiie siècle? Qui pouvait espérer d'échapper aux recherches et aux dénonciations d'un Comité que présidait l'exécrable Peyrend d'Herval? La décapitation de Roullet et de Dudon, comme celle de Saige le mois précédent, jeta un voile de deuil sur la ville.

La terreur et la mort étaient à l'ordre du jour. La moralité publique subissait les contre-coups d'une pareille situation; elle s'abaissait sous le niveau égalitaire; le peuple était devenu féroce; des femmes, oubliant les devoirs de leur sexe, passaient leur temps dans le prétoire de Lacombe

---

(1) Sainte-Luce Oudaille, *Histoire de Bordeaux,* etc.

pour entendre prononcer des sentences de mort, et, courant ensuite au lieu des exécutions, elles allaient se repaître de spectacles hideux. Le jour où le sang ne coulait pas, elles disaient tristement : *Il n'y a rien aujourd'hui!*

L'échafaud bordelais avait ses *tricoteuses*.

Le nouveau Comité se mit rapidement à l'unisson des sentiments des démagogues; pour rompre avec les faiblesses reprochées à celui qui l'avait précédé, et « considérant que la plus parfaite égalité est la base de toutes les mesures révolutionnaires » et « que l'oubli de cette sainte maxime peut entraîner les suites les plus effrayantes et ne tend à rien moins qu'à la destruction de l'édifice de la liberté, » il rapporta ses précédentes délibérations, par lesquelles divers détenus avaient été laissés chez eux sous prétexte de maladie ou pour toute autre cause, et ordonna en conséquence que tous ces détenus, gardés à domicile par des sans-culottes payés d'ailleurs à raison de 6 livres par jour, seraient immédiatement conduits dans les maisons d'arrêt qu'il désignerait; que ceux dont l'état de maladie serait régulièrement constaté seraient transférés à l'hôpital et gardés avec toute la vigilance possible, ou traités dans les maisons d'arrêt à leur choix, soit par leur chirurgien ordinaire, soit par ceux des prisons.

« A l'avenir, ajoutait le Comité, aucun détenu ne pourra
» être gardé chez lui, et tous ceux qui seront arrêtés seront
» conduits sans délai dans les maisons d'arrêt ; ceux qui se
» trouveraient malades, seront conduits avec les précautions
» dues à leur situation; et s'il y avait impossibilité de les
» déplacer, cette impossibilité sera constatée par un médecin
» et un chirurgien nommés par le Comité. »

Ces dispositions rigoureuses, motivées sur les intérêts de la liberté, furent immédiatement mises en vigueur, et un grand nombre de citoyens vinrent encombrer les prisons déjà regorgeantes, sans préjudice des visites domiciliaires, des arrestations nouvelles, et des vols qui continuaient d'avoir un libre cours, à la faveur de la licence que la Terreur avait intronisée, et dont ses adeptes tiraient les plus larges profits.

Ce n'est pas tout encore. Les 23 et 24 novembre, pendant que la Commission militaire expédiait un certain nombre d'affaires et envoyait quelques malheureux au supplice, des rassemblements de sans-culottes, vêtus de la carmagnole et coiffés du bonnet rouge, stationnaient devant la maison qui forme l'angle des rues Renière et des Boucheries. Contre cette maison à angle coupé, on voyait affiché, au-dessous d'une pierre en relief portant sculptée en creux l'inscription : *Actes des autorités constituées* [1], un avis conçu dans les termes suivants :

« Le Comité révolutionnaire de surveillance du département du Bec-d'Ambès, sans cesse occupé du bien public, regarde comme perdus tous les instants qui ne seraient pas consacrés à la recherche des coupables.

» En conséquence, il prévient ses concitoyens qu'il ne recevra dans la salle de ses séances et dans les appartements adjacents qui que ce soit pour solliciter en faveur des détenus.

» Il y aura, à l'entrée de la salle, une boîte où chaque particulier mettra sa pétition ou réclamation, et le Comité fera connaître sa décision par un agent destiné à cet effet.

» Il déclare en outre que les personnes qui, au mépris de cet avis, feraient quelques tentatives pour parler au Comité ou à quelques-uns de ses membres, en quelque lieu qu'ils se trouvent, seront regardées comme suspectes et mises en arrestation.

» Le Comité, instruit que des citoyens chargés de la garde des scellés s'étaient permis des excès indignes de

---

[1] Cette pierre existe encore. (A.V.)

vrais républicains, soit en exigeant plus qu'il ne leur était dû, soit en contraignant les personnes qu'ils sont chargés de garder à leur fournir leur nourriture, déclare qu'aussitôt qu'il lui sera porté quelque plainte à ce sujet, il les fera punir conformément aux lois. »

En lisant ou en entendant lire ce *paternel* avis signé par le président Peyrend d'Herval et par Saint-Blancart en qualité de secrétaire, les sans-culottes bénissaient les tutélaires mesures du Comité de surveillance, et chantaient, en dansant des rondes, le hideux *Ça ira* pour manifester leur approbation.

Les mêmes scènes se produisirent sur les divers points de la ville où cet avis avait été placardé.

Ce qui ressort, à notre sens, de cette incroyable publication, c'est que le Comité de surveillance passait à l'état d'une sorte de *Conseil des Dix*, comme au temps de la république de Venise, et que le régime de la Terreur devait y trouver une douloureuse recrudescence. Le sanguinaire Peyrend d'Herval était l'inventeur de ces atrocités, que l'historien ne saurait assez énergiquement flétrir.

Le 25 novembre, des agents du Comité volaient chez le citoyen Cabarrus 3 écus de 6 livres dans une armoire, 5 autres dans la malle de son domestique, enlevaient toute son argenterie sous le prétexte qu'elle était armoriée, et ne laissaient qu'une petite cuiller à l'usage de l'enfant du citoyen Cabarrus.

C'est sans doute à la suite de ces enlèvements que Tallien vit Thérésia Cabarrus, qui devint plus tard *la belle Madame Tallien*, et noua avec elle des relations que la morale condamne et dont l'intimité ne fut bientôt plus un secret pour personne. Bonne, généreuse et sensible, Thérésia usa de son influence sur le conventionnel que sa beauté avait conquis, pour ralentir l'essor de la Terreur et arracher de nombreuses victimes à la hache du bourreau.

Celle que M. Arsène Houssaye a trop poétiquement appelée *Notre-Dame de Thermidor,* fera quelques autres apparitions dans la suite de notre ouvrage.

Nous avons déjà parlé du *scrutin épuratoire* qui avait lieu dans les sections avec une fiévreuse activité. Pendant les mois de septembre, octobre et novembre 1793, tous les habitants durent se soumettre à cette formalité dangereuse. On faisait monter à la tribune, ou sur un escabeau à défaut de tribune, celui qui demandait un certificat de civisme, et s'il s'élevait contre lui des inculpations relatives à ses principes politiques, il était arrêté comme *suspect.* Voici quelques-unes des singulières questions que les présidents des sections adressaient dans cette circonstance : *Citoyen, quelle est ton opinion sur Marat? — As-tu jamais murmuré de la disette des subsistances? — Qu'as-tu fait pour mériter d'être pendu si la contre-révolution arrivait?* etc., etc. On devine sans peine, en présence de telles questions, qu'il y avait autant de dangers à se passer d'un certificat de civisme qu'à le demander, et plus d'un scrutiné fut victime de ses réponses, trouvées insuffisantes, désigné comme *mauvais sans-culotte* et jeté dans les prisons. On se faisait alors comme un jeu de la vie et de la liberté des citoyens!.

Au milieu des divers événements dont nous venons de retracer le tableau, la Commission militaire n'avait cessé de mériter la qualification de *tribunal expéditif* qu'Ysabeau lui avait octroyée. Elle accomplissait sa sanglante besogne avec l'ardeur la plus révolutionnaire; elle fauchait sans trêve ni merci, et la faconde insolente du président Lacombe s'exerçait avec un véritable succès devant un auditoire de sans-culottes qui ne lui ménageaient pas leurs bruyants applaudissements. Mais les reproches formulés par Courtois et auxquels fait allusion la lettre du 19 novembre étaient restés; il fallait essayer de les détruire ou tout au moins de les atténuer : il y allait à la fois de l'intérêt de Lacombe et des conventionnels. La *modération* était un crime, et il importait à tout prix qu'on ne les en accusât pas. Ces considérations ne furent pas étrangères, nous devons le croire, à l'envoi de la lettre-circulaire qu'on va lire et que le président de la Commission militaire adressa le 26 novembre aux diverses autorités constituées de la ville et des départements environnants, en leur envoyant les premiers jugements qu'il avait rendus :

« Il ne suffit pas de dire qu'on est républicain, il faut le prouver, il faut s'élever à la hauteur des circonstances. Du courage, de l'énergie, un entier dévouement à la République, voilà les seuls moyens de la sauver, de la maintenir, de l'asseoir sur des bases inébranlables. Les traîtres sont confondus, mais ils ne sont pas vaincus; mais ils songent peut-être en ce moment à renouer avec plus de succès leurs trames criminelles. Veillons donc plus que jamais, gardons-nous de nous endormir dans une excessive sécurité; elle serait funeste à la patrie. Poursuivons jusque dans leurs derniers retranchements, *exterminons* tous les ennemis de la liberté. Que la haine, la vengeance, ces petites passions indignes des âmes grandes et généreuses ne divisent plus les sans-culottes, les *seuls* soutiens de la République.

» Tels sont les sentiments de la Commission militaire établie à Bordeaux pour punir les conspirateurs : les jugements qu'elle a rendus vous la feront connaître : *indulgence pour le pauvre faible et ignorant; sévérité contre le riche instruit,* coupable de conspiration ou de faiblesse, voilà sa devise. Qu'elle devienne la vôtre, celle de tous les hommes qui ont quelque influence sur l'esprit de leurs concitoyens, et la République est sauvée.

» Elle vous envoie les jugements qu'elle a rendus jusqu'à ce jour : les représentants du peuple Ysabeau et Tallien les croient *propres à élever l'esprit public.* Faites-les afficher dans votre ville; envoyez-les dans vos municipalités; réimprimez-les s'il est nécessaire, cet argent ne sera pas perdu. Nous vous enverrons exactement tous ceux que nous rendrons : puissent-ils encourager les bons, faire trembler les méchants, donner de l'énergie à tous et contribuer à sauver la patrie !

» Lacombe, *président.*
» Par la Commission.
» Giffey, *secrétaire* (1). »

(1) Communiqué par M. Fabre de La Bénodière.

Les termes de cette lettre ne peuvent que confirmer nos appréciations; ils sont catégoriques, comme le lecteur peut en juger. Lacombe voulait *exterminer;* il était dans l'esprit de son rôle, et Courtois dut donner son entière approbation à de pareils projets.

C'était aussi sans doute afin *d'élever l'esprit public* qu'on préparait dès cette époque la *fête de la Raison.*

Le 27 novembre, en effet, Tustet, procureur de la commune, s'adressait en ces termes au Conseil général :

« Les habitants de la commune de Bordeaux applaudissent au triomphe de la raison sur les préjugés. Ils manifestent ouvertement leur mépris pour tout ce qui tient aux superstitions religieuses, dont ils ont été si longtemps les victimes. Nous croyons, citoyens, qu'ils sont prêts à manifester publiquement leurs opinions à cet égard.

» Cet heureux moment, amené par les soins pénibles des représentants que vous avez dans votre cité, est précieux; il convient de le saisir avec empressement, comme la plus belle occasion d'accélérer le bonheur que le règne des lois prépare à l'espèce humaine. Vous y concourrez officieusement, citoyens, en assignant à la Raison un temple digne d'elle, en inaugurant ce temple un jour de décade, et en rendant cette fête aussi solennelle que les circonstances peuvent le permettre.

» D'après la connaissance acquise sur les locaux où l'établissement de ce temple peut être placé, nous pensons qu'il sera avantageusement dans la ci-devant église Saint Dominique; nous pensons aussi que vous devez annoncer cette fête par une proclamation. En conséquence, nous requérons que la ci-devant église Saint-Dominique soit consacrée au temple de la Raison; que l'inauguration de ce temple soit faite le jour de la deuxième décade de frimaire; que les représentants, le général Brune, l'armée révolutionnaire, les corps constitués et le Club national soient invités à y assister; que l'ordre de la marche soit réglé, afin d'éviter la confusion dans une aussi respectable cérémonie, et enfin que tout soit annoncé par une proclamation (1). »

Le Conseil général de la commune adopta les propositions de Tustet, et rédigea, séance tenante, la proclamation suivante :

« Citoyens,

» De toutes parts le cri de la Raison se fait entendre, et tous les hommes disposés à la recevoir et à n'avoir plus qu'elle pour guide lui élèvent des monuments sur tous les points de la République.

» Jusqu'ici, des erreurs funestes à votre bonheur vous ont empêchés de reconnaître son influence, et, soumis à des superstitions révoltantes, vous fermiez l'oreille aux doux accents de sa voix.

» Citoyens, la force de la vertu rend parfait le triomphe de la raison; aussi l'hypocrisie et le fanatisme, ces enfants de l'orgueil et de la féodalité, ont courbé devant elle leur tête altière, qui maintenant roule dans la poussière.

» Citoyens, il en est de la raison et de la liberté comme de l'innocence et de la vertu, dont on ne sait le prix qu'autant qu'on en jouit soi-même, et dont le goût se perd sitôt qu'on l'a perdue.

» C'est à la loi, citoyens, que vous devez votre retour à la raison et à la jouissance des bienfaits inestimables de la liberté et de la justice; c'est cet organe salutaire de la volonté de tous qui a rétabli parmi vous l'égalité naturelle qu'on était parvenu à vous ravir; et comme il n'y a que la force de l'État qui fait la liberté de ses membres, vos magistrats ont cru qu'il était de leur devoir de vous mettre à portée d'en connaître les principes, en consacrant parmi vous un *Temple à la Raison*, à cette puissance de l'âme qui nous distingue de tout ce qui respire dans l'univers.

» Citoyens, c'est dans le temple de la Raison que votre cœur sera nourri et élevé aux plus sublimes vertus; c'est là où, en vous instruisant des préceptes de la saine morale, vous apprendrez que l'exercice des vertus sociales porte au fond du cœur l'amour de l'humanité, et que si les sacrifices à la vertu coûtent souvent à faire, il est toujours doux de les avoir faits; c'est là, enfin, où vous apprendrez à supporter avec plaisir le doux fardeau d'une vie utile à vos semblables, et que si le plus méchant des hommes pouvait être un autre que lui-même, il voudrait être un homme de bien.

(1) Archives municipales de Bordeaux.

» L'inauguration de ce temple, déterminé à la ci-devant église Saint-Dominique, prépare une grande fête ; il est digne de vous de lui donner la célébrité qu'elle exige. C'est le moment de manifester, par le silence et la sagesse qui vous caractérisent, votre mépris pour les superstitions avec lesquelles la Cour de Rome vous tenait enchaînés à son char.

» Vos magistrats ne sauraient douter que votre esprit ne soit prêt à la manifestation de ce grand acte ; en conséquence, citoyens, ils vous annoncent que la fête de la Raison et l'inauguration de son temple auront lieu le jour de la seconde décade de frimaire ; ils vous invitent à y assister avec le respect et la vénération dus à la plus auguste des cérémonies.

» Signé : BERTRAND, *maire*,
MOUTARD, *secrétaire greffier*. »

Nous dirons bientôt quelques mots de cette mascarade impie qui scandalisa toutes les âmes honnêtes ; mais il nous a paru indispensable de saisir au passage et de livrer à l'indignation des lecteurs le langage hypocrite des fourbes qui se faisaient les apôtres de la nouvelle divinité.

Ici se place un fait d'une gravité et d'une audace incroyables ; Peyrend d'Herval en fut certainement l'inspirateur : Dans la soirée du même jour, vers dix heures, le Grand Théâtre fut investi par l'armée révolutionnaire sous la direction du général Brune, au moment où plus de deux mille personnes y étaient réunies, et tous les citoyens reconnus comme suspects ou soupçonnés comme tels furent mis en état d'arrestation. On ne saurait se faire une idée de la stupeur qu'un pareil acte jeta dans la population bordelaise : certes, la Terreur avait des moyens expéditifs, mais nous devons avouer que celui-ci combla la mesure, car il bannissait la sécurité des lieux mêmes destinés aux plaisirs du public.

La ville tout entière resta plusieurs jours en proie aux craintes les plus légitimes ; un grand nombre de familles avaient été frappées par cette mesure inqualifiable, et il ne faut pas l'oublier, les arrêtés du Comité de surveillance avaient déclaré toutes démarches dans l'intérêt des détenus suspectes et partant dangereuses pour ceux qui oseraient les tenter.

Cette recrudescence de violence et d'arbitraire ne procurait pas toutefois les subsistances dont le peuple continuait à manquer; aussi les représentants, « voyant » avec peine, selon leurs expressions, les entraves multi- » pliées que les malveillants ne cessent d'apporter à la » libre circulation des denrées de première nécessité, en » répandant dans les campagnes les inquiétudes les plus » mal fondées, et en excitant les habitants à la révolte et au » mépris des lois, » prirent le 28 novembre un arrêté pour charger le général Brune de faire marcher des détachements de l'armée révolutionnaire partout où il serait nécessaire pour faciliter l'apport sur les marchés de la ville de Bordeaux des approvisionnements en grains et farines qui n'y arrivaient plus.

Ces détachements devaient procéder à des visites domiciliaires, à la condition d'être assistés de deux officiers municipaux; ils étaient autorisés à arrêter comme accapareurs et à traduire devant la Commission militaire ceux qui se refuseraient à livrer des grains ou à faire transporter les objets de première nécessité.

« *Si une ou plusieurs communes,* dispose l'article 4 de cet arrêté, *manifestent de la résistance aux ordres qui leur seront signifiés, elles seront regardées comme rebelles, et toutes les habitations seront détruites par le feu.* »

Le général Brune devait rendre compte tous les jours des opérations des divers détachements, *en ne perdant jamais de vue que, pour faire cesser les horreurs de la famine supportées par les habitants de Bordeaux avec une patience véritablement exemplaire et digne d'éloges, tous les moyens étaient bons.*

Les 27 et 28 novembre, la Commission militaire se

retira dans la salle du secrétariat et délibéra l'arrestation de tous les artistes du Grand-Théâtre comme coupables d'avoir donné lieu aux cris séditieux de *Vive le Roi!* poussés dans la salle de spectacle le 17 juin 1793 pendant la représentation d'une pièce intitulée : *La vie est un songe* (1).

Cet arrêté fut immédiatement ramené à exécution, et les représentants écrivaient deux jours après, le 30 novembre, au ministre de l'intérieur : « Tous les sujets du Grand Théâtre, au nombre de quatre-vingt-six, ont été mis en état d'arrestation. C'était un foyer d'aristocratie; nous l'avons détruit (2). »

Cette mesure, comme celle de l'arrestation opérée au Grand-Théâtre, mais à un degré moindre toutefois, eut beaucoup de retentissement dans la ville; on y suivait assidûment les représentations théâtrales, et la fermeture momentanée du local où elles avaient lieu ajouta aux deuils que le régime de la Terreur semait avec une douloureuse libéralité.

L'œuvre de la Commission militaire commençait à se dessiner; depuis un mois ce tribunal d'exception fonctionnait avec régularité et ses jugements avaient plongé un grand nombre de familles dans la plus profonde détresse. Toutes les misères, tous les malheurs s'accumulaient sur la tête de nos pères, et la pitié hypocrite des bourreaux y ajoutait son contingent de tristesse.

« Informés que les femmes et les enfants de plusieurs conspirateurs dont le glaive de la loi a fait tomber la tête se trouvent dans ce moment réduits dans la plus affreuse misère par le séquestre de leurs biens confondus avec ceux de leurs maris, et voulant être justes envers l'être infortuné et innocent qui ne peut partager le crime de son parent, les

---

(1) *Appendice*, note VII.
(2) *Moniteur* du 22 frimaire an II.

fautes étant personnelles, » Ysabeau et Tallien prenaient à la date du 28 novembre un arrêté portant que les administrations de département ou de district procéderaient dans le plus court délai à la liquidation et au partage des biens appartenant aux femmes des condamnés et possédés en commun; ils autorisaient la Commission militaire à accorder à ces femmes des secours provisoires dont le maximum ne pourrait s'élever au-dessus de 1,200 livres. Ces sommes devaient être prises sur le produit des amendes imposées par le président Lacombe et par ses acolytes.

Les dispositions arrêtées par les conventionnels dans cette occasion revêtent un aspect révolutionnaire qui leur constitue une physionomie tout à fait à part. Les victimes fournissaient elles-mêmes l'élément de la charité dont elles étaient l'objet, et c'est par les mains souillées de Lacombe qu'elles recevaient l'obole terroriste. Singuliers contrastes, en vérité!

La question des subsistances, toutefois, ne cessait de préoccuper Ysabeau et Tallien; chaque habitant de Bordeaux recevait vers cette époque, *mais non pas tous les jours,* une demi-livre de pain : c'est dire assez quelles horribles souffrances la famine imposait aux Bordelais. Afin de donner une apparence de satisfaction aux plaintes qui s'élevaient de toutes parts, les représentants prescrivirent diverses mesures auxquelles ils donnèrent la plus grande publicité. Ainsi ils chargèrent les administrations de district du département de dresser un état des terres vaines et vagues dont la culture avait été abandonnée, pour être distribuées entre des sans-culottes et d'honnêtes pères de famille *dont l'activité et le besoin de pourvoir à leur subsistance augmenteront le nombre des agriculteurs et des bras utiles à leur pays* [1]; ils accrurent les

---

[1] Arrêté du 28 novembre 1793.

pouvoirs du Comité des subsistances, en renvoyant à son examen toutes les réclamations relatives aux approvisionnements en grains et farines et à la distribution des grains pour semence [1]; et afin de faciliter ses opérations ils autorisèrent le maire Bertrand à meubler dans l'Hôtel de Ville, à l'aide des effets *appartenant aux émigrés ou aux hommes dont les biens ont été confisqués,* un appartement destiné au président du Comité [2].

Le jour même où ces diverses mesures étaient édictées, ils écrivaient au ministre de l'intérieur : « L'emprunt » forcé va son train. La seule journée du 29 novembre » a vu verser dans la caisse du receveur du district » 950,000 livres. Bordeaux, ajoutaient-ils, versera plus » de *cent millions* dans les coffres de la République [3]. »

Cette lettre fut comme le prélude de l'acte incroyable de violence que nous allons raconter et qui avait été préparé de longue main par les soins du Comité de surveillance auquel Peyrend d'Herval imprimait une activité véritablement révolutionnaire. La République n'avait-elle pas besoin de 100 millions !

Dans la nuit du 29 au 30 novembre, plus de deux cents négociants furent arrêtés dans leurs domiciles *par mesure de sûreté générale,* et vinrent grossir le nombre des malheureux qui, au nom de la liberté, gémissaient dans les prisons, attendant une décision sur leur sort. La haine, la vengeance, la cupidité présidèrent à cet acte d'un arbitraire inouï !...

« Cette nuit, écrivaient Ysabeau et Tallien le 30 novem- » bre au ministre de l'intérieur, plus de deux cents *gros* » *négociants* ont été arrêtés, les scellés mis sur leurs » papiers, et la Commission militaire ne va pas tarder à en » faire justice. La guillotine et de fortes amendes vont

---

(1-2) Arrêtés du 29 novembre 1793.
(3) *Moniteur universel.*

» opérer le scrutin épuratoire du commerce et exterminer
» les agioteurs et les accapareurs [1]. »

Est-il besoin d'ajouter quelques traits à ce douloureux tableau? Faut-il, en rappelant les arrestations opérées en plein spectacle, et un peu plus tard celles des artistes, dire quelles étaient les anxiétés publiques et les désolations privées? Nous ne voulons pas l'essayer : écrivons seulement avec l'historien de la conjuration de Catilina ces lignes si cruellement vraies et qui recevaient à Bordeaux une application, hélas! trop réelle : « Alors la ville émue changea de face. La joie, la licence et les plaisirs, effets d'un long calme, firent place tout à coup à la plus sombre tristesse, au trouble, à l'inquiétude, à la terreur. Tout lieu, tout homme étaient suspects. La paix était bannie et on ne faisait point la guerre, chacun jugeait du danger sur la grandeur de sa crainte. Les femmes que l'immense étendue de la République avait jusqu'alors garanties des alarmes, se désolaient; elles levaient au ciel leurs mains suppliantes, s'attendrissaient sur le sort de leurs enfants, questionnaient avec inquiétude, se faisaient de tout des sujets de terreur; et renonçant aux fastes et aux délices, désespéraient presque d'elles-mêmes et de l'État[2]... »

Tout était au mieux, cependant, aux yeux des conventionnels, car, continuant leurs communications au ministre de l'intérieur, ils écrivaient : « La Commission militaire marche toujours révolutionnairement; la tête des conspirateurs tombe sur l'échafaud; les hommes suspects sont renfermés jusqu'à la paix. Les modérés, les insouciants, les égoïstes sont punis par la bourse [3]... *La raison fait ici de grands progrès;* toutes les églises sont fermées; l'argenterie arrive en abondance à la Monnaie, et le décadi prochain nous célébrerons le triomphe de la philosophie [4]. »

(1-4) *Moniteur universel.*
(2) Salluste, *Conjuration de Catilina*, ch. xxxi.
(3) *Appendice*, note VIII.

La Commission militaire qui siégea les 27 et 28 novembre, n'eut pas d'audience les 29 et 30 du même mois; mais elle les reprit le 1ᵉʳ décembre et prononça deux condamnations à mort, celles de Pierre de Lavaissière, ancien maire de Saint-André-du-Garn, de La Réole, et de Nicolas Breton, tanneur à Langon, suppléant à la Convention nationale.

Le 2 décembre, Ysabeau et Tallien faisaient don aux acteurs du théâtre de la République de *tous les ornements d'église ou autres attributs de la sottise et de la superstition* saisis par les soins du maire Bertrand ou par les ordres du Comité de surveillance ⁽¹⁾. Toutes les églises de Bordeaux avaient fourni leur contingent aux convoitises des sans-culottes de la municipalité et du Comité révolutionnaire. Ces ornements devaient servir à donner plus d'éclat à la fête de la Raison, dont les apprêts avaient été confiés à ces acteurs.

On arrêtait, on volait, on guillotinait, on faisait profession d'athéisme, on sapait tout les grands principes sociaux, on démoralisait les masses, on semait l'irréligion et on récoltait *le triomphe de la philosophie,* pour nous servir d'une expression de l'ex-oratorien Ysabeau!

Entre temps, le Comité de surveillance, qui ne se lassait jamais et qui devait mettre le comble à la violence et à l'arbitraire, ordonnait qu'il serait à bref délai procédé à une visite chez tous les orfévres de la ville, afin d'y saisir l'argenterie armoriée qui serait trouvée en leur possession et de dresser un état de toutes les matières d'or et d'argent existant dans leurs boutiques ⁽²⁾. Dorgueil et Gaudric furent chargés de l'exécution de cette délibération. C'était une riche proie offerte aux cupidités des sans-culottes, et ils en profitèrent largement : nous ne craignons pas de l'affirmer, ayant

---
(1) Arrêté du 12 frimaire an II.
(2) Délibération du 3 décembre 1793.

eu sous les yeux les déclarations des orfévres qui furent les victimes de ces pillages et de ces déprédations.

Toutes les autorités concouraient à l'élan que Peyrend d'Herval avait donné depuis le 22 novembre à la recrudescence du mouvement révolutionnaire qui s'accomplissait à Bordeaux, et dont nous venons d'exposer les diverses péripéties. Afin de généraliser cet élan et de l'étendre au département tout entier, de façon à pouvoir atteindre dans leurs derniers refuges les suspects et les émigrés, les Conseils généraux des districts édictèrent, chacun pour leur arrondissement, des dispositions où l'arbitraire le disputait à l'odieux. Pour que le lecteur puisse se rendre compte de l'ensemble des mesures ordonnées, nous allons reproduire l'arrêté pris par le Conseil général du district de Bordeaux le 3 décembre 1793 :

« Considérant, y est-il dit, que l'exécution de plusieurs lois essentielles au salut de la République est infiniment *retardée* dans presque toutes les communes du district, et que les lenteurs d'une correspondance épistolaire ne sauraient s'accorder avec l'urgence des mesures qui doivent réparer ces abus ;

» Considérant qu'il serait prudent de *sonder* les dispositions des habitants de la campagne, d'y découvrir et de faire arrêter les gens suspects et les conspirateurs qui pourraient s'y être réfugiés ;

» Considérant qu'il est de son devoir d'*élever à la hauteur* des circonstances des frères que l'erreur environne depuis longtemps,

» Le Conseil général du district de Bordeaux a arrêté, ouï le procureur syndic, ce qui suit :

» ART. 1ᵉʳ. — Le cit..., un des quarante-huit commissaires nommés, en vertu de son arrêté du 11 frimaire courant, à l'effet de se rendre dans les quatre-vingt-quinze municipalités de la campagne formant son arrondissement, est chargé de faire exécuter les mesures suivantes :

» 1° En arrivant dans les communes de..... il assemblera les officiers municipaux, et après leur avoir fait lecture du présent arrêté, il le fera viser par eux.

» 2° Il se fera mettre sous les yeux l'état de recensement des grains en tout genre récoltés en la présente année et de ceux existant dans les greniers.

» Il appellera auprès de lui les *bons sans-culottes non propriétaires* et se rendra avec eux et les officiers municipaux dans toutes les maisons de la commune, afin de vérifier ledit recensement; et dans le cas où le recensement n'aurait pas été fait, il y fera procéder lui-même.

» Il fera aussi dresser un état de toutes les terres qui restent à ensemencer et des grains nécessaires à cet effet, en distinguant celles qui appartiennent aux Domaines nationaux, aux émigrés ou *présumés tels,* pour le tout être envoyé sans délai à l'administration par un exprès.

» 3º Il se fixera sur le prix des denrées et productions locales en 1790 et des journées des ouvriers en tout genre, et en remettra un état sous les yeux du Conseil afin de déterminer une appréciation générale conformément à la loi du maximum.

» 4º Il prendra une note exacte de tous les jeunes gens de la première réquisition et de tous ceux qui étant déjà attachés à quelque bataillon seraient absents sans congé ou avec des congés expirés.

» 5º Il prendra l'état des chevaux fournis par le service de la République et de ceux qui sont actuellement en réquisition aux termes de la loi; et généralement tous les objets qui sont ou doivent être mis en réquisition, comme les cloches des paroisses, les bois, les fourrages, les fusils de calibre, les canons, les pierriers, les matelas des émigrés, le vieux linge, etc.

» 6º Il fera *séquestrer* les biens de ceux qui ont été jugés par la Commission militaire et de ceux qui sont absents du lieu sans avoir justifié de leur résidence dans la République par un certificat de trois mois de date, conformément à la loi du 28 mars dernier, et de tous ceux qui ayant été présumés émigrés en auraient obtenu la décharge par les anciennes administrations.

» Les officiers municipaux doivent à cet effet fournir l'état de toutes les natures de terrain qui composent lesdits biens, conformément à la matrice du rôle de contribution foncière; ils feront l'inventaire de tous les meubles et denrées récoltées. Ils établiront des séquestres solvables et apposeront les scellés partout où ils le jugeront nécessaire.

» 7º Ledit commissaire fera une liste *des émigrés ou présumés tels* et de tous leurs parents, *de même que des gens suspects* aux termes de la loi. *Il demeure autorisé à faire arrêter ces derniers.*

» Il vérifiera si les rôles des contributions de 1791 et 1792 ont été mis en recouvrement et il observera aux officiers municipaux que si les taxations et les rôles de contribution mobilière ont excédé les sommes prescrites par la loi, ils devront de suite en faire payer un à-compte proportionnel et réclamer, dans le plus court délai, pour obtenir la décharge de l'excédant, conformément à la loi du 26 août 1792; et si les officiers municipaux s'occupent enfin du rôle de la contribution patriotique. Cet objet concerne trente-trois municipalités en retard.

» 8° Ledit commissaire vérifiera si le dépôt des lois et le registre des délibérations de chaque commune sont tenus avec ordre ; si on a eu le soin de proclamer les lois dans le temps et si on en a accusé la réception ; s'il y a un secrétaire et s'il n'abuse pas de la confiance des officiers municipaux.

» ART. 2. — Le Conseil invite le cit... commissaire à s'occuper des objets mentionnés ci-dessus avec la plus grande promptitude, de correspondre soigneusement avec lui et d'user de tout l'*ascendant* que donne l'amour des lois et de la liberté pour prémunir les *bons sans-culottes* des campagnes contre les insinuations perfides des *agioteurs*, des *fédéralistes*, des *fanatiques*, des *prêtres* et enfin des ennemis de tout genre de la République.

» ART. 3. — Le Conseil arrête en outre que le présent sera communiqué aux Représentants du peuple pour avoir leur autorisation. »

Ceux-ci l'approuvèrent sans hésitation et dans *tout son contenu,* et les lacs de la Terreur s'étendirent ainsi, grâce à ces mesures d'un caractère exceptionnel, sur toute la surface du département.

Afin d'ajouter à cet ensemble, il n'est pas inutile de signaler un arrêté pris le 5 décembre par Ysabeau et Tallien pour enjoindre aux municipalités de notifier dans le plus bref délai à tous les propriétaires de jardins *parés et autres terrains uniquement consacrés à l'agrément* de les faire ensemencer sans délai, faute de quoi ces terrains seraient confisqués au profit de la République [1].

Le 6 décembre, la Commission militaire prononçait quelques jugements et condamnait à mort notamment l'avocat Jean-Xavier-Constantin Péry, une des illustrations du barreau bordelais. De leur côté, les conventionnels prenaient un arrêté qui mérite d'être reproduit.

On n'a pas oublié l'arrestation de tous les artistes du

---

[1] Archives de la Gironde, série L.

Grand-Théâtre, ordonnée par la Commission militaire. Cette opération avait eu lieu, et les représentations avaient cessé dans le temple élevé par Louis à l'art dramatique. Les acteurs du théâtre de la République profitèrent de cette triste circonstance pour solliciter la concession en leur faveur du local du Grand-Théâtre. Leur demande fut accueillie, et voici les considérants curieux à plus d'un titre sur lesquels se basèrent les Représentants pour motiver leur arrêté :

« Les Représentants du peuple en séance à Bordeaux,
» Vu l'arrêté pris par la Commission militaire séante à Bordeaux le 8 de ce mois, ordonnant l'arrestation de tous les individus composant le Grand-Théâtre de cette ville, comme prévenus d'avoir pris part aux cris séditieux et contre-révolutionnaires de *Vive le Roi!* proférés dans la salle de spectacle le 17 juin dernier;
» Considérant que ce spectacle a toujours été le rendez-vous des royalistes, des muscadins et des fédéralistes;
» Que dans plusieurs circonstances on a représenté sur ce théâtre des pièces qui tendaient à rétablir le royalisme et à arrêter le développement de l'énergie révolutionnaire;
» Considérant que dans les moments de révolution, et à la naissance d'une république, les théâtres bien dirigés peuvent utilement servir la cause de la liberté, en remettant sans cesse sous les yeux des citoyens les beaux traits de l'antiquité et en retraçant les vertus des hommes qui ont illustré leur pays et qui doivent être présentés pour modèles à la génération présente et à celle qui s'élève;
» Considérant que s'il est libre à tout individu de faire telle spéculation qu'il croit utile à ses intérêts, il ne peut cependant pas former un établissement dont le résultat serait le pervertissement de l'opinion publique et des mœurs;
» Considérant que ce n'est pas porter atteinte à la liberté individuelle, ni même blesser des intérêts particuliers que de dissoudre une société dont les bases ne sont pas essentiellement bonnes, pour la rétablir sur celles que les principes et l'intérêt public dictent impérieusement aux magistrats et aux représentants du peuple;
» Considérant que la Convention nationale a été convaincue de la vérité de ces principes, et les a proclamés solennellement en approuvant l'arrêté de son Comité de Salut public, qui ordonnait l'arrestation de tous les individus composant le théâtre de la Nation, à Paris;
» Considérant qu'il existe des rapprochements faciles à saisir entre ces deux sociétés, puisque le théâtre de Paris et celui de Bordeaux étaient le rendez-vous de tous les conspirateurs de ces deux cités

célèbres; que, dans l'une et l'autre, les *sujets* qui les composaient sont convaincus d'avoir eu des liaisons intimes avec les contre-révolutionnaires et des correspondances avec les émigrés; et tandis que l'on représentait, à Paris, la pièce de *Paméla,* on donnait, à Bordeaux, celle ayant pour titre : *La vie est un songe,* et qu'on y proférait l'infâme cri de *Vive Louis XVII!* au moment où la Commission prétendue populaire et la force départementale organisaient à la voix des députés conspirateurs la contre-révolution dans ces contrées, et préparaient les habitants de la Gironde à courber leur tête sous le joug anglais;

» Voulant faire du Grand-Théâtre de Bordeaux une école nationale, un lieu où le père de famille puisse conduire avec sûreté ses enfants, où les bons citoyens puissent se réunir quelques instants pour se délasser des fatigues de la journée, et se récréer en s'instruisant,

» Arrêtent ce qui suit :

» Art. 1er. — Les Représentants du peuple approuvent la conduite tenue par la Commission militaire, relativement à l'arrestation de tous les individus attachés au grand spectacle de Bordeaux, lui enjoignant de faire punir de la manière la plus prompte et la plus sévère ceux prévenus d'avoir proféré des cris contre-révolutionnaires.

» Art. 2. — Le spectacle connu à Bordeaux sous la dénomination du *Théâtre de la Nation* est supprimé comme ayant été constamment le rendez-vous des aristocrates, des contre-révolutionnaires, et une école de corruption de l'opinion publique et des mœurs républicaines.

» Art. 3. — Et attendu les preuves réitérées de patriotisme qu'ont données jusqu'à ce moment les acteurs du *Théâtre de la République,* ci-devant de *Molière,* leur accordons la jouissance du local occupé par le ci-devant Grand-Théâtre, ainsi que celle de tous les objets de décoration ou autres qui sont en ce moment renfermés dans les magasins et qui appartiennent, soit à la République, soit à la commune de Bordeaux, soit à des particuliers, sauf l'indemnité qui pourra être due aux uns et aux autres pour raison de cette jouissance.

» Art. 4. — Les acteurs du théâtre de la République pourront s'adjoindre tel nombre de collaborateurs qu'ils jugeront convenable, en les choisissant parmi le petit nombre d'artistes du théâtre supprimé, qui ont donné des preuves de patriotisme.

» Art. 5. — Ils choisiront pour leur administration la forme qu'ils jugeront la plus avantageuse, tant pour leurs intérêts particuliers que pour celle *(sic)* du théâtre confié à leurs soins.

» Art. 6. — Cette nouvelle Société ne pourra en aucune manière être garantie ou responsable des dettes contractées par l'ancienne administration; les créanciers se pourvoiront par toutes les voies de droit contre les individus qui sont personnellement obligés.

» ART. 7. — Tous les bons citoyens de la commune de Bordeaux sont invités à former un abonnement pour que le nouveau théâtre puisse donner toutes les décades une représentation pour le peuple, etc. (1). »

On voit avec quelle libéralité en usaient les conventionnels et quel usage ils faisaient de leurs pouvoirs illimités. Grâce à leur arrêté, Dorfeuille était dépouillé, contre toutes les règles de la justice, du privilége qu'il avait obtenu pour l'exploitation du Grand-Théâtre, et ses intérêts étaient indignement sacrifiés à une question politique.

Le don gracieux fait aux *patriotiques* acteurs du théâtre de la République fut de courte durée; dès l'année suivante en effet, la veuve Dorfeuille fut rétablie dans les droits de son mari décédé, et sa direction fut déplorable au point de vue de l'art comme à celui de la morale.

Nous allons ici raconter, aussi sommairement que possible, les vols et les enlèvements commis par Dorgueil et d'autres membres et agents du Comité révolutionnaire de surveillance.

On se souvient qu'un arrêté de ce Comité avait chargé Dorgueil et Gaudric d'une visite chez tous les orfévres de Bordeaux, et en avait déterminé l'objet et le but : ils s'acquittèrent de cette mission le 7 décembre.

Disons d'abord que Jean Dorgueil, marchand-orfévre, âgé de trente-huit ans, natif de Toulouse, demeurant à Bordeaux, rue Saint-Remi, n° 51, fut un des plus ardents promoteurs du système de terrorisme et d'oppression qui a pesé sur la commune de Bordeaux et sur le département de la Gironde. En sa qualité de membre du Comité de surveillance de cette ville, Dorgueil commit des dilapidations, des abus d'autorité et des actes arbitraires sans

(1) Archives de la ville de Bordeaux.

nombre. Les décrets qui enjoignaient de faire disparaître des meubles et des ustensiles les signes de royalisme et de féodalité, lui fournirent le prétexte d'exercer des vexations lucratives. Désireux de se conformer à ces décrets, une foule de particuliers avaient envoyé leur argenterie chez des orfévres pour en faire effacer les armoiries. En vertu de la délégation du Comité, Dorgueil enleva chez les orfévres tant les pièces d'argenterie armoriées que celles qui ne l'étaient pas, ou dont on était occupé dans le moment même à enlever les armoiries. Pour qu'on ne découvrît pas les soustractions qu'il se proposait d'accomplir, il dressa des procès-verbaux dans lesquels il n'indiquait ni la qualité, ni le nombre, ni le poids des pièces d'argenterie dont il s'empara; il profita de la terreur qu'inspirait sa qualité de membre du Comité de surveillance pour faire signer ces procès-verbaux informes, mais il n'en laissa point de double. Enfin, lorsque l'argenterie déposée, soit à la commune, soit au Comité de surveillance, fut portée à la Monnaie, Dorgueil la fit toute confondre et peser en bloc pour éviter qu'on ne distinguât la partie envoyée par le Comité, et que la comparaison du poids de cette partie avec le poids de l'argenterie qu'il avait enlevée chez des orfévres ou chez d'autres particuliers, ne permît pas de reconnaître la quantité de matières d'or ou d'argent détournée par lui [1].

Voici, dans le style lapidaire que revêtent parfois les actes d'accusation, le récit d'un certain nombre de ces enlèvements.

Chez le citoyen Geslin-Larennerie, place Brutus, n° 23 (place du Palais), Dorgueil enleva une écuelle en vermeil avec son couvercle et son plateau, et une paire de flambeaux d'argent appartenant au citoyen Minvielle et dont les armoiries étaient effacées.

---

[1] Le procureur général Rateau : Acte d'accusation contre les terroristes.

Chez le citoyen Mestre, il enleva une grande quantité d'argenterie appartenant aux citoyens Basile Brun, Aquart, Hugues Vignes, Lassens, et aux citoyennes Mercier, de Gères, Schickler, bien qu'une partie de cette argenterie fût désarmoriée et qu'elle eût été envoyée chez Mestre par les propriétaires pour en faire enlever les armoiries.

Dorgueil enleva chez Rougé, rue des Argentiers, n° 19, un grand nombre de pièces d'argenterie pesant environ 54 marcs, appartenant aux citoyens Jaubert et Guyéri. Toute cette argenterie était sans armoiries; une seule pièce appartenant au citoyen Guyéri était dans les mains de l'ouvrier qui s'occupait d'en effacer les armes. Dorgueil la lui arracha des mains, entassa confusément cette argenterie dans un mannequin sur lequel il apposa des bandelettes qui n'en atteignaient pas les bords et qui pouvaient permettre des soustractions. Il refusa de constater dans son procès verbal le nombre, la quantité, le poids des pièces saisies, quoique Rougé l'en pressât, et déclara *que la terreur était à l'ordre du jour et que l'on ne faisait pas de verbal*. Ce furent ses expressions.

Chez le citoyen Lansac, rue des Argentiers, n° 37, Dorgueil se fit représenter toute l'argenterie existant dans le magasin et appartenant à divers particuliers; il la saisit, bien qu'une partie fût désarmoriée et que Lansac s'occupât d'effacer les armoiries de l'autre partie. Il jeta toute cette argenterie pêle-mêle dans un mannequin, sans la compter ni la peser, et dressa un procès-verbal n'énonçant ni la quantité, ni le poids, ni la nature des diverses pièces. Lansac signa ce procès-verbal sous l'empire de la peur.

Une dame Aurillon-Labrousse, dont l'argenterie se trouvait comprise dans l'enlèvement fait chez l'orfèvre Lansac, osa se présenter chez Dorgueil pour la réclamer. Celui-ci lui répondit audacieusement que si elle persistait dans sa réclamation, il irait procéder chez elle à une perquisition domiciliaire. Cette dame ne se laissa pas effrayer, et elle revint un peu plus tard renouveler sa demande; reçue cette fois par la femme de Dorgueil et par un ouvrier, elle fut accablée d'injures par eux et se retira très effrayée.

Afin de molester ses confrères et de leur faire sentir le poids de son autorité, l'orfévre Dorgueil, ou pour mieux parler le membre du Comité de surveillance ne faisait pas emporter l'argenterie qu'il saisissait ainsi : il la laissait momentanément en leur possession sous la surveillance d'un garde, auquel il les forçait de donner 6 livres par jour. Il poussa l'arbitraire jusqu'à imposer une pareille contribution au citoyen Lestarquy, orfévre, chez lequel il n'avait fait aucune espèce de saisie.

Dans les magasins des citoyens Sicard et Bernard, place de la Comédie, n° 2, il s'empara de toute l'argenterie en dépôt chez eux, armoriée ou non, ainsi que de plats d'argent ne portant aucun signe de royalisme, et lorsque ces orfévres le pressèrent de faire le dénombrement des objets saisis, d'en constater le poids et la quantité, il leur répondit qu'*en temps de révolution ces précautions devenaient trop longues* [1].

Dans la soirée du même jour, Dorgueil et Gaudric firent porter au Comité de surveillance quatre mannequins et une caisse contenant les produits de leurs opérations.

La journée avait été bonne : 1,500 marcs environ d'argenterie avaient passé des mains des aristocrates et des riches dans celles des sans-culottes pauvres et dans les caisses de la République!

Pendant ces exploits de Dorgueil, Endron, plus modeste, volait chez le citoyen de Gourgues treize habits de livrée.

Le trésor de toutes les églises de Bordeaux fut aussi pillé

---

[1] Acte d'accusation contre Dorgueil et autres.

par le Comité de surveillance et par ses agents : où il n'y avait plus de culte, il n'était pas besoin d'ornements sacerdotaux, et ces dépouilles, par une sorte de sacrilége inqualifiable, furent données par le représentant du peuple Tallien aux artistes du théâtre de la République. « Les dieux eux-mêmes, dit Tacite, ne furent pas épargnés dans ce pillage. On dépouilla les temples de la ville, et on enleva l'or que le peuple romain, à tous les âges de son existence, avait consacré à l'occasion des triomphes ou des vœux, dans ses prospérités ou dans ses craintes [1]. »

N'est-ce pas ici le lieu de s'écrier avec Martignac père : « Peignons ce que nous avons vu, ce que nous avons
» souffert. L'histoire particulière de Bordeaux fournira une
» page intéressante à l'histoire de la France dans ces temps
» malheureux... C'est par notre propre histoire que nous
» préserverons nos enfants...; tout nous en fait un devoir
» sacré... Je n'ai pas la prétention de me survivre, mais je
» veux que mon expérience serve à nos enfants...; je veux,
» lorsqu'on parlera de 1793, de la seconde année de la
» République, que l'on dise : A Bordeaux, au nom de cette
» même République, on a volé, vexé, immolé ses plus
» sincères amis; oui, je veux qu'on y lise qu'un Lacombe,
» que Martignac étant officier municipal avait fait mettre en
» prison pour cause d'escroquerie, disposait despotiquement
» de la vie des citoyens et faisait tomber leurs têtes d'un
» seul mot. Oui, je veux qu'on y lise qu'un juge du nom de
» Barsac, à qui l'on disait : *Tu as un bel habit neuf,*
» répondit : *La tête de Saige paiera cela demain...*
» Citoyens, soyez sûrs que ceux qui vous ont tant persécutés
» redoutent cette résolution. Exécutons-la donc pour leur
» supplice, et que leurs noms soient traînés par vous sur
» l'échafaud de l'Histoire [2]. »

---

(1) *Annales*, liv. XV, ch. XLV.
(2) *Journal du Club national* du 12 nivôse an III, n° 87.

Nous n'ajouterons pas un mot à ce langage vigoureux et indigné du célèbre avocat bordelais.

Les 7, 8 et 9 décembre, la Commission militaire tint séance et prononça plusieurs condamnations à mort. On peut citer celles du négociant Lassabathie et de l'ancien conseiller au Parlement Fauquier.

Mais *l'heure du triomphe de la philosophie* approchait : depuis quelques jours déjà, on vendait à profusion dans les rues de la ville un programme de la solennité qui devait avoir lieu le 10 décembre en l'honneur de la *Raison.*

La veille, et en prévision de la fête du lendemain, les représentants firent transporter la guillotine dans les dépendances de la prison du fort du Hâ, sous le prétexte d'y faire opérer des réparations. « On redoutait simplement, dit un contemporain, de sanglantes violences. »

Il était réservé aux dernières années du xviiie siècle de devenir en quelque sorte l'exutoire impur du *philosophisme*. J.-J. Rousseau, le baron d'Holbach, Diderot, d'Alembert, Voltaire et d'autres encore avaient semé l'impiété railleuse, le doute et le sarcasme moqueur ; nos pères récoltèrent la *Raison* et trébuchèrent dans le sang des années 1793 et 1794 !

C'était le décadi 20 frimaire an II de la République française, et en style vulgaire le mardi 10 décembre 1793. Le temps était beau, quoique froid ; un pâle soleil d'hiver envoyait ses rayons discrets. Dès la pointe du jour une foule nombreuse envahit les rues et les cours qui conduisaient au Champ de Mars, lieu choisi pour la réunion des comparses de la fête de la Raison.

A neuf heures du matin, tout le monde était à son poste.

Les groupes que nous allons successivement passer en revue étaient désignés chacun par un numéro spécial indiquant leur place dans l'enceinte du Champ de Mars et dans l'ordre de marche du cortége. L'actrice Duchaumont, qui devait représenter la Liberté, était dans une maison voisine avec les représentants du peuple, les autorités constituées, l'état-major de l'armée révolutionnaire, celui du château, etc., etc.

A neuf heures un quart, Ysabeau et Tallien, accompagnant la Duchaumont et suivis des autorités, des chefs de l'armée et du fidèle Peyrend d'Herval, leur secrétaire, se rendirent processionnellement à l'autel de la Patrie dressé en avant des groupes. L'air retentit de cris et d'applaudissements tandis que la comédienne s'installait sur l'autel. Ysabeau prononça alors un discours *sur la destruction des abus et du fanatisme, et sur les avantages du règne de la Raison;* ce discours terminé, chacun alla prendre sa place, la Liberté fut portée à la sienne, et le cortége s'ébranla au bruit des salves d'artillerie.

Tout fut en mouvement : les maîtres des cérémonies parcouraient affairés les groupes, donnant des instructions, redressant les erreurs de placement et veillant au maintien de l'ordre. Les masses se mirent en marche; de jeunes enfants, placés de distance en distance sur les deux côtés, portaient un simple ruban tricolore pour contenir la foule, et celle-ci s'écartait devant cette barrière.

Le cortége suivit le cours *Messidor* (cours de Tourny) et les acclamations retentirent partout sur son passage. Cinquante hommes de la gendarmerie et des dragons ouvraient la marche. Ils étaient suivis de six tambours et d'une musique militaire choisie par Beck et qui jouait des airs patriotiques. Trente grenadiers se donnant le bras et marchant sur cinq de front venaient ensuite. Des canonniers tenant chacun un ruban tricolore attaché à un faisceau d'armes surmonté du bonnet de la liberté, formaient un cercle autour de ce faisceau et l'escortaient avec gravité. Cinq bannières de diverses couleurs les suivaient immédiatement; ces bannières portaient les inscriptions ci-après: *Journée du 14 Juillet, — Journées des 5 et 6 Octobre, —*

Journée du 10 Août, — Journée du 2 Septembre, — Journée du 31 Mai.

En lisant ces dates qui rappelaient des souvenirs dont quelques-uns sont néfastes, la foule inconsciente battait des mains et faisait entendre les cris mille fois répétés de *Vive la Convention! Vive la Montagne!*

Deux sans-culottes portaient un brancard recouvert de riches draperies; sur un coussin aux crépines d'or était étalé un volume in-folio ouvert à la première page et où on lisait en caractères dorés : *Constitution populaire de 1793.*

Cependant le cortége se déroulait peu à peu le long du cours *Messidor,* et l'ordre s'établissait au fur et à mesure que les groupes sortaient du Champ de Mars.

Ici, des jeunes gens coiffés du bonnet rouge s'avançaient précédés d'une bannière où se lisaient ces mots : *Espoir de la Patrie;* là, des vétérans chantaient des airs de circonstances, et leur bannière disait : *La Liberté nous rajeunit.*

Le Club national, représenté par cent cinquante de ses membres environ, et la Société des Surveillants suivaient ces vétérans. La fleur démagogique de la ville était réunie dans ce groupe imposant, qui stimulait par ses propres cris l'enthousiasme populaire. Le bonnet rouge ornait toutes les têtes, et une bannière signalait en ces termes cette partie du cortége : *Club national, Société des Surveillants, Sentinelles et Apôtres de la Liberté.* Nous aimons à croire que les organisateurs de la fête avaient dicté cette inscription et qu'on ne doit pas la reprocher à la modestie du Club national. Les drapeaux français et américain étaient portés de chaque côté de la bannière.

La tête du cortége atteignait déjà la place *Nationale* (place Dauphine) et se dirigeait vers la rue de la *Justice* (rue Bouffard), et les pompes démocratiques continuaient à déployer leurs richesses.

Cent jeunes filles vêtues de blanc, ayant des ceintures tricolores et portant des couronnes de chêne, précédaient et suivaient, par séries de cinquante, le brancard couvert d'un tapis bleu parsemé d'étoiles, où trônait la déesse de la *Liberté*.

On y voyait la comédienne Duchaumont, drapée à l'antique, la tête nue et les cheveux flottants. Elle était assise sur une moitié de globe terrestre, et tenait à la main une pique dorée surmontée du bonnet de la Liberté. Les bustes de *Marat, Le Pelletier, Brutus* et *Rousseau* occupaient les parties latérales du brancard, et aux quatre angles des sans-culottes portaient des urnes où brûlaient des parfums.

Ce groupe, parfaitement agencé, attirait tous les regards; la Duchaumont lançait des œillades et ses lèvres étaient émaillées des plus doux sourires; la foule acclamait cette Liberté charmante qui, pour lui plaire, avait revêtu toutes les grâces de la jeunesse et toutes les séductions de la beauté.

Son entourage de jeunes filles, les costumes blancs, les ceintures tricolores, les couronnes de verdure, tout était réuni pour rendre pittoresque et gracieux le groupe de la Liberté.

On avait, dans l'organisation de la fête, mêlé l'agréable à l'utile : après la Duchaumont et ses jeunes compagnes, venaient deux groupes au moins singuliers : l'un était composé de quarante femmes avec leurs enfants à la mamelle; l'autre d'une vingtaine d'hommes et d'autant de femmes, vêtus d'habits de deuil et se livrant à toutes les manifestations de la plus vive douleur. Il eût peut-être été difficile de comprendre la signification de ces manifestations si une bannière où étaient inscrits ces mots : *19 et 20 Août. Outrages faits à la Représentation nationale,* n'eût averti qu'il s'agissait d'une réparation expiatoire !

T. II. 9

Mais les tambours battent aux champs, la musique fait entendre ses éclats joyeux, et sur une large bannière on lit : *17 Octobre. Entrée triomphale des représentants Ysabeau, Baudot, Tallien et Chaudron-Roussau.* C'était la représentation nationale qui s'avançait.

Ysabeau et Tallien portaient le costume traditionnel : chapeaux à plumes, gilets blancs à larges revers, habits bleus à la française, écharpe tricolore soutenant une épée.

Brune, revêtu du costume sévère de général républicain, marchait auprès d'eux et causait familièrement avec Tallien.

Peyrend d'Herval venait ensuite.

Il était suivi par une masse considérable d'autorités constituées : les administrateurs du district, le Conseil général de la commune, le Comité de surveillance, les juges de paix, la Commission militaire, l'état-major de l'armée révolutionnaire, les officiers du génie et de l'artillerie, l'état-major du Château Trompette, celui de la troupe soldée à pied et à cheval, et enfin cinquante soldats d'artillerie de marine et du Château Trompette. Tous les rangs étaient confondus, et la diversité des costumes offrait au coup d'œil un pittoresque ensemble. De chaque côté de ce groupe, et de distance en distance, des bannières étaient portées par des sans-culottes; les inscriptions en étaient originales ou menaçantes : *Peuple, voilà tes amis!* disait celle du Conseil général de la commune. Un grand œil était peint sur celle du Comité de surveillance, avec ces mots au-dessous : *Traîtres, je vois le fond de vos cœurs!* Celle des juges de paix portait : *Paix, plus de chicanes.* Un peu plus loin, sur celle de la Commission militaire, éclataient ces paroles pleines de menaces : *La Loi. Tremblez, conspirateurs!*

Les regards cherchaient au milieu de cette foule d'autorités le redoutable Lacombe; sa haute taille, sa tête portée à la Cicéron, et son regard cynique et hardi le signalaient facilement. Il pérorait avec sa faconde accoutumée au milieu d'un groupe composé de membres du Comité de surveillance, du Conseil général de la commune et de juges du tribunal révolutionnaire. Plus d'un citoyen trembla à l'aspect de cet homme féroce et sanguinaire.

Une vingtaine de tambours suivaient les autorités et battaient aux champs toutes les dix minutes.

Ici commençait le côté grotesque du cortége : plus d'un cœur affligé comprimait ses battements, plus d'une voix étouffée retenait le cri de son indignation. Des hommes placés sur deux lignes représentaient les ministres de tous les cultes; au milieu et à leur tête, précédé d'une bannière portant ces mots : *Notre règne est passé,* le nain *Richefort,* un misérable que de Galard a popularisé par ses caricatures sous la Restauration, juché sur un mulet et revêtu du costume papal, la triple croix en main, la triple triare sur la tête, se livrait démocratiquement à des plaisanteries impies et distribuait des bénédictions burlesques au peuple qui l'applaudissait et à son entourage composé de quatre cardinaux en robes rouges.

Des évêques en grand costume venaient ensuite, et des gentilshommes caudataires, l'épée au côté et décorés de croix de Saint-Louis, portaient les queues de ces évêques. On remarquait à la suite 2 curés, 4 officiants, 4 chantres, 4 abbés en surplis, 4 abbés en petit manteau, 4 enfants de chœur et 4 rabbins; 4 capucins et 4 cordeliers ayant chacun au milieu d'eux des religieuses de leurs ordres 4 feuillants, 4 dominicains, 4 chartreux et 4 religieuses marchant pêle mêle.

Cet assemblage hétérogène et cynique de masques impurs soulevait le cœur, et les âmes honnêtes flétrissaient intérieurement cette sacrilége mascarade; mais la prudence et la peur commandaient le silence; quant à la populace, charmée par les gestes, les grimaces et les jurons de ce pandémonium de vauriens en goguette, elle éclatait en joyeuses clameurs et battait des mains à cette ridicule et scandaleuse exhibition.

Les gens de robe suivaient le clergé : 4 huissiers en costume, le bâton à fleurs de lys à la main, précédaient 4 présidents à mortier en robes rouges, des avocats et des procureurs chargés de sacs à procès.

La noblesse venait ensuite : elle était représentée par des cordons bleus, rouges, verts et noirs, suivis de leur livrée. Au milieu de ces seigneurs revêtus des riches et brillants costumes de l'ancien régime, on apercevait une chaire roulante traînée par deux mulets. Le sans-culotte Cordova, digne compagnon de l'avorton Richefort, occupait cette chaire en habit de docteur de Sorbonne. Il était chargé d'instruire les citoyens en les amusant; il chantait tour à tour ou se livrait à des prédications plaisantes, et les seigneurs et le peuple applaudissaient à ses lazzis blasphématoires.

Après ce groupe, arrivait un tombereau rempli de livres de chicane; à ses flancs il traînait, attachés, de nombreux parchemins, des crosses, des mitres, des sceptres, des croix, etc., etc.

Une citoyenne vêtue de blanc, coiffée du bonnet de la Liberté, et portant à la main une bannière avec cette inscription : *La Raison a détruit tous ces colifichets de la sottise et de l'orgueil,* trônait majestueusement, en sa qualité de divinité, sur le tombereau vulgaire, devenu l'autel du culte nouveau. C'était la fille d'un nommé Vidailhon, commissionnaire de roulage, demeurant place de la *Convention* (place Saint-Julien); jeune, jolie, l'œil égrillard et vif, d'une haute taille et d'une corpulence proportionnée, la fille Vidailhon, qui était d'ailleurs de mœurs faciles, avait été surnommée par dérision *la grosse charretière.*

Soixante gendarmes et dragons fermaient la marche, et une masse de peuple suivait en faisant retentir l'air de ses acclamations.

Pendant que nous nous sommes attardé dans le détail des diverses parties de cette honteuse bacchanale, à laquelle présidaient deux membres de la Convention, le cortége passait par la rue *J'adore l'Égalité* (rue Monbazon), était arrivé place du *Département* (place actuelle de l'Hôtel de Ville, autrefois place Ferdinand). Sur une estrade préparée à l'avance, les représentants du peuple prirent place avec la Duchaumont et les principales autorités. Un citoyen, dont nous n'avons pu retrouver le nom, prononça un discours fréquemment interrompu par des applaudissements, et qui n'était qu'une diatribe violente contre le *fanatisme*. Ce discours terminé, le cortége se remit en marche au bruit des salves d'artillerie, et parcourant les rues *Guillaume-Tell* (aujourd'hui rue du Palais-de-Justice), de l'*Immortelle* (rue du Hâ) et les fossés des Tanneurs, il accomplit une deuxième station devant la *maison commune* (caserne des Fossés). Après un discours *sur les abus de l'ancien régime* prononcé avec le cérémonial que nous venons d'indiquer, on se rendit *fossés Marat* (cours du Chapeau-Rouge), où devait avoir lieu une troisième et dernière station. *L'agiotage, l'accaparement et les maux qu'ils ont causés depuis la Révolution* servirent là de texte à une amplification révolutionnaire du sans-culotte Tustet.

Le départ comme l'arrivée furent annoncés par des coups de canon, et l'on se dirigea enfin vers les ci-devant Jacobins, dont l'église, connue sous le vocable de Saint Dominique et aujourd'hui de *Notre Dame,* avait été érigée en *Temple de la Raison.*

Une grille avait été établie à l'entrée de la rue (Jean Jacques Bel actuellement) qui conduisait au temple. Dès que la partie du cortége où se trouvaient le pape avec son clergé, la noblesse et les gens de robe se présenta, la grille fut immédiatement fermée. Tout cela avait été préparé d'avance et faisait partie de la fête. Au refus d'ouvrir qui lui fut opposé, le nain *Richefort* se livra à une colère dont les éclats plaisants réjouissaient le peuple; des discussions s'engagèrent : les cardinaux, les parlementaires, les seigneurs y prirent part, et ce ne fut bientôt qu'un bruit confus de clameurs, un tohu-bohu de rires indécents, de jurons et de paroles grossières qui couvraient parfois l'expansion bruyante et joyeuse de la foule et ses applaudissements réitérés. Cependant le docteur de Sorbonne, attiré par le bruit, s'avança gravement dans sa chaire et réclama le silence. S'adressant au pape, au clergé, à la noblesse, aux gens de robe, il leur débita en style macaronique un discours impossible à rapporter : de pareilles souillures ne valent pas l'honneur d'une reproduction. A la grande joie des spectateurs, les prêtres, les magistrats, les grands seigneurs se déclarèrent convertis, et foulant aux pieds leurs costumes ils endossèrent la carmagnole, abjurèrent leurs anciens préjugés et demandèrent à vivre désormais sous le joug de la *Raison*. La grille s'ouvrit alors et les nouveaux convertis furent admis à pénétrer dans le temple.

Au moment où cette immonde parade se jouait à l'entrée de la rue Jean-Jacques-Bel, le tombereau qui portait la déesse de la Raison était conduit place de la Comédie. Un bûcher y avait été préparé; on l'alluma, et les livres de chicane et de superstition, comme on disait alors, les mitres, les sceptres, les croix et le reste furent jetés dans le bûcher pour en alimenter les flammes. La fille Vidailhon présidait à cet auto-da-fé, au milieu des transports de l'ivresse populaire; des sans-culottes réunis autour du bûcher chantaient à pleine voix, les uns le *Ça ira,* d'autres la *Carmagnole,* d'autres enfin un hymne en l'honneur de la Raison.

Mais quittons cette partie de la fête, et entrons dans l'église Notre-Dame.

Au fond du temple, s'élevait une montagne avec cette inscription : *Montagne sainte, l'Univers attend de toi sa liberté!* La Liberté fut placée au sommet; les jeunes filles en robes blanches furent pittoresquement étagées aux flancs de la montagne, avec les porteurs de bannières multicolores. A ses pieds prirent place les nourrices, les comparses divers de la cérémonie et les membres du Club national.

Sur l'un des côtés, une chaumière avait été construite : un agriculteur et sa famille conduisaient une paire de bœufs attelés à une charrue. De l'autre, un coteau riant était garni de chanteurs et de musiciens qui célébraient par des airs appropriés à la circonstance la fête de la Raison.

Quand tout le monde eut été installé dans le temple, les discours commencèrent, alternés par des morceaux de musique. Ysabeau, Tallien et d'autres citoyens parlèrent avec enthousiasme du triomphe que la philosophie remportait en ce jour sur la superstition, et leurs paroles furent accueillies au bruit des applaudissements et aux cris répétés de *Vive la Montagne! Vive la Convention!*

A un signal donné, toutes les musiques jouèrent à la fois l'air de Rouget de l'Isle, et tous les assistants entonnèrent, à l'intérieur comme à l'extérieur, l'hymne entraînant des Marseillais. Ce fut un vacarme imposant et patriotique dont les représentants du peuple, ainsi que les principales autorités, profitèrent pour se retirer.

Le temple fut rempli, le reste de la journée, d'une foule nombreuse de visiteurs qu'attirait un sentiment de curiosité. Dès que le soir arriva, il fut splendidement illuminé, et les sans-culottes s'y livrèrent à des danses que le plaisir prolongea fort avant dans la nuit.

Telle fut la *fête de la Raison* à Bordeaux !

En présence des détails que nous venons de donner, il nous semble inutile de faire aucune espèce de réflexions sur ces indécentes inepties. Il suffit de les avoir racontées pour que le mépris public en fasse bonne justice, car le cœur se soulève de dégoût...

Cependant le ministre de la guerre Bouchotte continuait à être l'objet des attaques des conventionnels en mission : l'élément militaire semblait vouloir prédominer et ruiner l'influence des proconsuls; ceux-ci luttaient vigoureusement contre cette tendance. Nous avons vu déjà Ysabeau écrire à ce sujet à Bouchotte; le 10 décembre, Bourdon (de l'Oise) disait à la tribune de la Convention nationale : « J'ai déjà fait plusieurs fois la motion de détruire le ministère de la guerre, qui n'est qu'un reste de l'ancienne monarchie; » et développant les motifs de sa suspicion, il ajoutait : « A Bordeaux, où le triomphe des sans-culottes est si éclatant, il existe encore une armée, qui serait utile ailleurs, et un état-major ruineux pour l'État et mortel pour la liberté. Je demande que la Convention autorise les représentants du peuple à casser, s'ils le jugent nécessaire, l'état-major de l'armée révolutionnaire qui est à Bordeaux. » La Convention décréta la proposition de Bourdon (de l'Oise).

Nous ignorons si Brune et Jamet, neveu et ami de Danton, avaient inspiré de la jalousie ou des craintes à Ysabeau et Tallien; toujours est-il que ces derniers ne tardèrent pas à user de la faculté qui leur avait été concédée par le décret du 10 décembre.

En attendant, et pour donner une satisfaction à la population que la famine décimait, les représentants du peuple, « informés qu'il se fabriquait à Bordeaux plusieurs espèces de pain, ce qui est contraire à l'esprit de l'égalité qui doit régner entre tous les citoyens, » prirent un arrêté dont nous allons résumer les principales dispositions, et qui était précédé des considérants suivants :

« Considérant que dans les moments de disette surtout, il ne faut pas que le pauvre ait devant les yeux le spectacle du riche égoïste mangeant du pain blanc, pendant que lui est réduit à en avoir d'une bien moindre qualité;

» Considérant que c'est toujours aux dépens de la substance du pauvre que le riche se procure des jouissances, et que le but des représentants et des vrais magistrats du peuple doit être de tout ramener aux principes sacrés de l'égalité, et de faire profiter la classe indigente, mais industrieuse, de tous les bienfaits qui résultent de l'application sage de ces principes d'éternelle vérité... »

Ils arrêtèrent en conséquence, le 13 décembre, qu'il ne pourrait être fabriqué dans la ville de Bordeaux qu'une seule espèce de pain, et qu'il était défendu à tous les boulangers, pâtissiers et autres, de fabriquer, vendre ou distribuer deux espèces de pain, sous peine d'être traduits devant la Commission militaire et jugés comme mauvais citoyens. (Art. 1er.)

Pour ajouter à l'effet de cette prescription, ils déclaraient par l'article 2 qu'il ne serait servi sur leur table et sur celle de tous les fonctionnaires publics que le pain adopté par tous les citoyens de Bordeaux. La municipalité, le Comité des subsistances et le général Brune furent chargés de l'exécution rigoureuse de cet arrêté [1], qui était de nature à produire une excellente impression sur l'opinion publique.

Que l'on ne s'y trompe pas, en effet, la disette avait fait d'épouvantables ravages, et les mesures prises pour les atténuer avaient été longtemps insuffisantes. En veut-on une preuve qui ne saurait être taxée de partialité? Qu'on lise la lettre que Tallien et Ysabeau écrivaient le 12 décembre aux Jacobins de Paris : « Nous sommes au milieu des » intrigants, nous avons à lutter contre les muscadins, les

---

[1] Archives municipales de Bordeaux.

» aristocrates, les égoïstes, les accapareurs. Les subsistances
» nous ont donné pendant longtemps de vives inquiétudes;
» les fédéralistes avaient tout employé pour affamer le
» peuple. *Quand nous sommes arrivés, il n'y avait pas ici
» un grain de blé; il a fallu inonder le pays de proclama-
» tions pendant quatre mois pour avoir du pain. On en
» était venu jusqu'à distribuer par jour quatre onces de
» pain seulement à chaque citoyen. Les habitants des
» campagnes mangeaient des herbes et des racines. Nous
» avons mangé dans la ville du pain fait avec de la farine
» de chiendent;* enfin l'abondance vient de renaître, nous
» avons pour 20 jours de subsistances en magasin, ou elles
» nous sont assurées pour plus de six mois. Nous devons
» l'abondance aux mesures sages et énergiques qui ont
» été prises. L'armée révolutionnaire est continuellement
» en marche pour protéger l'arrivée des grains. Nous
» avons ordonné l'ensemencement des parcs d'agrément
» et de toutes les terres vaines et vagues, et en ordonnant
» la confiscation au profit de la République de celles qui
» ne seraient pas ensemencées cette année. Tous les
» conspirateurs sont jugés, les égoïstes renfermés. L'or
» et l'argent sortent des souterrains où ils avaient été
» enfouis et viennent remplir les caisses publiques. *Plus de
» quarante têtes ont tombé depuis quinze jours*. Les gens
» suspects qui seront condamnés à la détention jusqu'à la
» paix, vont être transférés dans les départements voisins. Il
» sera défendu à leurs parents de demeurer, ni de voyager
» dans le lieu de leur réclusion [1]. »

En ce qui concerne l'abondance dont parle ici Tallien, il nous semble qu'il faut en rabattre, et la lecture de l'arrêté pris le lendemain 13 décembre, et dont nous venons de rappeler les prescriptions, est de nature à démontrer

[1] *Le Courrier républicain*, t. Ier, p. 411.

que cette abondance était dans les lettres du conventionnel et non dans la réalité des faits; que la masse du peuple souffrait et qu'on cherchait par des palliatifs à calmer les colères du lion...

Par suite de la célébration de la *fête de la Raison,* la Commission militaire ne tint pas de séance les 10, 11, 12 et 13 décembre. Les agissements de la Terreur n'en continuèrent pas moins, et à ce sujet une anecdote achèvera de faire connaître les pratiques des sans-culottes arrivés au pouvoir. Le maire Bertrand, par exemple, avait des moyens tout à fait paternels d'administrer la cité; sous prétexte de féodalité, ses agents avaient ordre de piller, de voler, de briser les christs, les vierges, les saints et tous les objets servant au culte; il leur était défendu de dresser des procès-verbaux de leurs opérations. L'un d'eux, le citoyen Taillefer, osa présenter des observations; le maire lui dit *que sa tête répondrait de l'exécution des ordres qu'il avait reçus.* Taillefer n'insista plus, brisa bravement les christs, enleva les robes et fourrures des parlementaires, pilla les églises, vola de tous côtés chez un grand nombre de citoyens, et se montra digne ainsi des chefs qui le commandaient.

Nous avons à raconter ici un fait grave et qui pouvait avoir des conséquences fatales pour la ville de Bordeaux; nous ignorons s'il fut causé par des haines particulières ou s'il faut l'attribuer simplement à une excitation tirée de la situation générale, fort triste d'ailleurs comme on a pu en juger, créée par le système révolutionnaire; à cet égard, nous pouvons dire que des lettres anonymes contenant des injures et des menaces étaient fréquemment adressées aux conventionnels. Quoi qu'il en soit, dans la soirée du 13 décembre, le représentant du peuple Tallien, étant sorti pour aller en visite, fut attaqué, vers sept heures trois quarts, dans une rue détournée, par cinq hommes qui se jetèrent sur lui et se livrèrent sur sa personne à des actes de violence. Aux cris poussés par Tallien, qui était sans armes, des citoyens accoururent; les assaillants prirent la fuite dans diverses directions et ne purent être arrêtés. Reconduit à sa demeure, Tallien en fut quitte pour un repos forcé de quelques jours.

Lorsque cet événement fut connu dans la ville, il y causa une vive émotion, et fut diversement apprécié et jugé. Dès le 16 décembre, la Commission militaire s'empressa de prendre un arrêté [1] pour inviter « tous les bons citoyens, au nom de la patrie et de leur propre sûreté, à découvrir les auteurs, fauteurs ou instigateurs des lettres anonymes, des propos contre les représentants du peuple et de l'*assassinat* du député Tallien. »

Elle ajoutait : 1° que tous ceux qui auraient eu la faiblesse de retirer quelque personnage suspect étaient requis de le dénoncer à l'instant, et que s'ils obéissaient à cette réquisition, le tribunal, en faveur de leur démarche quoique tardive, leur pardonnait d'avance cette faiblesse criminelle [2]; 2° que tous ceux qui, ayant entendu quelques propos contre les représentants du peuple, contre les autorités constituées ou contre la liberté, ne s'empresseraient point d'en instruire la Commission, seraient punis des peines les plus sévères.

Nous n'avons retrouvé aucune trace des suites de cette affaire dans les papiers du temps. Le bruit qui fut fait autour de cet attentat conserva sans doute un caractère purement comminatoire, et les représentants en profitèrent pour essayer de donner un aliment nouveau à la Terreur. Tallien, d'ailleurs, parut ne garder aucune rancune d'un fait que la Commission militaire avait pompeusement qualifié

---

[1] *Appendice*, note IX.
[2] Cette disposition fut critiquée à la tribune de la Convention le 1er nivôse (21 décembre) par le représentant Gauthier, qui s'étonna que la Commission se fût arrogé le droit de faire grâce aux coupables, et demanda le renvoi de son arrêté au Comité de Salut public.

d'assassinat. Peut-être connaissait-il ses agresseurs? Mais il les couvrit de son silence, sans doute pour cacher un secret qu'il jugeait inutile de dévoiler à ses séides et à ses acolytes, et auquel la belle Thérésia Cabarrus pouvait bien n'être pas étrangère.

Le 14 décembre, la Commission militaire jugea deux affaires seulement; dans l'une figura le marquis Claude Henry de Saluces, qui fut condamné à mort.

Le même jour, les représentants du peuple réorganisèrent le Tribunal de commerce de Bordeaux, qui avait été supprimé, ainsi que toutes les autres juridictions, lors de l'établissement du gouvernement révolutionnaire; ils en nommèrent les membres qui furent Lercaro père, président; Mac-Carthy (Daniel), Laffitte, Blandin aîné, Oré aîné, Sudreau fils, Bernard Petit, Lacourtaudière, Cardoze père, Grifon, Lys, juges, et Laroze, greffier. Ce tribunal fut installé le 30 frimaire (20 décembre 1794) par le procureur syndic du département délégué à cet effet.

Un document *autographe* et curieux à plus d'un titre nous tombe sous la main : il est ainsi conçu : « Ce soir a
» été arrêté à onze heures du soir le nommé *Peychaud,*
» homme très suspect, exalté en apparence; il ne peut avec
» ce caractère être qu'aristocrate puisqu'il n'est pas
» patriote prononcé. Sur plusieurs questions faites, il m'a
» répondu qu'il ne connaissait pas les événements. Hier
» soir, il se promenait au cours Tourny avec d'autres gens
» suspects; ce soir à la Comédie, au *Dernier Jugement des*
» *Rois,* il improuvait la pièce et quelquefois s'écriait : Ce
» b... d'Ysabeau! ce b... de Tallien! Enfin il se promenait
» et se tenait en guet près le Jardin Public, et a crié, à la
» garde qui s'avançait à onze heures du soir : Qui vive? La
» garde l'a pris d'après sa tournure et ses propos imperti-
» nents, et l'a jugé l'un des malveillants qui veulent nuire à
» la tranquillité publique. Quant à moi, je le juge très

» dangereux. Ses camarades de promenade étaient *Marcou,* » demeurant rue des Réservoirs, *Laclotte,* rue Saint-Seurin, » *Belisse,* rue du Temple.

» Fait à Bordeaux, ce 24 frimaire, à minuit.

» Signé : Le Général BRUNE [1]. »

Il est du devoir de l'Histoire, pour être féconde en enseignements, d'enregistrer de pareils autographes; celui-ci est écrit en entier de la main de l'homme qui, vingt-deux ans plus tard, devait être assassiné à Avignon par une populace en délire!

Les représentants légiféraient, et le général Brune arrêtait et signalait les suspects; le Comité de surveillance, qui avait les prisons dans ses attributions, s'inquiétait, d'autre part, des rassemblements qui stationnaient presque constamment devant ces asiles de la douleur. Des familles éplorées attendaient une occasion favorable pour voir les détenus ou se mettre en relation avec eux. Le farouche Peyrend d'Herval suspecta ces rassemblements, et, sous son inspiration, le Comité prit le 15 décembre un arrêté pour les faire cesser. Les attroupements devant les prisons furent formellement interdits, et par application d'un décret de la Convention du 17 septembre précédent, il fut défendu de communiquer avec les prisonniers, qui ne purent désormais correspondre au dehors que par écrit. Les lettres devaient, préalablement à leur envoi, être lues par le Comité de surveillance ou par ses délégués [2].

Tel est le joug qui pesait sur une cité autrefois riche, heureuse et puissante.

Le 16 décembre, la Commission militaire condamnait Charles Peixotto à 1,200,000 livres d'amende, et Mercier de Terrefort, maire de Saint-Estèphe, à la peine de mort.

On n'a pas oublié qu'Ysabeau et Tallien écrivaient à

---

[1] Archives de la Gironde, série L
[2] *Appendice,* note X.

Paris le 30 novembre : « La guillotine et les amendes vont opérer le scrutin épuratoire du commerce et exterminer les agioteurs et les accapareurs. »

De pareilles expressions, rapprochées de l'application qu'en faisait le président Lacombe, ne sauraient être assez énergiquement flétries...

Ici se termine le récit de la première période commencée le 23 octobre 1793, avec la création de la Commission militaire ; elle peut se résumer dans le tableau suivant :

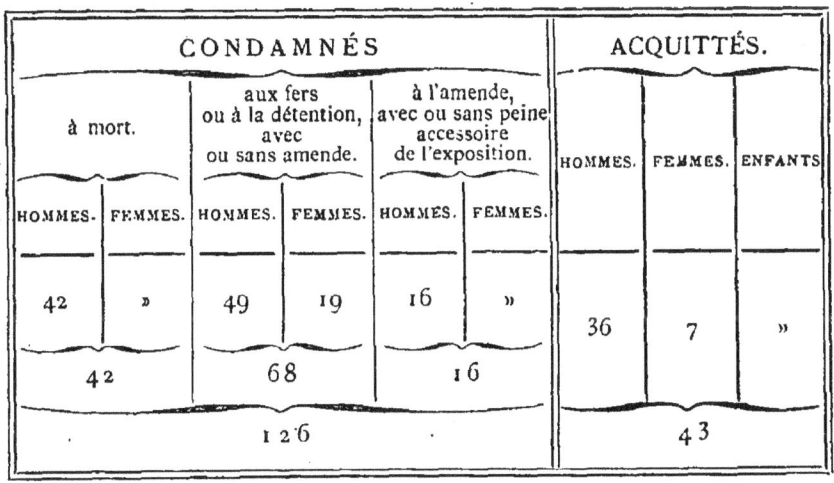

Soit 126 condamnés de toute nature et 43 acquittés.
Ces chiffres ont une éloquence terrible !

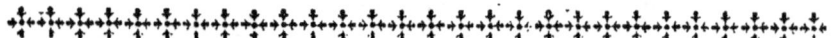

CHAPITRE IV

DESTITUTION DU COMITÉ DE SURVEILLANCE,

Suppression du gouvernement militaire et de l'armée révolutionnaire. — Le général Brune quitte Bordeaux. — Le *Décadi* ou Dimanche républicain. — Plantation d'un arbre de la liberté, place Dauphine. — Le théâtre et les bonnes mœurs. — La Commission militaire ordonne l'arrestation des acteurs du théâtre de la Montagne. — La Commission des Trois et le Comité de surveillance. — Circulaire du Comité de Salut public aux représentants en mission. — Les pouvoirs illimités. — Fête à l'occasion de la prise de Toulon. — Un discours de Thérésia Cabarrus. — Le gouvernement est déclaré révolutionnaire jusqu'à la paix. — Les autorités constituées sont requises de rester à leur poste. — Lettre anonyme adressée à Ysabeau. — Ancian remplace Rey à la Commission militaire. — Ysabeau et Tallien dénoncent à cette Commission les écrits anonymes qu'ils reçoivent. — Arrêtés relatifs au commerce et aux négociants. — Lettre de Tallien à la Convention. — Secours aux indigents. — On se plaint aux représentants des agissements du Comité de surveillance et des jugements de la Commission militaire. — Intervention de Thérésia Cabarrus. — Hésitations des conventionnels. — Préoccupations dans la ville. — Destitution du Comité de surveillance. — Arrestation de ses membres. — Constatation officielle des actes arbitraires de ce Comité. — Le marquis Legentil de Paroy. — Les dénonciations en 1793. — La Commission militaire suspend ses séances. — Proclamation d'Ysabeau et Tallien. — Réorganisation du Comité de surveillance et de la Commission militaire. — Nouvelle Commission des Trois. — Police des prisons. — Satisfaction de l'opinion publique. — Installation du Comité de surveillance et de la Commission militaire. — Les agents du Comité. — Fête de l'émancipation des esclaves. — Ysabeau et Tallien sont dénoncés au Comité de Salut public. — Tallien part pour Paris avec quatre commissaires du Club national. — Une réunion décadaire au Temple de la Raison. — On y attaque le Comité de surveillance et les dernières mesures des représentants. — Lettre de Tallien à Ysabeau. — Proclamation relative à la disette. — Calomnies contre les conventionnels. — Lettre d'Ysabeau à ce sujet. — Tallien à la Convention. — Sévérités contre les prêtres détenus. — Le maire Bertrand est mis en arrestation pour dilapidations. — Martignac père et Lacombe. — Statistique de la Commission militaire jusqu'au 2 avril 1794.

On n'a pas oublié que par un décret en date du 10 décembre 1793, rendu sur la proposition de Bourdon (de l'Oise), la Convention nationale avait autorisé la suspension et même la suppression, soit en totalité, soit en partie, de l'état-major de l'armée révolutionnaire commandée par le général Brune dans le département du Bec-d'Ambès.

Le 19 décembre, Ysabeau et Tallien usèrent des pouvoirs qui leur étaient conférés à cet égard; et « considérant que les circonstances qui les avaient déterminés à former une *armée révolutionnaire* et à établir à Bordeaux le *gouvernement militaire* n'existaient plus; que les citoyens de cette ville et ceux du département étaient rentrés dans l'ordre et avaient reconnu l'autorité légitime de la Convention; que s'il était encore beaucoup de malveillants dans ces contrées, ils pouvaient être facilement contenus par les comités révolutionnaires, par les autorités constituées renouvelées, composées de républicains ayant reçu les suffrages de tous les bons citoyens, par l'active surveillance de la garnison et de tous les braves sans-culottes réunis avec les représentants du peuple; qu'il était de la politique, de la sagesse et de la justice du législateur de ne pas laisser exister, trop longtemps au moins, des pouvoirs pouvant rivaliser entre eux et occasionner des secousses toujours dangereuses à la chose publique, et dont les ennemis de la liberté et de l'égalité sauraient tirer avantage contre les patriotes; considérant que ce n'était pas dans le luxe, dans un vain appareil, ni dans le grand nombre d'agents que se trouvait le bien du service public, mais dans leur activité, leur intelligence, et surtout dans leur modestie et leur simplicité républicaines; que la situation de Bordeaux, l'importance de son port, des côtes qui l'avoisinent, la proximité de la mer et plusieurs autres considérations majeures imposaient aux représentants du peuple le devoir de veiller à la conservation de tous ces objets si importants pour la République et sur lesquels les malveillants fondaient peut-être des espérances criminelles, » Ysabeau et Tallien, disons-nous, mus en apparence par ces raisons diverses, décidèrent la suppression du gouvernement militaire et de l'armée révolutionnaire; les nouvelles autorités constituées furent, par suite, autorisées à rentrer dans l'exercice plein et entier de leurs fonctions, en se conformant aux décrets de la Convention et notamment à celui relatif à l'organisation du *gouvernement révolutionnaire*.

L'état-major de l'armée révolutionnaire fut supprimé; l'adjudant général *Darnaud,* chef de brigade, fut nommé commandant de la place de Bordeaux, et toutes les troupes casernées à Bordeaux et à Blaye, ou cantonnées le long de la rivière jusqu'à son embouchure, furent placées sous son commandement immédiat. La Commission militaire fut autorisée à continuer ses fonctions, et les autres dispositions des anciens arrêtés, auxquelles il n'était pas innové, durent être exécutées dans leur étendue.

Cette décision, dont le mobile secret nous échappe, a une importance véritable, on ne saurait le nier : l'arrêté des conventionnels constate la soumission de Bordeaux, et cependant tout en supprimant le gouvernement militaire et surtout l'armée révolutionnaire, qui toujours avait effrayé les Bordelais, il la conservait comme garnison. C'était changer le mal de nom, ce n'était pas le guérir. En tout état de cause, le *gouvernement militaire* était supprimé, mais le *gouvernement révolutionnaire* restait, c'est-à-dire la terreur et l'échafaud.

Quoi qu'il en soit, nos pères virent dans les dispositions édictées un progrès favorable et un pas nouveau dans la voie d'apaisement qu'Ysabeau et Tallien semblaient vouloir adopter. Illusions trompeuses! L'homme atteint en réalité dans cette circonstance fut le général Brune : il dut quitter Bordeaux et se rendre à Paris, où le Comité de Salut public le laissa quelque temps inactif. Pendant son séjour dans notre ville, ce général fit preuve de modération, et tout en obéissant aux ordres des proconsuls, il empêcha le mal dans la mesure où il le pouvait; chef d'une troupe de sans-culottes violents et à moralité équivoque, il sut conquérir la sympathie publique et garder de sérieuses amitiés à Bordeaux.

Nous devions cette justice et cet hommage au vaillant homme de guerre qui eut l'honneur, après Bonaparte, d'être général en chef de l'armée d'Italie.

Le jour même où cette amélioration était réalisée, la Commission militaire condamnait à mort un ancien ministre de la justice, celui que Louis XVI appelait *le bonhomme Duranthon*.

Le lendemain *décadi*, elle ne tint pas de séance.

Le *décadi* était le dimanche républicain. Ce jour-là, les représentants ou des sans-culottes délégués par eux se rendaient au *Temple de la Raison* pour donner connaissance aux citoyens des actes publics et des nouvelles dignes d'attention et pour prononcer de chaleureuses allocutions civiques. Cette réunion était habituellement terminée par un concert à grand orchestre et par le chant de l'hymne des Marseillais.

« Hier décadi (c'était le 20 décembre 1793), dans le *Temple de la Raison*, a écrit un contemporain, on a chanté plusieurs hymnes en l'honneur de la liberté et de la saine philosophie. Tallien et Ysabeau prononcèrent plusieurs discours dignes de vrais Montagnards; aussi le peu de peuple qui assistait à cette cérémonie vraiment républicaine a fait retentir les voûtes du temple des cris si souvent répétés par nos braves républicains : *Vive la Convention! Vive la Montagne! Vivent les bons patriotes de Paris!* [1] »

Celui qui écrivait ces lignes se plaignait que les Bordelais ne fussent pas à la hauteur de la Révolution; il se défendait

---

[1] *Le Courrier républicain*, t. Ier, p. 467.

toutefois de faire le procès du peuple en général, qu'il trouvait bon patriote et aimant la liberté, mais il signalait celui de Bordeaux comme trop peu éclairé pour apprécier qu'un gouvernement républicain est le seul qui convienne à des hommes vertueux.

Le 21 décembre, la Commission militaire envoyait à l'échafaud Bujac, les frères Grangeneuve — un grand nom honorablement porté de nos jours — et Barthélemy Daguzan; il est vrai qu'elle ne siégea pas les trois jours suivants.

Peut-être était-ce à cause de la solennité de la plantation d'un arbre de la liberté, place Dauphine, sur le territoire de la patriotique section Franklin. On raconte que Tallien, qui présidait à cette fête civique, prononça un discours où cette phrase se remarquait : *Afin que l'arbre de la liberté jette de profondes racines, il faut que le pied en soit arrosé par le sang des fédéralistes et des aristocrates!* Si sur la place publique on entendait professer de pareilles théories, au théâtre on n'était pas à l'abri de manifestations de diverses natures : tantôt les royalistes sifflaient les pièces républicaines et jetaient des pierres et des chiffons sur la scène, tantôt les sans-culottes troublaient les représentations de pièces de l'ancien répertoire par leurs clameurs et leurs chants patriotiques. Des collisions dangereuses étaient souvent sur le point d'éclater et les officiers municipaux rappelaient en vain les spectateurs au calme; il n'était pas possible de rapprocher des partis qu'une divergence radicale séparait et qui avaient entre eux l'échafaud de Louis XVI : cependant les représentants du peuple se préoccupaient de cette situation; ils avaient donné des ordres sévères pour arrêter ces conflits regrettables et les réprimer au besoin : une circonstance favorable vint seconder leurs intentions, et Lacombe, qui avait déjà fait arrêter les artistes du Grand-Théâtre, n'hésita pas à appliquer la même mesure aux acteurs du théâtre de la Montagne (ci-devant Vaudeville-Variétés).

Voici l'arrêté qu'il prit dans ce but à la date du 24 décembre :

« La COMMISSION MILITAIRE, poursuivant sans relâche toutes les tentatives faites pour ébranler ou dépraver l'esprit public;

» Considérant que les mœurs forment la base essentielle du régime républicain; qu'inutilement on éclairerait la religion du peuple, s'il existait des spectacles où l'on offrît à ses yeux des tableaux corrupteurs qui tendraient à le ramener à la servitude par le libertinage;

» Instruite que le 2 nivôse (22 décembre 1793) il a été représenté sur le théâtre dit *de la Montagne* une pièce ayant pour titre *La Tentation de Saint-Antoine;* que cette pièce, au milieu de quelques traits de patriotisme, présente des scènes scandaleuses, immorales, dignes des lieux de prostitution;

» Considérant que ce mélange perfide des principes de la raison avec la licence du vice est un outrage à la liberté, puisqu'il ferait penser que la Révolution, en détruisant les abus et les préjugés, dissout aussi tous les éléments de la morale et de la décence;

» Considérant d'ailleurs que les acteurs de ce théâtre, lors de la lutte des républicains contre les royalistes, ont plus d'une fois prêté à ceux-ci leur influence funeste; que leur dernier attentat contre les mœurs publiques pourrait bien n'être qu'une suite du système formé d'avilir, par tous les moyens possibles, la sainte cause de la Liberté;

» Que les magistrats de la Révolution trahiraient leurs devoirs s'ils souffraient que les théâtres, ces tribunes d'instruction nationale, devinssent des foyers de corruption; qu'ainsi ils sont tenus de déployer tous les moyens qui sont en leurs mains, pour arracher à nos ennemis la dernière ressource qu'ils espéraient trouver dans des femmes perdues, et remonter jusqu'à la source des complots d'immoralité dont l'unique but est de pervertir l'esprit public;

» Arrête : que tous les individus composant le théâtre dit *de la Montagne* seront arrêtés et traduits de suite dans le secrétariat de la Commission; qu'ils y seront interrogés séparément, tant sur les motifs qui les ont portés à représenter sur leur théâtre les orgies licencieuses de la débauche, que sur leurs liaisons avec les ennemis de la chose publique.

» Invite au surplus tous les bons citoyens de communiquer à la Commission les renseignements qu'ils pourraient avoir sur la conduite et les sentiments inciviques desdits acteurs, afin d'éclairer sa religion, et la mettre à même de prendre, avec certitude, une mesure qui soit pour tous les théâtres de la République une grande et énergique leçon. » (24 décembre 1793.)

Tous les artistes du théâtre de la Montagne furent jetés en prison en vertu de cet arrêté, et leur procès s'instruisit. Nous en ferons connaître le résultat.

Le 25 décembre, la Commission militaire acquittait les acteurs du Grand-Théâtre, dont nous avons raconté l'arrestation; ils étaient au nombre de vingt-deux. Lacombe prononça dans cette circonstance une allocution qui recueillit les applaudissements de l'auditoire et des artistes eux-mêmes.

Nous avons fait connaître la mission toute d'humanité confiée à Antony et à deux autres citoyens en ce qui concernait les prisons et les détenus. Le Comité de surveillance, qui s'était arrogé une omnipotence incroyable, qui ne craignait pas de tenir tête aux conventionnels et qui s'abstenait de leur rendre compte de ses actes, osa critiquer cette mission, et, se basant sur ce que les décrets de la Convention avaient réservé la police des prisons aux Comités de surveillance, il invita le 23 décembre les représentants du peuple à rapporter leur arrêté relatif à la *Commission des Trois*. Cette démarche audacieuse obtint un plein succès; après deux jours de réflexion et au pied même de la pétition du Comité, Tallien écrivit de sa main : « Les représentants du peuple arrêtent que la Commission des Trois est supprimée, et chargent le Comité de surveillance, sous sa responsabilité, de tous les détails des prisons, en se conformant d'ailleurs à tous les décrets de la Convention [1]. »

Dès que cette suppression fut connue dans le public, elle causa une vive émotion. Le Comité de surveillance n'avait plus de frein et pouvait se livrer à tous ses appétits : il accumula l'arbitraire et la violence, jusqu'au jour où les conventionnels, cédant à la pression de l'opinion, mirent fin par une décision énergique à son existence redoutable et à ses actes tyranniques.

---

[1] Archives de la Gironde, série L.

Il faut bien le dire, l'arbitraire n'était pas un fait isolé et imputable aux seuls Comités de surveillance; l'exemple était venu de plus haut; depuis le jour où la Convention avait envoyé des proconsuls en mission dans les départements pour assurer l'exécution de ses décrets et pour remonter l'esprit public, les abus les plus incroyables et les empiètements les plus étranges s'étaient produits. Le Comité de Salut public dut s'en émouvoir, et afin de ramener ses *missi dominici* à une règle uniforme et à une application plus sage du régime révolutionnaire, il crut devoir leur adresser les instructions suivantes qui offrent, au point de vue politique, un intérêt de premier ordre :

« La Convention nationale, citoyens collègues, en traçant dans son décret du 14 frimaire, aux diverses autorités, la ligne qu'elles doivent parcourir, a marqué la vôtre.

» Ces articles sont le complément nécessaire du décret en date du 6. Ils se lient d'ailleurs aux principes qui ont déterminé les bases d'un gouvernement provisoire et révolutionnaire.

» Son action jusqu'ici était arrêtée, pour ainsi dire, au point de départ. Les autorités intermédiaires, qui recevaient le mouvement, le brisaient. Les lois révolutionnaires, dont la rapidité est l'élément, se traînaient incomplètes ou mutilées.

» Cet état de choses a nécessité votre mission. Vous avez été envoyés pour déblayer l'aire de la liberté, pour ouvrir un large passage à la Révolution qui trouvait partout épars les tronçons de la monarchie et les débris du fédéralisme : des mains sacrilèges essayaient de recomposer l'une ou l'autre.

» Votre présence a remonté les ressorts de la machine politique; elle est ranimée; la république doit beaucoup à plusieurs de vous.

» Mais ce n'est pas assez d'avoir retrouvé le mouvement; il faut qu'il soit uniforme, et qu'il ne soit ni dépassé, ni laissé en arrière.

» Il était bien difficile qu'un excès de zèle, respectable d'ailleurs, n'élançât pas quelques-uns d'entre vous au delà des principes.

» Ainsi la religion des uns fut surprise lorsqu'ils permirent l'établissement des Comités centraux, des Associations centrales et des Commissions départementales. Le fédéralisme guettait ces établissements liberticides, prêt à se remonter par eux.

» Ainsi les armées révolutionnaires, créées dans les départements, reproduisaient le système de la force départementale ; c'était un glaive dans les mains de la Liberté, mais qui pouvait la blesser un jour.

» Ainsi il n'appartenait à aucun de prononcer, dans les cas imprévus par la loi, la peine de mort; c'est exercer un acte législatif qui appartient, non à un membre mais au corps entier de la représentation nationale.

» Le bien que vous avez fait, citoyens collègues, et que vous ferez encore, couvre ces ombres de son éclat; vos motifs furent purs, et nous tenons compte de vos succès.

» Si nous avons dû faire ces observations, citoyens collègues, par respect pour les principes, nous devons plus souvent encore, par justice, remercier votre infatigable zèle et votre énergie courageuse·

» Que cette énergie se ranime en voyant le terme. La Convention vous charge de finir l'épurement et la réorganisation des autorités constituées, sous un délai très court, et de lui rendre compte de ces deux opérations avant la fin du mois prochain. Une mesure simple peut opérer cette épuration. Convoquez le peuple en sociétés populaires; que les fonctionnaires publics y comparaissent. Interrogez le peuple sur leur compte; que son jugement dicte le vôtre.

» Nous vous invitons, citoyens collègues, à correspondre avec le Comité tous les dix jours, aux termes du décret. C'est de ce concert, de ce rapprochement de nos vues simultanément combinées, que sortira le succès.

» N'oubliez point les véritables limites de votre mission; tout ce qui serait au delà comme en deçà romprait les plans, neutraliserait le développement de l'ordre déterminé.

» Ouvriers de la République, faisons chacun la pièce qui nous est confiée dans ce grand ouvrage. Si nous voulons obtenir un ensemble, n'enjambons point le travail d'un autre.

» Nous vous invitons, citoyens collègues, à ne point sortir du cercle qui est déterminé quant à l'objet de votre mission et quant aux lieux où elle doit s'exercer.

» Précision, célérité et mouvement révolutionnaire, c'est à cela que doivent se mesurer toutes vos opérations.

» Nous ne rappelons à plusieurs d'entre vous que les principes qu'ils ont coutume de suivre, et ce sont eux que nous proposons pour modèles à eux-mêmes et aux autres.

» Salut et fraternité.

» Signé : Billaud-Varennes, Carnot, B. Barère, C.-A. Prieur, Robespierre, R. Lindet et Couthon (1). »

Ainsi s'exprimait le Comité de Salut public, stimulant les uns, blâmant les excès de zèle des autres, approuvant tout

(1) *Moniteur universel* du 5 nivôse an II (25 décembre 1793).

d'ailleurs, *le bien accompli devant couvrir certaines ombres de son éclat.*

Ces instructions sont extrêmement curieuses : il en résulte que, sauf de rares exceptions, les conventionnels en mission avaient le droit et le pouvoir de tout faire *pour déblayer l'aire de la liberté et ouvrir un large passage à la Révolution.* Ils en usèrent hardiment, et nous devrons désormais n'éprouver qu'une surprise relative en présence des monuments de toute nature légués à l'Histoire par les proconsuls de la Convention.

Et Lacombe aussi ouvrait le passage à la Révolution ! Le 26 décembre, la Commission militaire condamnait à mort un vieux parlementaire, M. de Pelet d'Anglade ; un avocat distingué, Bernada, qui avait été administrateur du département, et Chevalier, ancien enseigne de vaisseau.

C'est sans doute après avoir assisté à la séance où ces condamnations furent prononcées, qu'un citoyen, à coup sûr optimiste, écrivait au *Moniteur :* « Les égoïstes, les agitateurs et les intrigants ont disparu de cette commune. Le peuple et les négociants sont rendus aux bons principes et au plus pur patriotisme. Toute crainte pour les subsistances a cessé ; elles ont été assurées par le zèle et la capacité des administrateurs. »

Nous aurons bientôt à constater l'inexactitude de quelques-unes de ces appréciations ; mais nous pouvons dès à présent dire que les 27, 28 et 29 décembre, la Commission prononça quelques condamnations à mort, et notamment celle du général Gestas et celle de Basseterre, secrétaire-greffier de la municipalité bordelaise, et qu'elle continua son œuvre de sang, justifiant ainsi cette page des *Mémoires* du comte Beugnot : « Un essaim d'hommes barbares avait jailli on ne sait d'où, on ne sait comment, et couvrait la surface de la République d'espions, de délateurs, d'administrateurs, de juges et de bourreaux. Il n'existait plus d'endroit écarté où la vertu pût respirer tranquille. Les courages étaient abattus, les âmes flétries, les visages défaits. On tremblait de parler, de jeter un regard, de s'arrêter, d'entendre; et dans ces jours d'opprobre, les femmes eussent perdu la mémoire, s'il était aussi facile d'oublier que de se taire... [1]. »

C'est dans la journée du 29 décembre que parvint à Bordeaux l'heureuse nouvelle de la prise de Toulon, de cette ville qui fut la première étape d'un soldat de fortune que la Providence, dans ses secrets desseins, réservait pour les plus hautes destinées. L'entourage des représentants du peuple et la population elle-même témoignèrent une joie bruyante de cet événement; Ysabeau et Tallien, afin de réchauffer l'esprit public et d'entretenir le patriotisme, jugèrent à propos de célébrer cette victoire, conformément à un décret de la Convention nationale, par une fête civique. Ils en ordonnèrent les préparatifs immédiats : « Toulon est réduit; l'Anglais est partout vaincu, et les armes de la République sont partout triomphantes. Les tyrans tremblent, les patriotes doivent se réjouir [2]. » C'est en ces termes qu'ils annoncèrent la fête *triomphale* du lendemain.

Dès dix heures du matin, le 30 décembre, des salves d'artillerie se firent entendre, les navires de la rade furent pavoisés, et la garnison se réunit en armes au Champ de Mars.

A onze heures, Ysabeau et Tallien, escortés de toutes les autorités et des corps administratifs, se rendirent au lieu de la cérémonie; un grand concours de peuple remplissait le Champs de Mars. Après la lecture de la proclamation et du décret de la Convention relatifs à la *victoire remportée par l'armée française sur les féroces Anglais et les perfides Toulonnais,* l'hymne de la liberté fut solennellement chanté, et le peuple y mêla sa voix puissante.

(1) *Mémoires du comte Beugnot*, t. Ier, p. 151.
(2) Archives municipales de Bordeaux.

A midi précis, le cortége se dirigea vers le *Temple de la Raison.*

Une affluence considérable se pressait dans son enceinte; les femmes surtout y étaient en grand nombre. C'est que le bruit s'était répandu que Thérésia Cabarrus, qui ne craignait plus d'afficher publiquement son intimité avec Tallien et que l'on voyait presque chaque jour, en compagnie du proconsul et nonchalamment étendue dans sa calèche, parcourir la ville dans des atours pleins de coquetterie et gracieusement coiffée du bonnet rouge, devait prononcer un discours dans cette circonstance.

L'attente des curieux ne fut pas trompée : lorsque le cortége des autorités, les représentants en tête, eut été installé dans le temple de la Raison, Thérésia se leva et d'une voix émue au début, mais bientôt accentuée et sympathique, elle prononça un discours où *elle essaya,* comme elle le dit elle-même, *de tracer l'esquisse rapide d'un plan d'éducation pour la jeunesse* [1]. Nous ne ferons ni l'analyse, ni la critique de cette amplification politico-littéraire, sans doute revue et corrigée par Tallien. Elle fut bruyamment applaudie, et l'auditoire en demanda l'impression. C'était tout au moins une politesse faite à la femme aimable qui, quel que soit le jugement qu'elle ait donné à l'histoire le droit de porter sur sa conduite morale, ne fit qu'une courte apparition au milieu des saturnales bordelaises. Thérésia Cabarrus, dont la générosité de cœur égalait la grâce et la beauté, a laissé, en effet, dans notre ville comme une trace lumineuse, car elle employa son influence à empêcher l'excès du mal, et plus d'un Bordelais

---

[1] *Discours sur l'éducation par la citoyenne Thérésia Cabarrus-Fontenay,* lu dans la séance tenue au temple de la Raison à Bordeaux le 1er décadi du mois de nivôse, jour de la fête nationale, célébrée à l'occasion de la reprise de Toulon par les armes de la République. Imprimé d'après la demande des citoyens réunis dans ce temple. Brochure de 8 pages. (Bordeaux J.-Baptiste Cazzava, imp. 1794).

lui a dû dans ces jours d'épreuve et de douleurs la conservation de la vie et de la liberté.

Le consul des États-Unis assistait à cette fête, entouré de deux cents capitaines de navires de sa nation. Il était placé entre les représentants du peuple, et les pavillons français et américains flottaient sur la *Montagne,* couverte pour la circonstance d'une forêt de lauriers. Le consul, dans une improvisation chaleureuse et religieusement écoutée, fit l'éloge de la France et déclara qu'une amitié éternelle existerait désormais entre deux peuples unis de principes et d'intérêts. Ces paroles furent accueillies par les bravos de la foule.

Ysabeau parla ensuite; *il prit occasion de nos victoires* pour exhorter le peuple à ne plus quitter les armes que les ennemis du dedans et du dehors ne fussent tous anéantis. Tallien, plus modéré en apparence, s'occupa de la *Raison* et s'étendit en louanges sur cette divinité du sage, amie des peuples et source du vrai bonheur.

Ces discours furent entremêlés de musique et de chant, et la fête se termina par des danses dans le Temple splendidement illuminé le soir.

Pendant que la ville se livrait ainsi par ordre à la joie, les détenus jeûnaient dans les prisons. « Lors de l'heureuse nouvelle de la prise de Toulon, a écrit un des frères Peraire, nous restâmes trente-six heures au pain et à l'eau; le concierge n'étant pas préparé pour nous nourrir, on trouva plus commode de faire jeûner les prisonniers que de permettre qu'ils reçussent rien de chez eux. »

Mais qu'importaient les prisonniers! D'autres soucis préoccupaient les conventionnels. Le 14 frimaire (4 décembre 1793), la Convention avait décrété que le gouvernement serait révolutionnaire jusqu'à la paix et réglé le mode de ce gouvernement, dont le caractère était à ses yeux essentiellement provisoire. Les dispositions du décret avaient soulevé des scrupules et donné lieu à des commentaires sur la légalité des pouvoirs conférés aux autorités créées à Bordeaux par l'omnipotence des proconsuls en mission. Ysabeau et Tallien, à qui ces scrupules furent soumis, parurent d'autant moins disposés à les accueillir, qu'ils craignirent, non sans raison, un affaiblissement pour leur autorité dans les hésitations qui se produisaient et dont les malveillants pourraient tirer profit. En conséquence, ils prirent le 31 décembre un arrêté ainsi conçu :

« Les Représentants du peuple en séance à Bordeaux,

» Après avoir lu avec attention le décret du 14 frimaire, n'y ont rien trouvé qui pût intervertir l'ordre de choses actuellement établi à Bordeaux;

» Considérant d'ailleurs que toutes les mesures prises par eux ont été solennellement approuvées, non seulement par le décret du 6 frimaire, mais encore par divers arrêtés du Comité de Salut public;

» Considérant combien il est important de conserver aux autorités renouvelées de Bordeaux un degré d'énergie révolutionnaire assez fort pour en imposer à tous les malveillants encore très nombreux dans cette cité, naguère livrée à des administrations rebelles et fédéralistes;

» Voulant en même temps détruire les incertitudes qui auraient pu s'élever dans l'esprit de quelques fonctionnaires publics, par un excès même de zèle et de respect pour la loi,

» Arrêtent, que les Comités de surveillance, des subsistances, et la Commission militaire, établis à Bordeaux, ainsi que toutes les autres autorités constituées renouvelées, continueront à remplir leurs fonctions respectives comme ils l'ont fait jusqu'à présent, en se conformant aux dispositions des arrêtés des Représentants du peuple, approuvés par le décret du ... frimaire, et ce jusqu'au moment où il en aura été autrement décidé par la Convention nationale, à laquelle les Représentants du peuple ont soumis les difficultés qui se sont élevées sur l'interprétation et application de quelques articles du décret du 14 frimaire;

» Requièrent, au nom de la patrie et de la loi, tous les citoyens composant ces diverses autorités, de rester à leur poste jusqu'à la décision de la Convention nationale, et de redoubler encore, s'il est possible, de zèle et d'énergie pour surveiller les malveillants et déjouer les complots sans cesse renaissants des contre-révolutionnaires, *les rendant responsables des événements qui pourraient résulter de leur négligence, retard ou insouciance.* »

En présence des termes formels de cet arrêté et de la réquisition comminatoire qui le terminait, les hésitations et les scrupules cessèrent, et chacun reprit l'exercice de ses fonctions [1].

Mais cette difficulté réglée, d'autres naissaient à chaque pas, et les critiques n'épargnaient aucun des actes des conventionnels.

Pendant qu'ils décidaient, fort sagement d'ailleurs, que la Commission militaire ne recevrait plus directement le montant des sommes résultant des condamnations qu'elle prononçait, attendu que les fonctions de juge, d'administrateur et de receveur ne devaient pas être confondues, et qu'il importait d'éloigner même jusqu'aux soupçons de l'aristocratie, afin que les opérations du tribunal révolutionnaire obtinssent la sanction de l'opinion publique [2], Ysabeau recevait une lettre anonyme qui mérite d'être conservée; elle est remplie de détails intéressants et curieux, et formule des reproches et des accusations dont les démagogues, partisans de Desfieux et de Courtois, ne cessaient de se faire les échos, soit à Bordeaux, soit auprès des Jacobins de Paris, soit au sein de la Convention

---

[1] *Appendice*, note XI.
[2] *Appendice*, note XII.

elle-même. Nous avons vu déjà Baudot défendre ses collègues; nous verrons bientôt Tallien, après sa rentrée à la Convention, remplir plus d'une fois le même office en faveur d'Ysabeau, resté seul dans notre ville.

Quoi qu'il en soit, voici ce qu'écrivait l'anonyme :

« Ysabeau, te voilà puni d'avoir enfreint la Constitution, en plaçant sans le consentement unanime du souverain tes créatures dans les autorités constituées. Si tu ne t'étais pas fait entourer d'intrigants, de lâches flagorneurs, de patriotes de quatre jours, au total de gens sans mœurs et sans aveu, tu n'éprouverais pas le désagrément de voir aujourd'hui ton ami Valette en arrestation; je n'en connais pas les motifs, mais il y a quatre ou cinq mois qu'il vint ici avec de grandes moustaches, se disant adjudant des bataillons de la Vendée. D'après les propos qu'il tenait sur nos frères d'armes, j'ai toujours pensé, ainsi que plusieurs bons républicains qui l'ont entendu, qu'il avait plutôt servi la cause de l'armée catholique que celle de la Liberté. Il en sera de même de ton ami Brisson : bientôt tu reconnaîtras que ce n'est qu'un traître. Tu as auprès de toi un petit muscadin qui n'a jamais été connu que par son aristocratie, ainsi que son frère. Le pauvre diable n'est pas dangereux; mais enfin ne vaudrait-il pas mieux que sa place soit remplie par un pauvre père de famille, et qu'il aille remplir la sienne sur les frontières? Alors, tu n'aurais pas enfreint la loi de la première réquisition; car sois bien persuadé qu'il n'a cherché à être ton secrétaire que pour s'y soustraire. Dans sa compagnie, il esquiva par une émigration lors du recrutement des 300,000 hommes; lors de la création de divers bataillons et lors de la levée des bataillons de la Vendée, il ne s'est jamais trouvé à sa compagnie quand elle a fourni son contingent, pas même pour la force départementale, quoique son frère en fût un fameux partisan.

» J'espère que le masque tombera bientôt aux créatures que toi et ton collègue avez placées dans les autorités constituées, et que tu ne reconnaîtras dans la plupart que des intrigants, des hommes qui ne cherchent que des places et de lâches flagorneurs qui te trompent. Suis le mode que t'a indiqué le Comité de Salut public pour l'épurement des autorités constituées, mais éloigne pour cette réunion en sociétés populaires tous ces citoyens de la cité, ces aboyeurs du Club national, ces bavards impitoyables qui n'ont agi que par passion; alors tu auras de vrais amis de la patrie, tu auras des hommes capables de remplir les places où leurs concitoyens les auront appelés; alors tu auras suivi la Constitution et le gouvernement révolutionnaire. Dis-moi, quelle confiance veux-tu que l'on ait en toi et ton collègue, quand on te voit entouré de pareils êtres, qui, dans tous les temps, ont été sans mœurs, sans aveu, et que l'on ne connaît dans la Révolution que depuis que tu es à Bordeaux? Quelle confiance veux-tu que l'on ait en de chétifs comédiens, des hommes qui, sous l'ancien gouvernement, auraient péri sur l'échafaud et qui mériteraient sous celui-ci, s'ils n'étaient pas épaulés par toi, la guillotine?

» Réfléchis sur l'injustice de toi et de ton collègue au sujet du grand spectacle. Tu enlèves, sous prétexte d'incivisme, la propriété des actionnaires, des fournisseurs; tu frustres la plupart des sujets de ce qui leur est dû de leur état, et les mets par là hors d'état de payer leurs aubergistes, tailleurs, cordonniers, etc. Tu enlèves aux abonnés leur propriété. Par leur abonnement, ils ont le droit d'entrer toutes les fois que la salle s'ouvre, non pas pour voir Pierre ou Paul, mais pour voir le spectacle. Tu fais, pour plaire à quelques intrigants, au moins deux mille injustices dans cette affaire, pour plaire à un Brochard et un Chevalier-Granger. Mais enfin le connais-tu cet homme insolent et aristocrate? Si les flagorneurs qui t'entourent eussent osé te dépeindre cet homme, tu te verrais obligé de l'envoyer et son ami [1]... à la guillotine; mais les loups ne se mangent pas. Punis les coupables du grand spectacle, punis les traîtres, tous les bons citoyens y applaudiront; mais sois juste et impartial. Quand puniras-tu les agioteurs, les accapareurs? Pourquoi les Kunckel, les Jean Tarteiron, les Ogier, les Louvet, les Étienne Cardoze, les Julian, Rodrigues et toute la secte juive qui, depuis que la Révolution les mit au rang d'hommes, n'ont cessé d'être nuisibles à la cause de la liberté (ce sont des faits que je défie à tout homme de bonne foi de nier), pourquoi, dis-je, aucun de ces vampires n'a-t-il porté sa tête sur l'échafaud? Pourquoi? parce qu'ils ont des assignats et que tes alentours ont soif; parce que, parce que, etc., etc.

» En général, vous n'avez pas assez distingué les meneurs des menés; vous avez trompé la Convention nationale sur le compte du peuple bordelais, parce que vous vous êtes mal entourés. Depuis quatre mois que vous lui promettez l'abondance, depuis quatre mois il n'a que demi-livre de mauvais pain sans légume! Avez-vous entendu un murmure? — Une foule d'arrestations injustes, illégales! Avez-vous entendu un murmure? — Un désarmement déshonorant pour de bons citoyens, qu'un despote n'aurait jamais osé entreprendre! Avez-vous entendu un murmure? Quelle preuve plus évidente de patriotisme! Et cependant vous calomniez sans cesse les Bordelais. Il a vu tomber les têtes des premiers qui parlèrent de révolution à Bordeaux, les têtes de ceux qui l'ont

---

[1] Le nom est illisible.

entretenu et qui ont fait jadis de si grands sacrifices pour la liberté, les têtes de la plupart de ceux qui ont empêché les agioteurs et les accapareurs d'étouffer dès le principe la Liberté; ils n'ont pas murmuré! Le peuple bordelais te bénira si tu es juste; mais pour cela, ne t'en rapporte pas, crois-moi, à tes alentours; popularise-toi un peu plus et tu auras son secret.

» Punis sans différer les agioteurs, les accapareurs; ils sont plus à craindre que les aristocrates.

» Salut et fraternité. Je ne signe pas à cause de ta séquelle. »

Nous avons vainement cherché à savoir, par la comparaison des écritures, quel pouvait être l'auteur de cette lettre anonyme; elle est toutefois fort intéressante au point de vue historique en ce qu'elle contient comme une sorte d'indication du sentiment public à sa date. Si le ton général de cet écrit accuse une certaine modération, quelques passages font suffisamment connaître que son auteur était un sans-culotte qui s'élevait moins contre le châtiment que contre la direction qu'on lui donnait, et qui accusait l'entourage des représentants de les tenir dans l'ignorance des vrais intérêts de la cité et de la République elle-même. Mais tout cela était anonyme, car le donneur de conseils aurait risqué sa tête à la montrer.

Après deux jours d'interruption, la Commission militaire reprit ses séances le 1er janvier 1794. Ce jour-là un nouveau juge siégea aux côtés de Lacombe: c'était un nommé *Ancian*, qui avait été, dit-on, *domestique* à La Réole. Il remplaçait Rey, capitaine de l'armée révolutionnaire que les conventionnels venaient de supprimer [1]. Ancian n'occupa que fort peu de temps la fonction redoutable qu'il avait acceptée malgré lui, et sollicita son déplacement pour servir *dans le militaire*. Il était brigadier de gendarmerie à Pauillac lorsqu'il fut arrêté au mois de juin 1795 par ses camarades, qui demandaient sa destitution comme ayant été

---

[1] *Appendice,* note XIII.

membre de la Commission militaire. Ancian se brûla la cervelle au moment où il allait être conduit à la maison d'arrêt [1].

Le 6 janvier, une nouvelle lettre anonyme était adressée à Ysabeau et à Tallien : « Prenez garde, leur disait-on, vous êtes mal entourés. Vous avez échappé au fer des assassins, prenez garde au poison. Des hypocrites, des voleurs, des gens vendus à vos ennemis sont près de vous, mangent avec vous et calomnient derrière. Croyez-en ce qu'on vous dit. »

Irrités de ces envois trop fréquemment renouvelés et où les critiques se mêlaient aux menaces, les conventionnels saisirent en ces termes la Commission militaire de leurs doléances : « Citoyens, déjà plusieurs fois nous vous avons instruits des lettres anonymes que nous recevions chaque jour. Elles ont été, vous le savez, suivies d'insultes et d'attentats contre la représentation nationale. Cette nuit encore, des brigands armés se sont introduits dans notre maison et paraissaient résolus à commettre des violences, si quelques braves sans-culottes qui nous entourent ne s' fussent opposés. Ce matin, le libelle le plus dégoûtant, le plus infâme, nous est parvenu par la voie de la poste. Nous vous l'adressons en vous invitant à en poursuivre les auteurs et tâcher de découvrir la similitude des écritures qui pourraient vous passer sous les yeux. S'il ne s'agissait que de nous comme individus, nous livrerions ces lettres au mépris qu'elles méritent; mais lorsqu'il s'agit de la représentation nationale, se taire serait un crime, et contribuer à son avilissement ne peut jamais entrer dans l'esprit des bons citoyens. »

Lacombe mit en vain ses limiers en mouvement; il ne put découvrir les auteurs des écrits anonymes qui lui étaient ainsi déférés.

---

[1] *Feuille de Bordeaux*, n° 172.

Les représentants s'occupèrent vers cette époque du commerce de Bordeaux, et nous croyons qu'il serait difficile de trouver la trace de mesures plus exorbitantes que celles qu'ils crurent devoir prescrire. Après avoir décidé que les condamnations prononcées par le Tribunal de commerce, rétabli par leur arrêté du 4 nivôse (24 décembre 1793), n'auraient force d'hypothèques que quatre mois après la date de son rétablissement [1], ils prirent le 7 janvier 1794 l'étonnant arrêté que l'on va lire, et que nous avons renoncé à résumer de crainte d'en affaiblir les termes :

« Les Représentants du peuple en séance à Bordeaux,

» Instruits que plusieurs maisons de négociants viennent de déposer leur bilan ;

» Considérant que les ennemis du bien public, après avoir épuisé toutes les ressources de la force et de l'intrigue, espèrent trouver dans le commerce un moyen de contre-révolution d'autant plus puissant, qu'il porte sur les subsistances du peuple ;

» Que les scélérats ayant échoué dans leurs sinistres projets, en donnant d'abord aux opérations commerciales une activité forcée et dévorante, cherchent aujourd'hui à parvenir à leur but en en paralysant subitement le cours ordinaire, ce qui ruinerait le citoyen honnête qui leur a confié ses fonds, et perdrait notre crédit chez l'étranger, qui cesserait d'apporter ses denrées chez un pays de mauvaise foi et de banqueroute ;

» Considérant que Nantes, Marseille et autres grandes places, ayant déjà donné ce funeste exemple, la conduite des négociants de Bordeaux annonce un plan général de dissolution de commerce qui tendrait à amener la misère publique, par la ruine des particuliers ;

» Considérant enfin que ce but contre-révolutionnaire ne se décèle que trop par le nombre des bilans déposés à la fois par la malveillance des négociants qui négligent de prendre les moyens utiles dans le commerce en pareil cas, et enfin en ce que le terme de quatre mois, fixé par le tribunal pour les paiements, donne aux négociants honnêtes toute la latitude que la probité peut désirer ;

» Voulant calmer les inquiétudes du peuple, prévenir pour la suite les ruses infâmes dans lesquelles les agioteurs s'enveloppent, et punir leurs spéculations sourdes et frauduleuses, en rendant

[1] Arrêté du 7 janvier 1794.

d'ailleurs justice à ceux que les difficultés du temps mettraient hors d'état de remplir leurs engagements,

» Arrêtent ce qui suit :

» 1º Tous ceux qui ont remis ou qui remettront leur bilan, seront arrêtés de suite pour être interrogés par le Comité de surveillance, et traduits, s'il y a lieu, à la Commission militaire ;

» 2º Il sera établi un Comité composé de quatre membres, chargé de vérifier tous leurs livres et l'état actuel de leurs marchandises, comparé avec l'état de celles dont ils étaient nantis à l'époque du *maximum;*

» 3º Le même Comité examinera avec la plus sévère rigueur comment ils se sont défaits de ces marchandises, quels emplois ils ont fait des fonds provenant de la vente, en se faisant représenter les factures d'achat, et toutes les pièces qui constatent l'entrée ou la sortie desdits effets ou marchandises ;

» 4º Tout négociant trouvé en fraude dans ses opérations ou dans la tenue de ses livres sera livré à la Commission militaire, pour être jugé et puni suivant la rigueur des lois contre les faillis et les banqueroutiers frauduleux. »

Jean *Lamothe* aîné, juge au Tribunal de commerce du district de Bourg, séant à Blaye, *Oré* aîné et *Sudreau,* juges au Tribunal de commerce de Bordeaux, et *Baʒerque,* négociant, rue des Argentiers, furent désignés pour former le Comité institué par l'article 2 de l'arrêté précédent.

Est-il besoin de dire que de pareilles mesures portaient le dernier coup au commerce bordelais? Cette branche de la richesse publique à qui la plus grande liberté est indispensable pour ses transactions, voyait la suspicion s'accroître à son égard; atteint dans son essence même, frappé de discrédit, privé de la confiance nécessaire pour ses opérations, ruiné par la Terreur en un mot, le commerce cessait d'exister, et le caducée ailé n'était plus porté par la main vigoureuse du dieu de la Fable [1].

---

[1] Dans une lettre qu'ils écrivaient le 30 mars 1795 au Comité de Salut public, les conventionnels Treilhard et Boussion, alors en mission dans notre ville, disaient : « ... *Vous savez d'ailleurs que le commerce de Bordeaux a été presque anéanti dans les jours de terreur...* » (Archives de la Gironde, série L.)

Fanatique de l'œuvre révolutionnaire et inconscient du tort que de pareilles mesures faisaient aux intérêts de la République et des citoyens, Tallien écrivait deux jours après à la Convention : « Nous vous faisons passer, citoyens collègues, deux arrêtés que nous avons pris pour déjouer une nouvelle trame des conspirateurs de ce pays, qui voulaient, par une faillite frauduleuse, opérer un mouvement dont ils se promettaient sans doute de grands succès. Nous croyons les avoir déjoués, car, depuis la publication de notre arrêté, presque tous les bilans déposés ont été retirés, et l'on n'entend plus parler de faillite. Nous vous prions de donner votre approbation à ces arrêtés, afin que cette mesure qui, nous le croyons, assurera le commerce de la République, n'éprouve aucun retard ni aucune contradiction. — L'esprit public prend tous les jours à Bordeaux une nouvelle force; la Commission militaire fait tomber les têtes des conspirateurs; le Comité de surveillance fait arrêter tous les hommes suspects; celui des subsistances procure du pain en abondance; la Société populaire fait trembler les feuillants et les modérés; enfin nous pouvons dire que Bordeaux se régénère tous les jours, et qu'avec du courage on pourra parvenir à rendre entièrement cette cité à la pureté des principes républicains [1]. »

A en croire Tallien, Bordeaux en était arrivé à l'âge d'or et nos pères voyaient la réalisation du mythe rêvé par l'antiquité. Hélas! combien ne fallait-il pas en rabattre!

A cet égard, il nous suffira de rappeler que le 14 janvier « considérant que l'affluence prodigieuse des personnes qui demandent des secours peut occasionner la confusion, et par une suite nécessaire, les erreurs, les surprises, et un double emploi..., » et afin de « supprimer tous les abus

---

[1] *Moniteur* du 27 nivôse an II (16 janvier 1794).

qui peuvent se glisser dans une chose aussi sacrée que sont les secours accordés à l'indigence, » Ysabeau et Tallien prirent un arrêté pour charger, dans chacune des sections, le Comité préposé à la distribution des secours « de prendre toutes les informations nécessaires pour se mettre en état de distinguer, parmi les personnes qui les réclamaient, celles qui à raison de leur indigence y ont droit, de celles qui chercheraient par des moyens astucieux à obtenir un secours qui ne leur est pas dû. »

Toute une série de prescriptions complétaient cette disposition. Les secours accordés variaient de 3 sous par jour à 10 livres par mois. Il serait certainement intéressant de connaître le nombre des indigents secourus, et les sommes dépensées en vertu de cet arrêté; mais les éléments nous manquent pour établir un tableau statistique qui édifierait sur l'excellence du régime révolutionnaire.

Du 6 au 15 janvier, la Commission militaire ne tint pas d'audience; elle les reprit le 16, et condamna à mort Azéma, qui avait été membre de la Commission populaire de salut public. Les jours suivants, elle continua son œuvre sanglante, secondée en cela par le Comité révolutionnaire de surveillance, qui ne reculait devant aucun arbitraire. Mais l'opinion publique s'inquiétait avec juste raison de ce système de terreur qui atteignait toutes les conditions et qui frappait inexorablement toutes les têtes; des représentations furent faites aux proconsuls par quelques citoyens courageux, que Thérésia Cabarrus secondait en secret, tant sur les agissements du Comité que sur les condamnations iniques prononcées par le tribunal révolutionnaire.

Ysabeau et Tallien restèrent longtemps indécis. Ils examinèrent avec quelques intimes de leur entourage la valeur des récriminations qui s'élevaient de toutes parts; ils pesèrent les témoignages, et durant la deuxième quinzaine du mois de janvier, ils arrêtèrent plus spécialement leur attention sur ce qui se passait autour d'eux.

Le 1ᵉʳ février, Tallien écrivait à Lemoal : « Nous venons de causer longuement de notre affaire. Tout n'est pas terminé. Je tiens toujours à mon premier plan. Mon collègue part demain. Viens ce soir à cinq heures précises au Séminaire; apporte toutes les pièces, tous les renseignements; ne néglige rien. Nous n'irons pas dîner chez toi, car on ne manquerait pas de dire que c'était pour nous concerter. Tu nous trouveras tous trois réunis. Mille amitiés à ta compagne. — Le représentant du peuple, TALLIEN [1]. »

Les précautions et le mystère dont s'entouraient les conventionnels étaient à coup sûr indispensables pour l'acte vigoureux qu'ils préparaient, et qui était de nature à surexciter contre eux la colère des démagogues. Dès les premiers jours de février, il régnait dans la ville une certaine préoccupation; on s'entretenait tout bas d'abus auxquels Ysabeau et Tallien voulaient, disait-on, mettre un terme; on citait des noms nouveaux, on exagérait les circonstances les plus indifférentes; on attendait enfin avec une fiévreuse impatience la réalisation d'espérances qui étaient dans tous les cœurs.....

Les perplexités ne durèrent pas longtemps. Dès le 4 février, on apprenait qu'un arrêté des représentants du peuple destituait le Comité de surveillance, ordonnait l'arrestation de ses membres et nommait une commission pour examiner leur conduite.

L'effet de cette mesure fut excellent à Bordeaux, et les citoyens respirèrent un instant. « L'arbitraire, a écrit un contemporain, en était arrivé à ce point sous le Comité de surveillance du 2 frimaire, que les mandats d'arrêt étaient lancés par les *agents* mêmes du Comité [2]. »

---

[1] Archives de la Gironde, Série L.
[2] Sainte-Luce Oudaille, *Histoire de Bordeaux*, etc.

Voici en quels termes Ysabeau et Tallien réalisèrent une amélioration qui atteignait le moine défroqué Peyrend d'Herval, leur secrétaire, homme dangereux et libertin féroce, dont nous avons déjà parlé, contre lequel ils avaient été mis depuis quelque temps en défiance, et qu'on accusait d'avoir été placé auprès d'eux par Couthon, comme espion du Comité de Salut public.

« Les Représentants du peuple,

» Considérant que si, dans les moments de révolution, il est important de donner au gouvernement et aux autorités constituées une grande étendue de pouvoirs, afin de réprimer avec plus de promptitude les projets des ennemis de la République, il est aussi du devoir des mandataires du peuple d'empêcher que les patriotes ne soient opprimés et que le règne de l'arbitraire ne vienne remplacer celui de la justice sévère et impartiale, auquel tous les membres de la Société ont un droit égal ;

» Considérant que les Comités révolutionnaires ont été établis pour sauver la liberté et non pour la compromettre; pour protéger les bons citoyens, et non pour les vexer;

» Considérant que le législateur, en frappant les hommes suspects et en les condamnant à une réclusion momentanée commandée impérieusement par les circonstances difficiles où nous nous sommes trouvés, n'a pas entendu qu'ils fussent traités avec inhumanité, et n'a pas voulu leur enlever le droit qui appartient à tout individu de réclamer contre un acte qui porte atteinte à sa liberté;

» Considérant que c'est par des mesures énergiques mais sages que l'on assure la liberté, et non par des moyens extraordinaires, qui détruisent tout, découragent les hommes faibles et peuvent porter au désespoir ceux qu'il eût été facile de ramener au respect de la volonté nationale ;

» Considérant que la Convention nationale et tous les vrais patriotes se sont réunis contre ces *ultrà-révolutionnaires*, qui exagèrent tout, ne calculent rien, parce qu'ils veulent en venir à leur but, celui de perdre la chose publique ;

» Considérant que le Comité de surveillance de Bordeaux n'a jamais communiqué avec les Représentants du peuple; que leurs arrêtés ont même été méconnus, et que jamais il n'a répondu aux pétitions qui lui étaient renvoyées;

» Considérant que de toutes parts il s'est élevé des réclamations contre les mesures arbitraires prises par quelques membres de ce Comité relativement à la police des prisons;

» Après avoir examiné, avec la plus scrupuleuse attention, toutes les pièces et dénonciations qui leur ont été remises par plusieurs bons citoyens; après avoir consulté l'opinion publique, qui jamais ne se trompe,

» Arrêtent ce qui suit :

» Art. 1er. — Le Comité révolutionnaire de surveillance établi à Bordeaux par l'arrêté du 2 frimaire est destitué.

» Art. 2. — Les membres composant ce Comité, les adjoints, agents, employés, commis et trésorier se rendront sur-le-champ en état d'arrestation dans une maison qui sera indiquée à cet effet.

» Art. 3. — Les scellés seront de suite apposés sur tous les papiers, registres et cartons dudit comité.

» Art. 4. — Il sera nommé une Commission composée de trois membres, savoir : les citoyens *Antony*, juge de paix de La Réole, *Dutasta*, agent national près la commune de Bordeaux, et *Jay* jeune, agent national près le district de Bordeaux, lesquels seront chargés d'entendre sans désemparer, tant les citoyens qui auront des faits à déposer relativement aux opérations de ce Comité, que ceux qui le composaient, et qui sont mis en état d'arrestation par le présent arrêté, afin de mettre les Représentants du peuple à même de distinguer promptement l'innocent du coupable et de rendre justice à tous.

» Art. 5. — Il sera, dans les vingt-quatre heures, procédé à la recomposition et réorganisation de ce Comité, et pendant cet intervalle la municipalité de Bordeaux sera en permanence et remplira les fonctions attribuées au Comité de surveillance. »

Nous l'avons dit et nous pouvons en attester Sainte Luce Oudaille, dont le témoignage ne saurait être suspecté, cet arrêté fut accueilli avec reconnaissance par la population bordelaise; depuis le 22 novembre 1793, elle subissait le joug des terroristes qui avaient alors fixé les choix d'Ysabeau et de Tallien, mais qui, par la suite, avaient trahi leur confiance, exagéré leur mission et opprimé sans pitié ni merci la ville terrifiée. Il fallait assurément que les mesures prises par le Comité de surveillance fussent arrivées à un degré inouï d'arbitraire; il fallait que les souffrances des citoyens fussent bien intolérables, que leurs réclamations eussent un caractère d'intérêt général bien complet et bien marqué, pour que les représentants du peuple, condamnant pour ainsi dire un passé dont leur responsabilité devait à coup sûr assumer une large part, se fussent décidés à prendre un parti aussi radical.

Nous trouvons dans les passages suivants d'une lettre du marquis Legentil de Paroy, alors détenu dans les prisons de Bordeaux, un écho lointain de la joie générale lors de la destitution du Comité de surveillance du 2 frimaire : « ... Au bout de huit jours, a-t-il écrit, mon fils vint nous annoncer la consolante nouvelle que Tallien, sur les représentations de la ville et d'après le soulèvement général sur les jugements arbitraires et sanguinaires du tribunal militaire, venait de le suspendre et de faire incarcérer presque tous les membres du Comité révolutionnaire, qu'il venait de les remplacer par d'autres et qu'il avait établi une Commission des Trois qui devait visiter toutes les prisons, interroger séparément les prisonniers et faire leur rapport au Comité de surveillance, qui jugeait ceux qui devaient être traduits au tribunal militaire. Notre sort allait donc dépendre de cette Commission des Trois. Cette mesure nous causa à tous une grande satisfaction et tous nos prisonniers embrassèrent mon fils avec transport pour le remercier, comme si c'eût été une bonne nouvelle. Il nous dit aussi que sur la peinture qu'il avait faite à Tallien de l'horreur de notre séjour, il lui avait promis de venir nous visiter. En effet, il vint deux jours après, se fit ouvrir les portes de notre cachot; en entrant, il recula d'horreur, et après qu'on lui eût fait tout observer, il convint d'un ton sensible que c'était un vrai tombeau, qui n'était pas fait pour les vivants, et qu'il allait donner des ordres pour qu'on nous transférât dans un lieu plus sain et plus commode; on lui donna des bénédictions. Pour moi, je restai assis sur un matelas dans un coin, tout le temps de sa visite, qui dura un quart d'heure; il ne put tenir plus longtemps à l'odeur de nos latrines, il se retira. Notre malheur voulut que ce représentant s'en retournât peu de jours après à Paris. Son collègue Ysabeau était alors en tournée, il revint; le Comité de Salut public lui donna sans doute des ordres (on l'a su depuis) de remettre en activité le tribunal militaire, de rendre la liberté aux membres du Comité que Tallien avait fait arrêter, et de rétablir tout ce qu'il avait cassé [1]. » Ces coups de plume donnés par des contemporains, qui ont souffert des tyrannies de la Terreur, sont précieux à plus d'un titre; ils ont le mérite inappréciable de nous faire sentir le pouls de l'opinion publique pendant les douloureuses épreuves des années 1793 et 1794.

L'arrêté des conventionnels fut immédiatement ramené à exécution, et dès le 5 février, la municipalité déléguait deux de ses membres, Fagué, officier municipal, et Ducasse, notable, pour notifier à l'arrêté qui l'investissait des pouvoirs du Comité de surveillance à la Commission militaire, l'inviter à s'adresser désormais à elle pour les affaires ressortissant audit Comité, et la prévenir qu'elle resterait en permanence pour remplir ses nouvelles fonctions.

Une nuance est à signaler dans la délibération de la municipalité : elle réclamait tous les papiers portant l'adresse du Comité de surveillance, et *notamment les dénonciations*. Les dénonciations! Comme ce mot caractérise bien les hommes et l'époque! On se ferait difficilement une idée de cette arme terrible et de l'usage odieux et criminel qu'on en fit dans ces temps déplorables! Nous avons eu sous les yeux des dénonciations de toute nature, infâmes ou ridicules, et toutes portaient coup. On conserve aux Archives du département de la Gironde deux registres des dénonciations. C'est un monument effroyable de l'abaissement des cœurs et des intelligences aux heures

---

[1] *Revue des Provinces*, t. X, p. 167.

de trouble et de révolution! « Toutes les formes de dénonciations, a dit plus tard l'un des membres du Comité de surveillance qui accomplit la réaction de 1795, ont été admises au temps de la Terreur, et alors on ne s'informait guère du lieu où elles se faisaient; celles remises au Comité y restaient déposées ou étaient retirées suivant que le tribunal de sang ou les agents de la tyrannie avaient à servir leurs passions [1]. »

L'Histoire ne saurait trop frapper de flétrissure cette arme honteuse qu'utilisa la Terreur.

Après avoir prononcé un nombre assez considérable de condamnations les 5 et 7 février, la Commission militaire interrompit tout à coup ses séances.

On a pu constater que l'arrêté du 4 février, qui supprimait le Comité de surveillance, ne contenait aucune disposition relative à la Commission militaire, malgré les assertions de la lettre du marquis de Paroy que nous avons citée plus haut [2]. Il n'en est pas moins vrai que ce tribunal avait été signalé aux conventionnels et qu'on leur avait fait remarquer les dangers de l'omnipotence du président Lacombe et l'insuffisance des garanties que la Commission militaire présentait aux citoyens traduits devant elle. Ils avaient hésité à prendre des mesures qui auraient pu compromettre l'œuvre révolutionnaire à Bordeaux. Pressés toutefois par de puissantes influences, ils étaient prêts à céder. Leurs intimes n'avaient cessé de dire mystérieusement que l'arrestation des membres du Comité de surveillance n'était que l'avant-coureur d'une série d'autres mesures qu'ils étaient décidés à prendre, et que l'on verrait bientôt une ère nouvelle se lever pour Bordeaux.

L'interruption ordonnée par eux des séances de la

---

[1] Registre D du Comité de surveillance, p. 185, v°. (Archives de la Gironde, série L.)
[2] V. *suprà*, p. 170.

Commission militaire fut à ce titre fort remarquée. Qu'on ne s'y trompe pas d'ailleurs, la conduite de Lacombe n'était pas encore dévoilée; il faisait partie des conseils d'Ysabeau et de Tallien, et sa position n'était en rien menacée, comme un avenir prochain va le démontrer.

C'est sur ces entrefaites, et au milieu d'une attente en quelque sorte générale, que, le 10 février 1794, la proclamation suivante fut affichée en placard sur tous les murs de la ville et vendue dans les rues par des crieurs publics :

« Citoyens, les Représentants du peuple, fidèles à leurs devoirs, pénétrés de l'importance de la mission qui leur est confiée, ne balancent jamais à frapper le coupable lorsqu'on le leur fait connaître. Plus il est puissant, plus le coup qu'ils lui portent est vigoureux.

» Nous venons de vous prouver, citoyens, que nous ne connaissions aucun ménagement, aucune considération, et que les individus n'étaient rien auprès de l'intérêt public.

» Un Comité avait été investi par nous d'une grande autorité que nous jugeâmes nécessaire pour assurer, dans cette commune, le triomphe des principes et de la raison; il a abusé de ce pouvoir; il a fait tourner contre la cause publique les armes que nous avions remises en ses mains pour la sauver.

» La volonté particulière de quelques hommes s'est mise à la place de la volonté générale.

» L'autorité nationale a été méconnue.

» Les décrets de la Convention nationale et nos arrêtés sont restés sans exécution.

» Dans de semblables circonstances, nous taire plus longtemps eût été un crime et un avilissement de notre caractère.

» Le règne de l'arbitraire et de l'inhumanité avait remplacé celui de la justice et de l'impartialité.

» L'exaltation avait pris la place de la sagesse et de la raison.

» Des hommes se couvrant du masque du patriotisme, abusant de notre confiance républicaine, préparaient à petits pas la contre révolution.

» Lettres anonymes, calomnies artistement répandues, défiances semées avec perfidie entre les patriotes, tout enfin avait été mis en œuvre pour opérer à Bordeaux un mouvement dont les ennemis de la liberté se promettaient de grands succès.

» Déjà, sans doute, ces *ultrà-révolutionnaires* jouissaient du plaisir de voir ces contrées livrées aux horreurs de la guerre civile et de la famine.

» Mais deux Montagnards, qui déjà une fois avaient sauvé les Bordelais de leurs propres fureurs, étaient là; ils veillaient pour tous; et lorsque les preuves des prévarications de ces hommes dangereux leur ont été mises sous les yeux, ils se sont empressés de les réduire à l'impossibilité de nuire, en leur prouvant que tout doit fléchir devant la Majesté nationale.

» Ce que nous venons de faire, citoyens, contre le Comité de surveillance, nous le ferons contre tous les hommes qui abuseront du pouvoir que nous leur avons confié, au nom et pour le bien du peuple. Nous ne connaissons que notre devoir; nous n'avons d'autre règle de conduite que le salut du peuple, d'autre guide que la loi.

» Un nouveau Comité, composé de républicains purs, intacts, justes à l'égard de l'innocent, sévères à l'égard du coupable, humains à l'égard de l'homme qui est sous le coup de l'accusation, entrera demain en activité.

» Une Commission, composée de trois patriotes incorruptibles, ira dans les maisons d'arrêt séparer l'innocent du coupable.

» Toutes les mesures d'une inutile sévérité seront proscrites du régime des prisons. Des magistrats du peuple, des pères iront visiter leurs enfants égarés, et leur feront donner les secours dont ils auront besoin.

» Un conseil sera donné à ceux des accusés qui seront traduits devant la Commission militaire, afin qu'il ne reste aucun prétexte aux malveillants pour calomnier ses jugements.

» Enfin, nous vous déclarons, citoyens de Bordeaux, que, de concert avec vos magistrats, avec vos vrais amis, nous voulons accélérer, par tous les moyens qui sont en nous, la régénération de vos contrées.

» Braves sans-culottes, réunissez-vous donc à nous; dénoncez tous ceux des véritables ennemis de la Liberté qui sont encore au milieu de vous; traduisez-les devant le Comité, et bientôt la Commission militaire en fera justice.

» Nous vous le promettons, citoyens, nous ne ferons grâce à aucun conspirateur, à aucun aristocrate, à aucun de ces hommes qui se sont engraissés de la sueur du peuple, et qui ont profité de ses malheurs pour se gorger de richesses. Mais aussi nous promettons sûreté, protection à tous les bons et paisibles citoyens; prompte et impartiale justice à tous les accusés; humanité, douceur envers l'homme trompé et malheureux.

» Tels sont les sentiments de tous les fidèles Montagnards. Autant ennemis de l'exagération que du modérantisme, ils sauront rendre à tous justice, et démêler les vrais patriotes d'avec ceux qui n'en ont que le masque.

» La ligne de leur devoir est tracée dans leur cœur, dans la Loi, dans les besoins du Peuple, dans le vœu de la Nation, pour l'équité, et jamais ils ne s'en écarteront.

» Signé : C.-Alex. YSABEAU, TALLIEN. »

La proclamation qu'on vient de lire constate avec énergie et franchise l'intensité du mal; elle entr'ouvre le rideau sur les infamies dont certains hommes s'étaient rendus coupables, et l'on frémit malgré soi en devinant le terrible arbitraire sous lequel étaient courbés nos pères! On nous aurait taxé d'exagération si nous avions écrit les lignes signées par Ysabeau et Tallien. Les deux proconsuls, animés en apparence de bonnes intentions, semblèrent vouloir couper le mal dans sa racine; mais malheureusement les luttes d'influences et les intrigues qui agitaient et divisaient leur entourage, ne laissèrent pas arriver jusqu'à eux la vérité tout entière, et leurs mesures ne furent qu'un palliatif insuffisant : ils n'avaient pas atteint, en effet, tous les coupables, car dans leurs conseils, dans leur intimité, ils admettaient, nous l'avons dit déjà, des hommes tels que Lacombe, Charles, Cogorus, Fontanes, Lemoal, et bien d'autres que nous pourrions nommer. L'historien doit toutefois se demander s'il y a lieu de leur tenir compte de leurs efforts et du courage qu'il pouvait y avoir dans ce moment à réagir contre les excès de la Terreur, qui, en définitive, était leur œuvre personnelle.

Il est nécessaire pour compléter la proclamation d'Ysabeau et de Tallien, de reproduire ici le texte de l'arrêté contenant les prescriptions qu'ils venaient d'édicter :

« Les Représentants du peuple en séance à Bordeaux,

» Voulant procéder promptement à la réorganisation du Comité de surveillance et de la Commission militaire de Bordeaux;

» Considérant qu'il ne faut pas laisser aux ennemis de la

République et aux intrigants le temps de se réunir et d'échapper à la surveillance des bons citoyens;

» Que déjà des hommes pervers et ambitieux, croyant que la dernière révolution n'a été opérée que pour eux, voudraient faire remplacer le Comité destitué par *leurs créatures*;

» Que l'intention des Représentants du peuple en supprimant l'ancien Comité, n'a jamais pu être de soustraire les ennemis du peuple à la vengeance nationale, et qu'ils n'ont pas entendu qu'un système perfide de modérantisme vînt remplacer celui de l'exagération, et que de vils intrigants fussent substitués à des hommes dangereux, il est vrai, mais qui au moins avaient la bonne foi de se montrer tels qu'ils étaient;

» Que toutes les opérations des mandataires du peuple doivent toujours tourner à son avantage et non à celui de quelques individus qui, semblables aux lâches qui se sont cachés pendant la chaleur du combat, veulent, après la victoire, venir partager les dépouilles de l'ennemi;

» Considérant combien il est important de ne pas laisser plus longtemps les contre-révolutionnaires, les fédéralistes et les aristocrates dans l'espérance de l'impunité, et qu'il faut leur apprendre que le glaive de la loi est toujours suspendu sur leur tête, que la nation outragée et les fidèles organes de sa volonté ne veulent faire grâce à aucun de ceux qui avaient juré sa perte, et qui voulaient livrer la République à toutes les horreurs de la guerre civile ou à la domination étrangère;

» Que donner à ces divers partis le temps de se rallier et de concevoir de coupables espérances, serait une prévarication de la part des Représentants du peuple, envoyés pour consolider la révolution dans ces contrées, et y assurer le triomphe des sans culottes;

» Que les principes de justice, d'humanité, et des vertus publiques et privées doivent toujours être réunis à ceux de l'inflexible sévérité de la loi, et que pour faire aimer le gouvernement républicain, il faut s'attacher à rendre les hommes meilleurs, en ne s'écartant jamais des bases que prescrivent la morale la plus sévère et la philanthropie la mieux entendue;

» Qu'il est temps enfin de réduire au silence ces hommes sans mœurs, sans probité et sans principes, et leur apprendre que les rênes du gouvernement dans un État libre ne doivent être remises qu'en des mains pures comme la source d'où est émanée la puissance nationale, et que l'on ne doit cesser de répéter au peuple que, sans vertus, il ne peut point exister de République; que celui-là est indigne du beau nom de républicain, qui, dans les fonctions publiques, ne sert que ses passions particulières, et ne s'attache pas à propager les principes de la morale et de la raison universelle;

» Arrêtent ce qui suit:

Section première.
Établissement du gouvernement révolutionnaire.

» Art. 1er. — Le gouvernement révolutionnaire établi par le décret de la Convention nationale du 14 frimaire, et qui déjà est en activité dans tous les districts du département, sera sur-le-champ mis à exécution dans le district de Bordeaux, — rapportant à cet égard tous arrêtés qui pourraient être contraires à la présente disposition.

» Art. 2. — Les autorités constituées de ce district seront tenues, dans les vingt-quatre heures, de remettre aux Représentants du peuple la liste des membres qui les composent, afin que dans le sein du Club national, en présence du peuple, il soit procédé à leur épuration, conformément à l'article 2 de la section IV du décret du 14 frimaire.

» Art. 3. — Toutes les autorités constituées séantes à Bordeaux rendront compte tous les trois jours aux Représentants du peuple de leurs opérations, sans que cela puisse les empêcher de rendre ceux *(sic)* exigés par le décret du 14 frimaire.

Section deuxième.
Réorganisation du Comité de surveillance.

» Art. 1er. — Le Comité de surveillance de Bordeaux sera composé de douze membres, savoir: les citoyens:

Saint-Blancart, de Libourne;
Constant, de Lesparre;
Laye, de Sainte-Foy;
Battu, de Sainte-Foy;
Dorgueil;
Plénaud;
Rideau, directeur de la poste aux lettres de Bordeaux;
Cogorus, } officiers municipaux de Bordeaux;
Charles, }
Michenaude, } de la section Franklin;
Gentil Fauché, }
Lelom, commis.

» Art. 2. — Les pouvoirs de ce Comité seront circonscrits dans l'étendue de la commune de Bordeaux.

» Art. 3. — Ce Comité se conformera en tous points aux décrets de la Convention nationale, et notamment à ceux des 17 septembre, 14 frimaire dernier, et à l'arrêté des Représentants du peuple en date du 17 brumaire, lequel sera réimprimé et affiché.

» Art. 4. — Ce Comité, aussitôt après son organisation, sera tenu de faire une liste de tous les détenus dans les diverses maisons d'arrêt de Bordeaux, en les rangeant en trois classes : 1° ceux mis hors de la loi ou prévenus de conspiration contre la République, et qui devront être traduits devant la Commission militaire pour y être jugés; 2° ceux qui, aux termes du décret du 17 septembre, doivent, comme suspects, être reclus jusqu'à la paix; 3° ceux qui n'étant rangés dans aucune de ces classes, sont cependant dans le cas d'une réclusion momentanée.

» Art. 5. — Ces trois listes, avant d'être arrêtées définitivement, devront être soumises à l'examen et à l'approbation des Représentants du peuple.

» Art. 6. — Ces listes seront envoyées au Comité de sûreté générale de la Convention nationale, auquel le Comité rendra compte, toutes les décades, de ses opérations.

Section troisième.

Organisation d'une commission chargée d'examiner les causes des arrestations.

» Art. 1er. — Il sera nommé une commission composée des citoyens *Antony*, juge de paix de La Réole, *Coste* jeune, membre du Comité de surveillance de Libourne, et *Dutasta*, agent national près la commune de Bordeaux, lesquels seront chargés de se rendre dans les maisons d'arrêt, d'y interroger sommairement les détenus, afin de connaître les causes de leur détention.

» Art. 2. — Ils feront tous les jours leur rapport au Comité de surveillance, lequel, après avoir vérifié les motifs des inculpations qui sont faites contre les prévenus, ainsi que les pièces tant à charge qu'à décharge, donnera, conjointement avec la Commission des Trois, son avis, soit sur la mise en liberté, soit sur la prolongation de la détention.

» Art. 3. — L'intention des Représentants du peuple étant de protéger l'innocent et de faire punir le coupable, la Commission ne s'occupera ni des prêtres réfractaires, ni des émigrés, ni des chefs du fédéralisme, ni des membres de la Commission populaire, ni des négociants arrêtés par mesure de sûreté générale.

» Art. 4. — Aucun détenu ne pourra néanmoins être mis en liberté que sur un ordre signé des Représentants du peuple, ou en vertu des jugements rendus par la Commission militaire.

» Art. 5. — La liste des personnes mises en liberté sera imprimée, affichée et envoyée au Comité de Sûreté générale de la Convention nationale.

Section quatrième.
Réorganisation de la Commission militaire.

» Art. 1ᵉʳ. — La Commission militaire reprendra ses séances le 25 pluviôse.

» Art. 2. — Elle sera composée de huit membres, savoir :

Lacombe, président ;
Morel ;
Marguerié,
Albert, } de La Réole ;
Lacroix,
Thomas, de Sainte-Foy ;
Barreau, de Libourne ;
Giffey, secrétaire-greffier.

» Art. 3. — Les Représentants du peuple déclarent n'avoir aucune inculpation à diriger contre ceux des membres de l'ancienne Commission qui ne font pas partie de celle-ci, et ils rendent avec plaisir hommage à leur républicanisme et au zèle qu'ils ont apporté dans l'exercice de leurs fonctions.

» Art. 4. — Aucun prévenu ne pourra être traduit devant la Commission militaire qu'en vertu d'un arrêté des Représentants du peuple, qui prendront, avant de prononcer, l'avis et les renseignements du Comité de surveillance et de la Commission des Trois.

» Art. 5. — Il sera libre à tous ceux qui seront traduits devant ce tribunal de faire choix de tel défenseur qu'ils jugeront convenable. Il en sera donné un d'office à ceux qui, par leurs moyens ou leur défaut de connaissance des localités, n'en auraient pas.

» Art. 6. — La présence de cinq membres sera nécessaire pour pouvoir prononcer un jugement.

» Art. 7. — La Commission militaire rendra, toutes les décades, compte de ses jugements ou opérations aux Comités de Salut public et de Sûreté générale de la Convention nationale, et tous les jours aux Représentants du peuple en séance à Bordeaux.

Section cinquième.
Police des maisons d'arrêt.

» Art. 1ᵉʳ. — La police journalière des maisons d'arrêt sera faite par deux membres du Comité de surveillance, et deux de la municipalité de Bordeaux, renouvelés chaque décade.

» Art. 2. — Ces quatre membres se rendront tous les jours dans les prisons, y entendront les réclamations des prisonniers, et leur feront donner tout ce que la justice et l'humanité, conciliées avec la sûreté publique, permettent d'accorder à des hommes qui sont sous l'égide protectrice de la loi.

» Art. 3. — Ces Commissaires pourront seuls donner des permissions pour voir les détenus ; elles devront être signées au moins par deux.

» Art. 4. — La municipalité de Bordeaux est spécialement chargée de présenter, dans dix jours au plus tard, aux Représentants du peuple, les moyens de rendre les maisons d'arrêt plus vastes, plus salubres et plus commodes.

Section sixième.

Envoi du présent arrêté.

» Le présent arrêté sera de suite imprimé, publié, affiché et envoyé à la Convention nationale et à ses Comités de Salut public et de Sûreté générale.

» Fait à Bordeaux, le 23 pluviôse an II de la République française une et indivisible.

» Signé : C.-Alex. Ysabeau, Tallien. »

Les diverses prescriptions de l'important arrêté que l'on vient de lire et qui accusent la situation déplorable où en était arrivée la ville sous le régime du Comité de surveillance du 2 frimaire, complété par l'infâme *jugerie* de la Commission militaire, furent accueillies avec satisfaction par la population bordelaise. Il se produisit au premier moment une certaine détente dans l'opinion publique : il fallait alors savoir se contenter de peu. Un semblant d'ordre et de justice paraissait devoir être substitué à l'arbitraire le plus odieux ; des garanties étaient données en apparence aux citoyens, mais on appliquait le gouvernement révolutionnaire décrété par la Convention le 14 frimaire. On ne pouvait prévoir encore ce qui sortirait du mélange de menaces et de promesses formulées par les proconsuls. Quoi qu'il en soit, on espérait : l'espoir n'est-il pas la consolation des malheureux et des opprimés ? Nous ne tarderons pas à voir que la Révolution ne pouvait être enrayée, et que, comme Saturne, elle continuerait à dévorer ses enfants !

Dès le 12 février, Tallien écrivait à Lacombe : « Je te préviens, citoyen, que demain matin à dix heures, je procéderai à l'installation de la Commission militaire et du Comité de surveillance. Tu voudras donc faire prévenir tes collègues et les membres qui composent le Comité de se trouver tous dans le local de la Commission militaire à l'heure ci-dessus indiquée. »

Le lendemain, les membres de la Commission et du Comité se rendirent au lieu de la réunion. Bientôt après, Tallien et Chaudron-Rousseau arrivèrent pour installer les nouveaux fonctionnaires. Ceux-ci, sur leur invitation, les suivirent dans la salle de la Commission militaire, et Tallien prit le fauteuil de la présidence. *En présence du peuple,* il prononça *avec son éloquence ordinaire* un discours relatif à la nouvelle organisation du Comité de surveillance et de la Commission militaire. Il traça rapidement et avec énergie la marche que devaient tenir ces deux autorités constituées. Indulgence et protection pour l'homme égaré un instant avec des intentions pures, sévérité inflexible pour le conspirateur et le traître qui, désertant la cause populaire, a voulu déchirer sa patrie et lui faire reprendre les indignes fers qu'elle a brisés. Il ajouta que du régime des prisons seraient *désormais bannies toutes les mesures d'une inutile rigidité*, et que les parents et les amis des *prévenus* pourraient leur envoyer toutes les douceurs, toutes les consolations que réclameraient la nature et l'humanité ; que la Commission des Trois nommée par les représentants, après avoir visité et interrogé les détenus, les diviserait en trois classes, comprenant : 1º les conspirateurs et les ennemis de la patrie ; 2º les citoyens coupables d'erreurs ; 3º ceux retenus pour quelques motifs légers. Il exprima ensuite ses sentiments bien reconnus de tenir la droite ligne entre l'*exagération* et le *modérantisme,* car l'une et l'autre perdraient la République. Il faut, dit-il en terminant, tenir ce juste milieu; la *révolution sera bientôt achevée* à Bordeaux, et tous les citoyens chériront la République.

Ce discours fut fréquemment interrompu par des applaudissements, et Tallien n'eut pas plus tôt achevé de parler que des cris enthousiastes de *Vive la République! Vive la Montagne!* éclatèrent de toutes parts.

Quand le silence se fut rétabli, Lacombe prit la parole au nom de ses collègues; il exprima les sentiments dont ils étaient pénétrés pour l'avantage de la République. Le procès-verbal de la séance constate qu'à ces mots des applaudissements unanimes se firent entendre, *prouvant d'une manière incontestable que le tribunal avait rendu ses jugements avec cette inflexibilité de principes qui caractérise les vrais républicains.* Lacombe acheva son discours en témoignant aux représentants le désir de la Commission de leur faire connaître de quelle manière elle procédait à ses jugements.

Tallien et Chaudron-Roussau ayant déféré à cette invitation, la Commission militaire s'occupa de l'affaire Brochon. A la suite de débats longs et animés, le jeune accusé, dont le nom est dignement porté de nos jours au sein de la grande famille bordelaise, obtint la faveur d'un acquittement. Ce jugement, rendu avec la *justice ordinaire* du tribunal, dit le document que nous venons de citer [1], excita les applaudissements universels du peuple présent en foule à cette intéressante séance.

Tallien et Chaudron-Roussau joignirent leurs félicitations à ces manifestations populaires, et se retirèrent ensuite.

Le 15 février, la Commission militaire prononçait sept

---

[1] Registre des délibérations du Comité de surveillance, p. 1 et 2 (Archives de la Gironde, série L).

acquittements, et condamnait Wustenberg — un nom qui figure encore au livre d'or du commerce bordelais — à 30,000 livres d'amende.

Pendant que Lacombe jugeait, le nouveau Comité de surveillance délibérait : « En se réorganisant, décidait-il le 15 février, le Comité de surveillance a procédé au scrutin sévère des agents de l'ancien Comité; sur neuf, six ont été choisis. Voici leurs noms : *Gaubet, Renaud, Lochon, Penaud, Tourteau* et *Endron*. Ces agents rempliront les missions qui leur seront données par le Comité, et toujours ils seront nantis d'un pouvoir relatif à l'objet pour lequel ils seront employés. Les citoyens chez qui ils seront envoyés pourront réclamer la vue de leur commission, et s'ils ne la montraient pas ou qu'ils n'en eussent pas, ils sont en droit de ne pas les reconnaître, de leur empêcher de faire les visites qu'ils voudraient; ils sont même invités de venir les dénoncer. L'arbitraire a déshonoré quelquefois les mesures les plus sages, et c'est un abus dans lequel ne veut pas tomber le nouveau Comité. Il sera juste envers tous; ses agents sont tenus, sous leur responsabilité, de se conduire avec honnêteté, humanité vis-à-vis de tous les citoyens. S'ils commettaient quelques violences ou quelques malversations, les braves citoyens sont requis, au nom du bien public, de les faire connaître et le Comité en fera justice. Le prévenu appartient à la loi : coupable, elle le frappera; innocent, elle lui rendra justice; et jusqu'à ce qu'elle ait prononcé, on doit avoir pour l'accusé tous les égards et tous les soins de la fraternité. Ainsi le veut la loi, la saine politique et avec elle tous les vrais républicains [1]. »

Ainsi s'exprimait le nouveau Comité, attestant par de telles paroles les graves abus qui avaient eu lieu antérieu-

---

[1] Registre du Comité de surveillance (Archives de la Gironde, série L).

rement, et les excès auxquels s'étaient portés les anciens Comités et leurs agents.

On cherchait à revenir à un ordre plus normal, tout en restant *révolutionnaire*. C'était à coup sûr une amélioration comparativement au passé.

A quelques jours de là, on célébra dans la ville avec un grand éclat l'émancipation des esclaves décrétée par la Convention nationale. Tallien et Ysabeau aimaient ces pompes populaires où leurs noms étaient acclamés. « La liberté des gens de couleur, écrivait le 19 février un témoin de la fête, est un grand acte d'humanité et de justice. Quoi! parce que la nature a mis une couche de noir de plus sur la peau de certains hommes que sur la nôtre, nous nous croirions en droit de les réduire à l'avilissement de l'esclavage! Ils sont hommes; en cette qualité ils ont des droits sacrés et imprescriptibles. Ils étaient malheureux et, à ce titre, ils méritaient nos égards et nos respects. Ces principes étaient nécessairement méconnus sous un gouvernement vicieux et corrompu, où une foule de distinctions absurdes faisaient en dernière analyse refluer sur les classes inférieures les rebuts, les vexations, l'oppression de toutes les autres. Mais sous un gouvernement républicain, l'homme, quel qu'il soit, est assuré de recouvrer ses droits et sa dignité. Que le froid égoïste, que le spéculateur avide et cruel ne s'alarment point de la liberté des gens de couleur. La terre n'est jamais plus féconde que lorsqu'elle est cultivée par des mains libres. L'esclavage anéantit les facultés physiques et morales. Que ne feront point désormais pour la République des hommes qu'elle a arrachés à la honte et au malheur. Tels sont les principaux traits du discours que le représentant du peuple Tallien prononça au Temple de la Raison; il avait à ses côtés, pendant la cérémonie, deux hommes de couleur. La Montagne semblait une fourmilière où les blancs et les noirs, hommes et femmes, étaient pêle-mêle. Sur un lieu apparent étaient deux gens de couleur qui portaient en triomphe la déclaration des droits. Telle avait été la marche du cortége depuis le Club national jusqu'au temple; nous tenions chacun sous le bras un noir ou une négresse; Tallien était à la tête; il régnait un air de gravité et de décence analogue au sérieux de la fête. Son discours fini, Tallien a donné l'accolade à ses deux voisins. L'un d'eux était vraiment intéressant; il n'avait pas ôté les yeux de dessus le représentant tout le temps qu'il avait parlé. Quand ce fut à son tour d'embrasser, il le serra dans ses bras pendant un quart d'heure; je crus qu'il ne voudrait plus s'en dessaisir. Ce brave homme-là était attendri jusqu'aux larmes et toute l'assemblée a partagé sa vive émotion. Un homme de couleur a exprimé ensuite dans un discours simple et vrai toute la reconnaissance qu'ils éprouvaient. Ils ont juré de répandre leur sang pour la nation généreuse qui venait de briser leurs fers. Ils brûlent tous du désir de repasser dans les colonies pour exterminer les Espagnols et les Anglais. Au sortir de là, nous nous sommes rendus à l'hôtel Franklin; on y avait préparé un petit dîner républicain; mais la gaîté a assaisonné le repas, et nous avons porté d'amples santés de la Montagne, de la République, des représentants Ysabeau et Tallien, et des généreux martyrs de la liberté dans les deux mondes. Au spectacle pour et par le peuple, où l'on représenta *Paul et Virginie* avec des couplets analogues, les gens de couleur étaient tous placés à l'amphithéâtre, Tallien au milieu d'eux. Courage, mon ami, ça va. La philosophie triomphe, la liberté et l'égalité se consolident, et sur ces bases inébranlables s'élèvent majestueusement la gloire et le bonheur de la nation française [1]. »

---

(1) *Le Courrier républicain*, t. II, p. 437 et 438.

Telle fut la fête du 18 février : nous l'aurions probablement racontée avec moins d'emphase que ne l'a fait l'ami des proconsuls, mais les écrits du temps ont une valeur toute particulière qu'il nous semble important de leur conserver et c'est à ce titre que nous avons reproduit la lettre que l'on vient de lire.

Cependant les adhérents du Comité de surveillance destitué, aidés par Courtois et Desfieux qui n'avaient cessé d'incriminer la conduite d'Ysabeau et de Tallien à Bordeaux, renouvelèrent avec ardeur les dénonciations déjà formulées contre ces derniers; ils puisèrent comme un renouveau dans les mesures récemment édictées, pour échafauder avec plus de précision des accusations de *modérantisme* qui obtinrent une créance momentanée au sein du Comité de Salut public. On assure, en effet, que les deux proconsuls étaient sur le point de se voir l'objet d'une mesure grave, peut-être d'un ordre d'arrestation, quand Tallien, devançant l'orage qui menaçait, partit à la hâte le 22 février pour Paris, afin de se justifier et de justifier son collègue; quatre républicains du Club national devaient l'accompagner pour appuyer ses explications et ses justifications [1]. C'étaient Lemoal, Fontanes, Reynaud et Cogorus.

Ysabeau resta seul à Bordeaux, attendant l'effet des démarches de Tallien.

Le 28 février, il assistait à une réunion décadaire dans le Temple de la Raison. Après un discours de Dorgueil sur les opérations du Comité de surveillance pendant la décade précédente, un citoyen demanda la parole et fit remarquer que le rapport qu'on venait d'entendre était bien plutôt un discours qu'un compte-rendu des travaux du Comité révolutionnaire. *Il ajouta que l'aristocratie commençait déjà à lever fièrement la tête dans les rues de Bordeaux.*

---

[1] Guinodie, *Histoire de Libourne*.

Compain parla ensuite et entra dans des détails de même nature. Ces deux orateurs faisaient sous une forme déguisée la critique des derniers actes des représentants du peuple et de la mollesse du nouveau Comité. Ysabeau jugea prudent de faire une diversion. Il parla fortement, ainsi qu'il le raconte lui-même [1], sur la nécessité de conserver la chaleur révolutionnaire, et sur les dangereux effets du modérantisme, qui s'accroche à toutes les branches. « Ces vérités, écrivit le conventionnel à son collègue Tallien dans une lettre du 8 mars 1794, ont été vivement senties, et le résultat en a été l'arrestation de quelques-uns de ces oisifs qui abondent dans les grandes villes, et qui inspirent une juste défiance. » Ysabeau tonna ensuite contre l'agiotage qui semblait vouloir se relever, et il engagea les citoyens, au nom de leur propre intérêt, à dénoncer les manœuvres sourdes des scélérats spéculant dans l'ombre sur la misère publique. Ces paroles furent chaudement acclamées.

En apprenant, dans sa séance du 28 février au soir, les reproches dont il avait été l'objet au Temple de la Raison, le Comité de surveillance fut très ému. Nous lisons ce qui suit dans sa délibération : « Tous ces rapports donnent au Comité la certitude qu'un parti veut les travailler et calomnier ses bonnes intentions *(sic)*. Les membres déclarent que, fermes à leur poste, ils rempliront avec ardeur les fonctions qui leur sont attribuées. Un membre propose d'aller à la décade prochaine au Temple de la Raison rendre un compte succinct de nos travaux, faire connaître au public les citoyens mis en liberté d'après l'avis du Comité, avec le motivé des délibérations qui les concernent, l'inviter à éclairer la religion du Comité non seulement sur ceux mis en liberté, parce que s'il y avait de nouvelles charges contre eux ils seraient arrêtés,

---

[1] *Moniteur* du 25 ventôse an II (15 mars 1794).

mais encore relativement à ceux qui sont détenus, ou qui doivent être arrêtés comme ennemis de la patrie. Coste, membre de la Commission des Trois, est chargé, au nom du Comité, d'aller faire ses rapports et de confondre par des faits ceux qui voudraient décourager le Comité, en lui attribuant un relâchement de principes révolutionnaires qui n'est dans le cœur d'aucun de ses membres [1]. »

Pendant que ces querelles intestines se produisaient à Bordeaux, alimentées par les calomnies que colportaient perfidement les Jacobins de la ville, Tallien à Paris cherchait sans succès l'occasion d'être entendu par le Comité de Salut public. Il écrivait à Ysabeau, le 3 mars, une lettre dont nous extrayons les passages suivants : « Je profite, mon bon ami, du retour des commissaires du Comité des subsistances pour t'annoncer que je n'ai encore rien fait ici. Les Comités de Sûreté générale et de Salut public sont si surchargés, qu'on ne peut en approcher. Vadier m'a cependant promis d'examiner l'affaire du Comité de surveillance et d'en faire son rapport. Au moment où je t'écris, les commissaires du Club ne sont pas arrivés, je les attends avec impatience... Aussitôt que les commissaires seront arrivés, nous mettrons de concert les fers au feu et nous ne perdrons pas un moment pour avoir une décision quelconque. Lindet et Barère paraissent nous bien servir... Activité, zèle et énergie dans toutes les autorités, surtout point de modérantisme [2]. »

Des nouvelles graves étaient portées en même temps à la connaissance d'Ysabeau; elles touchaient à l'alimentation publique. Par suite des dures privations que la disette faisait éprouver aux habitants du département, des malheureux, égarés ou poussés par la faim, parcouraient les campagnes arrachant et dévorant les jeunes pousses des semences

---

[1] Registre du Comité de surveillance (Archives de la Gironde, série L).
[2] Archives de la Gironde, série L.

confiées à la terre, et compromettant ainsi l'espoir de la récolte prochaine. Ysabeau adressa le 5 mars une proclamation sur ce sujet aux habitants du département. Après avoir rappelé dans un style déclamatoire les efforts tentés par ses collègues et par lui pour atténuer les souffrances du peuple soit en créant le Comité des subsistances dont l'action avait été étendue au département tout entier, soit en signalant la situation des habitants au Comité de Salut public et à la Commission des approvisionnements de la Convention nationale, il terminait en mettant la conservation des semences sous la responsabilité *personnelle* de toutes les municipalités, et en leur ordonnant de poursuivre avec la plus grande activité ceux qui se permettraient de les couper, de les arracher ou de les fouler aux pieds ; il autorisait tous les citoyens à dénoncer aux autorités tous ceux qui se rendraient coupables d'un crime aussi atroce et aussi anti-social [1].

Les efforts du conventionnel dans cette circonstance tendaient à coup sûr au bien public ; mais la passion politique a des entraînements terribles, et les démagogues bordelais ne pouvaient pardonner à Ysabeau et à Tallien la destitution de l'ancien Comité de surveillance et leurs attaques contre les hommes qui en avaient fait partie ; lettres et dénonciations arrivaient sans relâche à Paris ; c'est ainsi que le 9 mars on lisait aux Jacobins une lettre conçue en ces termes : « Tout se relâche maintenant dans cette commune, c'est une indulgence plénière. Plusieurs individus qui devraient être en état d'arrestation se promènent dans les rues ; d'autres, qui ont été condamnés à la détention, sont maintenant élargis. » Les Jacobins renvoyèrent cette lettre au Comité de Sûreté générale [2].

Il n'était pas possible aux conventionnels de rester sous le

---

[1] Arrêté du 5 mars 1794.
[2] *Moniteur* du 27 ventôse an II.

coup de ces calomnies imméritées. Tallien à Paris, assisté des quatres commissaires du Club national que nous avons désignés, Ysabeau à Bordeaux, luttaient avec énergie contre leurs adversaires et n'hésitaient pas à soulever les masques.

Le 11 mars, ce dernier écrivait à Lemoal, Fontanes, Reynaud et Cogorus : « ... Je rougis d'être continuellement occupé à repousser des calomnies atroces et insignifiantes. On l'exige, il faut s'y résoudre. On me suppose bien généreux d'avoir fait l'éloge d'un homme qui a employé les plus indignes moyens pour me perdre. J'ai pu dire que Peyrend d'Herval avait été patriote jusqu'à l'instant où l'ivresse du pouvoir ou des passions plus basses encore avaient corrompu son jugement et l'avaient porté à des excès que tout républicain doit désavouer; jamais l'amour de la vengeance n'entrera dans mon cœur pour me forcer à être injuste; mais je sais d'ailleurs combien est coupable l'homme qui a abusé de son titre même de patriote pour vexer ses concitoyens. Voilà ma profession de foi sur cet homme dont je voudrais n'avoir jamais entendu parler. Quant aux autres, ils sont trop méprisables pour qu'on s'en occupe... Sachez que nous n'avons pas voulu, Tallien et moi, détruire une intrigue pour en substituer une autre, encore moins asseoir le modérantisme à la place des fureurs atroces. Nous n'obéirons jamais qu'aux devoirs austères que nous impose notre place, et non à la volonté ou au caprice de ceux qui auraient vu leur triomphe particulier dans une mesure commandée par l'intérêt public. »

Le 12 mars, Tallien s'exprimait dans les termes suivants à la tribune de la Convention : « Depuis longtemps la calomnie s'attache sur les pas des patriotes. Les représentants du peuple envoyés dans les départements sont aujourd'hui en butte à toutes les persécutions, à toutes les contrariétés. Rien sans doute d'étonnant dans cette conduite de la part des intrigants, car leurs complots ont été déjoués, car le masque a été arraché à tous les hypocrites. Les représentants du peuple envoyés à Bordeaux devaient s'attendre à n'être pas épargnés. Cette commune était devenue l'un des principaux foyers du fédéralisme; les esprits y étaient agités, égarés par des hommes astucieux; les Girondins de Bordeaux et de Paris s'entendaient parfaitement; la conspiration s'étendait sur toute la République; et si nous n'eussions pas agi avec cette sagesse énergique qui convenait aux localités et aux circonstances, Bordeaux aurait éprouvé le même sort que Lyon. Nous avons été assez heureux pour rendre cette commune importante à la République sans qu'une goutte de sang patriote ait coulé. Nous avons détruit le fédéralisme jusque dans ses racines; nous avons relevé le courage abattu des patriotes; nous les avons appelés aux fonctions publiques, nous avons poursuivi avec courage les aristocrates, les fédéralistes et tous les hommes suspects; nous devions donc être dénoncés par leurs partisans; notre espoir n'a pas été trompé. Les calomnies les plus atroces se sont répandues contre nous. Votre Comité de Sûreté générale a reçu hier une lettre par laquelle on lui annonce qu'Ysabeau et moi devons nous embarquer pour fuir en Amérique sur un navire chargé de plusieurs millions. Tous les journaux publient aujourd'hui que Bordeaux est en contre-révolution, que les gens suspects s'y promènent audacieusement et que le patriotisme y est opprimé. Eh bien! citoyens, tous ces faits sont faux. »

Ayant donné lecture d'une lettre d'Ysabeau, Tallien continua ainsi : « Un grand nombre d'intrigants bordelais sont en ce moment à Paris et vont partout calomniant Bordeaux et les représentants du peuple qui y ont été envoyés. S'il ne s'agissait que de moi, je ne serais pas venu aujourd'hui fixer l'attention de la Convention nationale; mais ces calomnies sont, je le déclare, répandues par des hommes perfides qui veulent perdre et affamer Bordeaux. Il est de mon devoir de rendre justice aux habitants de cette commune; je répéterai ce que j'ai dit au Comité de Salut public : Bordeaux ne sera jamais révolutionnaire comme Paris par exemple; mais les lois y seront toujours observées avec exactitude, et les mouvements révolutionnaires donnés par le centre, suivis avec empressement. Bordeaux est entièrement rendu à la République. Mettez en réquisition ses vaisseaux, ses magasins, ses marchandises, et vous n'éprouverez point de résistance. Il est même quelques négociants que vous pouvez utilement employer dans les circonstances actuelles. Forcez le commerce à réparer ses erreurs, présentez-lui-en les moyens et vous serez obéis. Telle est en ce moment la situation politique de Bordeaux. Six mois d'une commission pénible m'ont mis à même de juger les Bordelais, et je ne crois pas m'être trompé dans l'idée que je viens de vous donner de leur caractère. »

Après avoir rendu justice au patriotisme des habitants de Bordeaux et au bon esprit dont ils étaient animés, Tallien crut devoir appeler l'attention de la Convention sur l'état du département du Bec-d'Ambès sous le rapport des subsistances. « Cet état est des plus affligeants, dit-il. Depuis huit mois, ses infortunés habitants sont réduits à une demi-livre d'un mauvais pain pour une journée. Dans le district de Cadillac règne en ce moment la disette la plus absolue; les citoyens des campagnes se disputent l'herbe des champs. J'ai mangé du pain fait avec du chiendent. A Bordeaux, pendant plusieurs jours, on n'a pas distribué de pain, et on a été obligé d'y suppléer par du riz. Nous avions pris de grandes mesures pour approvisionner tout ce département; nous avons vu toutes nos opérations entravées, contrariées; nos réquisitions ont été annulées; nos grains ont été enlevés par les communes sur le territoire desquelles ils passaient; nos agents mis en état d'arrestation ou rebutés par des désagréments de tous les genres. Enfin, citoyens, les calomnies répandues contre Bordeaux, contre les représentants du peuple, ne peuvent avoir d'autre but que d'affamer ce département, que d'y exciter la guerre civile et d'y faire égorger les citoyens les uns par les autres. Il est donc temps de mettre fin à toutes ces manœuvres criminelles. Il faut que la Convention nationale rende justice à ceux qui ont rempli leur devoir; il faut que les bons citoyens soient rassurés, que les intrigants soient réduits au silence, et que les hommes qui n'ont jamais varié dans leurs principes soient encouragés par ceux qui peuvent les apprécier. Je suis bien loin de redouter l'examen le plus sévère de ma conduite et de celle de mon collègue; je le provoque au contraire; j'attends avec impatience le moment où je pourrai faire à vos Comités le rapport de toutes nos opérations, et ils seront, comme vous, étonnés des immenses travaux auxquels nous nous sommes livrés avec une infatigable activité. »

En terminant, Tallien proposa un décret ainsi conçu qui fut adopté par l'assemblée : La Convention nationale décrète que le Comité de Salut public se concertera sur le champ avec la Commission des subsistances pour subvenir promptement aux besoins de tous les districts du département du Bec-d'Ambès et notamment de celui de Cadillac. — Renvoie à ses Comités de Salut public et de Sûreté générale l'examen de la conduite des représentants du peuple en mission dans ce département, pour lui en faire un prompt rapport.

Quelques jours plus tard, les quatre députés du Club national écrivaient à leur tour aux Parisiens pour leur annoncer que, chargés par les Jacobins de Bordeaux de venir détruire les calomnies que l'intrigue et la malveillance avaient répandues contre cette cité et contre les dignes

Montagnards qui l'ont régénérée, ils s'occupaient d'un travail appuyé sur des pièces testimoniales et authentiques, et qu'en attendant qu'il fût terminé, ils leur envoyaient la copie d'une lettre du représentant Ysabeau [1]. — Cette lettre est celle dont nous avons cité plus haut quelques passages [2].

Cette vigoureuse défense ne mit pas fin, toutefois, aux calomnies contre lesquelles s'élevaient Ysabeau et Tallien, — pas plus que la mort de Desfieux, ce cruel ennemi de la ville de Bordeaux, qui fut guillotiné le 21 mars à Paris.

Le Comité de Salut public, on le verra plus tard, ne fut pas convaincu par les explications des conventionnels, et il crut devoir envoyer sur les lieux un agent de confiance chargé de le renseigner *de visu*.

Le 21 mars, et à la suite d'un rapport de l'officier municipal Couteaux, Ysabeau défendait, « *sous peine d'être traduit à la Commission militaire comme criminel de lèse-nation, à tout citoyen quel qu'il fût, de parler ou laisser communiquer avec les prêtres détenus au fort du Hâ ou autres maisons d'arrêt.* » La mesure était à coup sûr excessive, mais en temps de révolution on n'y regardait pas de si près, et puis après tout il ne s'agissait que de *prêtres,* et on était habitué à les traiter en vaincus!

Quant à la Commission militaire, elle n'avait cessé, sauf la courte interruption que nous avons indiquée, de continuer l'œuvre confiée à ses soins. Elle s'en acquittait avec le même zèle, et ses jugements promenaient le deuil dans la cité.

Depuis quelques mois cependant, le maire Bertrand était l'objet de vives suspicions. On disait qu'il avait su faire son profit d'une partie de l'argenterie saisie dans les églises ou au préjudice des citoyens. Dans sa séance du 23 mars et sur la demande des administrateurs du district de Bordeaux qui réclamaient, au nom du Comité de Salut public, l'état

---

[1] Arch. de la Gironde, série L: Lettre du 25 ventôse an II (15 mars 1794).
[2] V. *suprà*, p. 190.

des matières d'or et d'argent, linge, etc., provenant des confiscations et des dons faits à la patrie, le Conseil général de la commune invitait le citoyen maire à rendre *dans deux fois vingt-quatre heures* le compte général de tous ces objets. Une pareille invitation et les termes dans lesquels elle était formulée pouvaient faire pressentir un scandale imminent. Cette prévision se réalisa deux jours après. Le 25 mars, à la suite d'une discussion longue et orageuse, le Conseil général de la commune ordonna la mise en arrestation du maire Bertrand, de Courtin, son secrétaire, d'un orfévre nommé Milleraud, et fit apposer les scellés sur leurs papiers et effets.

La nouvelle de cette mesure énergique se répandit rapidement et causa dans la ville une véritable émotion. L'arrestation du maire de Bordeaux fut maintenue par Ysabeau; une instruction judiciaire s'ouvrit : elle fut longue et laborieuse, mais la justice arriva à la constatation des détournements, et, traduit en dernier ressort devant le tribunal criminel des Landes, Bertrand y fut condamné en 1795 à douze ans de fers.

Ce n'est pas sans déplaisir toutefois qu'Ysabeau vit l'arrestation de Bertrand : celui-ci, depuis le 18 septembre 1793, avait été l'une des colonnes du parti révolutionnaire, et les accusations dont il était l'objet pouvaient jeter de la défaveur sur ce parti : le représentant ne se laissa pas aller à une indulgence qui aurait compromis sa responsabilité. — Le maire Bertrand fut sacrifié pour sauver l'honneur de la municipalité et devint le bouc-émissaire des hommes du 18 septembre [1].

A quelques jours de là, une nouvelle arrestation, qui

---

[1] Horloger de profession, dit M. Chauvot, et expert dans la connaissance des métaux, il s'adjugeait les objets d'or et d'argent que la Terreur arrachait aux familles riches. L'enquête ouverte sur la gestion de Bertrand établit qu'il avait fait payer jusqu'à 1,500 et 1,800 fr. des certificats de civisme. *(Le Barreau de Bordeaux)*.

eut un grand retentissement, vint troubler le repos du conventionnel : c'est celle de Martignac père. Nous n'avons pas à faire l'éloge de ce nom illustre. Martignac avait une situation importante à Bordeaux, mais, membre de la jurade avant 1789, il avait eu à condamner l'instituteur Lacombe pour faits d'escroquerie. Le président de la Commission militaire avait résolu de se venger de l'ancien jurat ; il le fit accuser par son agent de confiance, le sans culotte Rey, et Martignac, signalé comme *enragé modéré*, fut arrêté à son domicile le 1er avril 1794. Il demanda à être conduit devant le représentant du peuple, auquel il donna, raconte M. Chauvot [1], les preuves les plus irrécusables des rapports de son dénonciateur avec Lacombe, se déclarant prêt à rendre compte de sa conduite, mais à d'autres juges que ceux dont il devait tant redouter la haine. Ysabeau fut atterré par les révélations de Martignac ; il l'engagea à rédiger un mémoire pour sa défense et à le lui faire parvenir ; il le fit néanmoins conduire à la prison des Ursulines, en lui promettant de s'occuper bientôt de lui. Bertrand d'un côté, Lacombe de l'autre, la situation se dessinait sous des couleurs extrêmement fâcheuses ; Ysabeau hésita à prendre des mesures ; il redouta l'effet qu'elles pourraient produire tant à Bordeaux qu'à Paris, où il avait à diverses reprises exalté le patriotisme et l'intelligence du président de la Commission militaire, et surtout dans un moment où Tallien et lui étaient poursuivis par les calomnies des Jacobins. Il chercha à gagner du temps, accepta pour bonnes les justifications essayées par Lacombe et laissa Martignac dans les fers. Celui que le président Dupaty appelait l'*Aigle du Barreau de Bordeaux,* ne reconquit sa liberté qu'après la chute de Robespierre.

Le 2 avril, la Commission militaire condamnait le

---

[1] Le *Barreau de Bordeaux,* p. 54 et 55.

négociant Pelissier à 50,000 liv. d'amende et à la détention jusqu'à la paix, et prononçait l'acquittement de Bapst, de la maison Romberg, Bapst et Cie.

L'œuvre accomplie par elle durant la période comprise entre le 17 décembre 1793 et le 2 avril de l'année suivante peut se résumer ainsi :

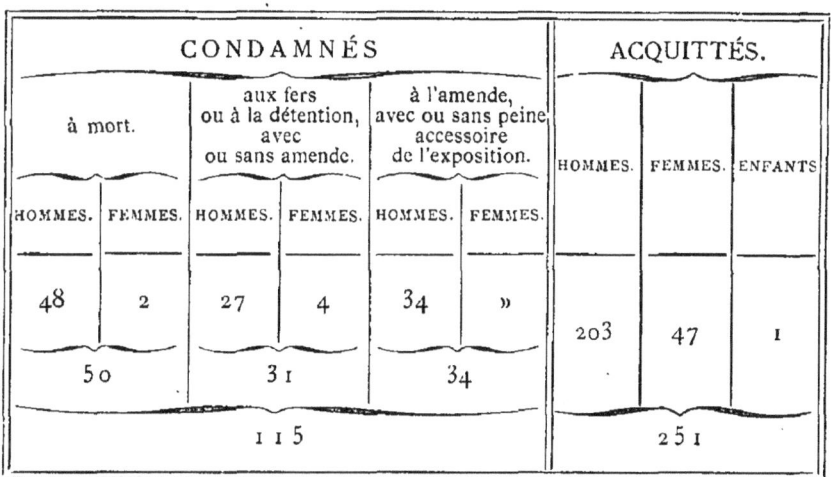

CONDAMNÉS						ACQUITTÉS.		
à mort.		aux fers ou à la détention, avec ou sans amende.		à l'amende, avec ou sans peine accessoire de l'exposition.		HOMMES.	FEMMES.	ENFANTS
HOMMES.	FEMMES.	HOMMES.	FEMMES.	HOMMES.	FEMMES.			
48	2	27	4	34	»	203	47	1
50		31		34				
115						251		

Soit 115 condamnés de toute nature, et 251 acquittés.

On n'a pas oublié que la période d'octobre à décembre 1793 présentait 126 condamnés et 43 acquittés seulement.

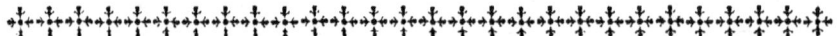

CHAPITRE V

MARC-ANTOINE JULLIEN

Les taxes arbitraires. — Les meuniers du district de Blaye. — Fraudes dans les farines. — Condamnation à mort du meunier Meynard et de sa mère. — Dissolution de la Société des Sans-Culottes surveillants. — On signale la présence à Bordeaux d'un agent du Comité de Salut public. — Marc Antoine Jullien. — Notes biographiques. — Le club de la Ferraille. — Adresse du Club national aux Sociétés populaires. — Antagonisme entre Ysabeau et Jullien. — Reconstitution des corps administratifs et judiciaires. — Proclamation d'Ysabeau. — On répand le bruit de son rappel. — Situation des partis à la Convention. — Le décret du 16 avril. — Circulaire du Comité de Salut public aux Comités de surveillance. — Dons de la ville de Bordeaux à la République. — Entrevue d'Ysabeau et de Jullien. — Lettre de ce dernier à Robespierre. — Il y dénonce Ysabeau comme modéré. — Discours de Jullien au Club national. — Arrêté de ce Club contre le modérantisme. — Jullien quitte Bordeaux. — Pétition de Thérésia Cabarrus à la Convention. — Lettres du Club national aux Jacobins de Paris. — Établissement d'une agence commerciale à Bordeaux. — Épuration du commerce. — Mesures diverses. — Lettre de Tallien. — Ysabeau installe le Directoire du département. — Le Comité de Salut public nomme un Comité de surveillance. — Proclamation de ce Comité aux habitants de Bordeaux.— Le régime de la prison du fort du Hâ. — Jullien au Comité de Salut public. — La Commission militaire reprend ses fonctions. — Lettre du Comité de Salut public à Lacombe. — Ysabeau est relevé de sa mission. — Retour de Jullien à Bordeaux. — Thérésia Cabarrus est arrêtée. — Lettre de Tallien au Club national. — Célébration de l'anniversaire du 31 mai. — Adieux d'Ysabeau au Club national. — Lettres de Jullien à Robespierre. — Ysabeau quitte Bordeaux. — Réaction jacobine. — Exécution de MM. de Piis, de Gombaud et Lavaissière. — Douloureux épisode. — Les exécuteurs sont traduits devant la Commission militaire. — Scission entre Robespierre et Tallien. — Lettre de Jullien à Saint-Just. — Les avocats Devignes et Vigneron. — Arrestation de Salles et de Guadet. — Leur procès et leur condamnation à mort. — Rapport du général Mergier. — Nouvelle lettre de Tallien au Club national. — Perquisitions à Saint-Émilion. — Arrestation de Barbaroux. — Son procès et sa condamnation. — Arrestation de la famille Guadet. — Lacombe journaliste. — Autre lettre de Jullien à Robespierre. — Mort de Buzot et Pétion. — Jullien réglemente les théâtres. — Arrivée du conventionnel Garnier (de Saintes). — Il ferme les loges maçonniques. — Garnier et Jullien au Club national. — Un dîner chez les frères Raba. — Couthon. — Célébration de la fête du

14 juillet. — Proclamation de la municipalité aux habitants. — Epuration du Club national. — Dénonciations contre Lacombe. — Construction de la frégate *la Décade française*. — Garnier et les subsistances. — Froideur entre Jullien et le représentant du peuple. — Proclamation de Garnier aux habitants du département. — Procès de la famille Guadet. — Discours de Lacombe au Club national. — Mesures révolutionnaires. — Souffrances des Bordelais. — L'abbé Durand de Ramefort. — Garnier réorganise la Commission militaire et y établit un accusateur public. — Jeu de la *mort aux tyrans*. — Le 9 thermidor. — Jullien quitte Bordeaux. — Arrestation de Lacombe. — Fin de la Terreur. — Statistique de la Commission militaire jusqu'au 31 juillet 1794.

Nous sommes arrivé à la troisième période des travaux de la Commission militaire, commençant le 3 avril et finissant le 31 juillet 1794.

C'est la période aiguë de la Terreur; celle où l'influence du jeune Jullien, envoyé à Bordeaux par le Comité de Salut public, et du conventionnel Garnier (de Saintes), a plus fatalement pesé sur la population de la Gironde.

Nous dirons tout à l'heure ce qu'était ce Jullien et quel fut l'objet de sa mission. Sa première apparition dans notre ville nous permettra d'entrer à son sujet dans quelques détails biographiques.

Comme nous l'avons fait déjà, nous allons, pour cette période néfaste, raconter simplement les événements et les faire passer sous les yeux du lecteur, qui pourra ainsi formuler ses jugements et apprécier en connaissance de cause.

Le 3 avril, la Commission militaire tint audience et prononça quatre condamnations à mort. Les victimes étaient MM. Fisson-Monaveau, ancien écuyer; Brunet de Labarthe, ancien garde du corps du Roi; Pierre Delbès, prêtre non conformiste, et Maurice Albert, de Lyon, commis négociant.

Les arrêts du tribunal de sang, on a pu le constater, frappaient dans tous les rangs de la société : anciens nobles, prêtres, négociants, peuple, tout passait sous son horrible niveau égalitaire.

Il y a toutefois un autre côté de la *justice révolutionnaire* qui ne doit pas nous échapper. Nous voulons parler des *taxes arbitraires imposées aux détenus pour obtenir leur liberté*. Cette mesure, appliquée d'abord par exception, fut bientôt généralisée dans le département; elle était prise sans jugement, et habituellement en vertu d'une simple décision des Comités de surveillance.

L'emploi de ces taxes, sous la haute direction des conventionnels en mission, nous est révélée par un document relatif à l'arrondissement de Bazas. C'est un tableau de répartition entre les communes, au profit des sans-culottes et indigents de ce district, de la somme de 87,500 liv. provenant des taxes des détenus mis en liberté.

La commune de Bazas y est comprise pour 11,308 liv.; celle d'Auros pour 1,156 liv. 11 s.; celle de Captieux pour 1,000 liv.; celle de Grignols pour 2,388 liv. 18 s.; celle de Noaillan pour 3,954 liv. 15 d.; celle de Langon pour 8,140 liv. 5 s. 6 d.; celle de Préchac pour 4,000 liv.; etc. [1].

La répartition du produit des contributions libératrices était proportionnelle à la population de chaque commune.

Ces procédés du gouvernement révolutionnaire et de la Terreur se passent de toute explication. On *saignait* la bourse, il est vrai, mais on respectait la vie.

Il n'en était pas toujours de même à la Commission militaire. Les 5, 6 et 7 avril, cependant, l'aréopage que présidait Lacombe statuait sur le sort de quelques prisonniers et prononçait leur acquittement.

Au milieu des préoccupations que causait la disette, aucun des faits se rattachant à cette palpitante question ne pouvait passer inaperçu. C'est ainsi que le 8 avril, Ysabeau ne s'inquiéta pas autrement d'un rapport où Charles et Plénaud signalaient, à la suite d'une visite à l'hôpital

---

[1] Archives de la Gironde, série L.

Saint-André, que les *prêtres* étaient mieux soignés par les *sœurs* que les *braves sans-culottes;* mais informé « par le commissaire national près le tribunal du district de Bourg, séant à Blaye, qu'il s'était commis un délit atroce contre le peuple, par un mélange de cendres et d'autres corps étrangers dans la farine qui sert à l'alimenter, » et « pénétré d'indignation contre les monstres qui ont l'audace de spéculer sur la misère du peuple en empoisonnant sa modique subsistance, lorsque l'exemple de sa patience et de sa fermeté républicaine doit pénétrer les cœurs les plus insensibles et les plus féroces, » il prenait un arrêté pour charger la Commission militaire de connaître de l'affaire, et ordonnait la translation à Bordeaux de Meynard, meunier à Saint-Marien, et de Marie Gombaud, sa mère [1].

Il donna la plus grande publicité à son arrêté, afin d'effrayer ceux qui seraient tentés d'imiter les coupables et de rassurer la population en lui prouvant qu'il veillait à ses intérêts.

Huit jours plus tard, le meunier Meynard et sa mère, convaincus, d'après leur propre aveu, d'avoir mélangé de la cendre à la farine servant à la fabrication du pain, furent condamnés à mort et expièrent leur crime sur la place publique de Saint-Savin. « Il serait à désirer, avait écrit le commissaire national près le tribunal du district de Bourg, que l'exécution de la sentence fût faite sur la place publique de Saint-Savin, chef-lieu de canton, un jour de marché. Cette mesure conserverait peut-être la tête à vingt meuniers de notre district ! »

Cette expiation eut certainement des effets salutaires, car Meynard et sa mère ne paraissent pas avoir eu d'imitateurs. L'énormité du châtiment, en l'état des choses, paraissait peut-être s'imposer au conventionnel et à la Commission

---

[1] Arrêté du 8 avril 1794.

militaire; elle n'était d'ailleurs que l'application de l'article 28 de la loi du 4 mai 1793 qui punissait de mort *tous ceux qui gâteraient méchamment ou à dessein des grains et farines.*

Ysabeau cependant ne perdait pas de vue la lutte engagée par les modérés contre les Jacobins, et à la tête de laquelle Tallien et lui, mordus à leur tour par la calomnie, s'étaient résolûment placés. Il continua cette lutte sans relâche à Bordeaux, pendant que son collègue à Paris cherchait à arriver jusqu'au Comité de Salut public pour y prendre leur défense commune. Le 9 avril, Ysabeau prononçait par arrêté la dissolution de la *Société des Sans-Culottes surveillants,* siégeant rue Montaigne, n° 8, et qui était en correspondance avec les Jacobins de Paris.

Cette mesure raviva les haines et les calomnies.

Ysabeau n'en prit nul souci; il avait sans doute voulu répondre indirectement dans cette circonstance aux agissements qui n'avaient pas tardé à lui être révélés d'un agent se disant chargé d'une mission secrète du Comité de Salut public, et qui se livrait inostensiblement à une enquête sur les faits et gestes des conventionnels à Bordeaux.

Cet agent n'était autre que Marc-Antoine Jullien.

Dès son arrivée à Bordeaux, Jullien, dédaignant des convenances en quelque sorte élémentaires, n'avait pas fait de visite à Ysabeau; il s'était mis immédiatement en relations avec les ennemis avérés des conventionnels, le liquoriste Bonnet notamment, à qui on l'avait adressé et qui était chargé de lui indiquer les hommes qu'il devait fréquenter; il s'insinua peu à peu dans le sein du Club national, et nous verrons bientôt le jugement qu'il crut pouvoir porter sur l'œuvre révolutionnaire des *missi dominici* de la Convention.

Quel était ce Marc-Antoine Jullien, qui avait la prétention

de tenir les représentants en échec et de substituer son pouvoir à celui qu'ils avaient reçu?

Lui-même va nous l'apprendre.

Jullien, qui s'est fait appeler plus tard *Jullien de Paris,* avait dix-neuf ans en 1794.

Né à Paris le 10 mars 1775, il était fils de Jullien (de Toulouse), député de la Haute-Garonne à la Convention nationale.

Après avoir obtenu des succès à l'Université de Paris, il termina sa rhétorique durant la dernière année de la Constituante, et entraîné par une imagination vive et par une ardeur de jeunesse que surexcitaient encore les événements, il fut de bonne heure associé aux sentiments et aux travaux des patriotes d'alors. Nous le peindrons plus tard tel qu'il se montra à Bordeaux.

En 1792, à dix-sept ans, il fit un voyage en Angleterre et se lia avec lord Stanhope, l'un des chefs de l'opposition dans le Parlement britannique. Condorcet et le duc de La Rochefoucauld l'avaient recommandé à Stanhope. Jullien et le lord anglais restèrent depuis en relations suivies.

Obligé de quitter l'Angleterre l'année suivante afin de n'être pas atteint par les lois sur l'émigration, il rentra en France et fut employé comme aide commissaire des guerres à l'armée des Pyrénées, que commandait alors le général Servan.

Jullien ne tarda pas à s'y faire remarquer et rendit des services signalés, en organisant des bataillons de volontaires nationaux dans les départements des Hautes et des Basses Pyrénées.

Jullien (de Toulouse), qui avait beaucoup connu Hérault de Séchelles chez la duchesse d'Anville, lui recommanda son fils, et sur la proposition de ce conventionnel, le Comité de Salut public envoya Marc-Antoine Jullien en mission dans les départements de l'Ouest.

Présenté à Robespierre, dont il subit l'ascendant et auquel il voua un culte qu'excuse et qu'explique à la fois sa jeunesse, il entra en correspondance avec lui.

Les Nantais lui doivent le rappel de l'infâme Carrier, et c'est là une bonne action à porter à l'actif de Jullien.

C'est à son retour d'un voyage dans l'Ouest qu'il avait été envoyé à Bordeaux, où le *modérantisme* d'Ysabeau et de Tallien était signalé, le lecteur ne l'a pas oublié, comme une cause de dangers sérieux pour la République.

Tel était l'homme en qui le Comité de Salut public avait placé sa confiance et qui allait la justifier par une attitude révolutionnaire toute juvénile, mais ne manquant ni d'habileté ni de souplesse.

Thomas (de Sainte-Foy), Duret, Rideau, l'ami de Peyrend d'Herval, Bouquet, le traiteur Lannes, Plénaud, Compain, Michenot, Parmentier, Barsac, le frère du député Cambon, Lamarque, Boissel, Bonnet, les trois frères Veyssières et quelques autres entourèrent Jullien et formèrent pour lui une sorte de conseil. Leurs réunions, qui avaient lieu à Bruges chez Duret, ou à Bordeaux chez les frères Veyssières, furent appelées le *Club de la Ferraille*.

Marc-Antoine Jullien et les *Julliénistes* ses partisans éprouvèrent une vive émotion en apprenant la dissolution de la *Société des Sans-Culottes surveillants*, et surtout la raison qui l'avait motivée.

Dans la soirée du 10 avril, Jullien se rendit au Club national qu'Ysabeau présidait en personne. Payant d'audace et soutenu par ses amis, il présenta et fit voter par ce club une adresse aux Sociétés populaires affiliées des différentes communes de la République; cette adresse était une satire directe et une contre partie de la dissolution des *surveillants*. Nous en extrayons les passages suivants : « La correspondance entre de vrais républicains, y était-il dit, doit être plus active que jamais, au moment où tant d'hommes parés du masque du patriotisme sont reconnus pour n'avoir fait que tromper le peuple et trahir sa cause... Nous devons, en même temps que nous déployons la sévérité la plus inflexible contre les êtres assez lâches pour avoir déserté le parti populaire, déployer aussi toute la rigueur des mesures révolutionnaires contre les modérantistes qui croient triompher et se flattent de ralentir notre énergie... On voudrait détruire toute union, toute confiance, quand l'union et la confiance doivent, plus que jamais, nous resserrer et faire notre force... Tout se réduit pour le peuple à ne voir dans les hommes qui le servent que des instruments bons aujourd'hui, dont il doit faire usage, qu'il doit briser demain s'ils deviennent mauvais. Point d'engouement, point d'idolâtrie, point d'enthousiasme pour les individus... Il faut que la liberté bouillonne dans le vase jusqu'à ce que toute l'écume soit sortie; l'écume, c'est la classe des modérés hypocrites, des ambitieux en bonnet rouge, des intrigants patriotiquement révolutionnaires... Nous avons un point de ralliement, la vertu. Nous avons un centre d'union, la Convention nationale... Resserrons-nous tous, les Républicains, les Montagnards, les uns autour des autres. Plus on veut nous diviser, plus nous devons être unis... »

C'est au bruit des acclamations que cette adresse fut votée et que le Club national en délibéra l'impression et l'envoi à toutes les Sociétés populaires.

Ysabeau garda le silence, — ses amis étaient en minorité dans l'assemblée; il but la coupe, et signa l'adresse en qualité de président.

Il en garda rancune à Jullien, — mais prépara en secret sa revanche.

Les 8, 10 et 11 avril, la Commission militaire prononça plusieurs acquittements et pas une condamnation. On pourrait supposer que Lacombe, se prêtant aux suggestions de Jullien, laissait fléchir la justice révolutionnaire afin d'appuyer de ce chef les appréciations de l'envoyé du Comité de Salut public sur l'*esprit modérantiste* qui régnait à Bordeaux.

Nous verrons plus tard que nous sommes bien près de la vérité à ce sujet, quand nous enregistrerons la correspondance du Comité de Salut public avec le président de la Commission militaire.

Pour être en mesure de soutenir la lutte avec Jullien, Ysabeau songea à placer ses amis dans toutes les avenues du pouvoir. A cet effet, il résolut la reconstitution des autorités, que des considérations tirées du bien public avaient retardée jusqu'alors, et par une lettre adressée le 12 avril au Comité de surveillance, après lui avoir rappelé que les représentants du peuple étaient revêtus du pouvoir d'organiser et d'épurer les autorités, il l'invita à nommer séance tenante, dans son sein, trois citoyens qui se rendraient auprès de lui le lendemain à dix heures du matin pour donner leur avis sur la formation complète des corps administratifs et judiciaires [1].

La réunion eut lieu, des listes furent présentées et débattues, des choix arrêtés, et pendant que le 13 avril la Commission militaire envoyait à l'échafaud une ci-devant noble, Mlle Dohet de Boisron-Lamontagne, un ouvrier menuisier et un officier de santé du nom d'Ingres, Ysabeau parachevait son organisation administrative et judiciaire du département, et la notifiait, le 14, aux habitants par une proclamation ainsi conçue :

« Citoyens, au moment où vous donnez à la France entière les preuves du retour le plus vrai aux principes républicains qui furent obscurcis un instant, mais jamais oubliés parmi vous; lorsque vous signalez votre régénération par des sacrifices toujours renaissants et par une patience et un courage dignes de servir de modèle, il est juste que vous jouissiez complètement des bienfaits

[1] Archives de la Gironde, série L.

que vous offre le gouvernement révolutionnaire, adopté et béni par toute la nation française.

» Vous connaissez les raisons qui nous ont obligé à retarder jusqu'ici le complément de cette organisation, dans une ville où la séduction avait été portée à son comble par les hommes en place; il fallait du temps pour discerner les vrais républicains, démasquer les imposteurs et les hypocrites et chercher dans la foule, où ils se cachent ordinairement, les citoyens vertueux et modestes.

» Citoyens, un vaisseau ne se manœuvre pas pendant la durée d'un orage comme sous un jour serein et avec un vent favorable. Mais enfin l'horizon s'est éclairci; les méchants qui vous avaient trompés ont purgé ces contrées par leur supplice ou par leur fuite.

» Les conspirations se découvrent et passent sans laisser d'autres souvenirs que l'horreur qu'elles inspirent. Il reste la volonté constante du peuple français, qui est de former une République une et indivisible, et de conserver, à l'abri de ses lois, l'égalité et la liberté qu'il a conquises sur les tyrans.

» Nous avons pris toutes les précautions que la prudence exige pour ne confier vos intérêts et vos affaires qu'à des mains pures et fidèles. Outre les listes nombreuses qui, d'après notre invitation, nous ont été fournies, nous avons réuni autour de nous plusieurs patriotes pour discuter les candidats. Un examen impartial et sévère a été fait sur chacun d'eux. Nous avons interrogé non seulement leur conduite politique depuis la Révolution, mais encore leur vie privée et leur caractère moral; car il est bien prouvé que celui qui dans sa maison fut un dissipateur ou un homme livré à la frivolité et aux plaisirs, n'a pas un caractère propre à gérer les affaires publiques. La chute terrible et méritée de ces hommes qui, par leurs talents et leurs actions d'éclat, avaient attiré sur eux les regards de l'Europe et la gloire qui n'est due qu'à la vertu, doit avoir démontré à tous les Français que, sans mœurs et sans probité, on se décore en vain du nom de républicain. »

S'adressant ensuite aux magistrats qu'il venait d'investir de sa confiance, Ysabeau leur disait :

« Administrateurs, juges, magistrats du peuple, rappelez-vous que les malheurs, les revers, la disette et presque tous les fléaux qui ont affligé la République depuis cinq ans, sont en grande partie l'ouvrage de vos prédécesseurs. L'orgueil du pouvoir, le désir de se perpétuer dans leurs places et de les tourner à leur profit, avaient corrompu leur jugement, leur avaient fait oublier qu'ils étaient les hommes du peuple. Les conspirateurs fondaient sur eux leurs coupables espérances et ne se trompaient pas. Le peuple a été trahi, vendu, vexé avec insolence par ceux qui avaient épuisé l'art des bassesses et de l'intrigue pour capter ses suffrages.

» Ils ont disparu, ces commis infidèles, avec la cour, avec les aristocrates dont ils furent les instruments.

» Vous qui les remplacez, soyez laborieux et modestes; faites chérir de plus en plus au peuple les lois et le gouvernement qu'il s'est donné. Restez dans le cercle des devoirs qui vous sont imposés et de la dépendance qui vous est prescrite.

» Il n'y a pas de petit emploi dans la République, lorsqu'on le remplit dignement. Le désordre et l'anarchie commencent lorsqu'une autorité veut empiéter sur une autre et usurper des pouvoirs que la loi ne lui a pas attribués.

» Que votre marche soit ferme et assurée. Lorsque vous aurez la loi pour guide, vous ne craindrez pas de vous égarer. Il y a loin d'une sage défiance de ses lumières à une timidité excessive qui favorise la paresse et conduit à l'inertie.

» Le méchant seul craint pour sa responsabilité et calcule au juste jusqu'où il peut faire le mal sans encourir la peine. L'homme de bien, le vrai patriote, porte dans toutes ses démarches une honnête assurance, parce qu'il est sûr de ses intentions et de son cœur; parce que s'il tombe involontairement dans quelques erreurs, il sait les réparer hautement et avec franchise.

» Offrez surtout à vos concitoyens le modèle de l'union et de l'accord entre vous. La malveillance est là, prête à fomenter les jalousies et les rivalités entre les magistrats. N'affligez jamais l'âme des patriotes par le spectacle de vos discordes. Ne rivalisez entre vous que de zèle et d'ardeur à servir la patrie, chacun dans le poste qui vous est assigné.

» En un mot, le peuple vous a placés sur un point élevé, il a les yeux sur vous..... Donnez l'exemple, il vaut mieux que les leçons. »

Ainsi s'exprimait Ysabeau. Son langage était relativement calme et élevé, par comparaison avec celui de Jullien, dicté par la fougue de la jeunesse et empreint d'une boursouflure emphatique et des apparences d'un patriotisme exagéré : *verba et voces*.

A la suite de la proclamation que l'on vient de lire se trouvaient les noms des nouveaux administrateurs et des magistrats [1].

---

[1] V. l'arrêté à l'*Appendice*, note XIV.

Parmi eux et malgré les soins pris par le conventionnel figuraient des partisans de Jullien; on peut citer notamment Thomas (de Sainte-Foy) et Lacombe. Ces hommes jouaient un double jeu et avaient un pied dans chaque camp.

Ysabeau, trompé sur leur compte, était trahi par eux au profit de Jullien.

La population bordelaise accueillit avec satisfaction la réorganisation faite par Ysabeau des corps administratifs et judiciaires. Il lui semblait qu'en sortant de l'exception et en rentrant dans la règle, on s'éloignait du système révolutionnaire et que l'accalmie viendrait rassurer les personnes et les intérêts au profit du bien général.

On comptait sans Jullien. Celui-ci continuait son œuvre souterraine, sapait les actes et l'autorité du conventionnel. Il stimulait le zèle des Jacobins, visitait le Comité de surveillance et se montrait partout où il pouvait faire opposition à Ysabeau. La lutte s'affirmait. Le bruit n'avait pas tardé à se répandre que le conventionnel allait être rappelé.

Cette nouvelle causa une vive émotion; Ysabeau comptait beaucoup d'amis à Bordeaux, ses intentions et ses vœux étaient connus et appréciés, et dans de nombreuses réunions on résolut de s'opposer à son départ et de pétitionner auprès de la Convention pour son maintien dans le département du Bec-d'Ambès.

Le 15 avril, une fête populaire avait lieu dans la section Marat. On y plantait un arbre de la liberté portant l'inscription: *Mort aux fédéralistes!* Ysabeau et Jullien assistèrent à cette fête et y prononcèrent des discours de circonstance.

Pendant l'accomplissement de cette pompe patriotique et *champêtre,* la Commission militaire poursuivait son œuvre, mais avec une sorte d'hésitation. Depuis les premiers jours du mois d'avril, elle avait prononcé de nombreux acquittements. A l'audience du 15, elle condamna Pierre Changeur et Arnaud Lavergne à 100,000 livres et Aquart père et fils à 200,000 livres d'amende. Aquart père offrit au tribunal deux navires armés valant 300,000 liv.; son offre fut acceptée. Un détail est à noter à l'occasion de ce procès : Aquart fils avait voulu partager la captivité de son père afin de lui prodiguer les soins que réclamait son âge et de lui rendre plus facile à supporter la privation de sa famille. Cet acte de piété filiale, auquel Lacombe rendit publiquement un juste hommage, atténua sans aucun doute la sévérité du tribunal, et Aquart père échappa à l'échafaud.

Il ne sera pas inutile ici de dire quelle était à ce moment la situation au sein de la Convention nationale. Robespierre, Couthon et Saint-Just, qui constituaient un triumvirat redoutable, avaient réussi à renverser toutes les oppositions, et le Comité de Salut public était devenu le seul, l'unique pouvoir. Il dominait l'assemblée régicide par la terreur et y imposait sa volonté.

Après la chute du parti de la Gironde, en effet, les Dantonistes et les Hébertistes avaient été successivement sacrifiés; ils faisaient obstacle au Comité de Salut public, et leur défaite accrut sa puissance. Un moment, dit M. Louis Blanc, tout s'inclina devant lui. Il redoubla alors d'activité et de vigueur : Chaumette, l'apôtre de la Raison, monta sur l'échafaud; les ministères furent supprimés comme ayant une origine monarchique, et remplacés par douze commissions entre lesquelles furent partagées toutes les anciennes attributions ministérielles. On s'occupa d'organiser la police générale et de fortifier le système révolutionnaire. Le 16 avril, sur la proposition de Saint-Just, la Convention adopta un décret portant que « les prévenus de conspiration » seraient traduits désormais de tous les points de la » République au tribunal révolutionnaire de Paris. »

Quelques jours plus tard, Billaud-Varennes fit l'exposé de la politique que comptait suivre le Comité de Salut public, et la Convention déclara « qu'appuyée sur les vertus » du peuple français, elle ferait triompher la République » démocratique et punirait *sans pitié* tous ses ennemis. »

On peut voir, par ce court résumé, qu'en persistant dans ses idées de modération relative, Ysabeau ne se trouvait plus dans le courant du jour, et que le jeune Jullien, armé des pouvoirs du tout-puissant Comité, dont l'autorité s'était rajeunie dans le sang de Danton et de Camille Desmoulins, devait être pour le conventionnel un rival redouté.

Quoi qu'il en soit, le décret du 16 avril pouvait par sa rédaction laisser croire que les tribunaux révolutionnaires installés en province par les proconsuls devaient cesser d'exister. Lacombe s'en émut; il exprima ses craintes à Ysabeau, lui dépeignit le danger qu'il y aurait pour la République à supprimer la Commission militaire devenue l'effroi des conspirateurs et la sauvegarde des sans-culottes, et l'invita à demander des instructions au Comité de Salut public.

Ysabeau déféra à cette invitation, et Jullien, de son côté, insista pour le maintien du tribunal de sang qui conservait Bordeaux à la République.

En attendant la réponse du Comité, la Commission militaire continua le cours de *sa justice*.

Le 16 avril, elle acquittait le négociant Trémollières, et condamnait à mort le meunier Meynard et sa mère dont nous avons parlé quelques pages plus haut.

Le 17 avril, l'avocat Marie de Saint-Georges et Claude Orré, son ami, étaient envoyés à l'échafaud pour crime d'aristocratie. Orré, chargé de la défense de Saint-Georges, avait voulu acheter une attestation de civisme pour sauver son client; sa démarche fut dénoncée à la Commission militaire, et les deux amis moururent ensemble.

Nous rencontrons à la date du 18 avril une circulaire adressée par le Comité de Salut public aux Comités de surveillance. Ce document, dans lequel Robespierre et ses collègues traçaient leur règle de conduite aux Comités, est trop curieux pour ne pas le faire connaître; il est difficile de trouver un monument plus singulier de boursouflure et d'exaltation révolutionnaire :

« Sentinelles de la liberté, disait le Comité de Salut public, la patrie vous remet de nouvelles armes contre ses ennemis. Le décret du 14 frimaire vous assure l'exécution des lois révolutionnaires et vous en trace l'esprit.

» Le peuple français va prendre l'attitude de l'hercule. Il attendait ce gouvernement robuste qui doit raffermir toutes ses parties, qui, distribuant dans ses veines la vie révolutionnaire, le retrempe d'énergie et complète sa force et son aplomb... »

La circulaire renferme ensuite quelques explications sur l'attitude que doivent garder les diverses autorités, en marchant sans se confondre, sur la ligne qui leur est indiquée; puis elle continue en ces termes :

« Ainsi, l'action qui part du sein de la Convention vient aboutir à vous; vous êtes comme les mains du corps politique dont elle est la tête et *dont nous sommes les yeux;* c'est par vous que la volonté nationale frappe aussitôt qu'elle a décidé.

» Vous êtes les leviers qu'elle meut pour broyer les résistances... Vous sentez votre mission; vous sentez aussi à quelle hauteur de principes et de devoirs elle vous place.

» Vous n'avilirez point un si grand caractère.

» Approchez de ce ministère terrible, comme d'un sanctuaire, avec un cœur droit et des mains pures.

» Retenez avec dignité le dépôt de la vengeance nationale, mais ne secouez jamais les torches sombres des haines particulières.

» Qu'il soit fait une justice éclatante de l'être avili qui trafiquerait de sa faiblesse...

» Que les monstres en vous voyant soient frappés à la fois de terreur et de respect.

» Ne vous reposez que sur le faisceau des chaînes qui, s'étendant d'un bout à l'autre de la République, doit lier au néant tous ses ennemis.

» Tels sont vos devoirs généraux... »

Le Comité de Salut public ayant ensuite rappelé les devoirs particuliers des Comités, termine ainsi :

« Souvenez-vous, citoyens, que l'ordre étant enfin révolutionnaire, c'est alors qu'un tel ordre doit être réclamé et défini *sacré*.

» L'ordre révolutionnaire ne peut être frappé, que le contre-coup ne s'en fasse sentir au cœur de tous les patriotes.

» L'ordre révolutionnaire, qui fait déborder la terreur en torrent sur l'hydre des conspirateurs, doit placer la vertu, et par conséquent vous-mêmes, dans le port, tandis que la tempête tonne sur les têtes coupables, et les écrase.

» L'ordre révolutionnaire fonde votre force; la liberté qui s'appuie sur vous, vous recommande, par ses intérêts les plus chers, de l'observer.

» Salut et fraternité.

» Robespierre, Billaud-Varennes, Carnot, C.-A. Prieur, B. Barère, R. Lindet, Collot d'Herbois. »

Nonobstant les circulaires du Comité de Salut public, et volontaire ou forcé, le patriotisme des Bordelais n'avait cessé de faire ses preuves. Du 1er novembre 1793 au 14 mars 1794, la ville de Bordeaux avait fait les dons ci-après à la République :

2,134,680 livres en argent et assignats;

12,542 sabres ou épées;

23,123 fusils;

150,000 livres pesant de fer;

13 milliers pesant de plomb;

20 arbres et 9 madriers pour vaisseaux;

50,049 chemises [1].

Cependant, Ysabeau et Jullien avaient fini par avoir des entrevues : ils avaient examiné ensemble la situation de Bordeaux, et sans se dissimuler qu'il restait encore beaucoup à faire, le conventionnel avait cherché à démontrer à l'agent du Comité de Salut public que son collègue Tallien et lui avaient, depuis leur arrivée, accompli des

---

[1] *Moniteur* du 30 germinal an II.

œuvres utiles et ramené la ville et le département, que le fédéralisme avait gangrenés, à une union sincère avec la Convention nationale.

Jullien voulut bien reconnaître l'exactitude de ces allégations.

Ysabeau lui déclara, avec une bonhomie malicieuse, qu'il était fatigué, qu'il désirait prendre du repos et regagner Paris qu'il avait quitté depuis treize mois.

Il n'y avait aucune franchise des deux parts.

Nous n'avons pas sous les yeux les rapports que Jullien adressa au Comité de Salut public sur sa mission à Bordeaux. A défaut de ces documents, qui seraient d'un intérêt sérieux, nous avons sa correspondance avec Robespierre, et l'on nous saura gré d'en citer ici les passages les plus importants.

La première lettre qui soit arrivée jusqu'à nous porte la date du 20 avril 1794.

Jullien écrit à *son bon ami* : « Je veux te soumettre avec une entière franchise quelques observations sur Bordeaux... L'esprit, en général, est bon; la République est sincèrement aimée; le riche même, qui ne l'aime pas, lui prodigue ses sacrifices, et l'égoïsme paraît s'éteindre. Mais d'abord le Club national est sans aucune consistance, sans influence, sans énergie; à peine sait-on qu'il existe, et le dessein que j'ai formé de lui donner cette prépondérance qu'il doit avoir est d'une exécution difficile; j'y travaille néanmoins sans relâche.

» Un grand reproche que j'ai à faire aux Bordelais, c'est qu'ils traitent le représentant du peuple comme un intendant de l'ancien régime. Passe-t-il dans les rues, avec les gendarmes qui le suivent, on se découvre, on applaudit, quelques voix même crient : *Vive le sauveur de Bordeaux!* Paraît-il au spectacle, au Club ou dans une assemblée quelconque, les même cris se font entendre;

l'enthousiasme et l'idolâtrie sont poussés au dernier période et j'ai remarqué que c'étaient les aristocrates eux-mêmes qui, croyant se donner un air de patriotisme, indiquaient souvent au peuple les battements de mains qui déshonorent à mes yeux des hommes *libres*... Quand on fait courir le bruit du prochain rappel des représentants délégués à Bordeaux et de leur remplacement, on dit que Bordeaux est perdu; on a dit même, et c'est dans une réunion nombreuse qu'a été proféré ce blasphème, on a dit qu'il faudrait que le peuple se portât en foule pour s'opposer au départ de son ami. »

Ces insinuations sont d'une cruelle perfidie, on doit le remarquer; Jullien ajoutait, comme pour les atténuer :

« Du reste, je dois rendre justice à Ysabeau, qui n'a cessé de travailler à bien remplir sa mission et qui mérite des éloges pour les services qu'il a rendus. Il désirerait lui même être appelé d'ici à l'armée des Pyrénées-Occidentales, avoir un mois de repos dans les Pyrénées après treize mois d'absence de Paris et de mission continue, et regagner son poste. »

Il terminait en disant qu'il avait toujours suivi dans sa mission le même système, *que pour rendre la Révolution aimable, il fallait la faire aimer,* et qu'à cet égard, sous son inspiration, les Bordelaises avaient, par de publiques promesses, réchauffé l'enthousiasme et présenté la carrière de la vertu, pour les presser de la suivre, à leurs époux, à leurs familles entières et à la commune qui en était témoin.

« Je travaille sans relâche à galvaniser le Club national, » écrivait Jullien à Robespierre. Le 21 avril au soir, le jeune agent du Comité de Salut public lisait au sein de cette Société un discours dont nous extrayons les passages suivants :

« L'aristocratie croira triompher dans Bordeaux, frères

et amis, tant que le Club national n'aura pas acquis ce degré d'influence, cette prépondérance forte et puissante qui fait d'une bonne société populaire un corps vivant de l'opinion publique... Soyons fermes et révolutionnaires. Qui s'arrête en révolution, a déjà reculé... Je parais me répéter souvent, je reviens tous les jours sur les mêmes choses. Oui, sans doute, parce que les mêmes périls sont là; parce que les ennemis de la liberté roulent furtivement autour de l'arche sainte... parce que l'oie du Capitole crie pour éveiller Manlius et les Romains; parce que nous aussi nous sommes dans le Capitole, et qu'à la faveur d'ombres noires et de ténèbres épaisses, les Gaulois veulent pénétrer dans le fort. Les Gaulois, ce sont les aristocrates, les modérés, les feuillants... De pompeux festins, où règne une mielleuse politesse, où sont prodigués avec affectation les mots de *fraternité, sans-culottes, républicanisme;* des réunions dont le prétexte cache la véritable cause; des voix mélodieuses, des jeux, des fêtes, des soirées, des plaisirs : telles sont les armes perfides qui, dirigées par un adroit modérantisme, tuent la rigidité républicaine... N'eût-il pas mieux valu d'abord être, selon l'expression de Marat, *cruels par calcul?* Soyons-le donc aujourd'hui... Je me plais à le répéter, la masse des citoyens de Bordeaux est excellente, et Bordeaux sera bientôt une commune vraiment et dans la force du mot montagnarde... Il est un mot vrai : La Liberté n'a pour lit que des matelas de cadavres, ou, comme on l'a dit encore : Le sang est, à la honte des nations, le lait de la Liberté naissante. Mais que le sang impur inonde seul notre territoire; que le sang pur soit épargné; que les têtes coupables tombent sur l'échafaud; que les têtes innocentes soient à l'abri de la trahison et de la calomnie; que la statue de la Loi, quelque temps couverte d'un voile, s'élève triomphante sur l'autel de la Patrie, et que son glaive exterminateur frappe tout ce qui résiste à son empire; la loi, c'est le peuple, c'est sa volonté toute-puissante; que les ennemis du peuple disparaissent; le néant les réclame, la Liberté vous appelle....... Subissons donc l'inévitable destinée. Nous voulons être libres, sachons supporter les maux attachés à une crise révolutionnaire, pour obtenir le bonheur et les jouissances qu'elle vous assure.... Clémence est souvent barbarie; vouloir épargner un sang coupable c'est faire couler le sang innocent... Avec le mot d'*ultra-révolutionnaire,* on a décrié les plus vertueux Montagnards... On a calomnié ces hommes, on a préféré l'aménité du modérantiste... Ne soyons ni modérés ni barbares... »

« Je n'ai voulu, disait Jullien en terminant, que vous offrir des réflexions qui paraissent devoir présider à la réorganisation du Club national [1]. »

Ce discours, dont les extraits qu'on vient de lire ne peuvent d'ailleurs donner qu'une idée imparfaite, fut accueilli au bruit des applaudissements.

Plusieurs passages semblaient attaquer le modérantisme d'Ysabeau et contenir comme une sorte de leçon à son adresse. Celui-ci n'assistait pas à la séance.

Comme conclusion de ses cruelles banalités révolutionnaires où le sang jaillissait à toutes les lignes, Jullien proposa l'arrêté suivant, qui fut adopté à l'unanimité :

« Le Club national de Bordeaux, après avoir bien déterminé les différentes classes des hommes dangereux et suspects; après avoir offert au peuple les principes qui doivent le diriger dans la carrière de la Révolution ;

[1] *Discours sur les dangers de la contagion du modérantisme et sur les moyens de former l'esprit public,* lu dans la séance du Club National de Bordeaux, le 2 floréal de l'an II de la République française une et indivisible, par Marc-Antoine Jullien, agent du Comité de Salut public de la Convention nationale dans les départements maritimes, et président du Club national de Bordeaux. Brochure in-8° de 29 pages, 1794. Moreau, imprimeur du département.

» Considérant qu'elle ne doit cesser de poursuivre le modérantisme, plus dangereux encore dans la crise actuelle que l'aristocratie ; qu'elle doit, pour le combattre et le détruire, s'occuper activement d'instruire le peuple, de l'élever à l'énergie révolutionnaire et de surveiller ses ennemis; de rendre la Révolution aimable pour la faire aimer; de mettre l'instruction et la vertu à l'ordre du jour, et de réunir les leçons et les exemples,

» Arrête ce qui suit :

» Art. 1er. — Le Comité d'instruction publique du Club national de Bordeaux fera lire, une fois par décade, un des rapports du Comité de Salut public sur le gouvernement révolutionnaire, sur la mesure des arrestations, sur la politique intérieure et extérieure, et sur les conspirations récemment découvertes.

» Art. 2. — Le même Comité choisira des membres du Club national pour aller, chaque décade, dans les communes des campagnes qui leur seront désignées, propager les principes de la liberté, former l'esprit public, et ces membres feront, en séance publique, le rapport de la mission qu'ils auront remplie, au plus tard le tridi de la décade suivante.

» Art. 3. — Le Comité dénoncera ceux qui n'auront pas satisfait à ce devoir, après avoir été nommés; et leur peine sera, pour la première fois, la censure; pour la seconde, l'exclusion de la Société.

» Art. 4. — Le Comité sera responsable de la négligence qu'il pourrait mettre à nommer les Commissaires, et il aura soin d'en envoyer autant que possible dans toutes les campagnes circonvoisines.

» Art. 5. — Il sera ouvert un registre pour les adoptions civiques qui seront proclamées dans la Société, et un registre de souscription pour les mariages civiques; des époux, choisis pauvres, vertueux et patriotes, seront unis dans les fêtes décadaires et dotés par la Société.

» Art. 6. — Le Comité d'instruction publique, en attendant le décret de la Convention nationale sur les Fêtes décadaires, dressera dans chaque décade le plan de la fête du décadi suivant.

» Art. 7. — Il en fera part au moins l'avant-veille à la Société pour qu'elle puisse l'adopter ou y faire les changements qu'elle croira convenables.

» Art. 8. — Ces fêtes devront toujours avoir un but moral et civique; tantôt un mariage, tantôt une adoption, quelquefois l'inauguration des bustes des amis du peuple et des grands hommes, ou celle d'un temple; quelquefois la plantation d'un arbre de la liberté, ou une promenade militaire autour de l'arbre déjà planté; la brûlure des livres d'église ou images sacerdotales et nobiliaires. Les instruments de l'agriculture y seront portés en triomphe, les différentes vertus personnifiées.

» Art. 9. — Le Comité d'instruction publique invitera les habitants des campagnes à ces fêtes, et se concertera avec la municipalité pour leur procurer des logements chez les bons républicains.

» Art. 10. — Le Comité est invité à recueillir et proposer tout ce qui peut rendre ces fêtes plus agréables et plus utiles, et concourir à l'amélioration de l'esprit public. »

Le Club national vota d'acclamation l'impression du discours de Jullien et de l'arrêté qui le complétait.

Ysabeau, pendant que l'agent du Comité de Salut public s'occupait à surexciter le patriotisme de la population, cherchait de son côté à galvaniser, par des moyens empiriques et malheureux, il faut bien le reconnaître, les élans du commerce bordelais. Il prenait, à la date du 3 avril, un arrêté pour proroger d'un nouveau délai d'un mois l'exécution des jugements du tribunal de commerce, afin de permettre aux négociants et marchands d'acquitter leurs engagements.

Le même jour, il approuvait une délibération par laquelle le Comité de surveillance, considérant que des citoyens obtenaient des passeports et passaient dans les colonies sans *acquitter leurs dettes,* ordonnait que les noms de tous ceux qui avaient l'intention de partir seraient inscrits pendant huit jours dans les journaux de la ville et qu'ils seraient tenus de se présenter, avec tous leurs papiers, au Comité, qui ferait afficher leurs noms pendant huit jours également, afin de permettre aux réclamations de se produire.

De pareilles dispositions avaient un caractère draconien sur lequel il est inutile d'insister.

Dans les vingt jours environ qu'il venait de passer à Bordeaux, Jullien avait réuni les éléments d'information nécessaires au Comité de Salut public pour statuer sur les réclamations dont la mission d'Ysabeau et de Tallien avait été l'objet de la part des Jacobins de cette ville et de ceux de Paris.

Suffisamment édifié pour sa part, Jullien se décida à partir, non sans laisser dans la ville un noyau d'adhérents auxquels il fit espérer son prochain retour. Le 23 avril, il se présentait au Comité de surveillance pour lui faire ses adieux, et échangeait avec ses membres et avec Plénaud, son président, des discours où les recommandations et les promesses les plus patriotiques et les plus révolutionnaires tenaient une large place. Puis il quitta Bordeaux.

Son départ fut un soulagement pour Ysabeau. Amolli dans les délices d'une nouvelle Capoue, le conventionnel qui se plaisait au séjour de Bordeaux, où il comptait des sympathies réelles et où, selon les expressions de Jullien, il menait le train d'un intendant de l'ancien régime, avait vu avec un profond déplaisir l'intrusion de l'agent du Comité de Salut public et les fiévreuses ardeurs de son patriotisme toujours en mouvement. Une telle activité n'allait pas à la nature insouciante et sensuelle d'Ysabeau.

Ses amis le félicitèrent comme d'un triomphe du départ de Jullien, et ne manquèrent pas de faire tout haut des gorges chaudes sur le lyrisme de l'*ami* de Robespierre.

Les Julliénistes se turent, mais ils gardèrent l'espoir d'avoir à leur tour le dessus et d'arrêter le *modérantisme* grandissant du conventionnel.

Tenu au courant de ce qui se passait à Bordeaux par son collègue, Tallien l'encourageait dans sa voie et lui promettait de le soutenir et de le défendre.

Thérésia Cabarrus, qui avait suivi Tallien à Paris et qui partageait ses travaux, ses haines et ses espérances, adressait le 24 avril, à la Convention, une pétition par laquelle elle demandait, *pour les femmes, l'honorable avantage* d'être appelées dans les asiles sacrés du malheur et de la souffrance pour y prodiguer leurs soins et leurs plus douces consolations, et *pour les jeunes filles,* l'obligation, avant de prendre un époux, d'aller passer quelque temps dans les asiles de la pauvreté et de la douleur. Cette pétition, rédigée dans le style ampoulé de l'époque, fut applaudie et renvoyée *au Comité de Salut public et à celui d'instruction* [1].

Était-ce pour déjouer les calomnies ou par un reste de l'élan que Jullien avait cherché à lui imprimer? Nous l'ignorons; mais le 25 avril, à la séance des Jacobins de Paris, on lisait une lettre où le Club national de Bordeaux, en rappelant que l'institution des Sociétés populaires avait pour but d'arrêter l'anarchie, de comprimer le fanatisme et de propager l'instruction, contractait l'engagement solennel de répandre les principes révolutionnaires et de combattre les conspirateurs. Il annonçait à cet égard qu'il venait de solliciter auprès de la Convention nationale une loi additionnelle à celle relative aux certificats de résidence.

Cette communication fut mentionnée avec faveur dans le bulletin de la séance.

Le lendemain, nouvelle correspondance : « Depuis longtemps, écrit le Club national aux Jacobins, le grand ordre du jour de notre Société est surtout la bienfaisance et toutes les vertus républicaines. Hier encore, nous fûmes instruits qu'une citoyenne venait de mourir et avait laissé deux enfants dont le père est sur les frontières; ils furent adoptés sur-le-champ par deux sans-culottes de notre Société. »

Au milieu de ces conflits politiques, de ces mélanges de bienfaisance et de révolutionnarisme, de fêtes populaires et d'exécutions capitales, le peuple qui, sans certitude du lendemain, mangeait un pain indigeste et voyait un avenir peu rassurant, se laissait aller aux impressions diverses du moment : il assistait en foule aux spectacles, aux séances des Sociétés populaires, aux réunions qui avaient lieu le jour de la Décade dans le Temple de la Raison, aux fêtes

---

[1] *Moniteur* du 7 floréal an II.

qui se célébraient pour la plantation des arbres de la Liberté. Les femmes et les jeunes filles, coquettement vêtues d'ajustements où brillaient les couleurs nationales, animaient ces fêtes et ces réunions par leur présence ou par leur gaîté, contrastes singuliers de misères et de plaisirs, où l'on cherchait à oublier, au milieu des danses et d'une joie qui, pour être courte, n'en était pas moins sincère et communicative, les souffrances de la disette et les soucis d'un sombre lendemain.

Les prisons se vidaient d'ailleurs avec une déplorable lenteur, et si la foule était aux fêtes et aux réunions populaires, il ne faut pas dissimuler qu'elle faisait queue aussi aux portes des boulangers pour attendre sa ration de mauvais pain.

Deux membres du Comité de surveillance, Cogorus et Rideau, ayant opté, le premier pour la municipalité, et le deuxième pour la place de directeur de la poste aux lettres, Ysabeau les remplaça à titre provisoire, le 27 avril, par Morel et Barreau, juges de la Commission militaire. De pareils choix peuvent paraître extraordinaires si l'on songe que le Comité de surveillance avait pour principale mission de fournir des victimes à Lacombe et à ses collègues. Qu'importait à Ysabeau! quoique modéré en apparence, il n'en était pas à faire ses preuves de légalité. Il était bien au-dessus de ces infimes détails; son but, en effet, était de maintenir l'élan révolutionnaire, mais non de l'accélérer comme Jullien aurait voulu le faire.

Parmi les nombreux arrêtés que le conventionnel prit dans les journées des 27 et 28 avril, un surtout doit fixer un instant notre attention.

Le Comité de Salut public, comme les proconsuls en mission à Bordeaux, avait essayé de divers moyens pour raviver les sources du commerce; la Convention nationale *avait mis en réquisition la probité, l'intelligence et les moyens intérieurs et extérieurs du commerce.* Cela n'avait pas suffi : le 23 ventôse et le 11 germinal, le Comité de Salut public prescrivit des mesures nouvelles; on en trouvera le résumé dans l'arrêté ci-après pris par Ysabeau pour assurer leur exécution régulière.

« Les Représentants du peuple en séance à Bordeaux,
» Vu l'arrêté du Comité de Salut public de la Convention nationale du 11 germinal, portant établissement d'une agence commerciale à Bordeaux, composée de trois membres, spécialement chargée d'informer les Représentants du peuple et la Commission des subsistances et approvisionnements des progrès du commerce et des opérations qui se feront en exécution de l'arrêté du 23 ventôse; étant aussi enjoint à ladite agence de tenir un journal exact de toutes les opérations relatives à ladite exportation;
» Des noms des citoyens qui feront le commerce d'exportation;
» Des denrées, matières et marchandises que chaque citoyen se proposera d'exporter;
» De celles que chacun d'eux aura et tiendra prêtes pour cette destination;
» De celles qu'il achètera pour exporter;
» Du mouvement qui se fera dans les magasins et les chais, dans la ville et hors la ville, pour le même but;
» De ceux qui ne pouvant pas faire le commerce eux-mêmes ou n'étant pas dans l'usage de le faire, se proposent d'y employer leurs capitaux, l'agence étant autorisée à lui procurer des facilités, etc.;
» Des expéditions qui se feront pour le compte particulier; de celles qui se feront par commission;
» Du chargement des bâtiments, de la désignation des bâtiments et équipages;
» De leur départ, de leur destination;
» Pour assurer l'exécution des dipositions dudit arrêté du 11 germinal,
  » Arrêtent ce qui suit :
» ART. 1ᵉʳ. — L'Agence commerciale établie dans une des salles de la maison de commerce y formera un bureau chargé de recevoir les déclarations des citoyens faisant le commerce d'exportation, ou qui se proposeront d'y employer leurs capitaux, auxquels il est enjoint de se faire inscrire sur les registres qui seront tenus à cet effet audit bureau; ainsi qu'ils seront tenus à y déclarer les denrées, matières et marchandises que chacun d'eux se proposera d'exporter; celles que chacun d'eux aura et tiendra prêtes pour cette destination;

celles qu'il achètera pour exporter, et le mouvement auquel donnera lieu, dans les magasins et les chais, dans la ville et hors la ville, l'exportation que chacun fera ou se proposera de faire.

» Art. 2. — Les déclarations et les exportations qui se feront de Bordeaux, en sucres, cafés, eaux-de-vie, vins, et en productions des arts et de l'industrie, en exécution de l'art. 1ᵉʳ de l'arrêté du Comité de Salut public du 23 ventôse dernier, qui permet la sortie de ces denrées et productions jusqu'à la concurrence de 20 millions, seront faites à la Douane, d'après les principes déterminés par la loi du 4 germinal suivant; et les préposés qui les recevront seront tenus en outre d'exiger des expéditionnaires :

» 1° La désignation des navires neutres sur lesquels ces denrées et productions devront être chargées;

» 2° Pareille mention sur le nombre des équipages, avec le nom des capitaines;

» 3° La destination des bâtiments et des chargements, qui doit être celle des puissances alliées ou neutres;

» 4° Le poids des sucres et cafés et leur valeur, avec désignation des espèces de ces sucres et cafés;

» 5° La quantité et qualité des vins et eaux-de-vie, avec leur estimation, etc.;

» 6° Enfin, la mention très distincte dans lesdites déclarations des expéditions faites pour compte particulier d'avec celles chargées et achetées par commission; et dans ces deux cas d'exiger des courtiers et autres agents du commerce les noms de ceux qui expédieront pour leur compte particulier ou par commission.

» Art. 3. — Il est très expressément défendu aux receveurs aux déclarations de la Douane, de donner connaissance d'aucune des dites expéditions, ni de communiquer leurs registres à d'autres qu'aux autorités constituées, à l'Agence commerciale et aux receveurs et contrôleurs de la Douane.

» Art. 4. — Les receveurs seront obligés de fournir tous les soirs au receveur principal de ladite Douane les états de ces expéditions d'après les modèles qui seront imprimés, et ledit receveur sera tenu de les remettre à l'Agence commerciale avec ses observations.

» Art. 5. — L'objet le plus particulièrement recommandé à l'Agence commerciale est d'accélérer la prompte exécution de l'arrêté du 23 ventôse; d'engager les citoyens à prendre part au commerce d'exportation, et à donner aux expéditions toute l'étendue et l'activité possible; de faire connaître à la Commission les obstacles et difficultés qui retarderaient les envois et continueraient d'altérer le commerce. On peut assez se promettre de ces dispositions et de celles des commerçants et capitalistes de Bordeaux, pour croire que leur zèle n'aura même pas besoin d'être provoqué, lorsqu'ils sont appelés, au nom de la patrie, à faire concourir toutes leurs ressources aux besoins de la République; et lorsque, entr'autres encouragements pour les commerçants, la Convention nationale met en réquisition la probité, l'intelligence et les moyens intérieurs et extérieurs du commerce.

» En conséquence, il sera ouvert dès aujourd'hui, dans un des bureaux de l'Agence, une souscription des sommes ou valeurs que chacun s'engagera à charger et exporter, pour concourir à remplir l'objet de l'arrêté du 23 ventôse, dont les dispositions sont connues et seront d'ailleurs communiquées aux souscripteurs par l'Agence.

» Art. 6. — Le présent arrêté, etc... (1). »

Telles étaient les dispositions prises par le conventionnel, en exécution des arrêtés du Comité de Salut public, pour faire refleurir le commerce de la grande cité, si prospère autrefois et tombé sous le coup des malheurs publics. Ces moyens empiriques n'avaient certainement aucune chance de succès, car c'est par la vraie liberté, celle qui laisse la disposition des voies et moyens, que les hommes qui se consacrent aux opérations du commerce et de l'industrie, remuent des intérêts immenses, et contribuent, en s'enrichissant quelquefois, à la prospérité et au développement de la richesse publique d'une nation.

Hélas! les notions de la vraie liberté étaient obscurcies alors par la passion politique, et ce n'est pas *à coups de décrets* que le commerce peut, au milieu des commotions populaires et des bouleversements, reprendre sa place et répandre partout les flots d'or de son Pactole.

C'était follement qu'on le réglementait ainsi!

Le 30 avril, Ysabeau ordonna, sur la demande de son collègue Jean Bon Saint-André, délégué dans les départements maritimes de la République, l'enlèvement de tous les vieux canons et des fers de tous les édifices nationaux non nécessaires à leur conservation, le dépôt par les citoyens de toutes les vieilles ferrailles, débris de chaudières, marmites,

---

(1) Archives de la Gironde, série L.

vieux boulets et autres matières propres à être refondues, et qui devaient être utilisés pour armer les bâtiments de l'État. Le même jour il complétait son arrêté du 25 avril et autorisait le commerce de Bordeaux à vendre à l'étranger et à exporter pour vingt millions de marchandises dont il donnait la nomenclature. Quelques-unes pouvaient être exportées librement; d'autres, désignées dans l'arrêté et parmi lesquelles figuraient le miel, les prunes, les vins de toute espèce, les dentelles, les soieries, les porcelaines, les diamants et bijoux, le sucre, le café, le cacao, etc., étaient soumises à une permission spéciale de la Commission des subsistances, visée et approuvée par le Comité de Salut public.

Des déclarations étaient exigées sous trois jours, de tous les propriétaires de vins, eaux-de-vie, sucres, cafés, et même des détaillants, afin de connaître le stock des marchandises de cette nature, ainsi que des chargeurs de marchandises quelconques sur les bâtiments arrêtés dans le port par suite de l'embargo. Le défaut de ces déclarations devait être puni d'une amende égale au quart des marchandises non déclarées.

C'est là ce que la Convention, *après avoir épuré le commerce,* appelait mettre tous ses ressorts en mouvement pour l'utilité générale, et qu'elle notait d'incivisme ceux qui par leur indifférence et leur inactivité donneraient à leurs concitoyens l'exemple d'un lâche abandon d'une profession utile.

Nous ne pouvons l'affirmer, mais nous avons peine à croire que l'arrêté d'Ysabeau ait été pleinement exécuté : il ne faut pas oublier toutefois que la terreur et l'échafaud étaient de nature à exciter le zèle bien refroidi des négociants bordelais, et qu'à la faveur de ces moyens de persuasion *forcée,* le commerce put exporter les vingt millions de marchandises qui avaient fait l'objet de l'arrêté du conventionnel, non sans chercher à sauvegarder le plus possible ses intérêts dans le labyrinthe des formalités qu'il était appelé à remplir.

Les arrestations continuaient d'ailleurs avec une activité qui ne se relâchait pas; le Comité de surveillance faisait une rude chasse aux ci-devant nobles, aux prêtres, aux aristocrates. Nous pouvons citer, parmi les personnes écrouées au palais Brutus dans la nuit du 2 au 3 mai, Jean-Baptiste de Meslon et François de Spens de Lancre, deux noms bien connus dans la Gironde, et dont le premier est porté de nos jours par des hommes qu'entoure à juste titre la considération publique.

Ysabeau, tout en légiférant comme on vient de le voir, faisait des tournées dans le département; le 2 mai, il était à Bourg, et recueillait sur son passage les acclamations du peuple et les hommages des autorités. — Quant à Tallien, qui avait gardé longtemps le silence vis-à-vis des Bordelais, il crut devoir se rappeler à leur souvenir : il avait été tenu au courant du séjour de Jullien à Bordeaux et il n'était pas homme à quitter la partie. Le 3 mai prenant prétexte des victoires remportées par l'armée du Nord sur les Autrichiens et par celle des Alpes sur les Italiens et sur le roi du Piémont, il écrivait au Club national : « ... Pendant que nos armées repoussent partout les satellites des despotes, il est du devoir de tous les bons citoyens qui sont retenus à l'intérieur, de se réunir pour combattre les ennemis les plus dangereux de la liberté, car ce ne sont pas ceux qui ont pris les armes contre leur pays, qui sont allés se ranger au delà des frontières sous les drapeaux du royalisme, qui sont les plus redoutables pour nous; nos braves défenseurs se chargeront de nous en rendre bon compte; mais ceux-là qui ne sont restés dans l'intérieur que pour y conspirer et pour y seconder les projets de tous les ennemis du peuple, sont ceux sur

lesquels nous devons veiller avec le plus d'attention. Que toutes les autorités constituées fassent donc exécuter avec la plus grande sévérité toutes les lois rendues par la Convention nationale, et dans lesquelles se trouve le salut de la patrie; qu'aucun homme suspect ne paraisse donc dans vos murs que pour y être à l'instant arrêté, et pour être traduit au tribunal qui doit faire justice au peuple de tous ses ennemis. Frappez impitoyablement tous les méchants; assurez aux bons et paisibles citoyens la tranquillité qu'ils ont droit de réclamer lorsqu'ils se soumettent à toutes les lois; forcez l'égoïste à venir au secours du citoyen indigent; forcez l'homme qui ne connaît d'autre *Dieu* que son *or*, à reconnaître la patrie, à contribuer aux besoins de ses enfants, et à être, au moins une fois dans sa vie, utile à ses concitoyens.

» Il faudrait que chacun de vos fonctionnaires publics pût passer quelques instants à Paris, pour y voir avec quelle activité la surveillance y est exercée sur tous les hommes suspects. On va les déterrer partout; aucun d'eux n'échappe à l'œil vigilant des Comités révolutionnaires, et chaque jour le glaive de la justice nationale fait tomber les têtes de quelques conspirateurs. Que *Bordeaux* marche donc de concert avec Paris; que toutes les administrations s'empressent de mettre les affaires au courant. Vendez surtout promptement les biens des émigrés; faites réparer les routes; faites rentrer toutes les impositions; faites distribuer avec soin aux défenseurs de la patrie les secours que la loi leur accorde, et que le peuple sente quelle différence il y a entre des administrations populaires et des administrations fédéralistes. C'est à vous, Sociétés populaires, qu'il appartient de veiller plus particulièrement sur tous ces objets : cette surveillance vous a été confiée par la Convention nationale; justifiez le choix qu'on a fait de vous; dénoncez au Comité de Salut public tous les abus, toutes les dilapidations, tous les vols de deniers publics dont vous aurez connaissance. Recherchez-en les auteurs, traduisez-les devant les tribunaux, et bientôt il en sera fait justice.

» Rappelez souvent à vos concitoyens que la Convention nationale a mis à l'ordre du jour la *Vertu*, la *Justice* et la *Probité;* que ces principes sont les bases immuables sur lesquelles doit être établie une République; que tous les citoyens doivent être les propagateurs de cette belle et consolante doctrine. C'est en ne s'en écartant pas que nous pourrons fixer au milieu de nous le bonheur, que nous pourrons présenter à nos ennemis un front encore plus majestueux. Que votre tribune, que le Temple de la Raison retentissent chaque jour de ces vérités éternelles, contre lesquelles viendront se briser tous les efforts des corrupteurs de la morale publique : rendez les hommes meilleurs; détruisez, par les vertus républicaines, les vices de la monarchie, et vous consoliderez pour toujours l'édifice de notre nouveau gouvernement. Mais sans vertu, sans morale, point de République.

» Dans un prochain numéro, ajoutait Tallien, je développerai davantage ces principes; je vous en indiquerai l'application, eu égard à votre position particulière; je vous ferai voir que les sans-culottes de Bordeaux sont encore sous la dépendance d'une petite portion d'hommes pour lesquels la vertu n'est pas un aliment habituel.

» Mais, au nom de la patrie, mes chers amis, ne donnez pas dans votre Société le spectacle d'aucune division particulière; soyez unis pour faire le bien, soyez unis contre les aristocrates, contre les intrigants, contre les faux républicains; mais soyez indulgents pour le patriote égaré, ramenez-le avec douceur; le nombre des véritables sans-culottes, des amis *désintéressés* de la Révolution n'est pas trop grand; conservons ce noyau précieux qui, dans toutes les circonstances, a sauvé la patrie : rallions-nous autour de lui, et bientôt tous nos ennemis communs auront disparu de dessus le sol de la Liberté. »

Cette lettre de Tallien excita les plus vifs applaudissements, et le Club national, à l'unanimité, en délibéra l'impression et l'affiche; le Comité de correspondance fut en outre chargé de lui annoncer que les grands principes qu'il exposait étaient à l'ordre du jour de la Société.

Les conseils du conventionnel étaient comme une contre-partie, mais en termes plus mesurés, des excitations dont Jullien avait étourdi le Club national pendant la durée de son séjour.

L'un se laissait aller à toute la fougue de la jeunesse et d'un patriotisme ardent et irréfléchi; l'autre, mûri par l'exercice de l'autorité, empruntait à sa qualité d'homme politique un ton plus en harmonie avec la dignité de représentant du peuple.

A sa rentrée à Bordeaux, le conventionnel Ysabeau procéda à l'installation du Directoire du département nommé par son arrêté du 14 avril, et composé des citoyens Thomas (de Sainte-Foy), Laumond (de Lesparre), Lamothe (de Blaye), Lafargue (de Langon), Peyrebrune (de Cadillac), David Azévédo, Monville et Edmond Dégranges (de Bordeaux).

« L'ancien Directoire du département, dit le *Journal du Club national*, n'existant plus depuis qu'une faction liberticide avait été terrassée, les nouveaux administrateurs trouvèrent tout dans le plus horrible désordre; les bureaux étaient occupés par des établissements étrangers à l'administration; les anciens commis étaient dispersés; tous les papiers, égarés ou confondus, ne présentaient que l'image d'un chaos à débrouiller. »

Ce n'est pas nous qui le disons; c'est Edmond Dégranges qui parle en ces termes, et c'est certainement le jugement le plus sévère qu'on puisse porter de l'anarchie où Ysabeau avait laissé les affaires sous le prétexte des dangers du fédéralisme.

Le conventionnel procéda en même temps à l'installation du Comité de surveillance que le Comité de Salut public venait de nommer directement sur les indications du jeune Jullien sans doute; c'était un échec pour Ysabeau, mais il feignit de ne pas s'en apercevoir.

Aussitôt installé, le Comité fit publier l'adresse suivante aux habitants de Bordeaux :

« Citoyens, un nouveau Comité de surveillance vient d'être formé dans la commune de Bordeaux par le Comité de Salut public de la Convention nationale. Le nom seul du Comité de Salut public est déjà pour nous un titre à votre confiance; mais c'est par notre seule conduite que nous prétendons la mériter. Vous ne serez point accessibles aux menées de l'intrigue, aux ténébreuses calomnies, aux insinuations perfides; nous sommes là, vous nous jugerez : si nous agissons bien, votre estime nous vengera de nos calomniateurs; si nous agissons mal, la dénonciation de l'opinion publique, et chaque bon citoyen en particulier, vous vengera vous-mêmes.

» Il existe un système de division pour favoriser les intrigues; c'est pour cela que nous devons tous être unis et concourir à les déjouer. Que les patriotes, que les républicains fermes et vertueux nous secondent, nous entourent. C'est à l'aristocratie, sous quelque forme qu'elle se déguise, sous quelque masque qu'elle veuille se parer pour séduire, que sont *destinés les coups que nous allons porter.*

» Ralliement autour de la Convention; union et surveillance de tous les bons citoyens; franchise et *fermeté courageuse à dénoncer tous les coupables;* défiance des intrigants et de tous ceux qui veulent diviser ou semer des soupçons obscurs; amour des principes et non pas des individus; attachement invariable à la Liberté, à l'Égalité et à la République une et indivisible : telle est votre profession de foi, telle sera constamment la nôtre, et la boussole de nos actions. »

Ce petit morceau de rhétorique était signé : Plénaud, Laye, Veyssières jeune, Compain, Cassan et J.-J. Guignan.

Tous ces hommes étaient des amis de Jullien, et leur

choix par le Comité de Salut public semblait une préparation de terrain pour le retour de l'ami de Robespierre.

Ysabeau voyait venir l'orage; tout en veillant aux graves intérêts qui faisaient l'objet de sa mission, il ne perdait pas de vue les agissements de Jullien, et encouragé d'ailleurs par les lettres particulières que lui écrivait son collègue Tallien, il crut devoir prendre une mesure qui n'était pas sans gravité. La lutte était engagée, il fallait la soutenir.

On n'a pas oublié l'arrestation des membres du Comité de surveillance du 2 frimaire; Peyrend d'Herval, son président, l'ancien secrétaire des proconsuls, Léard et Marcel, deux de ses membres, se trouvaient encore dans les prisons de Bordeaux. C'étaient trois Jacobins connus et redoutés. Ysabeau ordonna qu'ils seraient traduits à Paris au Comité de Sûreté générale et fit lever les scellés apposés sur les papiers de Peyrend d'Herval.

C'était en quelque sorte sa réponse à la nomination par le Comité de Salut public du nouveau Comité de surveillance.

Cette mesure causa de l'émotion parmi les Jacobins de Bordeaux; ils s'en plaignirent comme d'un acte que rien ne justifiait. On raconte qu'un certain Lambert, ancien greffier de la commune de Sadirac, et qui tenait de près ou de loin au *Club de la Ferraille,* adressa une lettre au Club national pour demander qu'il fût établi un comité de défenseurs officieux pour les *patriotes opprimés.* Cette démarche ne trouva pas d'écho.

Le lecteur a remarqué sans doute que depuis le décret de réorganisation de la police générale voté par la Convention nationale sur la proposition de Saint-Just, la Commission militaire de Bordeaux avait suspendu ses séances.

La joie avait été grande dans la ville : on espérait que cette suspension se changerait en suppression définitive de l'infâme tribunal dont les jugements avaient jeté le deuil, la désolation et la misère dans une multitude de familles.

On avait, hélas! compté sans le Comité de Salut public pour qui la Terreur restait toujours l'*ultima ratio* du gouvernement, et qui avait besoin d'une sanction terrible pour maintenir son pouvoir et faire vivre le système révolutionnaire.

Le 8 mai, sur la proposition de Couthon, la Convention nationale vota un nouveau décret attribuant au tribunal révolutionnaire de Paris la connaissance de tous les crimes contre-révolutionnaires et portant suppression des tribunaux ou commissions établis par les représentants du peuple en mission. Seulement, l'article 3 de ce décret réservait au Comité de Salut public le pouvoir de conserver les tribunaux ou commissions révolutionnaires qu'il jugerait utiles.

On verra bientôt comment il usa de ce pouvoir en ce qui concerne la ville de Bordeaux; mais il n'est pas difficile de pressentir qu'en vue du retour de Jullien, il était nécessaire de maintenir entre les mains du jeune envoyé une arme à l'aide de laquelle il pourrait dominer la situation et contenir les esprits. Les Jacobins étaient pour leur part entièrement de cet avis.

On continua vers cette époque dans la ville la plantation des arbres de la liberté. C'était un prétexte pour chaque section de réunir le peuple et d'entretenir dans l'esprit des citoyens une émulation patriotique et révolutionnaire.

Pendant que ceux-ci se réjouissaient, et, le ventre creux, dansaient des rondes, au chant du *Ça ira,* autour de l'arbre libérateur, d'autres expiaient dans une cruelle détention des crimes imaginaires, ou attendaient l'heure de leur déportation hors du territoire de la République. Nous avons quelquefois parlé des prisons et de la situation misérable qui était faite aux détenus. Voici un tableau qui montrera, dans toute sa crudité, ce qui se passait en l'an II de la République dans la prison du fort du Hâ :

« Citoyens, écrivaient deux cent huit prêtres enfermés dans cette prison, le désir de soulager autant qu'il est en vous la situation à laquelle nous réduisent les circonstances, vous a fait demander à connaître notre manière d'être dans la maison d'arrêt de la Montagne du fort du Hâ : c'est pour nous un devoir de seconder vos vues; nous allons vous mettre sous les yeux le tableau fidèle de notre état; il justifiera auprès de vous les demandes que nous avons déjà présentées, et nous avons toujours lieu d'en attendre le succès, dès que l'humanité et la justice parleront avec nous.

» La modicité des fonds dont nous sommes pourvus, nous met dans la nécessité de nous en tenir chaque jour à un repas que nous prenons vers les trois heures; le défaut de ressources en réduit plusieurs à se borner à trois ou quatre repas par semaine, et cette subsistance modique, nous sommes souvent obligés de la partager avec un certain nombre que l'indigence réduirait à la modique ration de pain que la Nation nous donne; c'est ce défaut de moyens qui en a forcé plusieurs à présenter une pétition aux corps administratifs pour en obtenir des secours. Le fournisseur fait sans doute ce qui dépend de lui, et nous devons dire que nous avons reconnu en lui du zèle pour se procurer les objets nécessaires au service de toutes les tables; mais la rareté des subsistances, la difficulté de s'en procurer une quantité suffisante pour nourrir de 5 à 600 prisonniers que ce fort renferme, le mettent dans l'impossibilité de suivre le penchant de son cœur, et il est peu de jours où quelque quartier du fort ne soit privé d'un repas nécessaire : cette même difficulté l'oblige à servir souvent en bien moindre quantité que ne le demanderait notre besoin; quand il peut se procurer assez de bœuf pour servir en bouilli, nous devons le dire, nous avons, non pas de quoi satisfaire notre appétit dont les cris se font encore entendre après nos repas, mais de quoi fournir à nos besoins. Rarement nous jouissons de cet avantage; c'est plus souvent de l'agneau, du mouton ou du poisson qu'on nous donne; et la cherté de ces vivres, le grand nombre de ceux qui doivent les partager, obligent le fournisseur à nous faire une portion si modique, qu'elle est, [nous] ne craignons pas de le dire, insuffisante pour notre existence; une mince moitié d'agneau, qu'on est encore souvent obligé de diminuer pour fournir un amusement à la faim d'un si grand nombre, ou à sa place une aussi faible portion de poisson, fait toute la nourriture de 10 personnes qu'une longue habitude obligerait pour la plupart à deux repas, et dont la vieillesse, les infirmités ou la jeunesse augmenteraient encore les besoins. Nous payons ces repas à raison de 25 sols par tête, sans y comprendre le vin, qui nous coûte 10 sols la bouteille : c'est là toute notre ressource. La rigueur de notre réclusion nous ôte tout moyen de recevoir d'ailleurs les soulagements que peuvent se procurer ceux qui ont la liberté de les chercher; quelques raiforts, quelques ognons, quelques noix sont les seuls objets que nous pouvons recevoir du dehors; encore même faut-il les payer à un prix si haut, que nous sommes souvent obligés de nous en priver, pour pouvoir fournir à des besoins plus pressants.

» Le seul moyen sûr de subsistance que nous ayons, c'est le pain qu'on nous donne. Mais, citoyens, il ne peut nous suffire ; vous en connaissez la qualité, et la quantité est bien loin de suffire à nos besoins. Le matin, il en faut un morceau pour nous soutenir jusqu'à trois heures; il en reste à peine de quoi fournir au dîner; et lorsque les circonstances nous privent de l'ordinaire? Nous vous laissons à juger si un pareil genre de vie ne doit pas insensiblement altérer notre santé et causer dans les tempéraments des ravages irréparables. Aussi voyons-nous se réveiller et augmenter des infirmités déjà aigries par une réclusion quoique bien moins pénible que celle [que] nous éprouvons, et par une longue chaîne de sacrifices et de misères. Le nombre des malades s'accroît tous les jours, et nous osons à peine envisager un avenir trop prochain qui ne nous offre que l'effrayante perspective d'une épidémie générale dans la prison que nous habitons. Un inconvénient tout aussi grave que celui du défaut de vivres va concourir à produire ce triste effet : c'est la gêne et la corruption de l'air que doit produire le grand nombre d'individus enfermés dans un espace aussi resserré. Vous l'avez vu, citoyens, le dortoir est occupé par des matelas, par des couches si serrées, que nous couchons à trois pouces de distance d'une tête à l'autre; pendant le jour on ne peut y faire un pas, et le petit espace que pourrait nous fournir le corridor est absorbé par les malles, les porte-manteaux nécessaires pour enfermer le peu de linge et d'effets que nous avons. La nuit, il est absolument occupé par les lits que le dortoir ne peut contenir; il n'y reste pas même de passage pour ceux que leurs infirmités obligent à se lever pour aller aux latrines : il en arrive cependant tous les jours; déjà nous sommes au nombre de 208, et nous avons eu la douleur d'entendre dire au concierge *qu'il fallait bien qu'il y en entrât encore davantage,* après qu'il nous a dit, à une époque très peu reculée, que ce local était à peine suffisant pour en contenir 100, et qu'il avait dit lui-même aux corps administratifs *qu'il ne voudrait pas y être le cent-unième.*

» Cependant la respiration de tant d'individus, combinée avec la puanteur inséparable des latrines, le tout mis en fermentation par les chaleurs prochaines, va nécessairement produire une putréfaction dont les ravages pourraient bien ne pas se borner au lieu que nous habitons.

» Les soupiraux pratiqués dans le toit peuvent bien renouveler l'air jusqu'à un certain point, mais ils n'élargissent pas le local, ils n'augmentent pas la faculté d'agir; et si on excepte quelques heures de promenade dans un jardin déjà bien étroit pour 300 personnes, nous passons le jour et la nuit assis ou couchés sur des matelas ou sur des malles, dans la plus parfaite inaction ; on ne voit guère d'état plus pénible, et les lois ne paraissent pas nous y avoir condamnés. N'y aurait-il donc pas, dans une ville aussi vaste, de local propre à recevoir une partie de ceux qui sont foulés ici, propre à adoucir le sort de tous, ou plutôt à retarder pour eux l'époque trop prochaine d'un dépérissement total et les progrès d'une mort lente? Citoyens, l'humanité, la justice parlent pour nous, et des magistrats qui se font gloire d'en écouter les cris, ne voudront pas être les témoins d'un spectacle qui affligerait leur âme!

» Telle est, citoyens, la situation dont vous nous avez demandé le détail : il ne peut que vous intéresser. Nous vous avons exposé nos plaintes et nos misères; nous les avons communiquées à ceux qui vous ont précédés dans les fonctions bienfaisantes dont la confiance du peuple vous a revêtus. L'exposé que nous en avons fait est dans leurs mains, et nous le renouvellerons, si vous le jugez nécessaire, pour seconder les effets de votre zèle pour le soulagement des malheureux. Nos besoins vous sont connus, cela nous suffit pour nous fonder dans l'espoir de voir notre sort adouci [1]. »

Les longs et douloureux détails [2] que contient cette lettre, bien qu'ils nous aient éloigné de notre sujet, nous ont paru de nature à passer sous les yeux du lecteur. Ils peignent une époque; ils apprennent comment les détenus étaient *parqués* sous l'empire des lois atroces qui avaient créé partout des suspects. N'est-ce pas le lieu de rappeler ces paroles si vraies de M. Louis Blanc : « La domination de la multitude a quelque chose de tumultueux, de sauvage et presque toujours de sanglant : c'est la barbarie. »

---

[1] Archives de la Gironde, série L.
[2] .... *Quis talia fando*
....
Temperet à lacrymis?
(Virgile, *Enéide*, livre II.)

Suspendue par le décret de germinal, supprimée par le décret du 19 floréal, la Commission militaire avait cessé toute espèce de fonctionnement; son existence, en attendant les ordres du pouvoir central, n'était plus que nominale. Lacombe crut devoir profiter de cette circonstance pour prendre quelques jours de repos. Après avoir approuvé un arrêté du 12 mai par lequel Ysabeau réglementait les débiteurs et les faillis, et prescrit les mesures nécessaires *pour découvrir un grand nombre d'aristocrates qui se trouvaient à Sainte-Bazeille (Lot-et-Garonne) et qui par leurs places exerçaient une influence funeste à la liberté,* Lacombe, qui présidait aussi le tribunal criminel du département, obtint de ses collègues du tribunal l'autorisation de s'absenter du 17 mai au 2 juin 1794.

Nous ne possédons aucune indication sur les causes réelles de cette absence et sur le lieu où se rendit Lacombe. Était-ce Toulouse? Était-ce Paris? Nous l'ignorons.

Entre temps, la Convention nationale avait décrété, sur la proposition de Robespierre, que le *peuple français reconnaissait l'Être Suprême et l'immortalité de l'âme;* et le Comité de Salut public, par un arrêté en date du 12 mai, ordonna que cette déclaration serait substituée, sur le *frontispice* des édifices ci-devant consacrés au culte, à l'inscription : *Temple de la Raison.*

Le déisme de l'ami de Jullien succédait au matérialisme de Chaumette et de Sylvain Maréchal.

Tout cela était platonique au fond et ne changeait rien au régime révolutionnaire et à la Terreur, qui n'allait pas tarder à prendre un nouvel essor à Bordeaux.

Les Jacobins venaient, en effet, de l'emporter.

Pendant que Tallien frappait, sans être entendu, aux portes du Comité de Salut public, celles-ci s'ouvraient toutes grandes pour le jeune Jullien, qui dépeignit en traits vigoureux la déplorable situation faite à la ville de

Bordeaux par les fautes de Tallien et par le modérantisme d'Ysabeau. Ses raisons convainquirent le Comité : usant des pouvoirs que lui conférait l'article 3 du décret du 19 floréal, il prit à la date du 14 mai un arrêté ordonnant à la Commission militaire de reprendre immédiatement l'exercice de ses fonctions.

Il écrivait en même temps au président la lettre terrible que l'on va lire :

« Paris, le 25 floréal de l'an II de la République une et indivisible.

» Le Comité de Salut public,

» *A Lacombe, président de la Commission établie à Bordeaux et à ses collègues.*

» Le Comité de Salut public, citoyens, a cru devoir continuer dans l'exercice de ses fonctions la Commission établie à Bordeaux. Mais comme celle qui vous avait précédés s'était montrée indigne de la confiance du peuple en condamnant seulement à de fortes amendes les négociants que dans ses jugements même elle reconnaissait contre-révolutionnaires et par conséquent dignes de mort aux yeux de la loi, le Comité de Salut public attend de vous cette fermeté révolutionnaire et cette application inflexible des décrets, si nécessaire dans les circonstances actuelles et dans les fonctions délicates qui vous sont confiées.

» *Les membres du Comité de Salut public,*
» Signé : Couthon, B. Barère, Robespierre. »

Une telle lettre, où le sang circule entre chaque ligne, ne peut inspirer qu'une profonde horreur.

Elle préparait le retour du jeune Jullien, que nous ne tarderons pas à voir engager avec Ysabeau une lutte dernière, où il devait rester vainqueur.

En attendant, l'agent du Comité de Salut public prenait aux Jacobins son baptême révolutionnaire. Il y prononçait en effet, à la séance du 15 mai, un discours où il racontait ses pérégrinations à travers les départements et où il disait avoir eu constamment les yeux fixés sur la Convention et sur les Jacobins, et il était admis deux jours après dans la Société par le scrutin épuratoire.

C'est ce même jour que Lacombe quittait Bordeaux pour profiter du congé que le tribunal criminel lui avait accordé.

Quant à Ysabeau, tranquille en apparence sur les intrigues qui étaient incessamment ourdies contre Tallien et contre lui, il se trouvait à Royan au moment où le Comité de Salut public décidait son renversement. C'est dans cette ville qu'il reçut la lettre que nous avons transcrite et l'arrêté qui rédivivait la Commission militaire; c'est de cette ville qu'il adressa le 21 mai ces documents à Lacombe, en lui recommandant d'*obéir à cet ordre avec le zèle d'un républicain qui ne connaît que la soumission aux lois de sa patrie.*

Sa lettre ajoutait mélancoliquement et non sans un sentiment d'amertume : « Je reçois par le même courrier l'ordre de cesser mes fonctions à Bordeaux. Je n'examinerai pas les motifs qui ont pu changer ainsi d'un instant à l'autre les dispositions du Comité de Salut public. Je me rendrai au poste qui m'est assigné après avoir pris quelques jours pour arranger mes papiers à Bordeaux. »

C'en était fait, le jacobinisme l'emportait, et Bordeaux devait se préparer à de nouveaux malheurs!

Jullien était envoyé dans cette ville par le Comité de Salut public avec une mission officielle cette fois. D'un autre côté la Commission exécutive de l'instruction publique le chargeait de prendre toutes les mesures, de recueillir toutes les instructions et d'employer tous les agents dont le secours pourrait lui devenir nécessaire pour remplir les parties exécutives des objets attribués à la Commission par la loi du 12 germinal[1].

Le jeune ami de Robespierre ne tarda pas à se rendre

---

[1] Arrêté du 29 floréal an II (18 mai 1794).

à son poste, et son premier acte fut de faire afficher l'arrêté du Comité de Salut public reconstituant le Comité de surveillance. Ce Comité était composé des citoyens Compain, Laye, Rosseeuw, Michenot, Huin, Lelom, Cassan et Plénaud, tous étrangers à la ville de Bordeaux, mais bien connus par leurs sentiments démagogiques [1].

Les ennemis d'Ysabeau se réjouirent de sa chute et, chose triste à dire, beaucoup de ses amis les plus bruyants se tournèrent du côté où se levait le soleil de Marc-Antoine Jullien.

Quant à la population honnête, elle éprouva une émotion toute naturelle et que justifiait le passé, en devinant ce que lui préparait l'avenir, après le départ d'Ysabeau qu'elle s'était habituée à considérer comme un rempart contre les empiètements des jacobins bordelais.

En même temps qu'il atteignait le conventionnel resté à Bordeaux, le Comité de Salut public frappait au cœur le représentant Tallien; le 22 mai, la belle Thérésia Cabarrus était jetée dans les prisons. Ce fut le grain de sable qui contribua à la chute de Robespierre et de ses adhérents.

Quelques jours avant cette arrestation, Tallien avait écrit au Club national : « J'apprends à l'instant, citoyens, que la calomnie est à l'ordre du jour contre moi à Bordeaux. Certes, j'aime à croire que ce ne peut être que de la part des aristocrates, des fédéralistes et des ennemis du peuple. Je ne descendrai pas à une justification, et je me complais dans l'idée que, si elle était nécessaire, ce serait le Club national tout entier qui me servirait de défenseur officieux. Mais si l'on me forçait à parler, je vous déclare que je ne conserverais aucun ménagement et que je ferais connaître les véritables citoyens, les hommes

---

[1] *Appendice*, note XV.

qui ne paraissent aujourd'hui patriotes que parce qu'ils y trouvent leur intérêt, et qui demain abandonneraient la cause du peuple, si ses ennemis les payaient plus cher. Au contraire, j'ai abandonné un grand pouvoir, que je pouvais encore tenir dans mes mains et exercer dans une commune où je puis dire que j'étais véritablement aimé du peuple. Je suis rentré dans l'obscurité, je suis dans ma paisible et modeste retraite; mais si l'on me force à en sortir, beaucoup d'hommes qui répandent que je suis perdu, auront des preuves non équivoques du contraire. Je suis et serai toujours le même; les intrigants et les faux patriotes me trouveront partout décidé à leur livrer un combat à mort. »

C'était catégorique, et Tallien ne ménageait pas les expressions.

Il ne fallait qu'une goutte d'eau pour faire déborder le vase; cette goutte fut l'arrestation de Thérésia Cabarrus.

« Le 7 prairial an II (26 mai 1794), il parut, raconte M. Detcheverry [1], une ordonnance de Jullien, à propos de l'anniversaire du 31 mai. Dans le programme emphatique qui compose la description de cette fête, Jullien s'exprime ainsi : « La fête commencera à deux heures seulement, afin
» qu'on puisse se rendre vers trois ou quatre heures au
» Temple de l'Être Suprême, où des morceaux de musique
» seront exécutés au milieu de la foudre et des éclairs, pour
» rappeler les combats et les triomphes de la Montagne. »

La municipalité à laquelle ce programme était adressé, se montra digne de le comprendre; voici ce qu'elle y ajouta : « Il sera exécuté des symphonies de la composition du citoyen Beck, et après le discours il sera exécuté la musique triomphale du même citoyen Beck, dont les paroles seront toujours analogues à la fête, avec les effets de la foudre et des éclairs. — On ira, après cette fête,

---

[1] *Histoire des Théâtres de Bordeaux*, p. 167.

prendre ses places au théâtre de la République, qui sera gratuitement ouvert ce jour-là, et où l'on représentera des pièces patriotiques. — Le Temple sera illuminé. Il y aura un orchestre sur la tribune pour y exécuter des airs de contredanse et autres, et les citoyens et les citoyennes pourront y danser tant que cela leur fera plaisir. »

Voilà ce qu'on appelait la liberté en 1794 !

Comme contre-partie, nous pouvons dire qu'au moment où Jullien et la municipalité se livraient à ces élucubrations patriotiques, 592 prêtres condamnés à la déportation gémissaient dans les cachots du fort du Hâ !

Le conventionnel Ysabeau rentra dans notre ville le 29 mai. Il y trouva Jullien installé, et leur entrevue fut froide et cérémonieuse.

Nous l'avons dit déjà, Ysabeau avait su conquérir parmi la population bordelaise des sympathies nombreuses; les attaques, bien connues, dont il avait été et dont il était encore l'objet de la part du jeune Jullien n'avaient fait que les accroître. Nous en avons vu plus d'une preuve dans les pièces innombrables qui ont passé sous nos yeux; nous en trouvons la confirmation dans une lettre que lui écrivait la veille de son arrivée le *Comité des subsistances de Bordeaux,* en remettant entre ses mains la démission des délicates fonctions qu'il avait remplies à la satisfaction générale : « C'est en venant vous témoigner notre regret sur votre départ, disait-il, que le Comité vous prie de l'écouter sur sa situation. » Il constatait ensuite la tâche qu'il avait accomplie au milieu de temps orageux et difficiles, mais qui était devenue plus tard d'une exécution facile, grâce aux mesures prises par la Convention. Il ajoutait : « La plus flatteuse récompense de ses peines ayant toujours été dans votre estime et dans votre confiance, il s'empresse de vous prouver jusqu'au dernier instant combien il méritait ces sentiments et le prix infini qu'il y a constamment attaché. » Puis, basant sa résolution sur des raisons d'économie, facilement réalisables dans l'intérêt des finances de la République, il priait Ysabeau de pourvoir à son remplacement, et terminait sa lettre en ces termes : « Le Comité ose se flatter que, satisfait de son administration et convaincu de ses efforts et de son zèle, vous voudrez bien lui en donner un témoignage en approuvant sa conduite [1]. »

Ysabeau déféra volontiers aux désirs du Comité des subsistances. D'un autre côté, le 30 mai, et sur la demande d'Antony, de Coste et de Dutasta, qui avaient décliné catégoriquement la continuation sous Jullien de la mission tutélaire qui leur avait été confiée quelques mois auparavant sous le titre de *Commission des Trois,* Ysabeau relevait ces citoyens de leurs fonctions, et déclarait qu'ils avaient rempli leur devoir de la manière la plus satisfaisante et qu'ils méritaient l'estime et la confiance de tous les bons citoyens.

Dans les soirées des 29 et 30 mai, il se rendit au Club national pour faire ses adieux à cette société : il sema son discours d'allusions qui furent saisies par l'auditoire et qui lui valurent des applaudissements répétés.

Il se préparait à partir, — mais il ne partait pas.

Jullien, ardent et enfiévré, et que les flèches détournées du conventionnel atteignaient en pleine poitrine, accablait Robespierre de ses lettres. Le 30 mai au soir, il lui écrivait, entouré du conciliabule qui s'était reformé autour de lui depuis son retour :

« Je t'ai promis, mon cher ami, de t'écrire tout ce qui regarderait Bordeaux, je tiendrai parole. Il était bien urgent qu'Ysabeau partît, et cependant, — malgré l'arrêté du Comité de Salut public en date du 25 floréal, il est encore ici, et diffère son départ de quelques jours, sous je ne sais quel prétexte. Il revint hier d'une tournée

[1] Archives de la Gironde, série L

qu'il a faite le long des côtes jusqu'à Rochefort; il a parlé au Club sur les grands services qu'il avait rendus à Bordeaux, sur l'obéissance qu'il devait à des ordres supérieurs, et il a beaucoup répété ce mot *qu'il fallait bien obéir;* sur la position très satisfaisante dans laquelle il laissait ce département et cette commune. Je crois qu'il a pu y faire du bien pendant un temps, mais qu'il commençait à y faire du mal; tel est aussi le sentiment du petit nombre de républicains prononcés que je vois.

» Ce soir Ysabeau est encore venu au Club, et cette affectation de s'y rendre plus assidûment et d'y rester tout le long de chaque séance, ce qui ne lui arrivait jamais auparavant, devient plus suspecte encore par le contraste de ses discours particuliers et de ses discours publics.

» Il n'a pas manqué d'occuper le fauteuil, quoique non président; d'être couvert par les acclamations du peuple, et de réitérer ses adieux pour réveiller les regrets d'une funeste idolâtrie.

» A peine avait-il parlé, qu'on a vu monter à la tribune un de ses secrétaires, qui a répété presque en pleurant que Bordeaux allait perdre son ami, et qui a demandé que le Club national exigeât de lui qu'après son congé dans les Hautes-Pyrénées, il repassât par Bordeaux. La motion, quoique assez maladroite en elle-même, et surtout par l'auteur dont la signature est toujours accompagnée de ces mots : *attaché à la représentation nationale,* a été vivement applaudie. Ysabeau a rougi d'avoir été obligé de provoquer lui-même une pareille demande, et n'osant la faire délibérer, il l'a prévenue en promettant qu'il reviendrait.

» Je crois, d'après toutes les intrigues et les menées sourdes que je vois, qu'il serait important d'ôter à Ysabeau même son congé dans les Pyrénées, d'où il serait trop voisin encore de Bordeaux qu'il n'a pas perdu l'espérance de revoir; d'ailleurs, le 25 prairial qui approche, est le terme précis que devrait s'imposer Ysabeau, s'il ne comptait prolonger son séjour et reprendre sa mission.

» J'ai dû te dire tout. Ma mission éprouve ici de grands obstacles, car il suffit que je vienne au moment où Ysabeau part, pour qu'on me voie comme la bête noire.

» Les corps constitués ont même peu d'ouverture avec moi et ne cessent d'entourer le représentant qui n'est plus en fonctions, et qui disait hier, pour exciter l'intérêt, *qu'il n'était plus que simple citoyen et même moins que simple citoyen.* » (Ici Jullien dénonce à Robespierre la lettre de Tallien que nous avons citée plus haut; puis il continue ainsi) : « Bordeaux semble avoir été jusqu'à présent un labyrinthe d'intrigues et de gaspillages. Il est bien difficile de démêler le républicanisme et la probité. Je fais seul tout le travail d'un Comité de surveillance et passe les nuits avec des hommes précieux que j'ai découverts et que j'étudie encore, pour avoir des renseignements dont le résultat doit arracher Bordeaux à la classe des fripons qui en faisaient leur proie, et rendre le peuple à l'amour sincère des vertus et de la République.

» L'esprit public est toujours modéré, bien égoïste, et l'enthousiasme s'attache moins à la liberté et à la patrie qu'à des individus.

» Ysabeau, qui flatte le peuple pour en être flatté à son tour, répète à chaque instant que Bordeaux est la commune la plus révolutionnaire de la France, et les négociants font écho. On présente au peuple comme des alarmistes ceux qui veulent lui montrer, quoique avec ménagement, qu'il n'a pas atteint le maximum d'énergie et d'amour des principes nécessaires pour former une bonne opinion, une bonne conscience publiques.

» Avec un bon Comité de surveillance que je cherche à composer d'après ma mission, j'espère que Bordeaux ira mieux. Presse l'envoi du représentant destiné à remplacer Ysabeau, et qu'il soit bon, ferme et disposé à suivre les conseils des Montagnards dont j'aurai soin de l'entourer.

» Ma position ici est bien pénible et délicate; car Ysabeau, qui reste encore, ne fait plus rien et me renvoie tout. N'ayant pas les pouvoirs nécessaires, j'invite les corps constitués à reprendre le cours ordinaire de leurs fonctions; et Ysabeau triomphe en faisant croire que tout souffre.

» Mon ami, j'ai grand besoin que le Comité de Salut public me seconde. Ici, moins neuf ou dix républicains prononcés, tout me tourne le dos. Le moment est venu de révolutionner cette commune, et celui qui commencera le travail, surtout après un homme aussi mielleux et modéré qu'Ysabeau, ne sera pas aimé.

» Lorsque j'eus parlé hier contre le fanatisme, qui est encore tout puissant, il soutint qu'il était mort et qu'il n'y avait plus que six prêtres en fonctions dans le département, ce que j'ai vérifié être absolument faux. C'est ainsi qu'il trompe et flatte le peuple.

» J'attends le successeur d'Ysabeau, ou je ne puis rien faire sans une extension à ma mission. Veuille me répondre ne fût-ce qu'un mot, pour encourager les patriotes en trop petit nombre qui travaillent avec moi, et leur prouver qu'ils seront secondés par le Comité de Salut public et que l'intrigue ne prévaudra pas (1). »

On ne nous reprochera pas, nous l'espérons, d'avoir reproduit *in extenso* la lettre du jeune Jullien; nous aurions pu la résumer, en prendre l'essence et la placer

(1) Papiers trouvés chez Robespierre : Rapport de Courtois.

sous les yeux du lecteur, mais nous en aurions certainement affaibli les couleurs et enlevé à la peinture que fait l'agent du Comité de Salut public de la situation de Bordeaux et des intrigues qui s'y agitaient à ce moment, le vernis particulier que lui donne son caractère de communication intime.

Nous ferons ainsi chaque fois que nous le jugerons utile à l'intérêt de notre récit.

Jullien, on le voit, n'envisageait pas de la même façon qu'Ysabeau la situation du chef-lieu du département du Bec-d'Ambès; tout était à refaire, le *modérantisme* avait pris la place de la Révolution, et c'est celle-ci qu'il fallait réinstaller par des moyens vigoureux et urgents. L'acte d'accusation contre Ysabeau était complet; le *mielleux* conventionnel devait partir à tout prix.

Il gênait l'agent du Comité de Salut public. Il fallait à celui-ci une extension de mission ou l'envoi immédiat d'un solide Montagnard.

Quant à Ysabeau, décidé à *obéir*, il retardait de jour en jour son départ et versait, comme on l'a vu, ses confidences dans le sein du Club national. Il espéra jusqu'au dernier moment un retour que Tallien pourrait peut-être obtenir. Son espoir devait être déçu. Tallien était en butte à la haine de Robespierre, et sa liberté et sa vie étaient menacées. Il ne pouvait être d'aucun secours à son collègue.

L'arrivée de Jullien et son activité fiévreuse d'un côté, de l'autre le départ imminent d'Ysabeau, n'étaient pas de nature à rassurer la population bordelaise : des bruits inquiétants étaient répandus, et l'on apercevait la perspective d'une reprise de la Terreur. Si ces événements donnaient satisfaction à la faction jacobine qui patronnait Jullien et qui avait trouvé en lui une oreille complaisante pour les accusations, il faut bien le dire, la masse de la population qui s'était habituée à Ysabeau, qui le connaissait et qui savait qu'au fond il n'était pas sanguinaire et qu'il dissimulait sous les gros mots du vocabulaire démagogique sa nature épicurienne et facile, la masse de la population redoutait des changements qui ne pourraient qu'être fatals aux Bordelais.

L'instinct public ne se trompait pas.

On annonça bientôt que Garnier (de Saintes) avait fixé le choix du Comité de Salut public pour venir régénérer Bordeaux. Nous dirons tout à l'heure quel était ce membre de la Convention.

Ysabeau cependant ne partait point, malgré l'arrêté du Comité de Salut public qui l'envoyait dans les Hautes Pyrénées pour y jouir d'un mois de congé. « Il reste et il intrigue, » écrivait Jullien à Robespierre. Le représentant en effet visitait les corps constitués, disait que les patriotes devaient se rallier pour faire tête à l'orage prêt à éclater, cherchait à éveiller des craintes et publiait encore quelques arrêtés. Il glosait avec esprit et malice sur la présence du jeune agent du Comité de Salut public, qu'il qualifiait de *représentant par intérim*, et se plaignait de ce qu'on avait envoyé, pour le remplacer, *un jeune homme* qui n'avait pas même le droit d'entrer dans les assemblées primaires et qui n'avait pas accepté la Constitution. Pour s'expliquer ces paroles, il ne faut pas oublier que Jullien avait alors dix-neuf ans seulement. Ysabeau, à quelqu'un qui lui demandait une signature, répondait d'un air résigné « qu'il n'était plus que simple citoyen et même moins que simple citoyen »; puis il ajoutait, non sans quelque affectation, en parlant de Jullien, qu'il était étonné qu'un *ministre* eût quitté son poste.

Tous ces propos et d'autres encore étaient fidèlement rapportés à Jullien et envenimés par la jalousie. Celui-ci irrité ne manquait pas d'en faire la confidence à Robespierre : il demandait une extension de pouvoirs afin de lutter avantageusement et provoquait la rentrée immédiate d'Ysabeau à Paris.

« Nous allons révolutionner Bordeaux, écrivait-il le 31 mai, et j'ai déjà un bon Comité de surveillance; mais c'est peu, si les autres corps constitués ne sont pas propres à le seconder. Sans les renouveler en entier, il est indispensable de les purger de certains hommes dangereux et suspects, qui nuisent au bien que pourraient faire les autres. Vois si le Comité de Salut public a dans moi assez de confiance pour me charger de cette opération; je la crois utile... Presse l'envoi du représentant qui doit remplacer Ysabeau; qu'il soit bon, ferme et révolutionnaire. On intrigue ici pour obtenir des signatures afin qu'Ysabeau revienne. »

Dans la matinée du 31 mai, Jullien, accompagné de deux patriotes, se rendit chez Ysabeau pour connaître ses intentions définitives, et comme le représentant ne fit dans la conversation aucune allusion à son prochain départ, Jullien lui communiqua hardiment le double de l'arrêté du Comité de Salut public qui le relevait de sa mission, et lui demanda s'il était disposé à *obéir*. Ysabeau fut sur le point de s'emporter; il se contint toutefois devant cette impertinence et se borna à dire à Jullien qu'il était toujours représentant, qu'on ne pouvait lui ôter ce caractère; qu'un *agent* de ses collègues ne pouvait traiter en leur nom avec lui et qu'il assisterait le jour même à la célébration de l'anniversaire du 31 mai [1].

Ysabeau parut en effet à cette fête avec les autorités, et le peuple battit des mains sur son passage; on cria *Vive Ysabeau!* Le représentant, la figure radieuse, répondait par des saluts aux applaudissements. On raconte que des patriotes *indignés*, des amis et partisans de Jullien sans

---

[1] *Appendice*, note XVI.

doute, opposèrent aux cris de *Vive Ysabeau!* ceux de *Vive le Comité de Salut public!* Ysabeau, se retourna, d'un air contrarié : « Les mots *Vive la Montagne!* suffisent, dit-il; ils comprennent tous les autres. »

Le programme de la fête fut d'ailleurs exactement rempli; on fit des discours, on dansa dans le Temple de l'Être Suprême, et la joie fut extrême.

Au Temple, Jullien et Ysabeau échangèrent quelques paroles : « On me croit perdu, dit-il à Jullien; on veut me substituer un soleil levant, mais on s'est trompé dans cette espérance. » — « Tu dois obéir aux ordres du Comité de Salut public, » lui répliqua brutalement Jullien, et le 1er juin, reprenant ses accusations antérieures, il écrivait à Robespierre : « Les patriotes attendent tout du Comité de Salut public. Ysabeau ne part point. Sa présence prolongée est une rébellion aux ordres du Comité; tout me prouve même qu'il cherche à le décrier... Le président de la Commission révolutionnaire Lacombe m'a rapporté que, se promenant avec Ysabeau après l'arrestation d'Hébert et de Danton, Ysabeau lui dit qu'il voyait avec peine qu'on guillotinât un grand nombre de Montagnards. Il ajouta dans la même conversation que Tallien jouait un grand rôle; et en parlant de sa conduite à Bordeaux, qu'elle était un reproche pour Collot d'Herbois, qui avait fait couler des flots de sang dans Lyon, et que ce député faisait tous ses efforts pour nuire aux représentants envoyés à Bordeaux. Chaque jour de nouveaux propos et de nouveaux détails confirment mes craintes. Ysabeau veut se créer un parti, divise les patriotes dont quelques-uns lui restent encore attachés, et rallie aussi les négociants et les aristocrates qu'épouvantent la Commission militaire et mon retour, dont on paraît ignorer le motif... » Jullien terminait ses récriminations et ses perfides dénonciations contre Ysabeau en demandant l'envoi d'instructions par un courrier extraordinaire : « Nous sommes la proie des anxiétudes, disait-il; ceci peut arracher Bordeaux à sa nullité et à sa léthargie(1). »

Les *anxiétudes* de Jullien et des *Julliénistes,* comme on les appela, n'étaient pas comparables à celles des habitants de la ville. Les craintes les plus vives étaient répandues parmi les citoyens; on affirmait que le départ d'Ysabeau serait le signal d'un redoublement des maux que l'on avait soufferts, et du despotisme le plus tyrannique. L'agent du Comité de Salut public s'était entouré d'une tourbe démagogique, que le conventionnel avait éloignée de lui peu à peu, et qui semblait devoir reprendre bientôt une redoutable influence.

Le 1er juin, Ysabeau renouvelait ses adieux au Club national, et son attitude ne fut pas de nature à calmer les appréhensions. Il dit, dans son discours, qu'on voulait faire une révolution à Bordeaux et qu'il fallait se défier.

Jullien, présent à la séance et qui comprenait le mauvais effet des réticences du conventionnel, monta à la tribune et prit la parole afin d'écarter les craintes et les soupçons; il développa, non sans une éloquence communicative, les principes qui, selon lui, devaient rallier les vrais républicains et protesta contre les défiances dont *on* cherchait à jeter le germe parmi les patriotes.

Jullien avait l'élocution facile; il était jeune, actif, ardent; il faisait un grand étalage de patriotisme, et nous devons le dire pour être dans la vérité, son discours fut accueilli par d'assez bruyants applaudissements.

Ysabeau quitta la salle non sans manifester, dit-on, un mouvement d'humeur qui fut très remarqué.

Dès le lendemain, Jullien le dénonçait à Robespierre et l'accusait *de diviser ouvertement les sincères amis du peuple.*

---

(1) Papiers trouvés chez Robespierre : Rapport de Courtois.

Le nouveau Comité de surveillance, nommé par le Comité de Salut public et dirigé par Jullien, s'était mis à l'œuvre et marchait révolutionnairement. Nous n'en voulons pas d'autre témoignage que celui de Tustet, l'agent national de la commune de Bordeaux : « Les recherches des conspirateurs, a-t-il écrit, se continuent nuit et jour avec la plus grande activité, et aucun n'échappera aux patriotes bordelais. »

Dans une dernière entrevue avec Jullien, Ysabeau lui annonça que Tallien venait d'être arrêté à Paris; puis il partit dans la nuit du 2 au 3 juin. « Son départ, dit Jullien, a réjoui les patriotes. Il a existé ici beaucoup de cabales mercantiles et la liberté est devenue vénale. Je suis à la piste des coupables, et le Comité de surveillance m'aidera dans ces recherches... La punition des intrigants de tous les partis va régénérer Bordeaux. »

L'arrestation de *Charles,* terroriste bien connu et l'un des confidents les plus dévoués du conventionnel, fut opérée par ordre de Jullien dans la nuit qui suivit le départ d'Ysabeau.

La réaction jacobine commençait. Elle ne devait cesser qu'à la chute de Robespierre.

La Commission militaire *régénérée,* si nous pouvons ainsi l'appeler, reprit ses séances le 4 juin, sous la présidence de Lacombe, après une interruption de trois semaines environ : elle siégea provisoirement au Palais Brutus. Ce jour-là elle condamna à mort M. de Gombaud ci-devant noble, M. de Piis, ancien grand sénéchal au présidial de Bazas et le chanoine Lavaissière (de La Réole) accusés tous les trois d'être des *contre-révolutionnaires*. A la même séance, *Barsac,* ancien juge de la Commission militaire, fut acquitté par ses ci-devant collègues. On le devait bien à ses vertus civiques !

Un douloureux épisode marqua l'exécution de MM. de Piis, de Gombaud et Lavaissière; les trois condamnés avaient été conduits place Nationale et livrés au bourreau ; par suite de l'état d'ivresse de ce misérable ou de l'agencement défectueux de l'instrument du supplice, les trois exécutions furent successivement manquées, et le peuple saisi d'indignation eût fait un mauvais parti à l'exécuteur sans l'intervention d'un commissaire de la Commission militaire et des soldats de la cavalerie, qui réussirent à calmer l'effervescence générale.

Le 6 juin, à l'ouverture de l'audience, le président Lacombe fit introduire deux hommes dans le prétoire.

— Déclarez vos noms, profession et demeure, leur dit-il d'un air courroucé.

— Je m'appelle Jean Peyrussan, dit l'un d'eux, j'ai vingt ans, je suis né à Bordeaux, j'y demeure et je suis exécuteur des hautes œuvres.

— Et toi ?

— Je m'appelle Jean-Denis Peyrussan, j'ai trente ans, je suis exécuteur des hautes œuvres avec mon frère.

— Vous allez entendre de quoi vous êtes accusés. Giffey, lis le procès-verbal.

Le greffier donna lecture de ce document conçu en ces termes : « Sur la réquisition du citoyen Marguerié, de la Commission militaire, nous avons fourni vers les dix heures et demie du matin un détachement de dix volontaires et un caporal pour traduire quatre particuliers au Palais Brutus ; ce même détachement a été requis d'entourer le parquet pendant leur jugement et d'accompagner à la place Nationale les trois qui ont été condamnés à mort.

» Le caporal et les volontaires nous ont fait le rapport que le peuple avait témoigné un grand mouvement d'indignation contre l'exécuteur, parce que les trois exécutions avaient été successivement manquées ; mais sur les observations qui lui ont été faites par le commissaire de la Commission militaire et les camarades de la cavalerie ainsi que par nos volontaires, et sur la promesse que les exécuteurs seraient traduits devant le tribunal et le rapport exactement fait de ce qui s'était passé, le peuple s'est retiré paisiblement en criant *Vive la République!*

» Bordeaux, le 16 prairial an II. Signé : Davillier, lieutenant, et Butril, caporal. »

— Eh bien! dit le président, qu'avez-vous à répondre?

— Ce qui est arrivé n'est pas de notre faute, dit l'un des frères Peyrussan; c'est la faute des ouvriers qui ont mal monté la machine...

— Vous avez, s'écria Lacombe, exercé des cruautés inutiles sur des condamnés qui ne pouvaient se défendre, c'est une indignité! Vous faites regretter aux bons citoyens de voir des hommes tels que vous devenir des hommes inutiles et dangereux. Sous l'ancien régime, les *fonctions augustes* que vous remplissez étaient devenues odieuses; il fallait des êtres barbares pour les exercer! Il n'en est plus de même aujourd'hui; on peut se montrer humain et sensible dans toutes les positions. Un homme humain peut maintenant exercer votre terrible emploi, et *l'on a même vu dans des communes des patriotes se disputer l'honneur d'exercer les fonctions de la justice nationale.* Vous auriez dû bénir la Révolution qui vous a rendus à la société et qui a fait de vous des citoyens honorés. Vous auriez dû vous montrer humains; on peut le faire en frappant au nom de la loi. Que des tyrans ou des esclaves s'abreuvent de plaisir en faisant et en voyant souffrir leurs semblables, il n'y a là rien d'étonnant; mais des républicains veulent seulement l'exécution des lois. Déjà dans diverses circonstances des plaintes ont été faites contre vous; vous êtes encore des *bourreaux* (et Lacombe accentua ce mot fortement et avec un ton de mépris) quoique nous soyons libres et que vous ne soyez qu'exécuteurs des arrêts de la justice. Vous avez montré une avidité atroce; on vous accuse d'avoir dérobé jusqu'aux culottes des gens que vous exécutiez! Vous êtes des misérables!...

Les frères Peyrussan voulurent balbutier quelques explications; Lacombe les empêcha de parler; ayant consulté ses collègues :

« La Commission militaire, dit-il, est résolue à punir sévèrement tout homme qui dans l'exercice de ses fonctions s'est livré à des actes inexcusables; mais voulant recueillir des éclaircissements, elle ordonne qu'il sera procédé par Morel à une information sommaire sur les ouvriers chargés de l'entretien de l'échafaud et sur les accusés eux-mêmes; ordonne que ceux-ci seront réintégrés dans les prisons. »

Les frères Peyrussan ne reparurent plus devant la Commission militaire, mais ils eurent à rendre compte de leur exécrable conduite devant le tribunal criminel. Nous n'avons pu retrouver la trace du procès suivi contre eux devant cette juridiction.

Nous pouvons ajouter d'ailleurs que, malgré leur détention, ces deux *augustes* fonctionnaires, pour employer l'expression du président Lacombe, durent obéir aux ordres de la Commission militaire et procéder à l'exécution de ceux qu'elle condamnait à mort [1].

Après la décision relative aux frères Peyrussan, cinq

[1] C'était de la part de la Commission militaire une précaution à coup sûr inutile; qu'on en juge plutôt par les deux documents suivants : « *Les conventionnels Treilhard et Boussion au Comité de surveillance.* Plusieurs personnes, citoyens, nous ont dénoncé verbalement un particulier de cette commune, qui, dans des temps de deuil, avait exécuté sept à huit personnes condamnées à la mort; on ajoute qu'en remplissant cette terrible mission, à laquelle il n'était pas appelé par état, il insultait encore les malheureuses victimes sur lesquelles le glaive de la loi s'appesantissait. Nous vous invitons à nous marquer sur-le-champ si le fait est vrai, à nous transmettre le nom de ce particulier et à nous faire connaître toutes les circonstances qui peuvent aggraver ou pallier cette action. » — A la suite de la réponse du Comité de surveillance, les conventionnels prirent le 19 mars 1795 un arrêté ainsi conçu : « Les Représentants du peuple en mission, etc., arrêtent que le citoyen *Dutroussy*, prévenu d'avoir sans mission et sans caractère guillotiné plusieurs personnes condamnées, après leur avoir prodigué toutes sortes d'insultes, sera sur-le-champ mis en état d'arrestation et les scellés apposés sur ses papiers, etc. — Signé : Treilhard, Boussion. »

accusés comparurent : trois prêtres et deux femmes ; ils furent tous condamnés à mort et immédiatement exécutés.

Le 7 juin, la Commission militaire jugeait neuf accusés, tous habitants de Sainte-Bazeille (Lot-et-Garonne).

On voit qu'elle réparait le temps perdu. Il est vrai, comme l'avait écrit Jullien à Robespierre, qu'il fallait régénérer la ville de Bordeaux et la tirer de sa nullité et de sa léthargie.

Sur les neuf accusés, huit furent acquittés, et un seul, Jean Seguin, chapelier, condamné à mort.

Pendant que le 8 juin la Convention nationale célébrait à Paris la fête de l'Être Suprême sous la présidence de Maximilien Robespierre, Jullien s'agitait au milieu des difficultés de sa mission ; il avait l'œil à tout, stimulait le zèle des uns, calmait les exagérations démagogiques des autres, surveillait les actes des autorités, composait des pièces de théâtres et des divertissements, et avait surtout pour principale préoccupation de découvrir les Girondins qui étaient venus se réfugier dans le département et qui avaient été vainement recherchés jusqu'alors, bien que leur présence y fût certaine.

Marc-Antoine Jullien faisait de la modération à sa manière :

« Lorsqu'il arriva à Bordeaux pour la deuxième fois, a raconté plus tard Veyssières jeune, ce fut chez moi qu'il descendit. Un soir que je m'entretenais confidentiellement avec ma femme, Jullien entra.

— Tu as l'air bien affligé, me dit-il.

— Je regrette, lui répondis-je, nos frères incarcérés ; ce sont les meilleurs patriotes !

— Rassure-toi, dit-il en me prenant la main.

« Le lendemain je l'entendis tenir le propos suivant à l'ancien agent national du district : « Surtout qu'aucun patriote ne périsse. »

« Jullien, ajoutait Veyssières, a toujours marqué de l'horreur pour Lacombe. »

Celui-ci cependant se mettait à l'unisson de l'agent du Comité de Salut public. Le 9 juin, en effet, en réclamant diverses pièces au Comité de surveillance, *il l'invitait à lui envoyer de la besogne et lui offrait de l'aider en cas de besoin.*

Ici les morts se pressent : *ils vont vite,* comme l'a dit la ballade de Burger.

Le 10 juin, Gauban, avocat, né à La Réole, est condamné à mort, pour aristocratie.

Le 11, les trois frères Labadie, négociants-commissionnaires à Bordeaux, sont envoyés à l'échafaud, ainsi que Lambert-Dupré et Barthouil de Taillac, ci-devant nobles, habitant le premier à Moncrabeau et le deuxième à Nérac (Lot-et-Garonne).

Le 12, six autres condamnés à mort, parmi lesquels M. Dumas de Fontbrauge, ancien conseiller au Parlement, sont remis aux exécuteurs.

En trois jours, douze condamnés à mort. Bordeaux se régénérait décidément, car le sang y coulait à flots.

Au même moment, se produisait à Paris, au sein de la Convention nationale, le premier témoignage public de la scission secrète existant entre Robespierre et Tallien. Il faut en lire les détails dans le *Moniteur* [1] pour se rendre compte de la haine profonde et des perfides insinuations du *tyran* contre le conventionnel. C'était à l'occasion du décret présenté par Couthon, au nom du Comité de Salut public, pour la réorganisation du tribunal révolutionnaire de Paris. Robespierre désigna clairement Tallien aux sévérités de la Convention. Celui-ci se défendit vigoureusement et protesta de l'inexactitude des faits qui étaient rapportés. Robespierre les maintint, en ajoutant que *Tallien était de ceux qui parlaient sans cesse avec effroi*

---

[1] Séances des 22, 23 et 24 prairial an II.

et publiquement de guillotine comme d'une chose qui les regarde. Billaud-Varenne appuya le *tyran,* et dit que l'*impudence de Tallien était extrême* et qu'il *mentait à l'Assemblée avec une impudence incroyable...* La discussion fut fermée, mais Tallien resta convaincu, non sans raison, que le Comité de Salut public ne tarderait pas à le sacrifier; il s'effaça prudemment jusqu'au jour où il pourrait prendre sa revanche et frapper le *tyran.*

La vengeance et l'amour devaient dicter sa conduite et diriger ses coups.

Le 13 juin, Jullien écrivait à Saint-Just la lettre qu'on va lire : nous n'avons pas cru devoir la résumer; les détails qu'elle contient sont curieux et les appréciations de Jullien ne manquent pas d'originalité; nous aurions craint de diminuer l'intérêt de cette lettre en lui enlevant sa forme toute prime-sautière; sa longueur nous paraît préférable aux quelques phrases dans lesquelles nous aurions pu bien involontairement atténuer la physionomie d'un document à coup sûr important au point de vue historique.

Le voici intégralement reproduit :

« Tu m'avais demandé dernièrement à Paris, mon bon ami, quelques détails sur Bordeaux, dont j'arrivais alors; j'étais loin de prévoir que j'y dusse être si promptement rappelé. Ton retour au Comité de Salut public me fait désirer de t'écrire, et je remplis la promesse que je t'avais donnée.

» Bordeaux est un foyer de négociantisme et d'égoïsme; là où il y avait beaucoup de gros commerçants, il y avait beaucoup de fripons, et la liberté n'y pouvait guère établir son empire dont la vertu est la base, le pauvre était pressuré par eux et l'égalité ne pouvait de longtemps être connue; là où n'était que la soif de l'or, on ne pouvait guère affermir dans les cœurs l'amour de la patrie. Le mot *humain* absorbait tout, et les différents intérêts privés étouffaient l'intérêt public. Dans l'origine de la Révolution, les négociants à fortunes brillantes, à palais dorés, à laquais et voitures, qui ne portaient envie qu'aux parchemins de la caste privilégiée des nobles, ne demandèrent pas mieux que de la détruire pour la remplacer, et s'intitulèrent patriotes. On vit sortir de Bordeaux et de riches offrandes et des bataillons nombreux. Arriva bientôt la crise fédéraliste ; les hommes à barreau, dont les hommes à argent avaient mis le talent et l'influence à contribution, et qui s'étaient tous coalisés pour supplanter les défunts parlements et la noblesse, voulurent déchirer une république dont les principes naissants effrayaient leurs vues ambitieuses ; ils cherchèrent à former plusieurs principautés départementales, qu'ils se partageaient d'avance entre eux et dont ils croyaient devoir être les heureux et paisibles possesseurs. Mais l'égalité voulait tout abaisser sous son niveau, et les fédéralistes et les sectateurs de la tyrannie virent s'éteindre leurs espérances. Aussi lâches qu'insolents et orgueilleux, d'abord ils entourèrent la représentation nationale et parurent donner au peuple le signal et l'exemple des hommages à lui rendre. Ysabeau eut le malheur de se laisser approcher par des négociants ; ils lui dirent qu'il était un grand homme, et il le crut. Il laissa son portrait courir de mains en mains et paya d'un sourire l'artiste flagorneur qui retraçant une action assez commune, mit pour inscription : *Événement mémorable passé sous Ysabeau, représentant du peuple.* On l'appela dès lors le sauveur de Bordeaux. On ne le vit plus dans les rues, ni au spectacle, ni au Club, sans applaudir, sans battre des mains à la vue même de son ombre, sans crier : *Vive Ysabeau, notre ami, notre père !* J'ai vu des enfants d'aristocrates venir avec affectation l'apostropher ainsi, sous les portières mêmes de sa voiture ; — car il avait une et plusieurs voitures, un cocher, des chevaux, des gendarmes qui le précédaient partout, même dans ses parties de campagne, — des billets pour sa table en ville, des billets pour sa loge au spectacle, une place marquée dans tous les lieux particuliers et publics. — Chacun se découvrait en sa présence ; un coup d'œil gracieux récompensait l'humble courbature du passant. On ne l'abordait jamais, en quelque occasion que ce fût, qu'avec ces mots de *citoyen représentant ;* et pour arriver jusqu'à cet individu extraordinaire, il fallait éviter bien des sentinelles et obtenir un passeport du capitaine des gardes.

» Je m'appesantis avec toi sur ces détails parce qu'ils ont été la cause de tout ce qui est arrivé depuis. Des intrigants et des flatteurs ont seuls obtenu des cartes d'entrée ; le républicain s'est éloigné, et les négociants ont profité du pouvoir même de la représentation nationale pour opprimer les patriotes. Le peuple qui aimait mieux avoir un de ses représentants pour idole que d'insolents riches pour oppresseurs, s'attacha véritablement à Ysabeau, qui se ménageait tous les dehors, qui parlait toujours de ses tendres soins pour le peuple, qui disait que tant qu'il habiterait le Bec-d'Ambès, on n'y serait point en proie à la famine. Elle existait néanmoins, et tandis qu'Ysabeau avait de superbe pain blanc à sa table, le pauvre trouvait à peine des fèves ou un mauvais morceau de pain noir.

» Dans les repas que donnaient les riches à leurs maisons de campagne, on voyait un luxe asiatique, des mets rares et exquis, des poissons et des viandes en abondance, du pain, même de la pâtisserie, dont les miettes étaient jetées aux chiens; près de là, le malheureux agriculteur parcourait paisiblement des landes stériles et dévorait des herbes et des racines qu'eût dédaignées la dent de ses troupeaux. Sa femme et ses enfants, pâles et faibles, se traînaient après lui pour soutenir leur déplorable existence, et les forces épuisées de l'habitant des campagnes se refusaient à ses travaux. J'ai vu de mes propres yeux ce spectacle, et le soir, au théâtre, on joue en présence d'Ysabeau un ballet où des bergers forment ces mots avec des guirlandes de fleurs : *Ysabeau, Liberté, Égalité*; comme si, en associant le nom d'un homme au nom de deux divinités qui seules doivent exciter l'enthousiasme et l'idolâtrie du peuple français, on voulait associer aussi cet homme au même sentiment d'enthousiasme et d'idolâtrie. Ysabeau le souffrait; il y trouvait même, disait-il, ainsi que dans les applaudissements honteux d'une foule adulatrice, la récompense de ses travaux. Il la trouvait aussi dans mille cadeaux que prodiguait une séduction adroite qui se qualifiait *amitié*. On fermait les yeux du représentant; la vérité se cachait devant lui; le patriote courageux et franc ne pouvait l'approcher; Bordeaux était un foyer de crimes et de secrètes intrigues. Ysabeau est rappelé, le Comité de Salut public me renvoie ici provisoirement pour y faire marcher un peu les corps constitués qui avaient été les agents passifs du moteur suprême.

» Je ne te peindrai pas toutes les entraves qui se sont rencontrées dans ma mission. Ce négociantisme se rattachait à l'individu représentant, et traitait de contempteur de la représentation nationale et d'Hébertiste celui qui parlait de l'arrêté du Comité de Salut public portant le rappel d'Ysabeau. Celui-ci intriguait, disait en public, à la tribune du Club, qu'il *fallait bien obéir*; en particulier et dans certaines conférences avec des membres des corps constitués *qu'il fallait qu'on fît tête à l'orage*. On fit voter au Club qu'Ysabeau serait invité à différer son départ, puis à revenir. On affecta de pleurer son rappel devant le peuple. J'étais là qui observais tout; je rappelais les principes, ralliais les esprits autour du Comité de Salut public et de l'amour dû, non à quelques personnages, mais à la liberté et à la patrie. Bientôt on fit courir le bruit que j'allais poursuivre les patriotes, mettre la terreur à l'ordre du jour contre tout ce qui avait adoré Ysabeau, même en croyant à ses vertus; on sema la division et la crainte, on jeta des soupçons obscurs. Enfin Ysabeau, après avoir visité chacun des corps constitués, parlé longuement des services rendus par lui et des intrigues dirigées contre lui au sein du Comité de Salut public, qui n'était après tout qu'une petite et movible émanation de la Convention nationale, gagna les Pyrénées et laissa ici des héritiers de ses vengeances qui me forcèrent de passer les jours et les nuits pour connaître leurs cabales et les déjouer. Je m'épuisai à la tribune publique pour éclairer le peuple, détruire les craintes répandues et rassurer les bons citoyens. Je nommai un bon Comité de surveillance, après m'être informé en détail des mœurs et de la vie privée, comme des principes et de la vie politique de chacun des membres. Je déclarai que la terreur serait à l'ordre du jour contre la seule aristocratie, quel que fût son masque et son voile. La Commission révolutionnaire, qu'avait réintégrée dans ses fonctions le Comité de Salut public, reparut et me seconda; les mêmes négociants qui, pour jeter de la défaveur sur ma mission, m'avaient traité de représentant par intérim, de ministre absent de son poste, d'organisateur d'une révolution nouvelle à Bordeaux, voyant que je me tenais ferme et qu'Ysabeau avait disparu, commencèrent à m'applaudir et me méprisèrent assez pour me traiter comme lui. Le piége grossier de l'amour-propre fut évité par moi; l'exemple qui frappait mes yeux était trop récent et trop terrible. J'avais vu un homme, cru longtemps par moi patriote et vertueux, corrompu par les éloges et la flatterie; j'avais vu le peuple dupe et victime, trompé et malheureux. Je rejetai les acclamations, les dîners, les caresses, les louanges, les présents et les honneurs. Je parlai des principes de l'égalité, des droits sacrés du peuple et des devoirs sévères de ceux qu'honore sa confiance, et je tâchai d'unir l'exemple au précepte et de me montrer conséquent dans la théorie et dans la pratique.

» Cette conduite a paru me valoir l'estime; les fêtes nationales ont réveillé l'énergie du peuple, et *la Révolution devenue plus aimable a été plus aimée*. Les intrigants m'ont fui, les républicains m'ont entouré. J'ai soulevé des voiles épais, j'ai plongé mes regards dans un abîme tortueux d'intrigues et de forfaits. J'ai vu qu'on avait exercé un commerce infâme de la liberté et de la justice. Le *peuple* va toujours droit au bien dès qu'il est éclairé. Il a ouvert les yeux et s'élève sur la Montagne. Bordeaux s'épure et se régénère. Je suis content d'y être venu puisque j'ai opéré quelque bien, et impatient d'en sortir, car depuis trois ans de travaux, ma santé s'est bien épuisée; j'ai la vue et la poitrine souffrantes. Je ne pourrai bientôt plus écrire ni parler : je suis condamné aux remèdes pires que les douleurs, et j'invoque ardemment le repos.

» Je t'embrasse.

» Signé : Jullien (1). »

---

(1) Papiers trouvés chez Robespierre : Rapport de Courtois.

Nous n'avons rien à ajouter à cette lettre; nous indiquerons plus tard comment fut apprécié le jeune homme qui l'avait écrite, lorsque la Convention eut renversé Robespierre, et comment fut jugée la mission que le Comité de Salut public avait confiée à ce patriote de dix-neuf ans...

Le 14 juin, la Commission militaire prononçait l'acquittement de quatre hommes du peuple accusés d'avoir fait partie de la force départementale; c'étaient de bons sans culottes qui avait été induits en erreur, et leur *crime* (c'en était un aux termes du décret du 6 août 1793) fut taxé de simple *légèreté*.

Les bonnes chances étaient pour les *patriotes*. C'est ainsi qu'à la faveur de la haine que Robespierre nourrissait pour Tallien et du rappel d'Ysabeau, Peyrend d'Herval — qu'ils avaient fait arrêter et conduire à Paris — obtenait sa mise en liberté, se présentait, sous les auspices de Taschereau, à la séance des Jacobins que présidait le futur *duc d'Otrante* (1), et y était admis après un scrutin épuratoire.

Robespierre soutenait tacitement les ennemis de Tallien et préparait en secret la chute du conventionnel qui avait osé entreprendre une lutte avec lui. L'homme propose et Dieu dispose, a dit le dernier des Pères de l'Église. Les événements déjouèrent les projets de Maximilien, et c'est lui qui s'abîma dans les profondeurs que creusait pour les autres sa cauteleuse habileté.

Le 15 juin, à la Commission militaire, comparurent sept accusés; un fut acquitté et six condamnés à mort, parmi lesquels Lantourne, un ancien gendarme de la garde du Roi, et Mme de Chillaud, veuve du conseiller au Parlement Dumas de Fontbrauge, guillotiné trois jours auparavant.

(1) Fouché.

Les 16 et 17 juin, la Commission militaire jugea treize accusés; elle en acquitta deux, en condamna dix à mort et ordonna la détention du treizième jusqu'à la paix. Le conseiller au Parlement de Paty du Rayet, M. de Cosson, le libraire Pallandre et les avocats Vigneron et Devignes figurent parmi les dix qui montèrent à l'échafaud. On dit qu'après l'exécution de son confrère, Vigneron qui avait conservé toute sa liberté d'esprit, s'écria, en se livrant au bourreau : « Quand il n'y a plus de *vignes,* on n'a pas besoin de *vigneron,* » jouant ainsi à l'heure fatale sur la singularité des deux noms.

Dans la journée du 17 juin, le bruit se répandit à Bordeaux que les Girondins mis hors la loi et qui s'étaient réfugiés dans le département du Bec-d'Ambès avaient enfin été arrêtés grâce à la diligence et au savoir-faire de Jullien et des agents choisis qu'il avait mis en campagne. La nouvelle était vraie en partie, comme nous l'allons voir tout à l'heure. Ce fut un triomphe pour le jeune agent du Comité de Salut public, qui avait été chargé de traquer les derniers débris du parti de la Gironde. Les noms de ces hommes, cachés pour fuir la persécution, faisaient encore trembler Robespierre et la Montagne!

Avant de raconter, en les résumant, les péripéties de l'arrestation de Guadet et de son collègue Salles, notons en passant une anecdote. On sait que les changements de noms ont été fréquents durant la période révolutionnaire aussi bien pour les villes que pour les citoyens : la peur, l'exagération du fanatisme politique ou un châtiment à infliger étaient ordinairement les raisons qui motivaient ces changements; nous pourrions parler de *Dix-Août,* de *Commune affranchie,* du *Bec-d'Ambès,* d'autres encore. L'exemple est contagieux; le 18 juin 1794, une assemblée générale de la commune de Saint-Médard-en-Jalle, voisine de Bordeaux, décida que cette commune porterait désormais le nom de *Fulminant*. « Cette proposition, dit un document contemporain, fut motivée sur ce que le nom de *Saint-Médard* pourrait rappeler encore dans les esprits faibles et superstitieux des idées de fanatisme propres à retarder les progrès de la raison, tandis que le nom de *Fulminant,* plus expressif, plus sonore, plus harmonieux et surtout plus révolutionnaire, paraissait convenir à tous égards à une commune qui renferme une fabrique de poudre destinée à préparer la foudre qui doit exterminer tous les ennemis de la République [1]. » Ajoutons bien vite que, malgré ces excellentes raisons, le nom de *Fulminant* ne survécut pas à la période de la Terreur, et que la commune de Saint-Médard-en-Jalle reprit l'appellation traditionnelle qu'elle porte encore.

Le 19 juin, le conventionnel Guadet était amené devant la Commission militaire avec son collègue Salles.

On ne nous en voudra pas de nous arrêter quelques instants devant cette grande figure historique.

Nous n'avons pas la prétention de faire ici la biographie de celui qu'on surnomma l'*Eschine de la Gironde*. Un grand nombre d'écrivains estimables et toutes les histoires de la Révolution se sont occupés de cet illustre chef du parti girondin, et sa vie et ses malheurs sont trop connus pour qu'il soit nécessaire de les rééditer. Nous nous bornerons à rappeler, en ce qui le concerne, les deux appréciations suivantes : « Avec plus de feu, plus de souplesse et doué éminemment de l'esprit d'à-propos, a dit Lacretelle jeune, Guadet secondait encore mieux les espérances d'un parti révolutionnaire. Il n'était jamais plus redoutable à ses adversaires que lorsqu'il sortait de la question proposée. Il connaissait l'art de faire des appels aux passions secrètes d'une assemblée. Les sarcasmes amers et les apostrophes

---

[1] Archives de la Gironde, série L.

violentes étaient ses armes favorites. Il portait tant d'adresse dans la discussion, qu'on pouvait l'accuser de perfidie; l'ardeur du succès et l'entraînement du parti faisaient ainsi se démentir souvent un homme en qui ses amis trouvaient beaucoup de franchise et de probité...[1]. »

« Guadet, a écrit M. Thiers, vif, prompt à s'élancer en avant, passait du plus grand emportement au plus grand sang-froid; et, maître de lui à la tribune, il y brillait par l'à-propos et les mouvements. Aussi devait-il, comme tous les hommes, aimer un exercice dans lequel il excellait, en abuser même, et prendre trop de plaisir à abattre avec la parole un parti qui lui répondrait bientôt avec la mort [2]. »

Les recherches faites pour découvrir les Girondins dont nous avons raconté l'arrivée à Bordeaux, n'avaient cessé d'occuper les conventionnels et un certain nombre de patriotes exaltés. Elles avaient été vaines, et le zèle s'était ralenti. Le premier soin de Jullien fut de les reprendre et de les pousser avec l'activité fiévreuse qui le caractérisait. Des indices nouveaux étant parvenus à sa connaissance, il envoya des émissaires à Saint-Émilion, et les souterrains furent scrupuleusement fouillés; des chiens dressés à la chasse de l'homme furent employés par le sans-culotte Marcou à cette recherche; ce fut sans succès.

Jullien avait promis au Comité de Salut public les têtes des proscrits, il tenta un nouvel et suprême effort.

Le résultat en fut inespéré : Guadet fut arrêté dans la maison de son père en compagnie de Salles : les autres proscrits, traqués comme des bêtes fauves, s'étaient répandus dans les campagnes environnantes, cherchant de précaires asiles et fuyant la société des humains.

Voici le procès-verbal de l'arrestation de Guadet. Ce document, absolument inédit, est publié pour la première

---

[1] *Précis historique de la Révolution française,* Introduction.
[2] *Histoire de la Révolution française,* livre IX. *Convention nationale.*

fois; nous respectons le style et l'orthographe du général Mergier, son rédacteur :

« Des commissaires de la Commission militaire arrivèrent à Libourne (le 25 prairial — 15 juin) à neuf heures du soir et requirent le général Mergier de leur fournir 400 hommes pour une opération secrète qu'ils lui communiquèrent. Le général Mergier se rendit à leur réquisition et s'offrit pour plus grande sûreté à commander la troupe demandée. Les commissaires acceptèrent la proposition, et on partit à une heure après minuit de Libourne pour Saint-Émilion.

» Le général Mergier dirigea sa troupe sur deux colonnes qui marchèrent dans deux chemins différents et arrivèrent en même temps par deux points différents à Saint-Émilion. Les murs et les avenues furent aussitôt investis très scrupuleusement. La maison de Guadet père fut investie pour première opération. Ces dispositions faites, on frappa vigoureusement aux portes de la maison Guadet sans pouvoir la faire ouvrir, et ce ne fut qu'après demi-heure de tapage qu'on vit enfin les portes s'ouvrir. Les commissaires accompagnés de quelques officiers municipaux de Saint-Émilion entrèrent avec le général Mergier à la tête d'une garde pour faire les recherches dont ils étaient chargés.

» On mit d'abord toute la maison de Guadet en état d'arrestation provisoire, et quelques volontaires furent chargés de les surveiller; après avoir placé des sentinelles à toutes les portes et avenues, on fouilla dans toute la maison, dans les caves et dans les souterrains. Les commissaires prirent connaissance des papiers qu'ils trouvèrent et firent sans doute les notes qu'ils jugèrent convenables. On se fit aussi remettre les armes, qui consistaient en une paire de pistolets appartenant à Guadet fils, ci-devant adjudant-général; il avait étalé son ancien habit d'uniforme sur un lit pour en imposer sans doute à la troupe et l'engager à le respecter.

» Après avoir cherché et recherché pendant cinq heures sans pouvoir trouver les prévenus, on s'occupa de la rédaction du procès-verbal, et on désespérait déjà de trouver ce qu'on cherchait depuis si longtemps avec tant de soin, lorsque le général Mergier, qui se trouvait lors dans un cabinet long, au bout de la salle, avec un des commissaires occupé à vérifier les papiers de Guadet, crut s'apercevoir qu'il pouvait exister une cache sur le plancher du cabinet qui était artistement fait... Deux des commissaires étaient au même moment dans le grenier, frappant par ci, par là, pour savoir si le plancher n'était pas double dans quelque une de ses parties. Arrivés au bout du grenier, ils crurent s'apercevoir que son étendue était moindre que celle de la salle de dessous; ils appelèrent alors Guadet père et lui demandèrent si le mur terminait la fin du grenier, et s'il n'y avait pas derrière le mur un second grenier. Guadet répondit qu'il n'en savait rien; on lui répliqua qu'il devait connaître les êtres de sa maison. Il répondit encore qu'il ignorait tout et qu'on cherchât si on voulait. Ces réponses vagues augmentèrent les soupçons qu'on avait déjà : les commissaires descendirent et firent part au général Mergier de ce qui venait de se passer, et comme il avait lui-même soupçonné une cache dans l'endroit désigné, on se mit à examiner les murs de plus près. On sortit dehors, on compensa les murs du grenier avec ceux de la salle et on s'aperçut, en effet, qu'ils ne se terminaient pas tous les deux au même endroit.

» On décida alors, pour s'assurer du fait, de monter sur les toits; on en souleva quelques parties avec beaucoup de peine et on crut entendre un bruit sourd semblable à celui d'un pistolet qui rate ; on s'écria alors qu'il y avait quelqu'un dans cet endroit. Les toits furent alors vigoureusement secoués, et on était à même de tout jeter par terre lorsqu'une voix se fit entendre : *Ceux que vous cherchez sont ici; ne poursuivez pas davantage et nous sommes disposés à nous rendre.*

» La joie fut alors universelle : une partie de la troupe accourut et les volontaires mêmes qui gardaient la famille de Guadet les laissèrent pour accourir, — ce qui fit que Guadet fils s'échappa par une porte de derrière lorsqu'il vit que son frère était découvert et que les hommes qui le gardaient lui en laissaient la faculté, en le laissant lui pour courir après les autres. Il s'échappa ainsi; on s'en aperçut, mais trop tard, et on ne put le reprendre malgré toutes les poursuites possibles à cet effet.

» Je reviens aux prévenus : tout le monde était assemblé au bout de la salle, dans le petit cabinet, attendant avec impatience l'apparition des prévenus. On vit enfin tout à coup s'ouvrir dans un des angles du cabinet une petite planche carrée. A ce guichet on vit alors paraître Salles, criant : *Nous voilà; avons-nous rien à craindre? Nous allons descendre pourvu qu'on ne nous fasse aucun mal.*

» On chercha alors une échelle pour les faire descendre; on en trouva une dans un corridor derrière le cabinet, mais qu'on ne put y passer vu sa longueur, et on fut obligé de la sortir dehors par une porte de derrière et la rapporter par la grande salle pour pouvoir l'adapter au trou du plancher. C'était sans doute une ruse de leur part.

» Salles descendit le premier, et Guadet après lui. Ce dernier montra assez de sang-froid; Salles, au contraire, montra autant d'insolence que de lâcheté : il dit d'abord au général qu'on ne les aurait pas pris en vie si leurs pistolets les avaient secondés; il ajouta encore qu'à ce défaut, il y avait suppléé un mauvais couteau (il n'avait pas de pointe), mais il ne fut pas plus heureux; le couteau comme le pistolet ne secondèrent pas sa valeur. Tout en donnant ces preuves de courage, il ouvrit sa chemise et montra au bout du bas-ventre, du côté gauche, une râture rougeâtre semblable à une égratignure. Ces preuves de valeur faites, il chercha à apitoyer la troupe sur son compte en tenant des propos indiscrets, et, mettant en avant sa qualité de représentant du peuple, il disait au général : *Vous croyez avoir fait un bon coup, mais vous vous trompez et il reste même à savoir si vous avez bien ou mal fait!* Le général lui dit alors de se taire, qu'il était loin d'insulter au malheur, mais que chargé d'une mission importante, il remplirait ses devoirs rigoureusement. Mets fin à tes propos qui tendent à soulever la troupe; mais bien inutilement. Salles continue toujours et tourne en ridicule et en mépris les observations du général Mergier, qui, las de l'entendre toujours, lui défendit une seconde fois de parler de la sorte. Il s'obstina toujours à apitoyer la troupe. Le général alors lui dit que s'il disait encore un seul mot, il allait lui faire mettre un bâillon à la bouche. Il se tut alors et garda un morne silence.

» Guadet prenant alors la parole, dit au général: *Pardonnez quelque chose à un malheureux qui n'a plus que quelques instants à vivre.*

» Ils remirent de l'argent numéraire et leurs portefeuilles au général qui les remit aussitôt lui-même aux commissaires. On les attacha et ils furent conduits à Libourne avec toute la famille Guadet et confiés à la municipalité.

» Ils partirent le lendemain pour Bordeaux où ils ont subi la peine due à leurs horribles complots.

» Le surlendemain, on fit des perquisitions pour trouver Barbaroux, Buzot et Pétion, mais inutilement. On sait quelle a été la fin de ces trois derniers, qui auraient été pris comme les deux premiers si les commissaires avaient pris les dispositions à cet égard et désigné les maisons où ils étaient sans doute cachés depuis longtemps.

» Certifié véritable : *L'adjudant-général, chef de brigade,*
» Signé : MERGIER (1). »

Guadet et Salles furent immédiatement transférés dans les prisons de Bordeaux, interrogés le 30 prairial (18 juin) au Comité de surveillance et traduits le 19 juin 1794 devant la Commission militaire.

(1) Archives de la Gironde, série L.

Que se passa-t-il à l'audience? Nous l'ignorons. Les notes du greffier sont muettes : elles contiennent seulement les noms des deux illustres accusés et l'indication de leur condamnation à mort.

On dit — et c'est sur la tradition seule que nous nous appuyons pour rapporter ce fait, — on dit que Guadet interpellé par Lacombe de dire ses nom et prénoms répondit : « Je me nomme Guadet; bourreaux, faites votre office; allez, ma tête à la main, demander votre salaire aux tyrans de ma patrie. »

Ils furent *conduits à l'échafaud au bruit des instruments militaires et des cris mille fois répétés de Vive la République!* [1]

Guadet voulut parler à la foule, qui était innombrable; le bruit du tambour l'interrompit : « Peuple, s'écria-t-il après le roulement, voilà l'éloquence des tyrans, ils étouffent les accents de l'homme libre, afin que le silence couvre leurs forfaits [2]. »

Quelques instants après, l'*Eschine de la Gironde* avait cessé de vivre.

Le parlementaire Pierre-Henri Dumas de Larroque périt en même temps que Salles et Guadet.

A la même audience du 19 juin, Guillaume Servan, maire de Saint-Christoly (Médoc), fut condamné à six mois de détention et 3,600 livres d'amende pour avoir calomnié un patriote, et quatre autres individus, ainsi que le Comité de surveillance de Saint-Christoly, accusés du même fait furent acquittés.

La mort des girondins Salles et Guadet fut un triomphe pour Jullien; le Comité de Salut public félicita son jeune envoyé, et celui-ci mit tout en œuvre pour retrouver

---

[1] Lettre du Club national. Bulletin de la Convention du 17 messidor an II.
[2] *Le Barreau de Bordeaux,* par M. Chauvot, p. 164 et 165.

les autres conventionnels qui s'étaient réfugiés dans le département du Bec-d'Ambès. Jullien cherchait à faire dans ce département l'application des principes préconisés par Barère dans le sein de la Convention : à la séance du 30 prairial, après avoir rendu compte des succès remportés par l'armée du Nord, l'*Anacréon de la guillotine* avait dit : « ... Quand les traîtres disparaissent, les succès se multiplient; quand les factions sont anéanties, vous prenez des villes ennemies. Continuez donc de frappper les traîtres et d'extirper les factions, et le Comité viendra, chaque décade, vous présenter le tableau des victoires continuées des armées de la République [1]. »

Le président Lacombe essayait aussi de se mettre à l'unisson de Jullien, de Barère et du Comité de Salut public. Le 20 juin, il adressait au Comité de surveillance une réquisition ainsi conçue : « La Commission militaire séante à Bordeaux, considérant que d'après la loi du 22 prairial sur le tribunal révolutionnaire de Paris, et les principes qui l'ont précédée, *la justice la plus prompte doit être rendue afin de délivrer la République des ennemis nombreux qui cherchent encore à la déchirer;*

» Considérant qu'un tribunal militaire doit avoir une marche encore plus rapide, et que la loi du 18 du mois de nivôse, que nous ne connaissons point, et d'après laquelle le Comité de surveillance envoie des pièces au district, est abrogée par l'article 20 de la loi du 22 prairial,

» Invite le Comité de surveillance de lui envoyer directement et le plus promptement possible toutes les pièces relatives aux accusés. Au reste, la Commission militaire prend sur sa responsabilité la démarche du Comité de surveillance, et le prévient qu'elle en instruit le Comité de Salut public par le courrier de demain, ainsi que

---

[1] Convention nationale, séance du 18 juin 1794.

de l'invitation qui vous sera présentée incessamment pour obtenir la liste de tous les ci-devant nobles qui ont obtenu du précédent Comité leur ordre de passe.

» Signé : Lacombe, *président.*

» Par la Commission :

» Signé : Giffey, *secrétaire-greffier.* »

De toutes parts on était d'accord, selon les expressions de Barère, pour *continuer à frapper les traîtres et à extirper les factions.*

Le 21 juin, la Commission militaire jugeait six accusés et les envoyait tous à l'échafaud comme aristocrates et ennemis de la Révolution. On remarque parmi eux M. de Peyronnet, père de l'ancien garde des sceaux de la Restauration, et M. Gauvry, ci-devant secrétaire du procureur-général Dudon.

Tallien qui, depuis quelque temps, avait gardé le silence vis-à-vis de ses amis de Bordeaux, occupé qu'il était à se défendre contre les attaques de Robespierre, écrivit en ces termes le 22 juin au Club national :

« Ma correspondance, citoyens, a éprouvé une interruption occasionnée par les circonstances. Inculpé dans le sein de la Convention nationale sur un fait simple en lui-même et auquel on n'eût sans doute donné aucune importance s'il n'avait été dénaturé aux yeux de celui qui l'a rapporté, j'ai dû m'occuper de ma justification et ne pas correspondre avec vous jusqu'à ce qu'elle ait paru. Je vous en fais passer des exemplaires et vous prie de la faire connaître à vos concitoyens.

» J'ai cité pour preuve de mon dévouement, aux deux Comités, la correspondance que j'ai entretenue avec vous depuis mon retour ; veuillez, pour ne laisser aucun doute sur cet objet, faire passer copie de mes lettres au Comité de Salut public, ou les remettre à Jullien qui est, je crois, encore parmi vous.

» Ne pensez pas, citoyens, que ces légers désagréments puissent un instant me faire dévier de la route du patriotisme. Les ennemis de la Révolution voudraient bien sans doute pouvoir diviser les patriotes. Ils emploient tous les moyens pour parvenir à ce but. Ils veulent nous exaspérer, nous armer les uns contre les autres ;

mais ils seront encore une fois trompés. Le vrai républicain sait faire à sa patrie tous les sacrifices de vanité, d'amour-propre. C'est dans ce moment surtout que nous devons de plus en plus resserrer les liens de la fraternité, afin de réunir tous nos moyens contre nos ennemis communs. Aussi ne m'entendrez-vous accuser personne ; ma défense se bornera à rétablir les faits et à publier ma profession de foi. Tel vous m'avez vu à Bordeaux, tel je serai toujours : ami constant de la liberté, de la vérité, de la justice et des mœurs. Je ne crains pas d'interpeller l'opinion publique de s'expliquer sur mon compte, et je suis assuré qu'aucune voix ne s'élèvera pour me reprocher un crime, une infidélité, une injustice, enfin une action que le patriote le plus pur ne puisse avouer. Sans doute j'ai pu commettre quelques erreurs, mais elles appartiennent aux circonstances difficiles dans lesquelles je me suis trouvé, mais mon cœur n'y a eu aucune part.

» Je sais qu'il est à Paris quelques hommes qui ne me pardonneront jamais d'avoir réprimé à Bordeaux leur ambition, leur soif de la vengeance, de les avoir arrêtés au milieu de leurs projets insensés ou criminels; mais j'ai le sentiment intime d'avoir fait mon devoir, et je suis prêt à prouver que ma conduite en cette circonstance a été celle d'un républicain fidèle à ses devoirs et qui n'a pas voulu laisser avilir en lui le caractère auguste dont il était revêtu.

» Que ces hommes ne croient pas m'en imposer par leurs clameurs. Le jour de la vérité luira bientôt. Ma conscience ne me reproche rien et je me sens le courage de démasquer tous les intrigants, tous ceux qui ont paru sur le théâtre de la Révolution avec la même impudeur qu'ils paraissaient naguère sur celui à coulisses. Je les ferai connaître ces hommes qui ont osé dire que *la vertu était un crime en révolution*, et bientôt, j'espère, ils ne persécuteront plus les vrais patriotes.

» Du courage, mes amis, de l'énergie, de la sagesse, et bientôt nous triompherons de tous nos ennemis extérieurs et intérieurs (1). »

Lès termes de cette lettre sont pleins d'intérêt, quand on se souvient surtout du rôle que joua Tallien lors des événements du 9 thermidor.

Le 24 juin, la Commission militaire jugea onze accusés : neuf furent condamnés à mort, et notamment Jarry de la Villette, syndic de la navigation du Bec-d'Ambès, et Cornu

(1) Archives de la Gironde, série L.

(Jean-François), un jeune avocat d'avenir, ami de Ravez et qui refusa noblement de faire connaître le lieu de la retraite de son ami.

L'arrestation de Salles et de Guadet avait jeté l'effroi parmi les habitants de Saint-Émilion, qui s'étaient compromis en fournissant des asiles aux Girondins fugitifs. La riche capture faite par les soins de Jullien le convainquit que les compagnons de ces deux conventionnels étaient encore cachés dans la petite ville : il ordonna des perquisitions nouvelles et sévères chez tous les citoyens soupçonnés. Coste jeune, Laye et un autre en furent chargés. Dès le 19 juin, au soir, Barbaroux, Buzot et Pétion, prévenus par le perruquier Troquart qui les avait recueillis, s'éloignèrent à l'approche de la nuit, munis de quelques provisions, et se dirigèrent vers Castillon. Le lendemain matin, ils en étaient à une demi-lieue environ, quand ils furent effrayés par une troupe de volontaires qui passaient bruyamment à une courte distance, près d'un champ de blé. Se croyant découvert, Barbaroux, dans un moment de désespoir, se tira un coup de pistolet et tomba baigné dans son sang, la mâchoire fracassée; Buzot et Pétion, saisis d'effroi et qui n'avaient pu ni prévoir, ni empêcher la résolution de leur collègue, s'enfuirent dans un bois de pins et s'y cachèrent en attendant les événements. Attirés par le bruit de la détonation, les volontaires accoururent et trouvèrent Barbaroux. Ils le portèrent à Castillon; le linge du blessé était marqué R. B., on lui demanda s'il était Buzot. Il fit de la tête un signe négatif. Il convint qu'il était Barbaroux. Un exprès fut immédiatement envoyé à Jullien pour l'informer de cette importante arrestation, et le conventionnel fut conduit à Libourne et de là à Bordeaux.

Il avait été précédé dans cette dernière ville par une partie de la famille Guadet; d'autres membres de cette famille furent arrêtés et transférés au chef-lieu du Bec-d'Ambès le jour même, comme nous le dirons tout à l'heure, où la Commission militaire statuait sur le sort du jeune Marseillais dont Mme Roland a dit, dans ses Mémoires, que *les peintres ne dédaigneraient pas de prendre les traits pour une tête d'Antinoüs* [1].

Tout réussissait à Jullien au delà des espérances qu'il pouvait avoir conçues.

A son arrivée à Bordeaux le 24 juin, Barbaroux fut interrogé au Comité de surveillance par Lelom, Plénaud et Michenot.

Voici le procès-verbal de cet interrogatoire :

« Aujourd'hui 6 messidor an II de la République française une et indivisible, nous soussignés membres du Comité révolutionnaire de surveillance de la commune de Bordeaux, établi par le Comité de Salut public de la Convention nationale, avons reçu l'interrogatoire du ci-après nommé.

— Quel est ton nom, âge, profession, lieu de naissance et dernier domicile ?

— Barbaroux, âgé de vingt-sept ans, député à la Convention nationale, natif de Marseille, et domicilié en dernier lieu à Saint-Émilion, pays de Guadet.

— Qui t'a fait cette blessure à la tête ?

— C'est moi.

— Où étais-tu caché ?

— Dans les environs de Libourne.

— As-tu passé à Castillon ?

— J'y ai demeuré quelque temps.

— Condorcet était-il avec toi ?

— Il a passé en Italie.

» Et attendu l'état de démence dans lequel il se trouve,

---

[1] *Mémoires de Mme Roland*, 1re partie.

nous avons clos le présent, après avoir bien et dûment constaté l'identité, les dits jours, mois et an que dessus. — Signé : LELOM, PLÉNAUD, MICHENOT. »

Barbaroux n'était pas en *démence,* comme l'écrivaient les interrogateurs; mais sa belle figure, pâlie par les souffrances, était contractée par l'indignation, et ses yeux lançaient des éclairs.

Il articulait ses paroles avec peine.

Avoir pendant un an échappé à ses bourreaux, cherché dans la mort un refuge contre leur vengeance, et tomber vivant entre leurs mains, c'était un double et cruel supplice !

Barbaroux levait un poing indigné contre leurs visages où respirait une joie insolente.

Telle était sa démence !

« Après avoir consulté le citoyen Jullien, commissaire du Comité de Salut public, sur l'état dans lequel se trouve Barbaroux, ex-député, hors de la loi, état qui fait craindre au Comité qu'en le traduisant dans une maison d'arrêt ou à la barre du tribunal, il n'expirât avant que son identité fût reconnue, il a été décidé que le président de la Commission militaire sera invité de se rendre au Comité pour concerter ensemble les moyens à prendre pour l'exécution la plus sûre de ce conspirateur. Le président de la Commission militaire rendu et ayant vu par lui-même l'état de Barbaroux, il a été pris la délibération suivante : « Considérant, d'après les rapports des chirurgiens, que la maladie de Barbaroux s'oppose à ce qu'il soit transféré dans une maison d'arrêt pour éviter les accidents qui pourraient résulter de son transport; qu'il est néanmoins utile que la loi soit exécutée; que le local du Comité est beaucoup plus près de la place Nationale; voulant cependant concilier ce qui est dû à la justice nationale avec ce que prescrit l'humanité, il a été décidé que le président de la Commission militaire inviterait ses collègues de se transporter cet après-midi dans une des salles du Comité pour y reconnaître l'identité de Barbaroux (1). »

Il fut fait ainsi.

« Plusieurs particuliers, dit le jugement auquel assistèrent Lacombe, Marguerié, Albert, Lacroix et Barreau, avaient été amenés à l'audience, lorsque la Commission a reçu du Comité de surveillance une invitation, portant que l'état de maladie où se trouvait le nommé Barbaroux, ex-député, hors de la loi par le décret du 28 juillet 1793, exigeait que son identité fût promptement reconnue, et qu'il était impossible de le transporter dans une maison d'arrêt vu les accidents qui pourraient en résulter, la Commission a suspendu l'audience, et le président, s'étant transporté au Comité de surveillance, a vu par lui-même l'état de Barbaroux.

» Considérant qu'il est utile que la loi soit exécutée; que le local du Comité est beaucoup plus près de la place Nationale;

» Voulant concilier ce qui est dû à la justice nationale avec ce que prescrit l'humanité, il a invité ses collègues à se transporter au Comité de surveillance, ce qu'ils ont fait.

» La Commission a ouvert sa séance dans une des salles du Comité de surveillance : les portes ouvertes, et en présence du peuple, il lui a été présenté un particulier qui a dit se nommer Charles Barbaroux, ex-député de la Convention nationale, âgé de vingt-sept ans, natif de Marseille, domicilié en dernier lieu à Saint-Émilion, district de Libourne, département du Bec-d'Ambès.

» *La Commission militaire*, après avoir reconnu l'identité de Barbaroux, ordonne, d'après la loi du 28 juillet 1793, qu'il subira la peine de mort; déclare

---

(1) Délibération du 25 juin 1794

tous ses biens confisqués au profit de la République; ordonne, en outre, que le présent jugement sera à l'instant exécuté sur la place Nationale de cette commune [1]. »

L'ex-député fut livré au bourreau, et c'est aux applaudissements de la foule que tomba la tête du *beau* Marseillais.

Ainsi finit Barbaroux. Il avait déchaîné la Révolution en prenant une large part à la journée du 10 août, si fatale à la monarchie : la Révolution le dévora!

Pendant qu'on le jugeait à Bordeaux, Coste jeune et Laye écrivaient de Saint-Émilion le 7 messidor à Marc Antoine Jullien :

« Républicain, nous sommes dans cette ville depuis hier au soir; nous y continuerons tout aujourd'hui les plus exactes recherches chez Guadet père, pour tâcher de découvrir les papiers de Guadet, guillotiné. Ensuite nous irons faire une battue dans la plaine et bois de Gurson et Villefranche, où l'on présume que Pétion pourrait être, et inviterons toutes les communes de ces contrées de faire toutes les recherches possibles, et nous donnerons le signalement des fugitifs; ces scélérats ont des ressources pour se cacher et les blés les garantissent. Une fois notre tournée faite, nous croyons être inutiles dans ces parages : cependant, si tu trouves à propos que nous séjournions plus longtemps, fais-nous le dire demain.

» Nous croyons qu'il est instant d'interroger de nouveau la femme Bouquey et tâcher de lui faire dire chez qui Pétion a résidé à Castillon, ainsi que Barbaroux du côté de Libourne, car nous pensons qu'on les a reçus par l'intermédiaire de la dite Bouquey; lui faire dire comment Louvet s'achemina lorsqu'il partit pour Paris, et qui le facilita. Envoie-nous de suite tous ces renseignements.

» Nous t'envoyons sous bonne et sûre garde Saint-Brice Guadet, Baptiste Trocard, la servante du curé Paris et la servante de Bouquey, ainsi que l'interrogatoire de cette dernière.

» Il est neuf heures. — Nous faisons partir un officier municipal de Saint-Émilion, et un détachement de garde nationale auquel se joindra *(sic)* quelques hussards, pour conduire à Bordeaux les quatre individus détenus; ils passeront par Lormont et ils y seront vers six heures du soir [2]. »

Trois des conventionnels mis hors la loi et que l'on

---

[1] Archives du greffe de la Cour de Bordeaux, fonds révolutionnaire.
[2] Archives de la Gironde, registre 487, série L.

recherchait depuis si longtemps dans la Gironde, étaient enfin tombés sous le glaive. Ce n'étaient pas les moins illustres : Guadet, Barbaroux, Salles! Mais il en restait d'autres, et les investigations étaient activement poursuivies afin de les découvrir. Jullien était insatiable.

On ne trouva que des cadavres!...

Comme on a pu le constater déjà, les *fournées* devant la Commission militaire s'étaient singulièrement accrues. Le 26 juin, onze accusés comparaissaient à l'audience : trois furent acquittés, trois condamnés à six mois de détention chacun, et cinq à mort. Dornal de Guy, prêtre, deux religieuses et un ancien militaire, Collas Mauvignier, figuraient parmi ces cinq derniers.

La présence de Jullien à Bordeaux n'avait pas ramené la concorde entre les hommes qui avaient la prétention de personnifier dans cette ville le *véritable* élément révolutionnaire; les Jacobins étaient au pouvoir, et les amis d'Ysabeau, relativement modérés, étaient en suspicion ou délaissés. Les sentiments d'animosité de ces hommes se traduisaient quelquefois publiquement. Une anecdote le prouvera :

Au mois de juin 1794, dans une séance du Conseil général de la commune, une discussion fort vive, qui se termina par une rixe, s'éleva entre Cogorus et Abraham. Ce dernier reprocha hautement à Cogorus d'avoir dilapidé, dans une mission à Paris, une somme de 30,000 livres qui avait commencé l'édifice de sa fortune. Les membres du Conseil séparèrent les combattants; Cogorus, plus tard, ne contesta pas cette rixe, mais prétendit qu'Abraham avait été forcé de lui faire des excuses, les faits avancés par lui ayant été reconnus inexacts.

C'étaient là des peccadilles!

Le 27 juin, six accusés comparurent devant Lacombe; ils furent tous condamnés à mort; on comptait parmi eux des ci-devant nobles, Laurent de Loyac, un parlementaire, et Jean Serre, homme de loi.

A côté de cette justice à coups de guillotine, il en existait une autre, que nous appellerons par opposition la *justice ordinaire*. Cette justice ne chômait pas ; nous trouvons en effet, dans les publications du temps, que dans la première décade de messidor, c'est-à-dire du 19 au 28 juin 1794, il avait été rendu 29 jugements par la police municipale et 24 par la police correctionnelle.

Lacombe, il ne faut pas l'oublier, présidait quelquefois cette dernière juridiction, et à ce titre les réflexions suivantes signées de lui, et que nous trouvons dans le *Journal du Club national* (1), nous semblent offrir quelque intérêt : « Les ambitieux qui spéculaient en grand sur la misère du peuple, ont été arrêtés dans leur marche criminelle par des lois sages et par la juste crainte d'expier enfin leurs forfaits ; il existe cependant encore une autre classe de spéculateurs, non moins dangereuse pour les citoyens peu fortunés. Bois, sarments, volailles, il n'est pas jusqu'aux cerises et aux noix qu'ils n'accaparent, pour pouvoir les vendre à un prix exorbitant ; des boulangers avides gâtent la farine qui leur est confiée, manipulent et font cuire le pain de manière à augmenter leurs bénéfices, aux dépens de la santé et peut-être même de la vie de leurs concitoyens. »

Lacombe ajoutait que ces divers abus devaient être poursuivis sans relâche par les magistrats populaires.

La *justice ordinaire,* il faut bien le reconnaître, cédait le pas à l'autre. Le 29 juin, sept accusés étaient conduits à la Commission militaire ; deux furent acquittés : Barennes, un nom justement honoré dans notre province, et Fringues, tous deux hommes de loi ; un fut condamné à la détention jusqu'à la paix, et quatre à la peine de mort : c'étaient

---

(1) Numéro du 18 messidor an II.

MM. Feuilhe, homme de loi, Clément Bayle, Pierre Saujeon et Hugues Lapierre.

Le lendemain, 30 juin, MM. Grenier, prêtre, Jean Groc, ancien président de la Cour des Aides, et Baudin de Saint-Laurent, ci-devant noble, étaient condamnés à mort. Une jeune marchande, originaire de Lyon et nommée Jeanne Mami, fut condamnée à la même audience à la détention jusqu'à la paix, pour avoir vendu *autrefois* des gilets *couverts de fleurs de lis*.

Lacombe jugeait, — Jullien écrivait.

Nous trouvons, à la date du 30 juin, la lettre suivante adressée à Robespierre par le jeune envoyé :

« J'ai reçu, mon bon ami, le courrier extraordinaire du Comité et les lettres et divers arrêtés qu'il m'a fait parvenir. Je vais travailler plus que jamais pour répondre à sa très grande confiance. Comme ma santé succombe, je crois, d'après ce que m'écrit Barère, qu'il me sera permis de prendre un peu de repos dans les Pyrénées.

» J'écris en détail au Comité sur mes opérations. Je te prie de vouloir m'obtenir une réponse sur les objets suivants, dont je ne t'offre qu'un court résumé, pour ne point abuser de tes instants. Les lettres au Comité renferment les motifs circonstanciés de mes demandes.

» 1º Étendre à tout le département du Bec-d'Ambès les pouvoirs du Comité de surveillance de Bordeaux, lui donner neuf adjoints et assigner aux membres, qui travaillent nuit et jour, les appointements de 100 louis dont jouissaient leurs prédécesseurs.

» 2º *Faire raser les maisons où étaient Guadet, Salles, Pétion, Buzot et Barbaroux; transférer la Commission militaire à Saint Émilion pour y juger et faire périr sur les lieux les auteurs ou complices du recèlement des conspirateurs.*

» 3º *Distinguer par un arrêté ceux qui ont donné de l'argent pour racheter une vie que beaucoup n'avaient point mérité de perdre, et les infâmes qui ont exigé de l'argent pour vendre la loi; les premiers, ne craignant plus, parleront, les autres seront découverts et punis.*

» 4º Autoriser des indemnités qui sont indispensables pour soutenir le théâtre de Bordeaux ; des représentations gratuites souvent données par lui rendent ces indemnités plus justes et plus nécessaires encore.

» 5º Il existe ici un comité de subsistances qui doit être supprimé, son existence n'étant pas dans la loi, et devenant très coûteux. Est-ce au district ou au département à se charger de ces fonctions?

» 6° N'ai-je pas dû remplacer de suite les corps constitués de Saint-Émilion et de Libourne, destitués par arrêté du Comité de Salut public, pour avoir protégé, ne fût-ce que par leur négligence, la retraite des contre-révolutionnaires mis hors la loi?

» 7° L'arrêté qui porte que je serai chargé d'épurer les autorités constituées de la commune et du district de Bordeaux, comprend-il aussi l'administration du département et la Commission révolutionnaire?

» Je te prie, mon bon ami, de vouloir me procurer une réponse prompte sur ces divers objets. Je ne négligerai rien pour remplir ma mission, conformément aux désirs du Comité et au bien public; mais je suis entravé souvent par la crainte de m'écarter de la ligne des pouvoirs qui me sont confiés et j'ai besoin de consulter souvent. — Veuille me répondre. Je t'embrasse. »

Cette lettre a une importance véritable.

Nous en avons signalé principalement deux paragraphes : l'un, pour le flétrir énergiquement; c'est celui où Jullien propose de faire raser les maisons qui avaient servi de refuge à Guadet et à ses malheureux amis, et d'envoyer la guillotine à Saint-Émilion avec ses pourvoyeurs habituels; l'autre, pour faire remarquer que Jullien avait eu certainement connaissance des prévarications de Lacombe et de ses obscurs complices, et qu'il était prêt à les frapper. L'allusion faite à ce sujet à *son bon ami* Robespierre est à notre avis assez transparente pour qu'il soit permis de regretter que la correspondance de Jullien avec le Comité de Salut public n'ait pas été mise au jour. Elle doit exister aux Archives nationales, et nous la croyons appelée à jeter une lumière nouvelle sur la période qui nous occupe.

Nous pouvons affirmer, d'après les publications du temps, que Jullien tenait en médiocre estime le président Lacombe, et qu'il n'attendait qu'une occasion pour en débarrasser la République.

. Tout en le surveillant de près, il stimulait le patriotisme révolutionnaire; vers cette époque et sous son impulsion le Club national avait organisé une vigoureuse propagande contre les anciennes idées. Il envoyait des députés dans les campagnes pour *instruire* le peuple. Instruire était le mot dont on se servait! « Ces missions, confiées, dit le *Journal du Club national* (1), à des patriotes éclairés, ont déjà produit les meilleurs effets. Dans une séance du Club, il fut déposé sur le bureau une grande quantité de lettres de prêtrise, et plusieurs députés des campagnes y remirent également tous les hochets de leur antique superstition : « Le dimanche est » partout oublié, dirent-ils, et partout nous observons la » décade. Nous savons aujourd'hui que le culte le plus » digne de la Divinité est la justice, la bienfaisance, le » patriotisme, et que nos actions seules peuvent nous assurer » le bonheur ou le malheur de l'éternité. Il ne faut donc » plus de prêtres!... » Plus de prêtres! Plus de prêtres! s'écrient à l'instant la Société entière et les tribunes au bruit des plus vives acclamations (2). » Voilà où en était alors l'esprit public, et en lisant cette page honteuse nous n'avons pu nous empêcher de retrouver dans nos souvenirs cette pensée d'un écrivain du xviiie siècle : Un peuple sans religion est un peuple sans foi ni moralité.

Au point de vue de la justice révolutionnaire, le mois de juillet s'ouvrit sous des auspices peu favorables. Le 1er, en effet, douze accusés comparurent devant la Commission militaire; huit furent acquittés, et quatre condamnés à mort : c'étaient quatre habitants de Gauriac, district de Blaye, accusés d'être de faux dénonciateurs.

Le lendemain, 2 juillet, Thomas Lumière, homme de loi, était envoyé à l'échafaud. Lacombe a pris la peine de raconter que la Commission militaire avait, six mois auparavant, fait appeler cet accusé, mais qu'il était malade

---

(1) Le *Journal du Club national* avait été fondé par Lacombe et par Edmond Dégranges dans les premiers jours du mois de juillet 1794.
(2) *Journal du Club national* du 18 messidor an II.

au point de ne pouvoir être traduit devant elle; instruite qu'il abusait de l'humanité de ses juges et prolongeait sa maladie pour se dérober au juste châtiment de ses crimes, on le fit paraître de force. A l'aide d'une longue barbe, d'un accoutrement de malade et de sa ruse ordinaire, il crut échapper encore au glaive et refusa obstinément de répondre un seul mot. Les citoyens ne furent pas la dupe de cette nouvelle perfidie; cependant, pour ôter tout prétexte à la calomnie, la Commission militaire invita un des chirurgiens qui étaient à la séance de s'approcher et de constater le véritable état de l'accusé. Le citoyen Duburg, chirurgien, tâta le pouls du malade et déclara qu'il n'avait pas seulement la fièvre [1]. Thomas Lumière fut condamné à mort.

Tallien ne faisait plus parler de lui et n'écrivait plus à ses amis de Bordeaux : c'était le calme qui précède la tempête. Courtois (de l'Aube) a rapporté cette réponse faite à un agent de Robespierre qui s'étonnait du silence de Tallien à la Convention : « Parbleu, Tallien ne fait presque plus rien depuis qu'on lui a reproché, au Comité de Sûreté générale, qu'il n'avait pas fait guillotiner assez de monde à Bordeaux [2]. »

L'heure approchait.

Le 4 juillet, la Commission militaire jugeait quatorze accusés; treize furent condamnés à mort et un acquitté. C'était tout le personnel du *couvent du Bon-Pasteur*, situé à Bordeaux rue du Grand-Cancera.

A ce moment il existait 1,588 détenus dans les huit prisons de Bordeaux!

Comme nous l'avons dit, le Club national de Bordeaux fonda, le 6 juillet, un journal destiné à donner plus de retentissement à ses réunions et à les porter à la

---

[1] *Journal du Club national* du 26 messidor an II.
[2] Papiers trouvés chez Robespierre, pages 132 et 133 : Rapport de Courtois.

connaissance des citoyens. Le département du Bec-d'Ambès était soumis de nouveau, et le jacobinisme triomphant était à l'ordre du jour. Mais la roche Tarpéienne est près du Capitole, et les triomphateurs allaient bientôt l'éprouver. La Providence avait marqué l'heure de leur chute imprévue et prochaine. Lacombe cependant célébrait en ces termes les bienfaits du régime de la Terreur et de la Commission militaire : « Le peuple français voulait absolument être libre, il l'avait prouvé par son courage, sa constance, ses sacrifices depuis le commencement de la Révolution ; mais des législateurs lâches et perfides, des généraux, des officiers traîtres à leur pays, des administrateurs, des tribunaux vendus à la tyrannie, presque tous les hommes vivant des abus de l'ancien régime, en un mot, tous les êtres corrompus, s'opposaient à la volonté du peuple. Ils existaient donc dans l'intérieur de la République les ennemis les plus dangereux de sa liberté, et leur concert avec les tyrans coalisés contre elle l'aurait infailliblement anéantie, si l'on n'avait enfin adopté les mesures rigoureuses qui seules pouvaient la sauver. De là l'établissement de plusieurs tribunaux chargés de venger le peuple et de le délivrer promptement de tous ses ennemis. Ces tribunaux ne doivent point être assujettis à des formes qui, presque toujours, furent favorables au crime; mais ils doivent être justes : la justice est la base de tous les établissements révolutionnaires, elle s'accorde parfaitement avec la sévérité et la promptitude nécessaires pour étouffer toutes les conspirations. *Il s'agit moins sans doute de punir les ennemis de la patrie que de les anéantir;* mais il faut le temps de les reconnaître, il faut rassurer et faire triompher l'innocence, distinguer l'erreur d'avec le crime, deviner les calomniateurs, épouvanter par des exemples terribles les scélérats qui voudraient profiter de quelques circonstances pour compromettre et perdre de bons citoyens ; il faut que les tribunaux révolutionnaires soient l'égide du patriotisme et de la vertu, le tombeau du vice et de l'aristocratie.

» C'est d'après ces principes que s'est toujours dirigée la Commission militaire séante à Bordeaux.

» Les citoyens de cette commune se rendent en foule à ses séances; ils considèrent ce tribunal comme une école de morale, qui n'a pas peu contribué à former dans Bordeaux l'esprit public, et à y rallier tous les amis de la patrie.

» Les aristocrates seuls peuvent et doivent le redouter; leurs certificats de civisme, usurpés par l'intrigue ou la fortune, ne les dérobent point à la justice nationale; l'opinion publique bien prononcée, celle de quelques hommes dont le patriotisme pur et ardent est éprouvé depuis le commencement de la Révolution, la raison des juges et leur conscience : voilà les principaux motifs de tous les jugements rendus par ce tribunal.

» Hommes coupables, qui comptiez sur vos talents perfides, sur les ressources criminelles que laissaient encore aux défenseurs officieux, peu délicats, les formes lentes de la justice ordinaire, vous craignez avec raison ce code du sens commun : en le suivant, il est impossible de s'égarer, de condamner un seul patriote, de laisser échapper un seul ennemi de la Révolution.

» Et vous, êtres probes, mais pusillanimes, qu'une fausse humanité fait apitoyer sur le sort des scélérats, et qui cependant soupirez après la liberté et la paix; vous que les républicains plaignent et ne confondent point avec les ennemis de la patrie, avez-vous jamais réfléchi sur le sang des patriotes, versé par torrents sur presque tous les points de la France? Sachez que la véritable humanité commande le supplice de ceux qui l'ont répandu, et qui répandraient encore celui de tous les bons citoyens, le vôtre même. Semblables aux membres gangrenés qu'on s'empresse de couper pour sauver des individus, *nos ennemis doivent,* dans l'intérêt de la patrie, pour votre propre salut, *être promptement retranchés de la société.* Cette paix que vous désirez, eh bien! vous ne pouvez l'obtenir qu'après le triomphe de la liberté sur tous les vices, toutes les factions, toutes les aristocraties. Si vous voulez donc arriver bientôt à votre but, qui est aussi celui de tous les républicains, armez-vous de courage, joignez-vous à eux : *qu'on les anéantisse tous ces monstres* qui, pour satisfaire de folles passions, voudraient arrêter dans sa course le char révolutionnaire et faire de la France un monceau de sang et de cadavres.

» Mânes des défenseurs de la patrie, en vous applaudissant d'être morts pour elle, vous murmuriez de voir si longtemps impunis les crimes de nos assassins. Mères, épouses, enfants, qui pleurez encore des êtres chers à vos cœurs, séchez vos larmes, nos ennemis communs tombent sous le fer des lois, la patrie a déjà pourvu à vos besoins; elle récompense les vertus; et la liberté triomphe... [1] ».

Pour être conséquente avec les principes développés par le sanguinaire président dans l'article qu'on vient de lire, la Commission militaire, dans ses audiences des 6 et 7 juillet, jugeait seize accusés, en acquittait quatre et en condamnait douze à mort. Parmi ces derniers figuraient six Carmélites qui, selon la tradition, marchèrent au supplice en chantant les versets du *Veni Creator* et du *Salve Regina;* elles avaient été condamnées, dit le jugement, *comme complices des prêtres qui ne se sont point soumis à la déportation et dont elles ont refusé de faire connaître l'asile.* C'étaient là des ennemis qui devaient être promptement retranchés de la société!!

N'est-ce pas ici le cas de rappeler ces lignes de Tacite : « Je n'ai à parler que d'ordres barbares, de continuelles

---

[1] *Journal du Club national* du 18 messidor an II.

accusations, d'amitiés perfides, de condamnations injustes, de procès qui ont tous la même issue... [1] ».

En racontant l'arrestation de Barbaroux, nous avons dit que ses deux compagnons Buzot et Pétion s'étaient enfuis vers un bois voisin et s'y étaient cachés. Ce bois était situé dans la commune de Saint-Magne, près Fompeyre (arrondissement de Libourne). Dans les premiers jours de juillet, des sans-culottes de Castillon, faisant une battue générale du côté de Saint-Magne, trouvèrent dans un champ les cadavres de Pétion et de Buzot à demi rongés par les vers, et les membres déchirés par les bêtes féroces. L'opinion commune est qu'ils s'étaient suicidés, après l'arrestation de Barbaroux, en reconnaissant que tout espoir de fuite était devenu impossible. Le peuple de Saint-Magne appelle encore aujourd'hui le champ où furent trouvés les deux cadavres et où on les enfouit, *le champ des Émigrés...*

La Société populaire de Castillon annonça à la Convention le sort de Buzot et de Pétion par une lettre où nous lisons : « On a trouvé leurs cadavres hideux et défigurés, à demi rongés par les vers ; leurs membres épars sont devenus la proie des chiens dévorants, et leurs cœurs sanguinaires la pâture des bêtes féroces [2]. »

Il ne restait plus rien des débris du parti de la Gironde qui avaient cherché un refuge dans le département du Bec-d'Ambès. Louvet seul n'avait pu être retrouvé ; Yzarn de Valady avait été guillotiné à Périgueux, Salles, Guadet et Barbaroux à Bordeaux, et Buzot et Pétion, imitant l'exemple du ministre Roland, avaient de leurs propres mains abrégé les jours d'une vie misérable, exposée à des périls sans cesse renaissants.

Jullien éprouva une joie profonde à la nouvelle de la mort de l'ancien maire de Paris et de son compagnon,

---

[1] Tacite, *Annales*, livre IV, ch. xxxiii.
[2] *Appendice*, note XVII.

celui qu'on avait appelé le *roi* Buzot. Il en informa le Comité de Salut public et pensa avoir conquis de nouveaux droits à sa confiance et à l'affection de Robespierre.

« Jeune et d'une santé débile, a écrit M. Detcheverry, mais endurci au meurtre et se soutenant à l'aide de cette activité fiévreuse et sanguinaire que Marat avait léguée à ses disciples, Jullien atteignait à tout, suffisait à tout; écrivain, législateur et bourreau, il remplissait à la fois ces fonctions et ne s'acquittait bien que de la dernière [1]. »

Le 8 juillet, il édictait, en ce qui concerne les théâtres de Bordeaux, un règlement qui embrassait la régénération du moral des artistes et leur bien-être physique; le 9 juillet il se rendait à la maison commune, prononçait la dissolution de la municipalité et la recomposait sur-le-champ [2]; le soir du même jour, au Club national, la Société, sur sa proposition, se déclarait dissoute, et Jullien, prenant le fauteuil de la présidence, la reconstituait séance tenante d'après une liste de citoyens que la voix publique proclama républicains connus et prononcés [3].

Ainsi procédait le jeune envoyé du Comité de Salut public; sa mission était comme une succession de coups de théâtre, et sa nature ardente et fiévreuse se plaisait à ces transformations que nous qualifierions d'enfantines si un mobile sanguinaire ne les avait dictées au fond à son machiavélisme de dix-neuf ans.

Le même jour, 9 juillet, la Commission militaire envoyait à l'échafaud MM. Delribal, Dumyrat, l'ancien conseiller au Parlement Jean de Baritault, et le notaire Duprat. Le lendemain, elle jugeait onze accusés, dont deux étaient condamnés à l'amende et neuf à mort : c'étaient les anciens conseillers au Parlement de Laliman, Dussault,

---

[1] Detcheverry, *Histoire des Théâtres de Bordeaux*.
[2] *Appendice*, note XVIII.
[3] *Appendice*, note XIX.

André de Meslon aîné, de Terrefort, Romain Filhot de Chimbaud, de Lassime, de Laporte et les avocats généraux Dufaure de Lajarte et Raimond de Lalande : treize victimes en deux jours!

Les hécatombes se succédaient; le peuple, réduit à la misère, mangeait un pain détestable qu'il se procurait à grand'peine; le silence de la peur gagnait toutes les âmes; la Terreur étendait ses lugubres conquêtes, et au milieu du deuil général la joie des démagogues faisait seule entendre ses éclats sinistres.

C'est sur ces entrefaites que le conventionnel Garnier (de Saintes)[1], envoyé en mission dans le département du Bec-d'Ambès, arriva à Bordeaux le 10 juillet; il descendit fossés Marat, au coin de la rue de la Comédie.

Avocat à Saintes à l'époque de la Révolution, il en embrassa les principes et fut élu en 1792 député de la Charente-Inférieure à la Convention nationale : il y vota la mort de Louis XVI. Lors de la défection de Dumouriez, il proposa à la Convention de s'emparer de tous les pouvoirs et de les confier à un Comité de douze membres, attendu qu'il n'avait vu jusqu'alors que des ministres traîtres. Il proposa ensuite de déclarer M. Pitt ennemi du genre humain et d'inviter tous les républicains à en purger la terre. Peu de temps après, il fut envoyé en mission dans le département de la Manche, et dans celui de la Vendée où il s'était signalé par des mesures de rigueur contre les royalistes. Son attitude lui valut de fixer le choix du Comité de Salut public pour venir remplacer, dans le département de la Gironde, Ysabeau que Jullien, on vient de le voir, avait avantageusement suppléé après avoir provoqué son rappel.

Garnier était le représentant *bon, ferme et révolutionnaire* demandé à Robespierre par Jullien.

---

[1] Il signait Garnier (de *Xantes*).

La mission politique de celui-ci cessa avec la présence du nouveau conventionnel; il resta néanmoins quelques jours encore à Bordeaux, et se mit immédiatement en relations avec Garnier afin de lui faire connaître la situation de la ville.

S'inspirant de la sombre tyrannie du Comité de Salut public, Garnier prit, dès le 11 juillet, un arrêté par lequel il ferma les loges maçonniques « comme suspectes, et » pouvant devenir un repaire pour le conspirateur et » l'aristocrate. » Ce sont ses expressions. Trois jours étaient donnés pour l'exécution de cet arrêté, qui prescrivait en même temps la mise en arrestation de ceux qui oseraient y contrevenir [1].

Tel fut le début du conventionnel : il était peu rassurant pour la liberté.

Dans la soirée, Jullien et Garnier se rendirent au Club national; leur arrivée fut saluée par une triple salve d'applaudissements et par les cris de *Vive la Convention! Vive la Montagne!*

Jullien monta à la tribune, et dans une improvisation énergique et concise, il dévoila « les manœuvres des intrigants qui, pour satisfaire leurs mesquines passions, voudraient perdre les bons citoyens et comprimer encore l'esprit public dont l'essor avait déjà terrassé l'aristocratie à Bordeaux. »

Garnier, qu'on était impatient d'entendre, succéda à Jullien.

Son discours fut fréquemment interrompu par les bravos de l'auditoire. Le conventionnel peignit sous les couleurs les plus vives le mal que Bordeaux et le fédéralisme, né dans son sein, avaient fait à la République. « Citoyens, s'écria-t-il, le peuple de Bordeaux doit expier sa faiblesse

---

[1] *Appendice*, note XX.

passée par son énergie révolutionnaire présente. » Prenant ensuite à partie le commerce bordelais : « Les négociants, dit-il avec indignation, sont encore plus froids que l'or qu'ils manient; ils voient sans s'émouvoir les larmes du peuple; malheur à eux!... Le commerce a perdu Tyr et Carthage! Tel qu'il est pratiqué aujourd'hui, je le crois incompatible avec la liberté. Qu'on n'imagine pas que je veuille l'anéantir; il peut être utile à la République, mais il doit être fondé sur la probité et l'intérêt général. La Convention le sait; elle s'en occupera. »

Ces paroles furent bruyamment applaudies, et après une sortie contre les *intrigants,* Garnier quitta la séance et fut reconduit à son hôtel par les assistants aux cris de *Vive la République!*

Le 12 juillet, la Commission militaire siégea dans la ci-devant église des Minimes, et jugea dix accusés. L'un d'eux, le courtier Mensencal fut acquitté; les neuf autres comprenant deux médecins, MM. Burdin et Pradelle, deux anciens militaires les frères Dumyrat, de Gradignan, M. Quinaud, ci-devant procureur au Parlement, M. Dusoller de Saint-Martin, M. Cailhe, autrefois commis à l'Intendance, M. Mauriac, *prêtre, noble et parent de Dudon,* dit le jugement, et Antoine Vitrac, furent condamnés à mort.

De concert avec les autorités constituées, Garnier et Jullien s'occupèrent d'organiser pour le 14 juillet une fête commémorative de la prise de la Bastille par les patriotes de 1789.

Deux jours furent consacrés aux préparatifs de cette fête : les 12 et 13 juillet, le Champ de Mars fut livré aux ouvriers chargés des travaux, et une foule curieuse ne cessa d'en suivre les diverses phases.

Avant de raconter les réjouissances de la journée du 14 juillet, deux faits doivent arrêter notre attention.

Le premier est relatif aux frères Raba, et le deuxième au conventionnel Couthon.

Le 13 juillet au soir, les frères Raba réunissaient à dîner dans leur campagne, à Talence, quelques personnes, au nombre desquelles était le président Lacombe.

Il y avait une quarantaine de convives environ.

Comme en ce temps-là il était aussi dangereux de dîner que de ne pas dîner, la réunion des frères Raba ne tarda pas à être incriminée, et à deux reprises des dénonciations auxquelles Jullien prêta, dit-on, une oreille complaisante se produisirent dans le sein du Club national. Les amphytrions, que le passé avait rendus défiants [1], crurent devoir aller au-devant du danger, et le 17 juillet ils écrivirent à Garnier :

« Citoyen représentant, deux fois dans les séances du Club national nous avons été dénoncés pour avoir donné un dîner à quelques-uns de nos concitoyens, et deux fois les faits y ont été dénaturés.

» La vérité et l'estime de nos concitoyens nous sont trop chères pour ne pas chercher à dissiper les impressions fâcheuses que l'on a gravées dans le cœur du citoyen Jullien et dont vous n'avez que trop vu les tristes effets. L'estime particulière que nous avons pour ce citoyen exige que nous confondions les calomniateurs qui l'ont abusé ; le bien public même nous en fait la loi, parce que ce qu'ils ont fait à notre égard, ils peuvent le faire à l'égard d'autres citoyens et l'entraîner par là dans des démarches préjudiciables à la confiance qu'il a si justement acquise.

» Voici les faits dont je garantis la vérité sur ma tête.

» Depuis plus d'un mois quelques amis m'avaient témoigné le désir de venir passer la journée dans notre campagne. L'envie de célébrer les victoires de nos armées nous fournit l'occasion de les rassembler quintidi dernier avec quelques autres citoyens, excellents républicains voisins de notre campagne.

» L'on a dit que le dîner était riche et somptueux ; l'on nous a calomniés. Quelques vases de fleurs naturelles en étaient le plus bel ornement ; il fut d'un seul service ; le nombre des mets n'était même pas proportionné à celui des convives, et il ne s'y trouvait aucune de ces productions rares et chères, qui faisaient tout le mérite des repas d'autrefois.

» Il n'est aucun des convives qui n'eût trouvé les mêmes mets, s'il fût resté dans sa famille.

---

(1) Les frères Raba avaient été condamnés le 30 oct. 1793 à 500,000 livres d'amende par la Commission militaire.

» Il ne s'y trouvait d'autre argenterie qu'un huilier et environ dix-huit couverts d'argent. Depuis longtemps nous avons porté le reste à la Monnaie.

» Je peux donc assurer que ce fut un vrai repas à la sans-culotte dont le luxe, la vanité et tout discours politique y fut banni; la frugalité, la fraternité et la gaîté républicaine en firent tous les frais; l'on but quelques toasts patriotiques, l'on chanta des cantiques républicains, et à huit heures et demie tout le monde s'était retiré.

» On dit qu'il y avait cent convives : c'est encore une calomnie; je joins ici un tableau des personnes qui étaient invitées, en désignant celles qui s'y trouvèrent et celles qui ne s'y trouvèrent pas.

» La table n'était donc que d'environ 40 personnes, dont 10 enfants et 10 femmes.

» Ce repas est le premier que nous ayons donné depuis plus d'un an, et nous défions de prouver que depuis cette époque aucun homme en place ait dîné chez nous, excepté le citoyen Roman une seule fois.

» On a dit aussi que l'intrigue avait projeté et arrangé ce dîner; ah! citoyen, que ne pouvez-vous lire dans nos cœurs et y voir notre mépris et notre horreur pour les intrigues et les intrigants! »

Les frères Raba continuent par un long exposé de leur conduite depuis le commencement de la Révolution; ils terminent ainsi :

« Une remarque importante qui détruit tous les soupçons, c'est que les citoyens Plénaud, Lacombe, Rey et Hennuyer étaient invités verbalement quinze jours environ avant la réorganisation de la municipalité et du Club national, réorganisation que nous ignorions absolument.

» On nous accuse d'avoir laissé ignorer à chacun des convives le nom de ceux avec lesquels il devait se trouver chez nous : la plupart des billets d'invitation démentent cette inculpation.

» Quant à notre bien de campagne, il doit être plutôt considéré comme un jardin public que comme une propriété particulière; en effet, loin d'être le rendez-vous de l'intrigue, les sans-culottes s'y rendent en foule les jours de fête et vont s'y récréer des fatigues de la décade, et si quelquefois nous avons projeté de le dénaturer, nous n'en avons été empêchés que par le regret d'ôter à nos concitoyens cette jouissance.

» Voilà, citoyen, les faits qui forment notre justification; nous les faisons aussi parvenir au citoyen Jullien. Nous finissons en vous rappelant ce qu'il a tant de fois dit et avec tant d'éloquence, « qu'un

» des moyens dont les malveillants se servent pour perdre la chose
» publique, c'est d'animer les patriotes les uns contre les autres et
» de leur susciter des persécutions. »

» Ah! citoyen représentant, jamais vous ne pourrez trop vous méfier de ces gens qui n'approchent les hommes en place que pour les induire en erreur, et les rendre les instruments involontaires de leurs haines particulières ou de leurs projets liberticides.

» Salut et fraternité.

» RABA frères (1). »

Le tableau suivant était annexé à cette lettre :

« CITOYENS INVITÉS PAR BILLET OU DE PAROLE :

Marguerié,
Thomas,
Morel,
Cardoze,
Parmentier,
Giffey,
Robles,
Plénaud,
Jay,
Pereyre et son épouse,
Veissière aîné, du District.

Ces onze citoyens ne vinrent pas.

» NOMS DE CEUX QUI SE SONT TROUVÉS A DINER :

Le commandant *Joyeux,*
Roman,
Morel, dentiste,
Bermingham,
Lorrando,
Marchand, de Pessac,
Dassas,
Rey,
Hennuyer,
Le Maire de Talence,
Le Maire de Pessac,
Mandavy, de Gradignan,
Lacombe, président,
Bayle-Huscard, et un autre *Huscard,* son camarade.

Une partie de ces citoyens étaient accompagnés de leurs femmes, de leurs enfants, ou de quelque ami qu'ils invitèrent eux-mêmes. De sorte que, y compris les femmes, les enfants et cinq de la famille Raba, nous n'étions en tout que quarante ou quarante-deux personnes à dîner.

(1) Archives de la Gironde, série L.

» Les citoyens Raba n'ayant pas le plaisir de connaître Jullien' étant persuadés de celui que sa présence aurait fait à leur société, avaient prié les citoyens Lorrando et Bermingham, leurs amis, de l'y amener. »

Ici s'arrête l'histoire du dîner des frères Raba : il n'y manque absolument que le menu, — et nous regrettons cette lacune. — Garnier eut sans doute le bon esprit de rire, car rien n'indique que les riches israélites aient été autrement inquiétés à cette occasion. Quoi qu'il en soit, nous ne devions pas passer ces pages sous silence : elles ne seront pas les moins curieuses de notre livre, et leur principal mérite, dans tous les cas, est de rompre un peu avec la douloureuse uniformité des hécatombes de la Commission militaire et les ardeurs révolutionnaires du Comité de surveillance.

Le jour où on dînait chez Raba, M. de Gercy, l'ancien directeur des douanes de Bordeaux, acquitté par le tribunal révolutionnaire de Paris, grâce à l'influence toute-puissante du bordelais Delclou, lui écrivait de la capitale une lettre de laquelle nous extrayons le passage suivant : « Cambacérès me dit hier que Couthon allait à Bordeaux et partirait demain ou après-demain ; il aura des pouvoirs pour Bordeaux et Toulouse, Montpellier, Marseille et Toulon, et séjournera quelque temps aux eaux. C'est une excellente nouvelle pour les patriotes ; Cambacérès doit lui parler de nous avant son départ. »

Cette lettre nous révèle un fait peu connu.

Couthon, le sinistre cul-de-jatte que M. de Lamartine a voulu vainement chercher à poétiser dans son roman des *Girondins,* Couthon a été désigné un moment pour venir à Bordeaux ! Que serait-il advenu de la présence du destructeur de Lyon dans la patrie d'Ausone et de Paulin ? Nous osons à peine le conjecturer. Mais la Providence a daigné détourner de nous ce suprême malheur !

Nous sommes au 14 juillet. Dès le matin, les habitants

de la ville en habits de fête s'étaient rendus au Champ de Mars.

Garnier et Jullien, entourés des autorités constituées, ne tardèrent pas à y arriver à leur tour.

La fête commença. Au milieu de l'enceinte du Champ de Mars, sur un immense rocher, était simulée la Bastille. Au signal donné par le représentant, le peuple se lança à l'attaque de l'antique forteresse. *Des satellites du tyran* en défendirent vigoureusement l'accès, disent les écrits contemporains. Mais rien ne put résister à l'ardeur des patriotes, et bientôt le *dernier rempart de la monarchie* tomba sous leurs coups. Tout s'écroula : la statue de la Liberté s'éleva alors majestueusement au milieu des débris épars de la Bastille, et le drapeau tricolore déploya au grand jour ses éclatantes couleurs.

Après l'accomplissement de cette première partie du programme, Garnier, suivi des autorités constituées, s'avança au pied de la montagne. L'autel de la Patrie y avait été dressé.

Vingt-huit mariages furent célébrés en présence du peuple, et les époux prêtèrent serment sur l'autel. Cette cérémonie fut accueillie au bruit des acclamations populaires. Des danses s'organisèrent ensuite dans le Champ de Mars et des banquets patriotiques, où tous les rangs étaient confondus, leur succédèrent au milieu d'une joie générale. Ces agapes se renouvelèrent sur tous les points de la ville et les danses recommencèrent plus vives que jamais au Champ de Mars, sur les places publiques, dans les rues, et se prolongèrent jusqu'au jour.

Des témoins oculaires disent qu'un temps magnifique favorisa cette fête, et que le soleil le plus radieux inonda de ses rayons la foule accourue pour célébrer l'anniversaire de la première victoire du peuple sur la monarchie.

Pendant les journées des 13 et 14 juillet, la Commission

militaire avait interrompu ses séances. Elle les reprit le 15, jugea dix accusés et en envoya neuf à l'échafaud : c'étaient Pierre Larrouy, professeur d'écriture, Henri Quessard, Jean Vigor et les frères Rauzan, ci-devant nobles, François Cauderès, rentier à Talence, un ancien notaire et deux négociants. — Marguerite Hélies femme Larrouy fut condamnée à la détention jusqu'à la paix.

Afin de pouvoir faire face aux nombreux détails de sa mission, Garnier réglementa par un arrêté du 15 juillet l'ordre de son travail; il fixa trois jours par décade pour les réclamations individuelles, qui étaient reçues par lui de huit heures du matin à huit heures du soir, et consacra les autres jours aux opérations d'administration générale[1].

Le même jour, la nouvelle municipalité organisée par Jullien et à la tête de laquelle il avait placé, en qualité de maire, Thomas (de Sainte-Foy), faisait une adresse aux habitants de Bordeaux.

Elle y disait qu'elle avait à se défendre également et d'un *modérantisme coupable qui tue la liberté avec le langage de l'indulgence et de la philosophie, et d'une exagération perfide qui tue le patriotisme en calomniant la Révolution.* Elle ajoutait qu'elle connaissait les ennemis de la patrie, *que l'échafaud était là* et qu'elle les y conduirait avec courage. Elle terminait en exhortant les citoyens à se pénétrer du respect qu'on doit à la loi et à ses organes, et à se joindre à elle pour proscrire les restes impurs de la tyrannie qui souillaient encore les yeux des républicains [2].

Cette adresse était signée : P^re THOMAS, *maire*, et MOUTARD, *secrétaire greffier*.

Il fallait évidemment se mettre à la hauteur du patriotisme de Jullien.

---

[1] *Appendice*, note XXI.
[2] *Appendice*, note XXII.

Convaincu, selon ses expressions, que *les bons principes d'une commune tiennent à la bonne composition de sa Société populaire,* Garnier s'occupa sans retard du Club national de Bordeaux. Jullien, frappé de sa mauvaise composition au point de vue révolutionnaire, avait, on l'a vu, dirigé ses mesures vers une meilleure organisation. « Son plan était bon, dit Garnier, le travail était bien commencé; mais ce que l'énergie avait entamé, le modérantisme se proposait de le finir. » Il en conféra avec le jeune envoyé du Comité de Salut public, et reconnaissant *qu'un système d'épuration plus sévère amènerait une fin plus satisfaisante,* il prit d'accord avec lui, à la date du 16 juillet, un arrêté portant que le Club national continuerait ses séances publiques comme par le passé; qu'un jury populaire de quinze épurateurs serait nommé pour présider à l'admission des citoyens dans la Société et que les candidats auraient à répondre aux interpellations suivantes :

Depuis quelle époque es-tu patriote?

Quels ont été tes principes sur la Révolution?

Comment t'es-tu conduit comme citoyen privé?

Comment comme fonctionnaire public?

Quelle a été ton opinion sur l'établissement de la République?

Sur la mort du tyran?

Sur la révolution du 31 mai?

As-tu pris quelque part active dans la faction scélérate du fédéralisme?

As-tu été membre de la Commission populaire?

En as-tu publiquement appuyé le système par tes opinions ou tes écrits?

Ne t'es-tu pas fait remarquer par un langage et une conduite suivis de modérantisme?

Ceux des candidats qui seraient convaincus par le jury

d'être coupables de quelques-uns des faits ci-dessus détaillés devaient être rejetés de la Société populaire.

Cet arrêté fut affiché sur tous les murs de la ville [1].

Le même jour, la Commission militaire jugeait dix accusés, en acquittait un et condamnait les neuf autres à mort *comme aristocrates et ennemis de la Révolution*. Parmi ces derniers figuraient M. Rauzan de Macau, M. de Chillaud, et Mesdames de Malet femme Dussault et de Malet femme Melet, de l'arrondissement de La Réole.

On raconte que le soir même, au Club national, Lacombe fut dénoncé par un jeune homme qui avait assisté aux audiences du tribunal révolutionnaire et qui avait été indigné des formes homicides de la Commission militaire [2]. Le sinistre président réussit à se justifier; mais il n'en resta pas moins dans les esprits déjà prévenus une impression fâcheuse et qui attira l'attention de Garnier. L'heure n'était pas encore venue !

Le 17 juillet, le conventionnel fit afficher dans la ville et distribuer dans les chantiers de construction, les arsenaux et ateliers du port, un arrêté qu'il venait de prendre pour hâter la construction d'une frégate appelée *la Décade française;* on prétendait qu'il fallait deux mois pour l'achever; Garnier voulut démontrer la fausseté de ces calculs et proposa de la mettre à l'eau le 30 thermidor (17 août 1794). A cet effet, il réunit l'hôpital des Enfants trouvés à l'arsenal des constructions navales, alloua aux ouvriers et employés de la marine une livre et demie de Pain par jour, mit en réquisition tous les ouvriers nécessaires aux travaux et ordonna la mise en arrestation comme suspects de ceux qui tenteraient de se soustraire à cette réquisition [3].

---

[1] *Appendice,* note XXIII.
[2] O'Reilly, *Histoire de Bordeaux,* t. II, 2ᵉ partie, p. 62.
[3] *Appendice,* note XXIV.

Les 17 et 18 juillet, la Commission militaire ne tint pas de séance; elle siégea le 19, fit comparaître douze accusés, en condamna onze à mort et un à la détention jusqu'à la paix. On remarqua parmi les condamnés à mort : MM. Léonard Seur, homme de loi, Marc de Villeneuve, ancien diplomate, et de Rolland, de Fonroze et Duval, anciens parlementaires.

Garnier, comme ses prédécesseurs, avait eu dès les premiers jours de son arrivée à Bordeaux à se préoccuper de la question des subsistances et de l'approvisionnement de la ville. On trouve dans plusieurs comptes-rendus des séances du Club national la trace des préoccupations du conventionnel; on y voit que les paroles qu'il avait précédemment prononcées sur le commerce, et que nous avons citées plus haut, avaient été commentées de façon à lui faire juger une explication nécessaire.

Il la donna le 19 au soir : « On m'a reproché, dit-il, d'être l'ennemi du commerce. Non, non, je ne le suis point; je le suis de ces commerçants avides qui oublient qu'ils doivent au peuple l'abondance, qui resserrent leurs moyens quand ils peuvent en faire un usage utile à leurs frères. Les renseignements que j'ai reçus, que je recevrai encore, me mettront à même de donner de grands exemples : les monopoleurs, les spéculateurs égoïstes, les malveillants doivent trembler! » Garnier, continue le rédacteur du compte-rendu, parle ensuite des fruits dont les marchés sont si peu fournis, et il a donné une leçon vigoureuse à ces accapareurs en sous-ordre, dirigés souvent par de plus habiles qui se tiennent cachés. Il se plaint que des liquoristes détournent, pour une jouissance de luxe, ces mêmes fruits dont la consommation serait, dans la saison actuelle, si utile à la subsistance et à la santé du pauvre [1].

---

[1] *Journal du Club national* du 2 thermidor an II.

Les prunes à l'eau-de-vie étaient menacées de devenir contre-révolutionnaires!...

La bonne harmonie ne put régner longtemps entre Garnier et Jullien. Des différences d'âge et de position devaient séparer ces deux hommes. C'était fatal.

Jullien aurait voulu conserver quand même une main dans le gouvernement de la cité et garder un peu du pouvoir qu'il avait eu pendant sa mission intérimaire. Garnier, de son côté, n'était d'humeur à accepter d'une manière absolue ni les conseils, ni l'assistance de l'agent du Comité de Salut public; il l'éloigna de lui peu à peu. L'*ami* de Robespierre, prompt à saisir les difficultés de la situation, comprit que la lutte n'était pas possible; il se tint prudemment à l'écart, se bornant à adresser ses doléances au Comité. Il boudait au milieu des Julliénistes ses amis, entravant, quand il le pouvait, les mesures du représentant, répudiant le mal, s'attribuant le bien. Garnier a dit plus tard à la Convention que « Jullien, alors entouré d'une confiance usurpée, fut contrarié par lui dans ses mesures; qu'il cassa la Société populaire qu'il avait organisée dans sa chambre, pour en former une nouvelle avec le peuple réuni [1]. »

Quoi qu'il en soit, Jullien, par l'accessibilité de sa personne, par la confiance que sa jeunesse et ses allures inspiraient à ses partisans et par les relations de ceux-ci avec beaucoup de citoyens, était parvenu, nous l'avons indiqué, à connaître quelques-uns des actes coupables que la rumeur publique reprochait à Lacombe; aussi l'entendit-on souvent, dans des conversations intimes pendant son séjour à Bordeaux, parler en termes peu favorables du président de la Commission militaire.

Au nom de l'amitié, disait-il un jour à l'un de ses

---

[1] *Journal de la Montagne* du 7 fructidor an II.

affidés, évite tout rapport avec Lacombe; c'est un scélérat; je n'attends que quelques preuves suffisantes pour le faire arrêter.

Plus tard, dans un voyage à Blaye qu'il faisait avec plusieurs de ses amis, postérieurement à l'arrivée de Garnier, Jullien leur dit encore : Défiez-vous de Lacombe; c'est un scélérat que je ferais arrêter si j'avais encore des pouvoirs. J'en ai parlé à Garnier, qui en a la même opinion que moi, mais qui est d'avis d'attendre en le surveillant, afin de se convaincre lui-même avant de le faire arrêter.

On voit que Lacombe commençait à descendre de son piédestal et que l'éclatante vérité était prête à se faire jour.

Des bruits de concussion circulaient de bouche en bouche et minaient sourdement la puissance du sinistre président. Les faits se groupaient, s'amoncelaient lentement et ne devaient pas tarder à l'écraser.

Les plaintes de ses nombreuses victimes, quoique discrètes, n'en montaient pas moins de temps à autre jusqu'à l'oreille du représentant. Tout se disait dans le plus profond secret, car une parole imprudente de la part d'hommes moins avancés dans la Révolution que Jullien et ses confidents aurait pu s'éteindre à l'échafaud. La tombe seule est muette!

Lacombe payait d'audace, grâce à la redoutable position qu'il occupait, et ne semblait pas craindre les coups d'une adversité juste et prochaine...

La France était en guerre avec toute l'Europe, et nos armées avaient besoin de recruter de nouveaux soldats. Garnier remarqua quelque indifférence parmi la population pour le service militaire. Le 20 juillet, il adressa la proclamation suivante aux habitants du département du Bec-d'Ambès :

« Au milieu des succès de nos armées, de toutes parts triomphantes, il est des hommes indifférents et froids qui renoncent à l'honneur de partager les lauriers de nos valeureux soldats, pour traîner, dans le sein de l'oisiveté, une existence nulle et souvent perfide.

» De tels hommes, lâches par naturel, peuvent devenir dangereux par faiblesse, ou malveillants par intrigue.

» Obligés de se réunir aux Héros que la Patrie a appelés à sa défense, l'exemple de la bravoure peut en faire des soldats; mais le muscadinage ou l'oisiveté n'en feront jamais des Républicains.

» Bordeaux fournit de ces hommes qui, ne voyant que leur existence isolée, cherchent à se perdre dans l'immensité d'une grande population, pour se soustraire à ce décret révolutionnaire qui produit autant de Héros que de soldats.

» La Loi, dans un pays libre, n'est puissante qu'autant qu'elle n'excepte personne, et que personne n'a le droit de l'éluder; c'est déjà un larcin assez grand fait à la Liberté, que de lui avoir ravi les moments consacrés à son affermissement, sans vouloir étendre encore plus loin ce délit public.

» L'homme qui, appelé à servir son pays, lui ravit sa jeunesse et son bras, est un traître; et lorsque, rentrant victorieux dans leurs foyers, nos Héros, au milieu de nos embrassements, nous narreront leurs dangers et les efforts de leur courage, ils repousseront avec indignation, du sein de la société, ces êtres lâches et sans vigueur qui, sourds par trahison au cri de la Patrie quand elle était menacée, se rangent par crainte autour d'elle quand elle est triomphante. »

Neuf articles suivaient cette proclamation. Ils enjoignaient aux retardataires de la première réquisition d'avoir à se présenter sous trois jours au quartier général du département, pour s'y faire inscrire ou faire valoir leurs motifs d'exemption. Passé ce délai, les contrevenants seraient punis selon la rigueur des lois, ainsi que les pères et mères et autres parents ou citoyens qui leur auraient donné un asile.

Le jour même où Garnier édictait les dispositions que l'on vient de lire, une foule considérable et avide d'émotions occupait dès le matin les abords du local où siégeait la Commission militaire. Dès l'ouverture des portes, elle se précipita, tumultueuse, dans la salle des séances. D'où venait ce concours inaccoutumé? C'est que l'on devait ce jour-là juger la famille Guadet, de Saint-Émilion.

Lacombe présidait avec une ardeur cynique que la circonstance semblait accroître. On assure que Garnier ne dédaigna pas d'assister à ce procès, l'un des plus émouvants de cette sombre époque.

Les débats furent suivis avec une avidité curieuse et quelquefois interrompus par les applaudissements que l'auditoire accordait aux sorties violentes du président contre les aristocrates et les fanatiques.

La famille Guadet était accusée d'avoir recueilli les débris du parti de la Gironde.

Elle était composée de Guadet père, Marie Guadet, François Bouquey, Thérèse Dupeyrat femme Bouquey, et François-Xavier Dupeyrat père.

Aussitôt après leur arrivée à Bordeaux, les accusés avaient été interrogés par Plénaud et Huin, membres du Comité de surveillance.

Guadet père, vieillard de soixante-dix ans, assuma courageusement l'entière responsabilité des faits : « Tout le monde ignorait, dit-il, la présence de mon fils et de Salles; seul, je leur portais des aliments, du linge, et je descendais pour eux aux soins les plus vils de la domesticité.

— Qui te prévint de l'arrivée de ton fils? lui demanda Plénaud.

— Ce fut lui-même, répondit le vieillard; il vint à minuit se jeter à mes pieds en me priant de lui donner asile; que si je lui refusais, il se poignarderait. J'avoue que mes entrailles s'émurent et je ne sus pas le renvoyer. Cette conversation fut faite entre lui et moi; j'avais envoyé coucher les servantes; et, demeuré seul avec mon fils, à la faveur d'une échelle, je le plaçai avec son compagnon dans le grenier. Le lendemain, je répondis dans la maison qu'ils étaient partis le soir même. On le crut, et personne, jusqu'au moment de leur arrestation, n'a su qu'ils étaient chez moi. »

A l'audience, tous les accusés, aux questions que leur posa Lacombe, répondirent avec une touchante unanimité qu'ils savaient la présence de Guadet à Saint-Émilion et qu'ils n'avaient pas eu le triste courage de le dénoncer.

— Mais toi, dit Lacombe en s'adressant à Guadet père, tu eus un fils qui se couvrit du masque du patriotisme; il voulut la guerre civile, il fut mis hors la loi; tu devais le rejeter de ton sein! Pourquoi l'as-tu accueilli?

A cette horrible question, le vieillard eut un mouvement d'indignation; il ferma les yeux comme pour mesurer toute la profondeur de l'abîme, puis sa figure se rasséréna: « C'est le sentiment paternel, dit-il, qui a dicté ma conduite; il est bien difficile d'étouffer un pareil sentiment... »

— Devais-tu sacrifier les lois et la patrie à un scélérat? s'écria Lacombe. Il n'était plus ton fils! Tu aurais dû le chasser et te souvenir à cette heure-là de Brutus immolant son enfant.

Guadet père ne répondit pas, mais le peuple battit des mains!...

La Commission militaire condamna à mort les cinq accusés, qui, conduits au supplice au milieu des cris de *Vive la République!* payèrent de leurs têtes leur fidélité courageuse aux affections saintes de la famille.

Augustin de Massip et Jean Mendes furent condamnés à mort à la même audience pour crime d'*aristocratie*, et Joseph Lagasse fut assez heureux pour obtenir son acquittement.

Plus nous avançons, plus le tableau que nous avons entrepris de tracer s'assombrit. Le glaive des lois était entre les mains de tigres que des flots de sang ne pouvaient parvenir à désaltérer!

Le 21 juillet, dix-huit accusés furent amenés à la Commission militaire.

Trois furent acquittés : Aglaé de Martin-Marcellus, âgée de quatorze ans; Élisabeth Nau et Antoine Viser; le jugement ordonnait que Mlle de Marcellus serait conduite dans une maison d'éducation où, *grâce aux principes révolutionnaires qu'elle y recevrait, elle oublierait le lait aristocratique qu'elle avait sucé dès l'enfance.*

Cinq condamnés à la détention : Élisabeth Bernateau, de Martin-Marcellus fils, âgé de dix-huit ans, Pélagie de Martin-Marcellus marquise d'Escorailles, âgée de vingt ans, Pierre Lionois et Raymonde Chastel femme Laffon.

Et dix furent condamnés à mort : d'Albessard, avocat général au Parlement, Robert Faure, conseiller à la Cour des Aides, Suzanne-Thérèse de Martin-Marcellus, Raymond Larrendouette, Barret de Ferrand, Jacques Henri, Thérèse Thiac, Anne Bernard, Guadet Saint-Brice, ancien adjudant général à l'armée de la Moselle, frère du conventionnel [1], et le Père Dom Simon Pannetié, grand carme, le même qui, ayant échappé aux massacres du peuple lors de l'assassinat du vicaire-général Langoiran, vint échouer au tribunal de sang que présidait Lacombe [2].

Si l'on veut se rendre compte du degré d'exaltation où en était arrivé l'esprit public à Bordeaux sous l'impulsion des envoyés de la Convention et du Comité de Salut public, il faut se transporter au Club national et assister à la séance du 21 juillet au soir.

Il régnait une grande animation dans l'assemblée, qui était nombreuse. Lacombe s'y faisait remarquer; il paraissait joyeux et satisfait de sa moisson du jour : dix têtes avaient roulé sur l'échafaud! Quelques énergumènes le félicitaient...

---

(1) Ce dossier contient une curieuse lettre *autographe* de Guadet, relative à la journée du 10 août.

(2) On a dit (journal *l'Aquitaine*, année 1866) que le père Pannetié avait survécu à ce jugement. — C'est une erreur manifeste : le père Pannetié fut exécuté le 21 juillet, place Nationale, ainsi que l'établissent les registres de l'état civil de Bordeaux.

Tout à coup le président du Club réclama le silence et annonça qu'une députation de la *Section de la Loi* demandait à donner lecture d'une adresse qu'elle avait délibéré d'envoyer au conventionnel Garnier.

L'assemblée autorisa cette lecture. L'un des députés montant à la tribune lut le document suivant :

« Citoyen Garnier, Bordeaux marche à grands pas vers sa régénération; l'esprit public s'y montre d'une manière effrayante pour l'aristocratie; mais ce n'est pas assez de l'effrayer, de lui couper quelques membres, il faut à jamais l'anéantir! Il est temps de distinguer les bons citoyens de ceux qui ne méritèrent jamais de porter un si beau titre; il est temps d'arracher à ces derniers des cartes de civisme à l'aide desquelles ils ont jusqu'à ce jour échappé à la vengeance nationale. C'est à toi, Garnier, de seconder les patriotes dans un projet si utile; de leur tracer la route qu'ils doivent suivre; en un mot, de les mettre à même d'achever la Révolution dans cette commune, qui brûle de réparer ses erreurs funestes, et de mériter encore la reconnaissance de la patrie. »

Les sentiments exprimés dans cette adresse furent accueillis par d'unanimes applaudissements. Plusieurs orateurs félicitèrent la *Section de la Loi* de son énergie révolutionnaire.

Lacombe, à son tour, parut à la tribune. Son œil cruel et fauve brillait d'un éclat inaccoutumé.

« La section de la Loi, dit-il, acquiert dans ce moment un grand titre à la reconnaissance de tous les bons citoyens; elle vient d'être leur organe..... Elles ne seront donc pas sans fruit les invitations réitérées du tribunal militaire, il n'aura bientôt plus à gémir de voir prostituer le titre le plus précieux; en livrant à un juste supplice les ennemis du bien public, il ne condamnera plus des sections entières, devenues en quelque sorte les complices de l'aristocratie par leur inconcevable facilité.

» Où étiez-vous alors, bons citoyens de ces diverses sections? Par quelles manœuvres les ennemis jurés de la patrie ont-ils été placés sur la même ligne que vous? Accablés par le souvenir de vos égarements, craignant peut-être d'être dénoncés comme coupables par ces mêmes hommes contre lesquels vous aviez tant de motifs d'accusation, vous vous êtes éloignés, ou vous avez craint dans ces circonstances de dire la vérité. Cet éloignement, cette crainte sont sans doute bien condamnables; mais ils deviendraient un crime irrémissible si vous ne vous empressiez d'en corriger les funestes effets. Combien il doit être douloureux pour les membres de la Commission militaire de ne pouvoir se reposer entièrement sur le témoignage donné par une section entière! Qu'il est cruel pour les sections qui ont su se purger de tous les aristocrates, d'être exposées à la même défiance! Sortez enfin de cette stupeur dans laquelle vous avez été trop longtemps plongés! montrez-vous avec courage, tels, en un mot, qu'on vous voit aux séances du tribunal. Distinguez, comme lui, l'erreur du crime; c'est le vœu de la Convention nationale, du Comité de Salut public; c'est le vœu de la justice qui est la base des républiques! Conservez même au milieu de vous ces êtres faibles à qui votre présence et vos conseils peuvent donner de l'énergie. Mais point de grâce pour les principaux auteurs de vos égarements, pour ceux qui, avec connaissance de cause, voulaient rompre l'unité, l'indivisibilité de la République; point de grâce pour les aristocrates de 1789! *cette espèce est incorrigible......* Examinez la conduite entière des nobles, des prêtres, des robins, avant de leur accorder des certificats de civisme. *Des nobles, des prêtres, des parlementaires, bons citoyens! Sans-culottes de Bordeaux, pour le croire, il faut que ces messieurs aient mérité, par leurs actions civiques, d'être au moins pendus par l'aristocratie triomphante...... Poursuivons, démasquons, anéantissons tous les aristocrates!...* »

Les bravos de l'auditoire couvrirent ces inqualifiables paroles.

« S'il fallait donner à Garnier, dit Lacombe en terminant, des preuves non équivoques de l'esprit public qui anime déjà les Bordelais, je les présenterais à ses yeux tels qu'ils se montrent aux séances de la Commission militaire, applaudissant avec transport aux principes révolutionnaires, à la mort de tous les ennemis de la République!... (1). »

Garnier n'avait pas besoin d'être stimulé. Parlant après

(1) *Journal du Club national* du 8 thermidor an II, n° 10.

Lacombe, il déclara que *la terreur était nécessaire pour contenir les hommes faciles à se laisser égarer, et la mort pour délivrer la patrie de ses infâmes oppresseurs.* Il ajouta : « Ce n'est que par la mort de tous ses ennemis que le peuple français assurera le triomphe de sa liberté. »

Tel était le diapason du Club national au mois de juillet 1794.

Le 22 juillet, la Commission militaire jugea quinze accusés : deux furent acquittés, huit condamnés à la détention jusqu'à la paix, et cinq à mort. Ces derniers étaient Antoine Penin, ci-devant prêtre, Toussaint Lassabe, Pierre Rousseau, Bernard Guénot et Alexandre Perrier : ils étaient accusés de *fanatisme* et d'*aristocratie*.

Pour être conséquent avec les idées qu'il avait émises dans la séance du Club national du 21 juillet à la suite de la lecture de l'adresse de la section de la Loi, Garnier prit à la date du 23 un arrêté précédé des considérations suivantes :

« La Révolution est commencée à Bordeaux. Les conspirateurs périssent sous le glaive de la loi. La confiance et le courage renaissent dans le cœur de tous les patriotes vertueux; mais ils sentent la nécessité du complément de cette révolution, parce qu'ils savent qu'elle se fait pour eux.

» Ils cherchent à se connaître pour s'unir; ils veulent savoir à fond où sont leurs amis, et dans les mains de qui ils remettront leur confiance.

» Leur inquiétude défiante est le fruit de l'erreur où les ont fait tomber ceux qui les ont trompés, et cette défiance, haussant leur énergie, va doubler leur surveillance et les efforts que la Patrie attend de leur amour pour la Liberté.

» Ce ne sont pas les autorités constituées seules qu'il faut épurer pour consommer une régénération parfaite; c'est la cité entière : c'est à cette grande mesure qu'est attaché le succès du mouvement révolutionnaire, que le Peuple cherche à s'imprimer à lui-même.

» *Le flambeau de la surveillance à la main, parcourons l'intérieur de toutes ces maisons où l'œil du Patriote n'a jamais pénétré; sachons quels sont ceux qui les habitent; sachons d'où ils sont, ce qu'ils font, ce qu'ils pensent.*

» La sécurité publique est le résultat de la connaissance de tout ce qui l'entoure. *Le Peuple a droit de craindre, tant qu'il a sujet de se défier.*

» Il ne sait pas où sont tous ses ennemis, mais il sait qu'il en a encore ; c'est à nous à marcher avec lui pour les découvrir : la constance de nos poursuites les atteindra, et l'inflexibilité de sa justice les punira. »

Puis, en dix-sept articles, le conventionnel prescrivait à tous les citoyens sans exception, de 16 à 70 ans, de se rendre devant trois membres désignés dans leurs sections pour y déclarer leurs noms, surnoms, âge, le lieu de leur demeure, leur domicile antérieur, s'ils étaient propriétaires, locataires ou pensionnaires, leurs professions et moyens d'existence et le nombre de leurs enfants mâles ou femelles. Les filles sous puissance de père ou de mère, les femmes sous puissance de mari étaient dispensées de déclaration, pourvu que le père ou le mari fût présent pour la faire.

Les propriétaires ou principaux locataires devaient ajouter à leurs déclarations le nom, le lieu de la demeure, la profession et le nombre des locataires qu'ils avaient chez eux ou dans leurs maisons. Les maîtres de pension devaient déclarer leurs pensionnaires.

Il était accordé jusqu'au 30 thermidor pour l'exécution de cette mesure, et ce délai expiré, tous ceux qui ne s'y seraient pas conformés devaient être *traités comme suspects.*

En outre et pendant le mois de thermidor, aucun citoyen, étranger ou non à la ville, ne pouvait quitter Bordeaux sans justifier qu'il avait fait la déclaration prescrite par l'arrêté de Garnier.

Telles étaient les dispositions générales ordonnées par le conventionnel pour arriver à la régénération de la ville de Bordeaux : et les lettres, les arrêtés, les documents de cette néfaste époque étaient tous datés de *l'an II de la Liberté !!!*

L'arrêté de Garnier ne tarda pas à porter ses fruits.

« Les citoyens de la commune de Bordeaux, a dit plus tard le continuateur de Jullien, quoique égarés et victimes malheureuses de trois partis liberticides, ont toujours eu le cœur rallié à la Convention. Jaloux d'aller à la source de leurs maux, je prends, le 5 thermidor, un arrêté dont le but est de connaître tous les individus de Bordeaux, les étrangers qui y affluent, leurs ressources et leurs moyens d'existence. Je communique ma mesure au peuple, il en sollicite l'exécution, et bientôt l'infâme Duvigneau est arrêté... »

Garnier défendait ainsi son œuvre après coup, en lui attribuant d'ailleurs, outre les résultats indiqués, la chute de la Commission militaire et les poursuites contre les dilapidateurs de la fortune publique.

En ce qui concerne la Commission militaire, le conventionnel exagérait la portée de son arrêté : les événements de thermidor seuls, en effet, déterminèrent la chute de cette *caverne d'assassins,* comme l'appela le représentant du peuple Bordas le 2 février 1795 [1].

Depuis longtemps cependant les malversations du président Lacombe n'étaient plus un mystère. Au sein même du Club national les faits avaient acquis une certaine notoriété, car on lit dans le procès-verbal de la séance du 5 thermidor : « Lacombe est appelé et monte à la tribune; un membre demande sa suspension et communique au président, d'après le vœu de la Société, les raisons qui le déterminent. » Garnier allait-il enfin donner satisfaction aux légitimes aspirations de l'opinion publique ? Il n'en fut rien; le président annonça que les raisons qui donnaient lieu à demander la suspension de Lacombe, étaient des renseignements qu'il fallait prendre et qui exigeaient que la question fût ajournée [2].

---

[1] *Journal du Club national.*
[2] *Le Barreau de Bordeaux,* par M. Chauvot, p. 295.

L'exécrable président continua à siéger, et le 24 juillet il envoya à l'échafaud le négociant Barthélemy Toebaerts, et Bernard Augereau, ancien greffier de la sénéchalerië de Bordeaux.

Le soir même, il eut l'audace de se présenter au Club national pour y être *scrutiné*. « Le sociétaire qui avait demandé sa suspension la veille, dit le procès-verbal de la séance, déduit de nouveau ses raisons. Un autre se lève dans le même sens. *Lacombe réclame que tous ceux qui voudront désormais l'accuser fassent d'abord connaître leurs noms et leurs demeures.* Protestations dans les tribunes. Cependant, inculpé sur différents faits, Lacombe les a détruits, et sur la proposition du président Derey, les articulations sont reconnues sans fondement et Lacombe admis. »

Il remontait sur son siége le 25 juillet, et jugeait quatorze accusés : trois furent acquittés, sept condamnés à la détention jusqu'à la paix et quatre à la peine de mort. C'étaient quatre pauvres religieuses, les sœurs Girau et les sœurs Couraule; leur crime était le *fanatisme!*

Informé que le bois manquait entièrement à Bordeaux et que les boulangers n'en avaient même pas pour la cuisson du pain, Garnier prit un arrêté pour charger l'administration du département du soin d'approvisionner la ville (1).

Le procureur de la commune Tustet, dont le témoignage ne saurait être suspecté, écrivait au mois de juillet 1794 : « La postérité aura peine à croire les souffrances et les privations que les habitants du département du Bec d'Ambès ont éprouvées depuis environ un an.

» Ils se sont démunis de presque toutes les marchandises qu'ils possédaient, comme sucre, café, indigo, cacao, huile,

---

(1) Arrêté du 25 juillet 1794.

savon, toile, draps, étoffes, etc., pour en faire participer leurs frères.

» Ils sont réduits, depuis un an, *à huit onces de pain par jour,* encore est-il composé des plus mauvaises matières.

» Depuis plus de quatre mois, ils n'ont pas de savon.

» Il a été un instant où il n'y avait pas même de viande pour faire du bouillon aux malades. Que n'ont pas souffert les habitants des campagnes? Ils ont passé des dix-huit et des vingt jours sans un morceau de pain, et depuis plus de quatre mois qu'ils vivent dans cette privation, ils ne se sont nourris que des herbes destinées aux animaux, et dont ils les privaient.

» On a trouvé des hommes et des femmes morts de faim; d'autres, d'un tempérament plus robuste, tout enflés; d'autres, décédés au milieu des rues et des chemins; et il y a lieu de croire que sans les peines, les soins et les sollicitudes des représentants du peuple qui étaient à Bordeaux, la moitié du peuple eût péri [1]. »

Il est difficile de tracer un acte d'accusation plus douloureusement vrai contre la Révolution et la Terreur, que celui qu'on vient de lire et que Tustet écrivait pour célébrer les bienfaits du régime qui avait fait de Bordeaux et du département de la Gironde, si prospères sous la monarchie, un théâtre de ruines, de désolation et de mort!

Les 26 et 27 juillet, le Commission militaire jugea dix-huit accusés : six furent acquittés, un condamné à la détention jusqu'à la paix et onze à mort. Parmi ces derniers figuraient l'avocat Gratiolet, Arnaud Salvané, Marie Hélies, institutrice, Muller, Joseph Fumel, l'imprimeur Cavazza, Duvigneau, ancien procureur au Parlement [1] et le prêtre Durand de Ramefort.

Ce dernier procès mérite une mention spéciale.

---

(1) *Tableau des événements qui ont eu lieu à Bordeaux,* etc., par Tustet.
(2) Le dossier Duvigneau contient une lettre *autographe* de Robespierre.

Le 26 juillet, David, officier municipal, et Cassan, membre du Comité de surveillance, s'étaient transportés rue Tustal, n° 14, et avaient trouvé, au deuxième étage, un prêtre insermenté qui leur déclara s'appeler Léonard Durand de Ramefort. Les courageuses femmes qui lui donnaient asile, Marie Déchamp, Masson et Manisson, répondirent aux interpellations de Cassan qu'elles n'ignoraient pas que Ramefort fût prêtre, mais qu'elles ne l'avaient pas dénoncé parce que, dirent-elles unanimement, « *elles ne voulaient pas perdre leurs âmes pour sauver leurs corps.* »

Le prêtre et les trois femmes furent conduits au Comité de surveillance.

— Depuis quel temps, demanda-t-on à Ramefort, as-tu cessé tes fonctions de prêtre ?

— Jamais, tant que j'ai eu occasion de les exercer.

— Pourquoi n'as-tu pas prêté le serment ?

— Parce qu'il est contraire à ma foi et à la discipline de l'Église.

— Pourquoi ne t'es-tu pas présenté pour être déporté comme les autres prêtres insermentés ? Était-ce pour faire de malheureux prosélytes et pour devenir l'assassin des femmes simples qui t'ont logé ?

— Parce que la loi de l'Église romaine défend de se présenter aux persécuteurs, et que, selon les préceptes de Jésus-Christ, devant aimer mes frères jusqu'à donner ma vie pour leur âme, j'ai dû rester en situation de pouvoir instruire, consoler et fortifier.

— Quels sont les prêtres que tu connais ? Qui sont ceux qui allaient te voir ?

Ramefort refusa de répondre à ces deux questions.

Le 27 juillet, il comparaissait devant la Commission militaire.

Son interrogatoire est ainsi annoté de la main de Lacombe : *Prêtre insermenté et s'étant dérobé à la loi de la déportation; ayant fanatisé et aristocratisé de pauvres femmes qui voulaient absolument mourir avec lui.*

L'abbé Durand de Ramefort, ecclésiastique respectable, connu par son courage autant que par sa piété solide et éclairée, était, comme Duvigneau, une victime de l'arrêté de Garnier du 5 thermidor. Il présenta à ses juges un front où respirait le calme et la dignité d'une conscience tranquille et promena sur l'auditoire un regard assuré.

Lacombe fut ce jour-là d'une brutalité plus odieuse encore que de coutume.

Il interrogea le prêtre insermenté d'un air arrogant et dédaigneux.

Quand il eut décliné ses nom et prénoms, Lacombe, sans dissimuler sa joie sanguinaire, lui dit d'un ton sardonique :

— Eh bien! scélérat, te voilà donc traduit devant un tribunal populaire, toi qui as fait tant de mal à ton pays!

Et sans attendre de réponse, le président continua avec une extrême volubilité, s'adressant tantôt au prêtre et tantôt au public de sans-culottes qui remplissait la salle d'audience :

— ..... Tu n'as pas gémi d'avoir amené à la mort des femmes que tu égarais; tu souriais de les voir arrêter. Tu t'abreuvais du sang des hommes!... Un prêtre fanatique et contre-révolutionnaire, dit-il avec mépris, est un animal féroce qui dévore le cœur des hommes... Tu mourras seul... Nous tâcherons d'ôter de ce labyrinthe affreux ces femmes faibles qui ont eu le malheur de croire à tes prédications perfides.

Le prêtre gardait le silence.

— Veux-tu cesser d'être prêtre un moment, s'écria Lacombe! Veux-tu dénoncer les scélérats, les monstres de ton espèce, tes complices? Parle.

L'accusé ne parla pas longtemps. Son accent était ferme, sa voix sonore et sans émotion.

— Un prophète a dit que Dieu nous abandonnerait aux plus scélérats des hommes...

Des huées accueillirent ces paroles. Au milieu du bruit et des murmures qui cherchaient à couvrir la voix du prêtre, on entendit quelques membres de phrases :

— ... Je crois au mystère de l'Incarnation... La philosophie a aveuglé les hommes...

Ici la feuille d'audience écrit sèchement :

« *Le peuple l'empêche de parler.* »

Nous l'avons dit, le courageux prêtre fut condamné à mort.

La tradition rapporte que l'abbé Durand de Ramefort, s'adressant alors personnellement à Lacombe, lui dit ces paroles prophétiques : « Tu me condamnes et je suis innocent ; mais sache que la colère du Seigneur est près de tomber sur toi. Encore quelques jours, et ce même peuple qui t'applaudit te conduira à l'échafaud à coups de pierres... »

— Tu l'entends, peuple, vociféra Lacombe ! Crois-tu encore aux prophéties et aux miracles ? Non, le règne des fanatiques est passé ; tu n'es plus leur dupe !

L'audience fut levée après cet incident, au milieu d'une émotion générale.

L'heure de la justice divine était proche.

Lacombe, nous l'avons dit, devenait de jour en jour plus suspect ; son autorité sans limites, au sein du tribunal révolutionnaire, inspirait de l'ombrage aux meilleurs patriotes. On n'a pas oublié les paroles de Jullien à ce sujet. Les réclamations, timides autrefois, se produisaient ouvertement auprès de Garnier. Le représentant, qui avait les mains pleines, hésitait encore : il écoutait pourtant volontiers les dénonciations, car elles semblaient aller au-devant des projets qu'il mûrissait. Il voulait, en effet, sinon que la vérité se fît jour sur Lacombe, au moins qu'une justice moins maladroite dans sa violence remplaçât les formes arbitraires et par trop sommaires du tribunal de sang.

Il pensa que le moment était venu de réaliser ce qu'il considérait comme une amélioration propre à calmer les justes inquiétudes de l'opinion publique à Bordeaux.

Pendant que s'accomplissaient à Paris les événements de la journée du 9 thermidor, qui amena la chute de Robespierre et mit enfin un terme aux horreurs sanglantes du terrorisme, Garnier fit placarder sur les murs de la ville l'arrêté suivant qui, malgré sa longueur, mérite une citation entière :

« On a conjuré à Bordeaux contre la souveraineté du Peuple. Bordeaux doit être témoin des actes de la vengeance du Peuple. On a voulu y rétablir le trône de ses oppresseurs, la royauté. *Il doit vouloir, et il veut, qu'on y maintienne le trône des conspirateurs, l'échafaud.*

» Déjà plusieurs grands coupables ont satisfait à l'indignation du Peuple; mais tant qu'il en existera encore dans son sein, le Peuple n'est pas vengé.

» Jusques à quand, s'écrie dans Bordeaux cette classe perfide d'hommes qui, fiers de nos revers, s'alarment aujourd'hui de nos succès; jusques à quand produira-t-on sous nos yeux le spectacle terrible de la permanence du supplice ! Jusques à quand familiarisera-t-on les regards du peuple avec ces scènes sanglantes !

» Jusques à quand? Jusqu'à ce que Bordeaux ne compte plus d'ennemis dans son sein; jusqu'à ce qu'il n'y ait plus d'hommes qui s'épouvantent de la sauvegarde du Peuple; jusqu'à ce que Bordeaux ne puisse plus voir autour de lui que des Républicains et des amis. Il n'y a que le crime qui tremble devant le spectacle qui rassure l'innocence.

» Tant qu'il y aura des hommes effrayés qui s'apitoieront, il y aura de faux Patriotes déguisés qui nous massacreront. Citoyens, vous les connaîtrez à leur crainte. Il est dans la nature que le remords et l'effroi préparent et devancent le supplice des conspirateurs.

» Cependant, *au milieu des actes d'une justice terrible, il faut les formes d'une justice qui rassure.*

» La Commission militaire de Bordeaux a puni, d'une manière inexorable, de grands coupables, et les services qu'elle a rendus à la chose publique se mesurent sur la haine que lui vouent tous les partisans des condamnés; *mais la forme de son organisation prête à la calomnie des malveillants.*

» On a reproché à ce Tribunal de la précipitation dans ses jugements comme si on pouvait punir trop tôt les assassins du Peuple. On lui reproche d'avoir fait périr quelques Patriotes, comme si on pouvait mériter ce titre après avoir rivalisé contre la puissance émanée du Peuple, par une autorité usurpée sur le Peuple; comme si les Danton et les Hébert avaient été des victimes de la Liberté. On lui reproche d'avoir acquitté des coupables, comme si l'on pouvait supposer le Peuple assez injuste pour punir le citoyen crédule ou ignorant qu'on a trompé, avec la même rigueur que le corrupteur scélérat qui l'a séduit; comme si nous n'étions pas là d'ailleurs pour ressaisir ceux qui, par une astucieuse défense, se seraient soustraits au glaive des Lois.

» Au surplus, il ne faut pas laisser aux aristocrates le prétexte même de la calomnie; car il importe que la confiance du Peuple entoure pleinement une autorité qui juge de la vie ou de la mort, et que les bons citoyens soient tous convaincus que le Tribunal qui punit, est un tribunal qui protége.

» La Commission militaire, telle qu'elle existe, est imparfaitement organisée. *L'influence du Président y est trop prépondérante; c'est lui qui a le droit d'arrêter, de traduire devant lui, d'interroger, de poser les questions, de prendre les voix, de prononcer le jugement.*

» L'opinion du Peuple n'est point préparée par l'avis d'un magistrat qui, dans sa sévère impartialité, mette à découvert les faits qui inculpent, et les moyens qui justifient.

» *Les juges délibèrent dans le secret,* et cette forme d'opiner n'est ni satisfaisante pour le Peuple, qui cherche à fortifier sa conviction dans la conviction manifestée des juges, ni rassurante pour l'accusé, qui ignore quelles sont les voix qui se sont élevées contre lui, ni les motifs qui ont déterminé sa condamnation. Plus le Président, ainsi isolé, est patriote, plus il peut quelquefois être entraîné par l'ardeur de son patriotisme.

» Le Magistrat, sévèrement intègre, doit toujours craindre de surprendre l'homme occupant la place de juge.

» Il est tant de moyens de perdre un patriote, que c'est un beau jour de triomphe pour un Tribunal, lorsqu'il arrache un opprimé aux mains de l'aristocratie qui le poursuit.

» Pour clore la bouche à la malveillance, et rendre entièrement impuissants les traits de la calomnie, il faut donc, lorsque le Tribunal juge l'accusé, que l'opinion du Peuple puisse juger le Tribunal et que le prévenu n'ait à craindre que ses crimes, et jamais ses juges.

» Art. 1ᵉʳ — La Commission militaire, séante à Bordeaux, continuera à juger, au nombre de sept.

» Art. 2. — *Les membres qui la composent sont provisoirement maintenus, jusqu'à l'épuration que nous nous proposons d'en faire aussitôt que notre jugement sera suffisamment fixé.*

» Art. 3. — Tous les membres de la Commission sont tenus d'émettre leur opinion à haute voix. Ils peuvent auparavant délibérer entre eux, s'ils le jugent convenable.

» Art. 4. — Il y a auprès de cette Commission un accusateur public, qui donne ses conclusions dans toutes les affaires.

» Nous nommons, pour remplir cette place, le citoyen *Derey*, commissaire des guerres, d'un patriotisme éprouvé.

» Art. 5. — L'Accusateur public surveille l'exécution de tous les jugements.

» Art. 6. — Nul mandat d'arrêt ne peut être refusé sur son réquisitoire; *aucun ne peut être rendu s'il n'est signé au moins de trois juges et de lui.*

» Art. 7. — Nul détenu ne peut être jugé que vingt-quatre heures après que l'Accusateur public s'est adressé à l'Agent national du District et au Comité de surveillance, pour obtenir d'eux les pièces et les renseignements, pour ou contre l'accusé, dont ils peuvent être nantis.

» Art. 8. — Il est enjoint, tant à l'Agent national qu'au Comité, de satisfaire, sans aucun délai, et par le même message, à la demande de l'Accusateur public, la punition des traîtres ne pouvant être différée sans de justes raisons.

» Art. 9. — L'Agent national ou le Comité de surveillance peut demander la suspension de la mise en jugement du prévenu, en motivant les raisons d'utilité qui la déterminent.

» Art. 10. — *Toute fille ou femme traduite devant la Commission et dont tout le délit sera d'être fanatisée, si elle n'a ni prêché ni écrit pour communiquer ses erreurs, ne pourra être jugée que comme atteinte de folie.*

» Art. 11. — Il nous sera rendu compte tous les jours de tous les jugements prononcés.

» Art. 12. — Notre présent arrêté sera imprimé, lu, publié, affiché, et la Commission militaire sera tenue de s'y conformer, dès le 12 de ce mois.

» Bordeaux, le 11 thermidor, l'an second de la République française une et indivisible.

» Garnier (de Xantes).

» Tristan, *secrétaire de la Commission nationale.* »

Cet arrêté mettait un terme à l'omnipotence de Lacombe; mais hélas! il ne suspendait pas l'effusion du sang, et les Bordelais durent encore rester courbés sous l'intolérable tyrannie du système terroriste!...

Le président Lacombe jouissait toutefois de son reste; que l'on nous permette cette locution vulgaire. Le 29 juillet, le jour même où Garnier réorganisait la Commission militaire, cette sanglante juridiction statuait sur le sort de neuf accusés; quatre furent acquittés et cinq condamnés à mort : M. de Melet, l'architecte Sabarot, le notaire Séjourné, l'officier de santé François Vergès et M. Jérôme Dussault, de Morizès (arrondissement de La Réole).

Ces condamnations justifiaient l'arrêté du conventionnel.

Nous touchons à la fin du lamentable martyrologe dont nous avons entrepris le récit.

Avant de le terminer, consacrons pour n'y plus revenir quelques pages à Jullien, qui va disparaître tout à coup de la ville, en y laissant pour marques de son passage le souvenir des flots du sang généreux dont il abreuva le sol de la place Dauphine.

La dernière trace du jeune envoyé du Comité de Salut public à Bordeaux consiste dans un arrêté par lequel il instituait dans cette ville un jeu décadaire appelé *la Mort aux tyrans*.

Cet arrêté, peu connu, mérite une entière reproduction :

« Liberté. » Égalité.

» Marc-Antoine Jullien, membre de la Commission exécutive de l'instruction publique, envoyé par le Comité de Salut public à Bordeaux,

» Considérant que l'établissement de jeux et d'exercices publics tels que ceux dont l'histoire des anciennes républiques nous offre l'exemple, convient à la République française; qu'il peut concourir puissamment, par l'influence du physique sur le moral, à perfectionner le système d'une bonne éducation nationale; que les jeunes républicains, appelés à ces jeux publics, deviendront sains, robustes, courageux, adroits, s'enflammeront les uns les autres d'une émulation généreuse, d'un brûlant amour de la gloire et surtout du civique désir de se préparer à servir un jour leur pays ; que l'égalité, la fraternité, la justice, toutes les vertus républicaines qui devront présider à ces jeux, frapperont de bonne heure les âmes des citoyens de leçons et d'exemples utiles, et feront germer dans la génération qui s'élève, les bons principes, les heureuses habitudes, les penchants vertueux qu'étouffa trop longtemps un régime corrupteur et corrompu ;

» Considérant que, pour arriver à l'établissement de ces jeux, et en attendant leur organisation définitive dont pourra s'occuper sous peu la Commission d'instruction publique, il importe de faire des essais préparatoires qui puissent diriger dans ce travail et montrer la route la plus utile à suivre ;

» Considérant que les jeux provisoirement établis doivent, dès ce moment, affermir dans les cœurs des jeunes citoyens l'horreur de la tyrannie et en même temps qu'ils les forment à l'adresse et au courage,

» Arrête ce qui suit :

» Art. 1er. — Il sera provisoirement établi dans la commune de Bordeaux un jeu public décadaire connu sous le nom de *la Mort aux tyrans*.

» Art. 2. — Les jeunes républicains de quatorze à seize ans seront successivement réunis au Champ de Mars ; ils recevront des officiers municipaux chargés de présider aux jeux, des arcs et des flèches qui, transmis de mains en mains, leur serviront à abattre *une tête couronnée* qui sera leur *but*.

» Art. 3. — La tête sera faite de manière que les différentes parties soient susceptibles de se détacher les unes des autres et que plusieurs des concurrents puissent participer au prix ; tous les autres détails d'exécution sont laissés à la municipalité.

» Art. 4. — Le principal mérite sera de renverser la *couronne*, et le vainqueur aura pour récompense l'arc et la flèche avec lesquels il aura obtenu la victoire. Son nom sera proclamé dans l'assemblée du peuple.

» Art. 5. — La commune entière sera invitée à assister aux jeux dont l'heure et le lieu seront publiquement annoncés.

» Art. 6. — La municipalité, chargée de prendre tous les moyens convenables pour l'exécution du présent arrêté, devra nommer trois de ses membres pour présider au jeu, en rendre la célébration plus solennelle et décerner le prix au vainqueur.

» Art. 7. — Le présent arrêté sera envoyé aux différents districts du département du Bec-d'Ambès, qui sont autorisés à en faire usage, en admettant les modifications que les localités pourraient exiger.

» Art. 8. — La municipalité de Bordeaux rendra compte de l'exécution du présent arrêté au représentant du peuple Garnier (de Xantes), en mission dans le département du Bec-d'Ambès, qui est invité à vouloir favoriser et perfectionner l'établissement de ce jeu, qui ne sera point étranger à l'instruction publique dans ce département.

» Bordeaux, le 12 thermidor, l'an II de la République française une et indivisible.

» Signé : Jullien (1). »

Voilà les puérilités auxquelles en était arrivé l'envoyé du Comité de Salut public, depuis qu'il n'avait plus à gouverner la ville de Bordeaux et le département de la Gironde. Son imagination malade et déréglée n'avait plus les aliments substantiels de la politique; elle était descendue jusqu'aux plus enfantines élucubrations.

Et cependant Robespierre et ses complices, payant au même moment leur dette à la Révolution, succombaient par un juste retour des choses d'ici-bas, sur l'échafaud que leurs mains criminelles avaient fait dresser pour d'autres victimes.

Mais Bordeaux était encore dans l'ignorance de la journée du 9 thermidor.

Le 11, à la Convention, Tallien, le triomphateur du jour, avait dit en parlant de Jullien : « On avait mis à la tête de l'instruction publique un jeune homme de dix-neuf ans, un jeune homme que son âge appelle à la défense de la patrie aux frontières. On ne s'est pas contenté de cela; on a envoyé ce jeune homme dans un département du Midi. Là, il a exercé un pouvoir révoltant; il a fait couler le sang pour s'applaudir ensuite de ses actes arbitraires auprès de Robespierre et lui envoyer la liste de ses victimes... (2). »

Ces paroles sont peut-être singulières dans la bouche de

---

(1) Archives municipales de Bordeaux.
(2) *Moniteur officiel.*

Tallien qui, de concert avec Ysabeau, avait organisé à Bordeaux la Terreur, dont Jullien n'avait été après tout que le continuateur.

Plus tard, le conventionnel Courtois, dans son *Rapport sur les papiers trouvés chez Robespierre,* a apprécié dans les termes suivants le rôle joué par Jullien dans sa mission à Bordeaux.

« ... Ici c'est l'ignorance que la férocité mène au crime. Là c'est la jeunesse que l'inexpérience rend féroce. Bordeaux devient la proie d'un jeune homme de dix-neuf ans, cire flexible et complaisante dans les mains de Robespierre. Ce jeune homme le consulte sur tout, lui mande tout, lui dénonce les représentants du peuple, lui fait passer leurs lettres, lui dénonce jusqu'à des femmes dont il détaille les charmes, dont il trace l'itinéraire; écrit tantôt que l'esprit qui règne à Bordeaux est bon, que le riche même est prodigue de sacrifices, et tantôt peint cette ville avec des couleurs opposées : ce sont des autorités à purger, des hommes suspects qui nuisent au bien qu'on pourrait faire; il faut révolutionner Bordeaux, et pour y parvenir il ne demande rien moins à Robespierre, son bon ami, que les pouvoirs dont la nation investit ses représentants. Au dire du jeune Jullien, il faudrait tout révolutionner jusqu'aux postes, car il veut qu'on force les maîtres de poste à ne fournir de chevaux qu'aux agents de la République. Ce jeune homme veut tout gouverner. Ses lettres sont presque toutes autant de plans, dans lesquelles, après avoir usé assez largement du privilége de son âge, qui le porte à ne jamais douter de rien, il laisse échapper souvent des vues saines, quelquefois des sentiments humains qui font regretter de voir sa jeunesse livrée au dévorateur de l'humanité, de la morale et des vertus. Mais à côté de ces lueurs échappées par intervalles de son cœur et de son esprit, que d'ombres! que d'inconséquences! que de vœux, que de faits coupables!

» Sa mission est, dit-il, de multiplier les clubs; mais il ne borne pas là ses opérations; il voudrait étendre ses pouvoirs sur les représentations théâtrales, sur les conspirateurs, pour les arrêter; les étendre jusqu'à instituer des comités de salut public, jusqu'au droit de se faire adresser des dénonciations, de se créer des agents, d'avoir des finances pour les solder; il propose des plans pour réunir les Sociétés populaires ensemble et pour les associer à la responsabilité des représentants du peuple, afin de dominer par elles, et faire dominer dans ces Sociétés, comme dans les autorités constituées, les sans-culottes, en écartant les commerçants, les muscadins, les riches, dont l'aristocratie, dit-il, est à l'ordre du jour après celle du sacerdoce et de la noblesse. Partout, enfin, il s'attache à montrer qu'il est temps que les sans-culottes dominent.

» Il se dépite sans cesse contre Ysabeau dont la présence paraît le gêner; il n'aime pas que les Bordelais témoignent à ce représentant plus d'attachement qu'à lui : il n'aime pas plus Tallien, dont il annonce à Robespierre la prétendue arrestation. Il dit que le moment est venu de révolutionner Bordeaux, mais que celui qui voudra commencer ce travail, après des représentants modérés, ne sera pas aimé.

» Une lettre entre plusieurs décèle dans cette jeune âme ou des mouvements bien désordonnés de jalousie, ou de véritables germes de perversité. Ysabeau, l'objet de sa haine, est toujours l'objet de ses traits. Pour mieux le perdre, il le peint comme un ennemi du Comité de Salut public, à la louange duquel ce jeune oiseau bien sifflé ne cesse de chanter des airs.

» Après s'être plaint de ce qu'Ysabeau reste encore, il traite sa présence de rébellion aux ordres du Comité... Tout lui prouve qu'Ysabeau cherche même à le décrier...

» Jullien invite ensuite son ami Robespierre à faire

prendre des mesures sévères contre Ysabeau, comme violateur des arrêtés du Comité.

» Quelle fureur à dix-neuf ans!

» Nous devons cependant porter un œil d'indulgence sur les fautes d'un jeune homme qui, entouré des séductions du pouvoir, eût pu s'égarer davantage, et lui savoir gré peut-être, si ce n'est pas du bien qu'il a fait, de ce qu'il n'a pas au moins fait plus de mal; il faut ajouter ici à sa louange qu'il fut un des plus zélés dénonciateurs de Carrier; qu'il n'a pas tenu à lui que ce monstre ne fût rappelé; qu'il l'eût été sur-le-champ si vous n'eussiez pas eu alors des gouvernants dont les oreilles, fermées à la voix des amis de la patrie, ne s'ouvraient jamais qu'à celle de ses assassins. Vingt endroits des lettres de ce jeune homme qui attestent l'horreur que lui inspirait le bourreau des bords de la Loire, vous attestent aussi que son cœur ne sera point mort à la vertu, puisqu'au milieu des égarements de sa tête, il ne se ferma point à l'humanité. Que ce peu de mots que vous allez entendre, et qui est reproduit plus de vingt fois dans ses lettres, vous réconcilie avec lui : *Il faut sauver Nantes et la France... Il faut étouffer la Vendée qui renaît; il faut rappeler Carrier qui tue la liberté... Qu'on n'attende pas un jour pour rappeler Carrier...*

» Ah! qu'elle rentre à notre voix au bercail cette brebis que des cruels ont égarée! La foudre n'est que trop souvent sortie de cette enceinte! Le Dieu qui par le tonnerre fit annoncer sa puissance fera publier sa grandeur par le pardon [1]. »

Jullien — qui prit plus tard le nom de *Jullien (de Paris)* — servit sous le Directoire en qualité de commissaire des guerres, fit partie de l'expédition d'Égypte, fut employé

---

[1] Papiers trouvés chez Robespierre, etc. : Rapport de Courtois.

au retour dans les bureaux du ministre de la guerre, devint un apologiste fervent de Napoléon Ier et rentra dans la vie privée à la chute de l'Empire, en 1814. Il collabora à la rédaction de plusieurs journaux politiques, fut le directeur de la *Revue encyclopédique*, publia des ouvrages estimés dont l'un est relatif à l'*Emploi du temps* et mourut à peu près oublié vers 1840 ou 1841.

Le 30 juillet au soir, au Club national, Jullien annonça qu'il allait partir pour Paris et demanda un diplôme. « Le représentant Garnier, dit le procès-verbal de la séance, fait un discours sur le départ de Jullien; il lui témoigne qu'à juste titre il emporte l'estime de tous les patriotes, et que la preuve non équivoque que Jullien a fait le bien, c'est que les intrigants et les aristocrates lui vouaient une haine implacable; il lui rend justice sur sa manière d'opérer à Bordeaux; il lui dit que s'il arrivait qu'il fût obligé de retoucher à quelqu'une des opérations qu'il a faites, de remplacer quelques fonctionnaires publics, ce ne serait qu'après une entière conviction qu'il aurait acquise que Jullien aurait été trompé, étant sûr de ses intentions. Jullien répond, avec cette énergie qui lui est connue, au discours du représentant, et il prend l'engagement de déjouer auprès du Comité de Salut public les malveillants qui voudraient encore calomnier Bordeaux. Un membre propose que le président donne l'accolade fraternelle à Jullien; elle a lieu aux cris de *Vive la Montagne! Vive le Comité de Salut public!* — Une citoyenne descendant des tribunes demande d'avoir le même avantage au nom des citoyennes de Bordeaux. Elle embrasse Jullien, en lui recommandant de *les* remettre aux frères de Paris [1]. »

Le 31 juillet, la Commission militaire tint sa dernière séance. En conformité de l'arrêté de Garnier du 11 thermidor

---

[1] *Le Barreau de Bordeaux*, par M. Chauvot, p. 299.

l'accusateur public Derey assistait à l'audience et présenta ses conclusions; deux accusés seulement furent jugés et condamnés à mort : c'étaient M. François de Montjon, de Sainte-Eulalie-d'Ambarès, qui déclara *rétracter en présence du peuple le serment de fidélité qu'il avait prêté à la patrie et ne pouvoir aimer la République puisqu'elle établissait des principes que sa conscience lui défendait de suivre,* et M. Joseph Dagarry, ancien notaire, qui fut *convaincu d'aristocratie et du fanatisme le plus outré.*

Après cette sanglante besogne qui clôturait, sous les auspices qui l'avaient inaugurée, l'œuvre de la Commission militaire, Lacombe alla faire visite à Jullien qui partait pour Paris.

Jullien le reçut en même temps qu'un dentiste, qu'il avait fait appeler pour des soins de toilette.

La conversation ne fut pas longue entre ces deux hommes. On assure qu'en le reconduisant jusqu'à la porte, Jullien lui dit à demi-voix, mais de façon à être entendu du dentiste : *Adieu, scélérat, adieu; incessamment tu porteras ta tête sur l'échafaud!*

Lacombe blêmit, mais il ne trouva pas un mot à répondre et se retira poursuivi par de funèbres pressentiments.

Tout cependant paraissait calme, et nul indice ne pouvait faire supposer un cataclysme imminent pour le président redouté de la Commission militaire.

Dans la nuit du 31 juillet au 1er août 1794 (13 au 14 thermidor an II), Garnier reçut un courrier extraordinaire qui lui portait la nouvelle officielle des événements du 9 thermidor, de la chute de Robespierre, de sa mort et de celle de ses complices.

Le conventionnel fut atterré; il pouvait à peine en croire ses yeux et les récits du *Moniteur*[1]. Il fit appeler quelques

---

(1) *Appendice*, note XXV.

intimes et sollicita leurs conseils. Après de mûres réflexions, Garnier comprit qu'il était perdu s'il ne faisait pas immédiatement une volte-face qui lui concilierait les habitants de la ville.

Un homme lui parut, ainsi qu'à ses conseillers, naturellement désigné pour devenir le bouc émissaire d'un passé que la chute de Robespierre rendait doublement criminel...

Cet homme, c'était Lacombe.

Martignac père avait apporté sa pierre, on ne l'a pas oublié; d'un autre côté, Garnier avait patiemment et secrètement réuni des indications aussi précises que possible sur les prévarications du misérable.

Il n'hésita plus et ordonna sur-le-champ son arrestation.

Il attendit, non sans impatience et sans une inquiétude qu'il pouvait à peine dissimuler, le résultat de l'ordre tardif que venaient de lui arracher les circonstances bien plus que l'intérêt public.

Il fut promptement rassuré.

Le terrible président, qui habitait *l'hôtel des Irlandais,* rue du Hâ, fut éveillé vers deux heures du matin par les envoyés de Garnier; ceux-ci lui annoncèrent la fatale nouvelle. Il voulut discuter; on lui montra l'ordre écrit du conventionnel, et ses doutes cessèrent. Il éprouva alors comme une sorte d'affaissement intellectuel et moral, dont on s'empressa de tirer parti pour assurer son arrestation. Il fut aussitôt conduit, en attendant l'heure de l'expiation, dans l'une des prisons qu'il avait si bien su remplir et vider tour à tour pendant les dix mois de son pouvoir exécré.

La Terreur était finie!...

Nous compléterons ce chapitre, comme nous l'avons fait pour les deux précédents, par le bilan judiciaire de la période que nous venons de parcourir, et qui, commencée le 2 avril, s'est terminée le 31 juillet, avec la chute du président Lacombe.

En voici le tableau résumé :

CONDAMNÉS						ACQUITTÉS.		
à mort.		aux fers ou à la détention, avec ou sans amende.		à l'amende, avec ou sans peine accessoire de l'exposition.		HOMMES.	FEMMES.	ENFANTS
HOMMES.	FEMMES.	HOMMES.	FEMMES.	HOMMES.	FEMMES.			
167	42	5	25	5	»	61	13	5
209		30		5				
244						79		

Soit, en quatre mois, 244 condamnés de toute nature et 79 acquittés.

Les chiffres de la période antérieure avaient présenté 115 condamnés de toute nature et 251 acquittés.

Le lecteur comparera !

CHAPITRE VI

STATISTIQUE DE LA COMMISSION MILITAIRE.

La justice révolutionnaire. — Nomenclature des crimes inventés par la Terreur. — Liste des personnes qui ont comparu devant la Commission militaire. — Tableau récapitulatif du chiffre des condamnations et des acquittements. — Total des amendes. — Opinion de Lecointre sur la Commission militaire. — Classement des condamnés et acquittés par professions. — Leur âge au moment de la comparution devant le tribunal. — Le suicidé Bertonneau. — Une pensée de Chateaubriand.

Un éminent magistrat de la Cour de Bordeaux a publié il y a quelques années, sous ce titre : *La Justice révolutionnaire,* un remarquable travail contenant un résumé, écrit à grands traits, de l'œuvre accomplie par la Commission militaire pendant les dix mois de son existence.

Ce résumé, substantiel et serré, expose les principes qui ont guidé le sanglant tribunal, et trace, pour ainsi dire, le code des crimes inventés par la Terreur pour faucher des têtes innocentes et asseoir sur un lit de cadavres le régime que le Comité de Salut public avait audacieusement essayé d'organiser en système de gouvernement.

Nous empruntons au travail de M. Fabre de La Bénodière les pages où il trace l'épouvantable nomenclature des crimes révolutionnaires.

Toute âme sensible frémira à la lecture de ces pages qui complètent admirablement les trois chapitres que nous venons de consacrer à la Terreur à Bordeaux.

Peut-être y trouvera-t-on quelques répétitions avec ce que nous avons écrit déjà; mais jamais, de l'avis des honnêtes gens de tous les partis, la lumière ne se fera assez éclatante sur les horreurs du système terroriste. Aussi, ne croyons-nous pas devoir insister sur ce point.

Par suite de l'autorisation qu'il a bien voulu nous accorder et dont nous lui exprimons ici nos sentiments de vive reconnaissance, nous cédons la parole à M. de La Bénodière.

« Lacombe a pris soin de nous faire connaître les principes dont s'inspirait sa justice. Voici quelques lignes d'un article écrit par lui dans le *Journal du Club national* sur la Commission militaire : « Le peuple voulait
» absolument être libre... des êtres corrompus s'opposaient
» à sa volonté... de là, la création de tribunaux chargés de
» le venger et de le délivrer promptement de ses ennemis.
» Les tribunaux ne doivent pas être assujettis à des *formes*
» qui presque toujours furent *favorables au crime*... Il
» s'agit moins sans doute de *punir* les ennemis de la patrie
» que de les *anéantir;* mais il faut le temps de les
» reconnaître... Il faut que les tribunaux révolutionnaires
» soient l'égide du patriotisme, de la vertu, — le tombeau
» du vice et de l'aristocratie. »

» Son programme était l'extermination. N'était-ce pas d'ailleurs celui du Comité de Salut public? « L'homme qui
» terrasse les ennemis du peuple, fût-ce avec un excès de
» zèle, ne peut être inculpé devant vous... Que n'est-il pas
» permis à la haine d'un républicain contre l'aristocratie? »
C'est en ces termes que l'odieux Barère justifiait Joseph Lebon à la séance du 21 messidor an II.

» Fouquier-Tinville, de son côté, ne comprenait pas autrement que Lacombe la mission de la justice révolutionnaire : « Les individus envoyés au tribunal, disait-il dans
» sa défense, n'étaient pas des prévenus qu'on me donnait
» à juger; c'étaient des condamnés qu'on me chargeait de

» faire périr : je l'ai fait; j'étais la *hache de la Convention.*
» Punit-on une hache ? »

» Lacombe avouait hautement ses principes à l'audience : à l'un, il disait : « Tu parais devant un tribunal qui ne » *pardonne* jamais à *l'aristocratie.* » A un autre : « Ici nous » *empêchons les aristocrates de parler;* nous empêchons » les patriotes de se justifier; tu seras pardonné : les » *patriotes* ne doivent pas craindre devant un tribunal » républicain. » Et savez-vous ce que c'était qu'un patriote ? « Les meilleurs étaient les *Jacobins,* les *Maratistes,* les » *Anarchistes,* tous les républicains *imperturbables* qui » *ramaient* dans le sens de la révolution et ne *consultaient* » *que leur cœur et la nature* [1]. »

» La procédure devant la Commission militaire était des plus simples. Les prisons étaient remplies de gens arrêtés sous les plus futiles et les plus ridicules prétextes. Beaucoup périrent, la plupart contractèrent des infirmités dans les humides et infects cachots où ils étaient entassés. Ce n'était qu'après plusieurs mois de captivité, quelquefois de *secret,* qu'ils étaient interrogés par les membres du Comité de surveillance ou ceux de la Commission militaire. Tous les jours d'audience, ceux-ci se réunissaient en costume et déjeunaient ensemble. Lacombe dressait alors la liste de ceux qu'il voulait juger, et qui étaient avertis de leur comparution par les soldats de l'armée révolutionnaire qui venaient les chercher.

» Un des juges, paraît-il, faisait le rapport de l'affaire. Il existe encore quelques-uns de ces rapports écrits... Il y a cependant lieu de croire que Lacombe, dont on trouve des annotations dans la plupart des dossiers, se chargeait, en général, d'expliquer l'affaire à ses collègues, sur lesquels il exerçait un empire presque absolu. On prononçait sur les

---

[1] Cour d'appel de Bordeaux : fonds révolutionnaire. Dossiers Marandon, Lafargue et Guignard.

notes du Comité de surveillance, chargé de fournir « *la besogne* » au tribunal, et sur les dénonciations écrites que l'on opposait à l'accusé, qui demandait presque toujours en vain à être confronté avec leurs auteurs.

» Quand l'arrêté des représentants eut créé une défense, elle fut bientôt rendue illusoire : les défenseurs étaient *choisis,* ou tout au moins *approuvés* par la Commission militaire, qui les envoyait parfois prendre des renseignements dans les affaires. Il y avait parmi eux de véritables espions chargés de surprendre les confidences des détenus dans les prisons (où le *moutonnage* le plus odieux avait, du reste, été organisé par Ysabeau), et qui ne se faisaient pas faute de dénoncer leurs propres clients. Ils étaient entendus avant l'interrogatoire, jugeaient prudent de lire un mémoire écrit habituellement par l'accusé, et avaient grand'peine à se faire pardonner le moindre effort pour obtenir un acquittement. Lacombe procédait alors à l'interrogatoire qui n'était, le plus souvent, qu'une violente réfutation de ce qui venait d'être dit; si l'accusé voulait parler : « Tais-toi, » lui criait Lacombe furieux, *le tribunal est fixé sur ton » compte!* » Phrase restée célèbre et qui se trouve consignée sur les notes d'audience. Il lui arriva d'ajouter : « Le soin » que tu prends *de te blanchir est un crime de plus.* »

» Souvent l'auditoire se chargeait d'imposer silence au malheureux auquel on lisait le décret de mise hors la loi du 6 août ou celui du 27 mars, ainsi conçu : « La Convention... » déclare la ferme résolution de ne faire ni paix ni trêve aux » *aristocrates* et à *tous* les *ennemis* de la Révolution. Elle » décrète qu'ils seront *tous* hors la loi. »

» L'arrêt, prononcé aux cris de vive la République! était immédiatement exécuté par « *l'homme chargé de clore la procédure* », qui attendait et préparait ses victimes dans le cabinet même de Lacombe.

» On fit comparaître, avec des vieillards de quatre-vingts

ans, des enfants de douze, treize et quatorze ans, qu'on mit cependant en liberté après leur avoir fait prêter, « en présence » de l'Être Suprême, le serment d'aimer la République, de » mourir pour elle, de ne plus écouter les prêtres imposteurs » qui détestent la liberté, de les *dénoncer,* ainsi que tous les » conspirateurs et les ennemis de la République, de mourir » mille fois plutôt que de trahir ce serment. »

» Après leur acquittement, quelques prévenus reçurent du président l'accolade fraternelle : presque tous l'avaient mérité.

» Les accusés, d'abord jugés successivement, le furent plus tard en *masse,* jusqu'à dix-huit à la fois. Un seul et vague considérant suffisait pour envoyer treize personnes à l'échafaud, notamment des femmes, «*pour n'avoir pas accepté la constitution du 24 juin 1793* ». Neuf personnes furent exécutées le 27 messidor, parce que « *presque toutes* » n'avaient pas accepté cette constitution que les *bons* » *Montagnards* ont donnée à la France et qui fait le » bonheur de *tous les bons Français.* » Et comment pouvait-elle le faire ? Suspendue d'abord par le décret du 10 octobre, son exécution avait été indéfiniment ajournée par le décret du 14 frimaire an II (4 décembre 1793). On sait qu'elle n'a jamais été mise en vigueur.

» ... Il y a quelque chose de plus horrible encore que le nombre et la nature des condamnations prononcées par la Commission militaire : c'est la futilité ou l'absence de leurs motifs. Il suffisait d'un simple délit, pourvu qu'il eût été commis avec des intentions contre-révolutionnaires. C'était encore une découverte de Merlin (de Douai). Peu importait d'ailleurs qu'il eût déjà fait l'objet d'une poursuite. On reproche à Basseterre d'avoir, à une époque éloignée, détourné un ecclésiastique de prêter le serment civique : « *J'ai déjà été jugé pour ce fait,* objecte-t-il. — Ceux qui » vous jugeaient alors étaient d'accord avec vous, lui répond

» Lacombe. — En ce temps-là, les opinions étaient libres, » murmura Basseterre. On lui fit bien voir que ce temps-là était passé.

» ... On était condamné rétroactivement pour des faits que la loi n'avait pas encore défendus; par exemple, Jeanne Mamy, pour avoir, *avant l'abolition de la royauté,* vendu des gilets fleurdelisés sur lesquels était brodé le nom de la reine; et Gautier, pour s'être procuré de l'argent pour les besoins de son commerce dans l'Inde, alors que, d'*après la loi,* l'argent était une marchandise : « Mauvaise raison devant un tribunal du peuple, lui dit Lacombe, *tu avais la loi souveraine du salut du peuple.* »

« Ce n'étaient pas seulement les actions qui tombaient » sous le coup » des poursuites, « mais des paroles, des » signes, des pensées même [1]. »

» Albespy fut arrêté « pour des *motifs bien prononcés de suspicion d'incivisme.* »

» Un La Roque fut déclaré convaincu d'avoir eu des *intérêts* et des *intentions contraires au maintien des droits de l'homme.*

» A défaut de faits, on vous reprochait d'être *aristocrate,* ce qui comprenait tout le monde, les riches comme les pauvres, les nobles, les ouvriers, les modérés, les *feuillants,* les robins, les couturières, les enfants.

» L'épicier Dat fut accusé d'avoir du *penchant* pour l'aristocratie.

» Grangeneuve cadet, d'avoir abusé *de ses talents pour la lecture* et d'une sensibilité *factice,* pour faire passer dans les âmes le *poison subtil de l'aristocratie.*

» Tout aristocrate était déclaré *méchant* [2] : *leur silence même portait le caractère de la perfidie* [3].

---

[1] Montesquieu.
[2] Dossier Burdin.
[3] Dossier Bizat.

» L'*insouciance,* le *modérantisme* étaient plus criminels encore. *Paraître insouciants,* c'était se faire considérer comme des *modérés,* hommes *plus suspects encore* que les aristocrates décidés [1].

» Il fallait *s'atteler au char de la République* pour le faire arriver plus vite à son but.

» On était poursuivi pour avoir *fourni des idées* à l'auteur d'un article;

» Condamné pour avoir osé dire ce *blasphème,* que la France « ne serait heureuse qu'en ayant une *Chambre haute* et une Chambre basse comme en Angleterre »;

» Pour avoir traité d'*horrible* la journée du 10 août;

» Pour avoir *parlé* contre les journées des 2 et 3 septembre;

» Pour avoir *calomnié les vertueux Marat, Danton et Robespierre,* et s'être écarté du respect que tout citoyen doit aux sages législateurs composant la Montagne *tutélaire,* qui est l'écueil de tous les ennemis de la République;

» Pour avoir *blasphémé* la représentation nationale dans la personne de Treilhard et Mathieu, et aussi pour avoir tenu les *propos les plus insidieux* contre les représentants du peuple, en les traitant de *voleurs et d'assassins;*

» Pour avoir *osé faire l'éloge de Bordeaux dans une lettre* du 29 août 1793;

» Pour avoir *calomnié* de la manière *la plus indécente* le peuple français, en *paraissant craindre* qu'il se portât au pillage des marchandises.

» Crainte assez fondée d'ailleurs, car un autre — Goudal — était accusé de s'être servi d'*expressions indécentes* contre le peuple, lorsque, *justement* indigné par l'*enchérissement* des denrées et l'*agiotage* des riches, il se porta à quelques

---

[1] Dossier Durey-Longa.

excès sur la place de la Convention (place d'Aquitaine ou Saint-Julien). C'était toujours la faute des riches!

» C'était un crime de préférer sa marchandise ou le « *numéraire* qui porte l'*empreinte des tyrans* aux » assignats, ce papier national, cette monnaie *précieuse* » à laquelle on doit la liberté. »

» Les comparer à des *pétards* ou manifester la crainte qu'ils fussent *rongés par les rats,* c'était par d'indécentes expressions « déceler la pusillanimité de son âme et sa » haine profonde de la Révolution. »

» Le *négociantisme* était encore un crime : c'était « *l'aristocratie de l'ignorance, de l'orgueil et des* » *richesses.* »

» C'était un scandale de n'être pas ruiné : « Comment » avez-vous pu augmenter votre fortune dans le cours de » la Révolution, demandait-on à d'Egmont et à Bertrand? » Le *maximum,* l'impôt d'un milliard sur les riches, les taxes révolutionnaires, les dons *volontaires,* les demandes de la municipalité et des sections pour les subsistances ou les offrandes à la patrie, n'étaient pas faits pour enrichir. On faisait débarquer, par exemple, des vins destinés à l'exportation, et on *maximait* à 300 fr. ce qui revenait au négociant à 470 [1].

» Chacun était tenu d'avoir affichés à sa porte la nature et la quantité de ses marchandises, avec l'offre de vendre à *tout venant* au prix imposé.

» Le négociant ruiné déposait-il son bilan, c'était un nouveau crime, et un arrêté des représentants en mission à Bordeaux [2] en fit tellement redouter les conséquences, que l'on n'entendit bientôt plus parler de faillites. Tallien écrivit à la Convention qu'il avait *assuré* le commerce.

» Deux cents *gros négociants* avaient été arrêtés dans la

---

[1] Dossier Gaschet-Delisle.
[2] Arrêté du 18 nivôse an II.

nuit du 9 au 10 frimaire, par mesure de sûreté générale ; leurs livres avaient été saisis, et on y avait cherché un mot, une crainte, une opération qu'on pût incriminer. On incriminait jusqu'aux *ratures* : « Convaincu, lit-on dans » le jugement de condamnation d'Auguste Journu, que la » perfidie, qui a multiplié à l'infini les ratures de la » correspondance de l'accusé, doit *naturellement faire* » *supposer* au tribunal des *crimes encore plus atroces*... » — Ailleurs, on avait trouvé des ratures... et des phrases qui *semblaient annoncer* de la haine pour Marat et un *penchant* pour les *antagonistes de l'ami du peuple* [1].

» On ne pouvait plus ni penser, ni écrire. On ouvrait toutes les lettres ; on cherchait à y surprendre jusqu'au secret des âmes ; on ne pardonnait ni les désirs, ni les regrets, ni les souvenirs, ni les espérances, ni la pitié, ni les larmes, ni la fidélité au malheur.

» Garder un commis contre-révolutionnaire ;

» S'être trouvé à table avec son propre frère, dont la tête était tombée depuis sous le glaive de la loi ;

» Avoir eu la *lâcheté* de verser des larmes sur la mort de Capet ;

» *Paraître* même, *dans une lettre*, s'être apitoyé sur le sort de ce *monstre couronné* et de sa *race dévorante* [2], étaient causes suffisantes de mort.

» Duranthon fut condamné pour crime de fidélité à Louis XVI : *Damnatus fidei crimine, gravissimo inter desciscentes* [3]. « Ministre de la justice, il était seul resté » fidèle à ce *scélérat,* alors qu'il fut abandonné de tous les » autres. »

» Est-ce tout encore ? Non.

» De pauvres pères, de pauvres mères, furent guillotinés

---

[1] Dossier Wustenberg.
[2] Dossier Leroy et Capelle
[3] Tacite, *Histoires*, I, 59.

pour avoir écrit à leurs propres enfants et leur avoir envoyé de l'argent.

» Et blâmant la pitié filiale, Lacombe osa dire à Sophie Groc : « Quoique tu dusses de la reconnaissance à ton » père, tu en devais à ta patrie. *Tu n'aurais pas dû » chercher à sauver ton père.* »

» Quand tout nous manque ici-bas, les plus indifférents se souviennent de Dieu et lui demandent la résignation et l'espérance. C'était encore un crime et le plus irrémissible de tous : le *fanatisme*.

» Des décrets proclamaient la liberté des cultes, et cependant on était un fanatique quand on signait pour la réouverture des églises.

» Croyait-on ensevelir le secret de sa prière dans les profondeurs de ses demeures, « l'œil clairvoyant des » sans-culottes venait vous y surprendre, et on *gobait* » *l'animal noir* » qui disait la messe, avec tous ceux et celles qui l'avaient recélé. Le 16 messidor, treize personnes furent exécutées pour ce fait.

» Une empeseuse, Marie Gimet, cachait des prêtres depuis six mois; elle mourut avec eux. Devant ses juges, elle déclara que *c'était le bon Dieu qui les lui avait envoyés.* Elle avait raison, c'était bien lui; car ils étaient malheureux et proscrits!

» Leur faire seulement l'*aumône*, c'était sauver la vie à des « *serpents* et avoir de la vertu une fausse idée, l'existence » de ces monstres étant un fléau pour l'humanité » [1].

» Enfin,... au moment d'engager la liberté de son cœur, quel est celui qui ne se sent pas effrayé de la fragilité des affections humaines et ne cherche pas à se rassurer, en demandant à Dieu de conserver son amour et de lui donner, en le bénissant, un peu de son éternité? Eh bien!

---

[1] Dossier Bienvenu.

c'était encore là du fanatisme et la *d'Argicourt* fut accusée, avec le comte de Fumel, son père, d'avoir « fait marier » dans des caves des personnes qu'ils avaient aristocra- » tisées » [1], et elle fut condamnée à mort.

» Toutes les fois qu'un prêtre comparaissait devant Lacombe, sa fureur ne connaissait plus de bornes, et « les expressions lui manquaient pour l'insulter » [2].

» Quant aux *parlementaires* et aux *robins,* on peut juger du sort qui les attendait par ces paroles de Lacombe au conseiller Terrefort : « Lorsqu'un ci-devant conseiller paraît » devant un tribunal, s'il veut être sauvé, il faut qu'il » prouve *qu'il aurait été rompu vif* par l'aristocratie » triomphante. »

» Et ni l'âge, ni les vertus, ni les infirmités des magistrats ne les mettaient à l'abri des plus grossiers outrages.

» Le 22 messidor, le Parlement monta une AUDIENCE ROUGE : sept conseillers et deux avocats généraux, coupables d'avoir rendu une autre justice, empourprèrent l'échafaud de leur sang.

» Certains jugements d'acquittement furent des flétrissures. Je n'en veux citer que deux : il est écrit au livre des Proverbes : Les paroles des méchants dressent des embûches pour verser le sang des innocents [3]. Les terroristes traduisirent : La dénonciation est une vertu et un des *caractères* mêmes de la *Fraternité.* Un homme que je ne nommerai pas par respect pour le nom qu'il portait, dut son salut au témoignage du citoyen *Graves,* qui attesta « l'avoir connu pour un bon républicain, non seulement » par ses services, mais *encore par ses bonnes œuvres,* » ajoutant « qu'il avait eu le *courage de dénoncer sa propre* » *famille* ». Déposition reproduite presque textuellement

---

(1) Dossier de la marquise d'Argicourt, née de Fumel.
(2) Dossier du prêtre Cazeaux.
(3) Prov. XII, 6.

dans le jugement qui porte que, « *quoique né dans une caste entachée de tous les vices,* il doit être *rangé dans la classe des bons citoyens.* »

» Il y avait dix mois et onze jours que Duvigneau, mis hors la loi par le décret du 6 août, était caché chez Jeanne Bonnal et la veuve Ravina, sa sœur : le 27 messidor, les yeux de celle-ci tombent sur l'affiche d'un jugement de condamnation à mort pour recel d'un prêtre; elle rentre, se concerte avec sa sœur, et sans en prévenir Duvigneau, court chez Lacombe pour le dénoncer. On les arrêta avec lui : Duvigneau mourut le 9 thermidor. Ses dénonciatrices furent acquittées le surlendemain, « attendu que *leur dénonciation avait d'autant plus de mérite que la crainte n'avait pu les y déterminer, puisque la cachette de Duvigneau était faite de manière à le dérober aux recherches les plus exactes.* » La dénonciation avait un *mérite* de plus, que l'interrogatoire de la veuve Ravina nous fait connaître : se trouvant dans le besoin par suite de la mort de son mari, elle avait été solliciter des secours à l'administration du département; il n'y avait pas de fonds, et Duvigneau lui donna 300 livres de sa poche. « J'ai « toujours été reconnaissante de ce bienfait, » ajoutait-elle. — Même le 27 messidor ?

» Dans cette longue énumération d'ordres barbares, de délations continuelles, d'amitiés trompeuses, de condamnations d'innocents, de procès qui ont tous une même issue, nous ne rencontrons qu'une monotone et fatigante uniformité [1]. »

» Que n'ai-je le temps d'opposer à ce navrant tableau l'héroïque attitude de la plupart des accusés ? Toutes ces pauvres et obscures ouvrières traînées devant le tribunal, victimes de leur foi et de leur dévouement, faisaient parfois

---

[1] Tacite, *Annales*, IV 33.

de sublimes réponses. Presque tous les prêtres maintinrent avec dignité les droits de leur conscience et de leur saint ministère. L'un d'eux, interrogé pourquoi il ne s'était pas présenté pour être déporté, sut répondre : « Parce que les » lois de l'Église romaine défendent de se présenter à ses » persécuteurs, et que, selon le précepte de Jésus-Christ, » devant aimer mes frères jusqu'à donner ma vie pour leur » âme, j'ai dû rester en situation de pouvoir instruire, » consoler et fortifier [1]. »

» Laissez-moi terminer en vous citant quelques lignes de l'interrogatoire de Cornu, homme de loi : — « Tu connais » Ravez, et sûrement tu dois savoir où il est? — Si je le » savais, et qu'on me dît : Tu vas être libre, déclare-le, je » dirais : Mon corps est à vous, mais mon secret, ma liberté » et mon âme sont à moi! Et je crois ces sentiments très » républicains [2] ! » Interpellé de nommer ceux qui lui avaient fourni des aliments dans le lieu où il était caché : « Je les reconnaîtrai partout, s'écria-t-il, et je ne les » nommerai jamais que mes bienfaiteurs. Je ne leur connais » pas d'autre nom! » Nobles réponses que ne pouvaient comprendre ses juges et qui ne firent que rendre sa condamnation plus certaine........ [3]. »

Il était difficile de peindre et de stimagtiser plus éloquemment et en moins de pages que ne l'a fait M. F. de La Bénodière les abominables hécatombes de la Commission militaire! Sous les apparences respectables de la *justice,* de cette institution qu'on a justement qualifiée de *pain du peuple* [4], de *mère de la paix publique et de l'ordre privé* [5], quelques hommes obscurs, étrangers à la ville,

---

(1) Dossier du prêtre Durand de Ramefort.
(2) Dossier Cornu.
(3) *La Justice révolutionnaire*, 1865, p. 48 à 73.
(4) Chateaubriand.
(5) Lacretelle.

purent pendant près de dix mois, grâce à la complicité d'Ysabeau, de Tallien, du jeune Jullien et de Garnier de Saintes, asservir impunément le peuple, troubler l'ordre public et l'ordre privé, semer la ruine et le deuil dans toutes les classes, et finalement, asseoir la plus honteuse prévarication sur le fauteuil du juge!

Nous n'avons rien à ajouter à la douloureuse nomenclature de l'éminent magistrat. Il nous reste toutefois, pour établir d'une manière plus complète qu'il ne l'a été jusqu'à présent, le bilan de la Terreur à Bordeaux, à donner la liste de *toutes les personnes qui ont comparu* devant la Commission militaire depuis le 23 octobre 1793 jusqu'au 31 juillet 1794.

Nous disons *toutes les personnes* parce que, contrairement à ce qui avait été fait jusqu'à ce jour, nous ne nous sommes pas borné à indiquer seulement les *condamnés* de toute nature et les *acquittés* : nous avons recherché et ajouté les noms des citoyens qui, traduits une première fois devant la Commission militaire et réintégrés dans les prisons pour un *supplément d'information,* y furent sans doute oubliés et reconquirent leur liberté après le 9 thermidor.

Notre excellent et vieil ami M. Marchandon, dans une substantielle brochure intitulée : *Bordeaux sous le régime de la Terreur* [1] et M. l'abbé O'Reilly, dans son *Histoire de Bordeaux,* ont publié des listes intéressantes, mais qui contiennent des erreurs de noms ou des répétitions. C'est aux sources originales que nous avons puisé pour rédiger la nôtre, et nous croyons pouvoir affirmer qu'elle présente un résultat fidèle des travaux de la Commission militaire.

Voici, sous le bénéfice des observations qui précèdent, la liste que nous soumettons à nos lecteurs, sous la forme d'un tableau alphabétique :

---

[1] Bordeaux, 1849, 91 pages.

NOMS, PRÉNOMS, AGE, LIEU DE NAISSANCE.	DÉCISION	
	NATURE.	DATE.
ABADIE (Jean), 23 ans, peintre, Bordeaux.	Acquitté.	7 brumaire an II (28 oct. 1793).
ALBERT (Maurice), 30 ans, commis-négociant, Lyon.	Mort.	14 germinal an II (3 avril 1794).
ALBESPY (Jean), 48 ans, homme de loi, Bordeaux.	Acquitté.	1er germinal an II (21 mars 1794).
ALBESSARD (Jacques d'), 27 ans, militaire, Paris.	Détention jusqu'à la paix.	6 germinal an II (26 mars 1794).
ALBESSARD (Jean-Baptiste d'), 79 ans, conseiller au Parlement, Bordeaux.	Mort.	3 thermidor an II (21 juillet 1794).
ALDEBERT (Antoine), prêtre.	Renvoyé à plus ample informé.	3 brumaire an II (24 oct. 1793).
ALEZAIS (Jean), 32 ans, commerçant, Libourne.	Acquitté.	16 brumaire an II (6 nov. 1793.)
ALIX (Jeanne), 65 ans, cuisinière, Saint-Martin.	Mort.	16 messidor an II (4 juillet 1794).
ALLAIS (Marie-Jeanne), dite Bruné, 28 ans, comédienne, Paris.	Acquittée.	14 nivôse an II (6 janvier 1794).
ALLOI (Alexis), 49 ans, homme d'affaires, Château-Balard, à Gauriac.	Mort.	13 messidor an II (1er juil. 1794).
ANGEBERT (Alexis), 51 ans, teneur de livres, île de Ré.	Acquitté.	1er pluviôse an II (20 janvier 1794).
ANGLADE, V. Pelet d'Anglade.	»	»
ANGLADE (Pierre), 29 ans, tonnelier, Saint-Macaire.	500 fr. d'amende.	7 frimaire an II (27 nov. 1793).
ANGLEBERT-GEVELLE, 42 ans, musicien, Gorscli en Brabant.	Acquitté.	14 nivôse an II (6 janvier 1794).
ANGOMART (Charles), 25 ans, danseur, Paris.	Acquitté.	Idem.
ANJOY (Jean), 45 ans, marchand, Bordeaux.	Huit jours de détention.	20 brumaire an II (10 nov. 1793).
AQUART père (André), 66 ans, négociant, Bordeaux.	200,000 francs d'amende.	26 germinal an II (15 avril 1794).
AQUART fils (Auguste), 21 ans, sans état, Bordeaux.	En liberté.	Idem.

NOMS, PRÉNOMS, AGE, LIEU DE NAISSANCE.	DÉCISION.	
	NATURE.	DATE.
Ardouin-Tranchère, 25 ans, administrateur du département, Libourne.	Mort.	14 brumaire an II (4 nov. 1793).
Armengaud (Antoine), 37 ans, prêtre, Réalmont.	Mort.	18 messidor an II (6 juil. 1794).
Arrouch, V. *Vigne*.	»	»
Arrouch (Guillaume-Delille), 38 ans, marin, Bordeaux.	Mort.	24 prairial an II (12 juin 1794).
Arrouch (Jeanne), 26 ans, sans état, Bordeaux.	Détention jusqu'à la paix.	7 thermidor an II (25 juil. 1794).
Arrouch (Louis), 38 ans, commis-négociant, Bordeaux.	Mort.	27 prairial an II (15 juin 1794).
Astruc (Samuel), 67 ans, marchand d'étoffes, Bordeaux.	30,000 francs d'amende.	14 pluviôse an II (2 fév. 1794).
Aubert (Mathurin), 22 ans, membre du Comité de surveillance, Gauriac.	Acquitté.	13 messidor an II (1er juil. 1794).
Aubert (Marguerite), dite *Meurisse*, 33 ans, comédienne, Paris.	Acquittée.	14 nivôse an II (6 janvier 1794).
Audibert (Jeanne-Antoine), 28 ans, chanteuse, Lyon.	Acquittée.	*Idem.*
Audibert (Jean-Baptiste-Bernard), 26 ans, musicn, Lyon.	Acquitté.	*Idem.*
Audignon (Marie), 25 ans, domestique, Cérons.	Un an de détention.	8 thermidor an II (26 juil. 1794).
Augereau (Bernard), 69 ans, secrétaire-greffier de la gendarmerie.	Mort.	6 thermidor an II (24 juil. 1794).
Austray (Françoise), veuve *Journi*, 36 ans, couturière, Saint-Sever.	Mort.	16 messidor an II (4 juil. 1794).
Azéma (Joseph), 22 ans, comédien, Taillebourg.	Acquitté.	5 nivôse an II (25 décembre 1793).
Azéma (Louis), 55 ans, commis négociant, Montpellier.	Mort.	27 nivôse an II (16 janvier 1794).
Azévédo (David), 51 ans, agent de change, Bordeaux.	Acquitté.	14 pluviôse an II (2 fév. 1794).

NOMS, PRÉNOMS, AGE, LIEU DE NAISSANCE.	DÉCISION.	
	NATURE.	DATE.
Bacque (Bertrand), 28 ans, médecin, Saint-Girons.	Mort.	8 pluviôse an II (30 janvier 1794).
Badailh (Jacinte), 42 ans, avoué, Libourne.	Détention jusqu'à la paix et 3,000 fr d'amende.	19 brumaire an II (9 nov. 1793).
Badailh aîné (Martial), 50 ans, rentier, Libourne.	2,000 fr. d'amende	*Idem.*
Bahn (Pierre-Jacques), 53 ans, négociant, Hambourg.	40,000 francs d'amende.	14 pluviôse an II (2 fév. 1794).
Bahr (Jean-Thomas), 49 ans, négociant, Balsebar (?).	Acquitté.	25 ventôse an II (15 mars 1794).
Baillet (Philippine), 21 ans, servante, Beautiran.	Acquittée.	11 thermidor an II (29 juillet 1794).
Balmont, V. *Grenier.*	»	»
Bapst (Georges-Christophe), 39 ans, négociant, Paris.	Acquitté.	13 germinal an II (2 avril 1794).
Baptiste (Simon), négociant-commissionnaire en grains et farines, Lalande de Pommereau.	Acquitté.	27 prairial an II (15 juin 1794).
Barbaroux (Charles), 27 ans, conventionnel, Marseille.	Mort.	7 messidor an II (25 juin 1794).
Barberin (André), 48 ans, tailleur, Bordeaux.	Détention jusqu'à la paix.	13 pluviôse an II (1ᵉʳ fév. 1794).
Barbot père (Étienne-Michel), 55 ans, homme de loi, Saint-Émilion.	Détention jusqu'à la paix.	15 brumaire an II (5 nov. 1793).
Bardier (Antoine), 41 ans, chanteur, Toulouse.	Acquitté.	14 nivôse an II (6 janvier 1794).
Bardon (Charles-René), 26 ans, comédien, Orléans.	Acquitté.	*Idem.*
Bardon (Jean-Pierre), 38 ans, commis-négociant, Bordeaux.	Acquitté.	12 ventôse an II (2 mars 1794).
Barennes (Raimond), 54 ans, homme de loi, Agen.	Acquitté.	11 messidor an II (29 juin 1794).
Baritault (Jean de), 47 ans, conseiller au Parlement, Bordeaux.	Mort.	21 messidor an II (9 juillet 1794).

NOMS, PRÉNOMS, AGE, LIEU DE NAISSANCE.	DÉCISION.	
	NATURE.	DATE.
Baron (Mathieu), 40 ans, instituteur, Gaune (Landes).	Acquitté.	29 frimaire an II (19 déc. 1793).
Barret-Ferrand (Edme-Jean-Baptiste), 81 ans, noble, Lille.	Mort.	3 thermidor an II (21 juillet 1794).
Barsac (Guillaume), 33 ans, courtier, Bordeaux.	Acquitté.	16 prairial an II (4 juin 1794).
Barthouil (Pierre), 66 ans, noble, Nérac.	Mort.	23 prairial an II (11 juin 1794).
Basseterre (Jean-Zacharie), 65 ans, secrétaire de la ville, Poitiers.	Mort.	8 nivôse an II (28 nov. 1793).
Batré, négociant, associé de Geiseler.	Acquitté.	12 ventôse an II (2 mars 1794).
Battut (André), 31 ans, négociant, Bordeaux.	Acquitté.	9 germinal an II (29 mars 1794).
Baudin-Saint-Laurent (Antoine), 70 ans, noble, Bordeaux.	Mort.	12 messidor an II (30 juin 1794).
Baux (Jean-Louis), 43 ans, négociant, Genève.	Acquitté.	29 brumaire an II (19 nov. 1793).
Baylac (Marie), veuve Groc, 37 ans, Bordeaux.	Acquittée.	6 thermidor an II (24 juil. 1794).
Bayle (Jean-Clément), 56 ans, militaire, La Réole.	Mort.	11 messidor an II (29 juin 1794).
Beaugérard (Jean-Alain-Brudieu), 62 ans, maire de Vairac.	Mort.	16 brumaire an II (6 nov. 1793).
Beaulieu (Jean-Baptiste-Antoine), 15 ans, danseur, Limoges.	Acquitté.	17 nivôse an II (6 janvier 1794).
Beauretour (Françoise), 66 ans, noble, Saint-Astier.	Mort.	16 messidor an II (4 juillet 1794).
Beauval (Marie-Rosalie), 36 ans, comédienne, Avignon.	Acquittée.	17 nivôse an II (6 janv. 1794).
Beaux, V. *Baux*.	»	»
Beck (François), 62 ans, musicien, Manheim.	Acquitté.	17 nivôse an II (6 janv. 1794).

STATISTIQUE DE LA COMMISSION MILITAIRE. 347

NOMS, PRÉNOMS, AGE, LIEU DE NAISSANCE.	DÉCISION.	
	NATURE.	DATE.
Belabre (Jean), 47 ans, prêtre, Gourgues.	Mort.	14 frimaire an II (4 déc. 1793).
Belair, V. *Salus*.	»	»
Belcier-Craint (François), 62 ans, noble, Baron.	Mort.	4 messidor an II (22 juin 1794).
Bellat (L⁰-François), 27 ans, comédien, Paris.	Acquitté.	17 nivôse an II (6 janv. 1794).
Bénége (Marguerite), 17 ans, sans état, Cayes (Saint-Louis).	Acquittée.	15 frimaire an II (5 déc. 1793).
Bénilhan (Guillaume), 38 ans, forgeron, Saint-Christoly.	Acquitté.	1ᵉʳ messidor an II (19 juin 1794).
Benoit (Gabriel-Gustᵉ), 29 ans, négociant, La Rochelle.	30,000 francs d'amende.	14 pluviôse an II (2 fév. 1794).
Benoit-Fargeau, 29 ans, administrateur du district, préposé des Douanes, Bordeaux.	Acquitté.	28 nivôse an II (17 janvier 1794).
Bentzien (Chrétien-Christophe) 47 ans, négociant, Anglas.	Trois mois de détⁿ 10,000ᶠ d'amende.	14 pluviôse an II (2 fév. 1794).
Béraut (Antoine), 42 ans, tuilier, Lormont.	Acquitté.	12 brumaire an II (2 nov. 1793).
Béraut (Jean), 46 ans, arbitrateur, Bordeaux.	Acquitté.	21 germinal an II (10 avril 1794).
Bérerd.	Renvoyé à plus ample informé.	9 thermidor an II (27 juil. 1794).
Bermond (Jean), 40 ans, marchand, Besançon.	Acquitté.	11 pluviôse an II (30 janv. 1794).
Bernada (Jean), 30 ans, homme de loi, Bordeaux.	Mort.	6 nivôse an II (26 novembre 1793).
Bernard (Anne), 50 ans, couturière, Bordeaux.	Mort.	3 thermidor an II (21 juil. 1794).
Bernard (François), 28 ans, musicien, Versailles.	Acquitté.	17 nivôse an II (6 janv. 1794).
Bernard (Joseph) 30 ans, chanteur, Avignon.	Acquitté.	Idem.
Bernateau (Elisabeth), 45 ans, domestique, Saint-Émilion.	Un an de détention.	3 thermidor an II (21 juil. 1794).

NOMS, PRÉNOMS, AGE, LIEU DE NAISSANCE.	DÉCISION.	
	NATURE.	DATE.
Berneval (Joseph), 48 ans, comédien, Orival.	Acquitté.	5 nivôse an II (25 déc. 1793).
Berniard (Pierre), 58 ans, marchand de fer, Libourne.	Un mois de détention.	15 brumaire an II (5 nov. 1793).
Bertaud (Jean-Marie-Pascal), 26 ans, volontaire, Bordeaux.	Renvoyé à plus ample informé.	24 messidor an II (12 juil. 1794).
Berthomieu, V. *Meynot*.	»	»
Bertonneau (André-Jacques-Pierre), 33 ans, sans état, Bordeaux.	S'est suicidé. (Confiscation de ses biens au profit de la République.)	12 brumaire an II (2 nov. 1793)
Bertrand (Louis), 59 ans, négociant, armateur, Toulouse.	Acquitté.	21 ventôse an II (11 mars 1794).
Bethman (Bernard), 30 ans, musicien, Warbourg en Westphalie.	Acquitté.	17 nivôse an II (6 janv. 1794).
Bethman (Joseph), 43 ans, cultivateur, Sainte-Bazeille.	Acquitté.	19 prairial an II (7 juin 1794).
Bétus fils (Jean), 26 ans, commis-courtier, Bordeaux.	Acquitté.	8 pluviôse an II (27 janv. 1794).
Beumerth (Frédéric-Guillaume) 41 ans, négociant, Hanau (Allemagne).	150,000^f d'amende solidairem^t avec Martell et Cie.	9 ventôse an II (27 fév. 1794).
Beverman (Jean), 42 ans, négociant, Bordeaux.	60,000^f d'amende.	3 germinal an II (23 mars 1794).
Bideren (Jean-Baptiste), 42 ans, agriculteur, Castillonnès.	Renvoyé à plus ample informé.	4 pluviôse an II (23 janv. 1794).
Bienvenu (François), 70 ans, march^d graisseux, Bordeaux.	Détention jusqu'à la paix et 20,000^f d'amende.	19 frimaire an II (9 déc. 1793).
Billeau (Marie), 41 ans, religieuse, Landiras.	Détention jusqu'à la paix.	15 frimaire an II (5 déc. 1793).
Billoi (Jacques), 55 ans, gantier Rudy en Béarn.	Mort.	8 messidor an II (26 juin 1794).
Billoi (Marguerite), 23 ans, empeseuse, Bordeaux.	Acquittée.	Idem.
Billoi (Marie), 20 ans, tailleuse, Bordeaux.	Acquittée.	Idem.

NOMS, PRÉNOMS, AGE, LIEU DE NAISSANCE.	DÉCISION.	
	NATURE.	DATE.
BINET (Martial), 63 ans, cultivateur, Bordeaux.	Mort.	23 brumaire an II (13 nov. 1793).
BIOLLE (Pierre), 46 ans, cuisinier, Ramous.	Acquitté.	8 messidor an II (26 juin 1794).
BIRÉ (Jean), 64 ans, huissier, chapelle de Magenau.	Mort.	28 prairial an II (16 juin 1794).
BIROTEAU (J.-Baptiste), 36 ans, conventionnel, Perpignan.	Mort.	3 brumaire an II (24 oct. 1793).
BITTHEMER (Joseph-François), 28 ans, comédien en pantomimes, Paris.	Acquitté.	17 nivôse an II (6 janv. 1794).
BIZAT (Pierre), 40 ans, avoué, Villegouge.	Acquitté.	4 messidor an II (12 juin 1794).
BIZENTINY (Léonore-Catherine), 38 ans, comédienne, Paris.	Acquittée.	5 nivôse an II (25 déc. 1793).
BLACHE (Jean-Baptiste), 27 ans, comédien, Berlin.	Acquitté.	*Idem.*
BLACHETON (Marie), 25 ans, comédienne, Munich.	Acquittée.	17 nivôse an II (6 janv. 1794).
BLAYAC (Étienne), 36 ans, musicien, Paris.	Acquitté.	*Idem.*
BLONDET (Antoine), 49 ans, perruquier, Coutras.	Acquitté.	19 prairial an II (7 juin 1794).
BLONDIN, V. *Mendes.*	»	»
BLONDIN (Ch.-Pierre-Théodore), 22 ans, chanteur, Brunoy.	Acquitté.	17 nivôse an II (6 janv. 1794).
BLUTEL (Anne-Gertrude), 40 ans, religieuse, La Rochelle.	Mort.	16 messidor an II (4 juil. 1794).
BOBIN (Jean), 27 ans, greffier de justice de paix, Bordeaux.	Acquitté.	9 nivôse an II (29 novembre 1793).
BODIN-St-LAURENT, V. *Baudin.*	»	»
BOET, V. *Boisron.*	»	»
BOISRON - BOET - LAMONTAIGNE (Marguerite), 44 ans, noble, Saint-Scié en Champagne.	Mort.	24 germinal an II (13 avril 1794).
BOISSEL (Lélius), 31 ans, instituteur, Nontron.	Acquitté.	17 ventôse an II (7 mars 1794).

NOMS, PRÉNOMS, AGE, LIEU DE NAISSANCE.	DÉCISION.	
	NATURE.	DATE.
BONAL (Jeanne), 42 ans, commerçante, Bordeaux.	Acquittée.	11 thermidor an II (29 juil. 1794).
BONAL (Marie), veuve Ravina, 37 ans, commerçante, Bordeaux.	Acquittée.	*Idem.*
BONIN (Charles), 39 ans, menuisier, Civray en Poitou.	Acquitté.	26 brumaire an II (16 nov. 1793).
BONNEFOND (Pierre), 36 ans, tonnelier, Saint-Macaire.	Huit jours de détention.	7 frimaire an II (27 nov. 1793).
BONNET (André), 46 ans, liquoriste, Ste-Eulalie (Aveyron).	Renvoyé à plus ample informé.	9 thermidor an II (27 juil. 1794).
BONNEVILLE (Jean-Baptiste), 48 ans, capucin, Casseneuil.	Renvoyé à plus ample informé.	5 frimaire an II (25 nov. 1793).
BONUS (Antoine), 49 ans, négociant, Clairac.	Acquitté.	13 messidor an II (1er juil. 1793).
Bos (Marie), 35 ans, danseuse, Rouen.	Acquittée.	17 nivôse an II (6 janv. 1794).
BOUDIN (Charles-Paul), 57 ans, marchand, Mortagne.	25,000f d'amende.	23 ventôse an II (13 mars 1794).
BOUDIN (Ignace-André), 66 ans, homme de loi, Bordeaux.	Mort.	13 nivôse an II (2 janv. 1794).
BOUET (Joseph), 57 ans, homme de loi, Bordeaux.	Mort.	29 prairial an II (17 juin 1794).
BOUISSETTE (la), V. *Pagès*.	»	»
BOUQUEY (François-Robert), 49 ans, ci-devant procureur, Saint-Émilion.	Mort.	(19 messidor an II (7 juil. 1794).
BOUQUEY, V. *Dupeyrat*.	»	»
BOUQUIER (Marie), femme Trolonge, 43 ans, domestique, Bordeaux.	Mort.	18 prairial an II (6 juin 1794).
BOURGES-SAINT-GENIS (Jean), 70 ans, marchand, Libourne.	6,000f d'amende.	13 brumaire an II (2 nov. 1794).
BOUSQUET, V. *Fontaine*.	»	»
BOUTIN (Nicolas-Daniel), 45 ans, négociant, Hambourg.	Acquitté.	4 germinal an II (24 mars 1793).

STATISTIQUE DE LA COMMISSION MILITAIRE.

NOMS, PRÉNOMS, AGE, LIEU DE NAISSANCE.	DÉCISION. NATURE.	DÉCISION. DATE.
Boutin (Pierre), 30 ans, marchand de fer, Libos.	Acquitté.	14 ventôse an II (4 mars 1794).
Boutin, V. *Lavalette*.	»	»
Bouygnières (Laurent), 50 ans, perruquier, Soubert.	Acquitté.	13 pluviôse an II (1er fév. 1794).
Boyer (Bernard), 55 ans, rentier, Libourne.	4,000f d'amende.	22 brumaire an II (12 nov. 1793).
Boyer (Emmanuel), 62 ans, noble, Sivrac.	Mort.	28 frimaire an II (18 déc. 1793).
Boyer (Jean-Jacques), 36 ans, négociant, Bordeaux.	Acquitté.	11 germinal an II (31 mars 1794).
Braban (Louis), 27 ans, comédien, Paris.	Acquitté.	17 nivôse an II (6 janv. 1794).
Brach (Gérard), 52 ans, capitaine de navire, Montussan.	Mort.	1er pluviôse an II (20 janv. 1794).
Bresson (Jean-Alex.-Auguste), dit Desfontaines, 52 ans, employé des Ponts et Chaussées, Paris.	Mort.	18 messidor an II (6 juil. 1794).
Breton fils (Nicolas), 42 ans, tanneur, Langon.	Mort.	11 frimaire an II (1er déc. 1793).
Briolle (Jeanne), 40 ans, religieuse, Bordeaux.	Mort.	19 messidor an II (7 juil. 1794).
Broca (Jean-Charles-Vincent-Didier), 32 ans, garde du corps, Montauban.	Mort.	4 germinal an II (24 mars 1794).
Brochon fils (Jean-Baptiste), homme de loi, Bordeaux.	Acquitté.	25 pluviôse an II (13 fév. 1794).
Broussin (J.-Baptiste), 33 ans, prêtre, Mareuil.	Mort.	28 nivôse an II (17 janv. 1794).
Brudieu, V. *Beaugérard*.	»	»
Brun (Jean), 49 ans, St-Macaire.	Trois mois de détention.	8 frimaire an II (28 nov. 1793).
Brun (Jean), 29 ans, procureur, Rauzan.	Détention jusqu'à la paix.	17 brumaire an II (7 nov. 1793).
Bruné, V. *Allais*.	»	»
Brunet (Jean-Marie), 34 ans, comédien, Paris.	Acquitté.	17 nivôse an II (6 janv. 1794).

NOMS, PRÉNOMS, AGE, LIEU DE NAISSANCE.	DÉCISION.	
	NATURE.	DATE.
Brunet (L.-Mathurin), 54 ans, noble, Fontenay-le-Peuple.	Mort.	28 messidor an II (16 juil. 1794).
Brunet-Labarthe (François), 32 ans, garde du corps, Faleyrac.	Mort.	14 germinal an II (3 avril 1794).
Buis (Jean-Baptiste), 40 ans, régisseur de biens, Lisieux.	Renvoyé à plus ample informé.	4 pluviôse an II (23 janv. 1794).
Bujac (Jacques), 36 ans, négociant, Castelmoron.	Mort.	1er nivôse an II (21 déc. 1793).
Bulety (François), 39 ans, musicien, Genève.	Acquitté.	17 nivôse an II (6 janv. 1794).
Bulliod-Lacorée (M.-F.), 41 ans, colon de St-Domingue, Lyon.	Acquitté.	29 ventôse an II (19 mars 1794).
Bullit (Pierre), 31 ans, homme de loi, Bordeaux.	Mort.	28 prairial an II (16 juin 1794).
Burdin (François), 56 ans, chirurgien, Chambéry.	Mort.	24 messidor an II (12 juillet 1794).
Bureau (Michel), 50 ans, cultivateur, Chauné.	Acquitté.	22 brumaire an II (12 nov. 1793).
Burson (Jean-Alexandre-Augustin), 52 ans, employé, Paris.	Mort.	13 messidor an II (1er juil. 1794).
Busset-Duranton (Benoite), 28 ans, chanteuse, Lyon.	Acquittée.	17 nivôse an II (6 janvier 1794).
Bussier (Guillaume-Mathieu), 22 ans, marin, Bordeaux.	Acquitté.	11 brumaire an II (1er nov. 1793).
Cadefer (Pierre), 26 ans, distillateur, Bordeaux.	50,000f d'amende.	17 pluviôse an II (5 fév. 1794).
Cailhe (Gilbert-Antoine) 62 ans commis à l'Intendance, Riom.	Mort.	24 messidor an II (12 juil. 1794).
Calmels (Marie), 27 ans, religieuse, Bordeaux.	Acquittée.	6 thermidor an II (24 juil. 1794).
Camille (Pierre), 31 ans, musicien, Paris.	Acquitté.	17 nivôse an II (6 janv. 1794).
Campagnac père (Isaac-François-Geoffre), 60 ans, homme de loi, Laroque en Périgord.	Mort.	3 frimaire an II (23 nov. 1793).

STATISTIQUE DE LA COMMISSION MILITAIRE. 353

NOMS, PRÉNOMS, AGE, LIEU DE NAISSANCE.	DÉCISION. NATURE.	DATE.
Candau (Sébastien), 61 ans, négociant, Bordeaux.	Acquitté.	27 pluviôse an II (15 fév. 1794).
Capelle (Pierre), 36 ans, négociant, Bordeaux.	10,000f d'amende solidairem^t avec Leroy.	28 ventôse an II (18 mars 1794).
Capoula (Jean), 57 ans, officier de santé, Sainte-Bazeille.	Acquitté.	19 prairial an II (7 juin 1794).
Castaing (François), 62 ans, musicien, Toulouse.	Acquitté.	17 nivôse an II (6 janv. 1794).
Castarède aîné, négociant, Fleurance (Gers).	145,000 francs d'amende.	14 pluviôse an II (2 fév. 1794).
Castarède jeune (Jean-Pierre), 39 ans, négociant, Fleurance (Gers).	5,000f d'amende.	*Idem.*
Castencau (Léonard), 56 ans, négociant, Bayonne.	60,000f d'amende.	27 ventôse an II (17 mars 1794).
Castillon-Duperron (Abraham), 57 ans, négociant, Tours.	Mort.	3 messidor an II (21 juin 1794).
Cauderès jeune (François), 40 ans, rentier, Bordeaux.	Mort.	27 messidor an II (15 juil. 1794).
Caussade (Pierre), 25 ans, commis-négociant, Bordeaux.	Acquitté.	28 prairial an II (16 juin 1794).
Cavaignac (J.-Baptiste), 29 ans, négociant, Courton (Lot-et-Garonne).	Acquitté.	27 pluviôse an II (15 fév. 1794).
Cavazza (Jean-Baptiste), 36 ans, imprimeur, Gênes.	Mort.	9 thermidor an II (27 juil. 1794).
Cazeaux (Jean), 65 ans, prêtre, Bordeaux.	Mort.	16 messidor an II (4 juillet 1794).
Cazemajou (Marthe), 51 ans, rentière, Saint-Emilion.	Détention jusqu'à la paix.	16 brumaire an II (6 nov. 1793).
Cazenave (Jean), 50 ans, cultivateur, Cadillac.	Mort.	18 frimaire an II (8 déc. 1793).
Cazot (Nicolas), 15 ans, comédien, Paris.	Acquitté.	17 nivôse an II (6 janvier 1794).
Cellicour-Démaison (Grégoire) 28 ans, comédien, Limoges.	Acquitté.	17 nivôse an II (6 janvier 1794).

NOMS, PRÉNOMS, AGE, LIEU DE NAISSANCE.	DÉCISION.	
	NATURE.	DATE.
Changeur (Pierre), 51 ans, négociant, Bordeaux.	100,000f d'amende solidairem^t avec Lavergne.	26 germinal an II (15 avril 1794).
Chaperon, V. *Terrefort*.	»	»
Chaperon (Félix-Vincent), 43 ans, notaire, Libourne.	Acquitté.	15 brumaire an II (5 nov. 1793.)
Chaperon (Paul-Romain), 61 ans, homme de loi, Libourne.	Mort.	14 brumaire an II (4 nov. 1793).
Chaperon-Rouffiac (Bernard), 47 ans, rentier, Libourne.	Vingt ans de fers et 6,000f d'amende.	15 brumaire an II (5 nov. 1793).
Charrié, V. *Laujac*.	»	»
Chastel (Raimonde), 23 ans, rentière, Toulouse.	Détention jusqu'à la paix.	3 thermidor an II (21 juillet 1794).
Chatelier (Arnaud), 37 ans, prêtre, Bordeaux.	Mort.	15 frimaire an II (5 déc. 1793).
Chaumel (Jean), 32 ans, courtier, Clairac.	Acquitté.	27 pluviôse an II (15 fév. 1794).
Chauvet (Charles-Raphaël), 29 ans, artiste, Brie.	Acquitté.	17 nivôse an II (6 janv. 1794).
Chauvet (Marie), 28 ans, danseuse, Paris.	Acquittée.	*Idem.*
Chauvin fils (Jean), 34 ans, greffier, Libourne.	Acquitté.	16 brumaire an II (6 nov. 1793).
Chénier (Nicolas), 55 ans, musicien, Bamberg.	Acquitté.	17 nivôse an II (6 janv. 1794).
Chevalier (Augustin), 35 ans, souffleur, Paris.	Acquitté.	*Idem.*
Chevalier (L^s-Marie), 26 ans, officier de marine, St-Pierre Martinique.	Mort.	6 nivôse an II (26 déc. 1793).
Chevinaude (Françoise), 30 ans, lingère, Angoulême.	Mort.	18 messidor an II (6 juil. 1794).
Chevron (Françoise), 26 ans, chanteuse, Lyon.	Acquittée.	17 nivôse an II (6 janv. 1794).
Chillaud (Elisabeth), veuve Dumas de Fontbrauge, sans état, Bordeaux.	Mort.	27 prairial an II (15 juin 1794).

NOMS, PRÉNOMS, AGE, LIEU DE NAISSANCE.	DÉCISION.	
	NATURE.	DATE.
CHILLAUD aîné (Jacques), 41 ans, noble, Bordeaux.	Mort.	28 messidor an II (16 juillet 1794).
CHILLAUD jeune (Justin), 33 ans, noble, Bordeaux.	Détention jusqu'à la paix.	4 thermidor an II (22 juil. 1794).
CHIMBAUD (Alexandre-Edme), 27 ans, militaire, Bordeaux.	Mort.	15 nivôse an II (4 janvier 1794).
CHIMBAUD, V. *Filhot*.	»	»
CHOL (Laurent), 27 ans, musicien, Lunéville.	Acquitté.	17 nivôse an II (6 janv. 1794).
CHOLET, administrateur du département.	Renvoyé à plus ample informé.	»
CHOUCHOUX-TROGNON (Jeanne-Louise), 26 ans, danseuse, Paris.	Acquittée.	17 nivôse an II (6 janv. 1794).
CISSAC-SAINT-ANDRÉ (François), perruquier, Lavaur.	Mort.	28 prairial an II (16 juin 1794).
CLAVILLE (Jean-Pierre-Petit), 55 ans, homme de loi, Chartres.	Quinze jours de détention.	13 brumaire an II (3 nov. 1793).
CLÉMENT (Catherine), 43 ans, danseuse, Tonneins.	Acquittée.	17 nivôse an II (6 janv. 1794).
CLOUET (Jean), 39 ans, corroyeur, Sainte-Bazeille.	Acquitté.	19 prairial an II (7 juin 1794).
COLAS fils aîné (Denis), 32 ans, marchand de fer, Bordeaux.	Acquitté.	26 prairial an II (14 juin 1794).
COLLAS, V. *Mauvignier*.	»	»
COLCK (Jean-Ferrière), 52 ans, négociant, Bordeaux.	Acquitté.	5 ventôse an II (23 fév. 1794).
COLLARDON (Jean), 30 ans, receveur à Bourg, Libourne.	Mort.	7 nivôse an II (27 décembre 1793).
COLLINEAU (Antoine), 26 ans, marchand, Bordeaux.	500 fr. d'amend.	12 brumaire an II (2 nov. 1793).
COMMARQUE (Mathias), 75 ans, noble, Bazas.	Mort.	24 prairial an II (12 juin 1794).
CONSTANT (Antoine), 44 ans, musicien, Paris.	Acquitté.	17 nivôse an II (6 janvier 1794).
CORNU (Jean-François), 26 ans, homme de loi, Paris.	Mort.	6 messidor an II (24 juin 1794).

NOMS, PRÉNOMS, AGE, LIEU DE NAISSANCE.	DÉCISION.	
	NATURE.	DATE.
Coronat, V. *Martin*.	»	»
Corvizier (Félicité), 25 ans, comédienne, Lagny en Brie	Acquittée.	17 nivôse an II (6 janvier 1794).
Cosson (François-Honoré), 61 ans, noble, Bourg.	Mort.	28 prairial an II (16 juin 1794).
Costes (Bernard), 39 ans, commis, Abzac.	Vingt ans de fers.	22 brumaire an II (12 nov. 1793).
Couraule (Jeanne), 40 ans, religieuse, Gournac.	Mort.	7 thermidor an II (25 juil. 1794).
Couraule (Rosalie), 58 ans, religieuse, Gournac.	Mort.	*Idem.*
Courounat (Marie).	Renvoyée à plus ample informé.	6 messidor an II (24 juin 1794).
Courty, V. *Fontard*.	»	»
Coussidou (Jean-Bernard), 36 ans, plâtrier, Toulouse.	Acquitté.	9 ventôse an II (27 fév. 1794).
Couvreur (Jean-Baptiste-Gaussens), 56 ans, artiste, Loucy.	Acquitté.	17 nivôse an II (6 janvier 1794).
Craint, V. *Belcier*.	»	»
Dacosta (Samuel-Franco), 47 ans, musicien, Paris.	Acquitté.	17 nivôse an II (6 janv. 1794.)
Daguzan (Barthélemy), 29 ans, marchand drapier, Bordeaux.	Mort.	1er nivôse an II (21 décembre 1793).
D'Albessard, V. *Albessard*.	»	»
Dalbon (Sébastien), 53 ans, officier de santé, Cizac.	Mort.	13 messidor an II (1er juil. 1794).
Dalléas (Antoine), 28 ans, comédien, Mongaillard.	Acquitté.	17 nivôse an II (6 janv. 1794).
Dandos (Jean), 59 ans, cordonnier, Saint-Christoly.	Acquitté.	1er messidor an II (19 juin 1794).
D'Argicourt, V. *Fumel*.	»	»
Darles (Pierre), 44 ans, apothicaire, Toulouse.	Acquitté.	6 pluviôse an II (25 janvier 1794).
Darodès (Jean), 50 ans, marchand fripier, Bordeaux.	Acquitté.	10 brumaire an II (31 oct. 1793).

NOMS, PRÉNOMS, AGE, LIEU DE NAISSANCE.	DÉCISION.	
	NATURE.	DATE.
Darrieux, V. *Morin* (Pierre).	»	»
Darrieux (Jean), 31 ans, comédien, Mont-de-Marsan.	Acquitté.	17 nivôse an II (6 janvier 1794).
Dartois (Nicolas), 36 ans, tailleur, Dil (Moselle).	Acquitté.	29 nivôse an II (18 janv. 1794).
Dat (Vital), 56 ans, épicier, Langon.	Détention jusqu'à la paix.	18 frimaire an II (8 déc. 1793).
David (Jean), 70 ans, marchand drapier, Bordeaux.	150,000 francs d'amende.	1er germinal an II (21 mars 1794).
Daysse (Françoise), 66 ans, sans état, Bordeaux.	Détention jusqu'à la paix.	15 frimaire an II (5 déc. 1793).
Dechamps (Françoise), 34 ans, comédienne, Lancon.	Acquittée.	5 nivôse an II (25 déc. 1793).
Dechamps (Jean), 36 ans, comédien, Bordeaux.	Acquitté.	*Idem.*
Deforge (Joseph), 31 ans, comédien, Troyes.	Acquitté.	*Idem.*
Degans (Anne), 36 ans, empeseuse, Bordeaux.	Mort.	6 messidor an II (24 juin 1794).
Degans (Marie), 42 ans, empeseuse, Bordeaux.	Mort.	*Idem.*
D'Egmont (Guillaume), 63 ans, négociant, Bordeaux.	20,000 francs d'amende.	28 pluviôse an II (16 fév. 1794).
Déjardin, V. *Lulé-Déjardin.*	»	»
Delaunay (Michel), 74 ans, rentier, May.	Acquitté.	5 ventôse an II (23 fév. 1794).
Delbès (Pierre), 54 ans, prêtre, Albès (Aveyron).	Mort.	14 germinal an II (3 avril 1794).
Delille, V. *Gaschet-Delille.*	»	»
Delille (François), 45 ans, cordonnier, Dax.	Acquitté.	9 brumaire an II (30 oct. 1793).
Delille, V. *Arrouch.*	»	»
Delœuvre (François), 25 ans, comédien, Lyon.	Renvoyé à plus ample informé.	5 nivôse an II (25 déc. 1793).
Delort (Henri), 49 ans, médecin, Bordeaux.	Acquitté.	26 brumaire an II (16 nov. 1793).

NOMS, PRÉNOMS, ÂGE, LIEU DE NAISSANCE.	DÉCISION.	
	NATURE	DATE.
Delos (Jean-Charles-Simon), 29 ans, musicien, Toul.	Acquitté.	17 nivôse an II (6 janv. 1794).
Delribal (Guillaume), 39 ans, ex-capitaine de navire, Bordeaux.	Mort.	21 messidor an II (9 juil. 1794).
Démaison, V. *Cellicour*.	»	»
Deperle (Pierre), 52 ans, boutonnier, Lille.	Mort.	6 messidor an II (24 juin 1794).
Désamand (Pierre), 41 ans, courtier, Bordeaux.	Mort.	9 thermidor an II (27 juil. 1794).
Desbois-Duménil (Abel-Dominique), 43 ans, comédien, Nantes.	Acquitté.	17 nivôse an II (6 janv. 1794).
Desbré (Vital), 41 ans, musicien, Sédan.	Acquitté.	*Idem.*
Deschamps (Hubert), 48 ans, chanteur, Chartres.	Acquitté.	*Idem.*
Deschamps (Sophie), 20 ans, les Soubrettes, La Côte-Saint-André.	Acquittée.	*Idem.*
Deschamps (Suzanne), 16 ans, comédienne, Saint-Florentin.	Acquittée.	*Idem.*
Desclaux (Jérôme), 58 ans, cultivateur, Savignac.	15,000f d'amende.	12 nivôse an II (1er janv. 1794)
Desclaux (Paul-Alexandre), 38 ans, commis, Bordeaux.	Acquitté.	17 pluviôse an II (5 fév. 1794).
Desclaux (Pierre), 64 ans, négociant, Bordeaux.	50,000f d'amende	22 messidor an II (10 juil. 1794).
Desclaux-Lacoste (Pierre), 75 ans, négociant, Tonneins.	Détention jusqu'à la paix et 6,000f d'amende.	17 pluviôse an II (5 fév. 1794).
D'Escorailles. V. *Marcellus*.	»	»
Desdy (Joseph), 32 ans, comédien, Marseille.	Acquitté.	5 nivôse an II (25 décembre 1793).
Desèze (Casimir), 28 ans, homme de loi, Bordeaux.	Trois mois de prison et 2,000 fr. d'amende.	29 nivôse an II (18 janvier 1794).

NOMS, PRÉNOMS, ÂGE, LIEU DE NAISSANCE.	DÉCISION.	
	NATURE.	DATE.
Desèze (Raimond), 31 ans, commis-négociant, Bordeaux.	Acquitté.	18 germinal an II (7 avril 1794).
Desfontaines, V. *Bresson*.	»	»
Desprats (Victor), 36 ans, menuisier, Civray.	Mort.	24 germinal an II (13 avril 1794).
Desprez de Launay, V. *Delaunay*.	»	»
Deval (Jean), 35 ans, homme de loi, Libourne.	Un mois de prison	19 brumaire an II (9 nov. 1793).
Devignes (Vital), 35 ans, homme de loi, Bordeaux.	Mort.	29 prairial an II (17 juin 1794).
Deville (Louis), 13 ans, sans état, St-Pierre Martinique.	Acquitté.	8 thermidor an II (26 juil. 1794).
Devillefumade (Laffon), dit *Noffal*, 30 ans, prêtre, Ribérac.	Mort.	18 germinal an II (6 juin 1794).
Dévremont (Balthazar), 35 ans, comédien, Paris.	Acquitté.	17 nivôse an II (6 janv. 1794).
Dholax, V. *Dolax*.	»	»
Diancourt (Julie), 26 ans, comédienne, Paris.	Acquittée.	17 nivôse an II (6 janvier 1794).
Diat-Roselly, V. *Dorfeuille*.	»	»
Didier-Broca, V. *Broca*.	»	»
Dirat (Louis-Marie), 18 ans, commis-négociant, Nérac.	Détention jusqu'à la paix.	15 nivôse an II (4 janv. 1794).
Doadi (Charles), 51 ans, rentier, Bordeaux.	100,000 francs d'amende.	14 pluviôse an II (2 fév. 1794).
Dolax (Antoine), 36 ans, notaire, Saint-Ferme.	Mort.	29 frimaire an II (19 déc. 1793).
Dominget, V. *Dommenget*.	»	»
Dommenget (Daniel-François), 60 ans, négociant, Bordeaux.	Acquitté.	21 ventôse an II (11 mars 1794).
Dorfeuille (Jeanne-Louise), 38 ans, directrice du Grand-Théâtre, La Haye.	Détention jusqu'à la paix.	13 nivôse an II (2 janv. 1794).
Dornal de Guy (Mathurin), 60 ans, prêtre, Saint-Ferme.	Mort.	8 messidor an II (26 juin 1794).

NOMS, PRÉNOMS, AGE, LIEU DE NAISSANCE.	DÉCISION.	
	NATURE.	DATE.
Dorville (François-René), 41 ans, marchand, Dieppe.	Acquitté.	8 ventôse an II (26 fév. 1794).
Dotézac (André), 60 ans, maître de poste, Bordeaux.	Acquitté.	8 brumaire an II (29 oct. 1793).
Douhet (Pierre), 28 ans, portefaix, Grissol.	Acquitté.	26 germinal an II (15 avril 1794).
Dourdé (Elisabeth), 22 ans, comédienne, Cadix.	Acquittée.	17 nivôse an II (6 janvier 1794).
Dreuil (Jacques), 19 ans, musicien, Bordeaux.	Acquitté.	Idem.
Drignac (Pierre), 32 ans, négociant, Duras.	Mort.	9 thermidor an II (27 juil. 1794).
Drouin (Jacques), 28 ans, comédien, Lyon.	Acquitté.	5 nivôse an II (25 décembre 1793).
Drouville (Julie), 22 ans, comédienne, Nancy.	Acquittée.	17 nivôse an II (6 janvier 1794).
Dubaux (Jean), 46 ans, chanteur de chœurs, Charny.	Acquitté.	Idem.
Dubergier père (Antoine), 62 ans, marchand de morue, Bordeaux.	70,000ᶠ d'amende	29 brumaire an II (19 nov. 1793).
Dubert (Marie), 65 ans, religieuse, Bordeaux.	Mort.	16 messidor an II (4 juil. 1794).
Dubort (François), 34 ans, perruquier, Lunéville.	Détention jusqu'à la paix.	13 pluviôse an II (1ᵉʳ fév. 1794).
Dubos (Jean-Baptiste), 44 ans, négociant, Nicole (Lot-et-Garonne.)	Acquitté.	18 germinal an II (7 avril 1794).
Dubourg (Antoine), 32 ans, chapelier, Sainte-Bazeille.	Acquitté.	19 prairial an II (7 juin 1794).
Du Breuil, V. *Pomié*.	»	»
Dubroca (Anne), 55 ans, religieuse, Bordeaux.	Détention jusqu'à la paix.	4 thermidor an II (22 juil. 1794).
Duchaumont (Frédéric), 26 ans, artiste, Russie.	Acquitté.	17 nivôse an II (6 janvier 1794).
Duchaumont (Marie-Sophie), 26 ans, chanteuse, Nantes.	Acquittée.	Idem.

STATISTIQUE DE LA COMMISSION MILITAIRE. 361

NOMS, PRÉNOMS, AGE, LIEU DE NAISSANCE.	DÉCISION. NATURE	DATE.
Ducis (Louis-Laneau), 35 ans, comédien, Versailles.	Acquitté.	5 nivôse an II (25 décembre 1793).
Dudognon (J.-Bapte-Verneuil), 39 ans, prêtre, Coudac (Dordogne).	Mort.	6 messidor an II (24 juin 1794).
Dudon fils (J.-Bte-Pierre-Jules), 43 ans, procureur général au Parlement, Bordeaux.	Mort.	2 frimaire an II (22 nov. 1793).
Dufaure-Lajarte (Elie-Louis), 40 ans, avocat général au Parlement.	Mort.	22 messidor an II (10 juillet 1794).
Dufaure-Lajarte (Louis), 59 ans, secrétaire du roi, Bordeaux.	Mort.	28 ventôse an II (18 mars 1794).
Dufourg (Jean), 28 ans, négociant, Bordeaux.	Mort.	8 frimaire an II (28 nov. 1793).
Dugarry (Jean-Joseph), 69 ans, ancien notaire, Saint-Loubès.	Mort.	13 thermidor an II (31 juil. 1794).
Du Gout (Joseph-François), 50 ans, capitaine des vétérans, Auvillar-sur-Garonne.	Acquitté.	21 ventôse an II (11 mars 1794).
Duluc (Jean), 27 ans, musicien, Preignac.	Acquitté.	17 nivôse an II (6 janvier 1794).
Dumas de Fontbrauge, V. Chillaud et Fontbrauge.	»	»
Dumas de Larroque, V. Larroque.	»	»
Dumeau (Jeanne), 28 ans, religieuse, Bordeaux.	Mort.	19 messidor an II (7 juil. 1794).
Duménil, V. Desbois (Abel D.).	»	»
Dumirat (François), 30 ans, négociant, Saint-Martin-du-Dondon (Saint-Domingue).	Mort.	24 messidor an II (12 juil. 1794).
Dumirat aîné (Jean), 36 ans, St-Martin-du-Dondon (Saint-Domingue).	Mort.	*Idem.*
Dumirat père (Jean-Baptiste), 65 ans, militaire, Bordeaux.	Mort.	21 messidor an II (9 juil. 1794).

NOMS, PRÉNOMS, AGE, LIEU DE NAISSANCE.	DÉCISION.	
	NATURE.	DATE.
Dumontet (Jean-Joseph), 26 ans, comédien, Lyon.	Acquitté.	17 nivôse an II (6 janv. 1794).
Dumontet (Pierre), 35 ans, prêtre, Saint-Sulpice.	Mort.	4 brumaire an II (25 oct. 1793).
Dumoulin (Pierre-Laurent), 70 ans, rentier, La Réole.	Détention jusqu'à la paix et 60,000f d'amende.	7 pluviôse an II (26 janv. 1794).
Dumyrat, V. *Dumirat*.	»	»
Du Périer de Larsan (Germain), 38 ans, sans état, Bordeaux.	Acquitté.	3 germinal an II (23 mars 1794).
Duperron, V. *Castillon*.	»	»
Dupeyrat (François-Xavier), 77 ans, négociant, Blayais.	Mort.	2 thermidor an II (20 juil. 1794).
Dupeyrat (Thérèse), femme Bouquey, 32 ans, sans état, Bordeaux.	Mort.	*Idem.*
Dupic, V. *Dupu* (F.).	»	»
Dupin fils (Joseph), 35 ans, noble Monségur.	Mort.	2 germinal an II (22 mars 1794).
Duprat père (Pierre), 70 ans, notaire, Bordeaux.	Mort.	21 messidor an II (9 juil. 1794).
Dupré (Lambert), 62 ans, noble, Moncrabeau.	Mort.	23 prairial an II (11 juin 1794).
Dupu (Françoise), 38 ans, blanchisseuse, Bordeaux.	Acquittée.	8 thermidor an II (26 juillet 1794).
Dupu (Jean-Baptiste), 14 ans, imprimeur, Bordeaux.	Acquitté.	7 thermidor an II (25 juil. 1794).
Dupuy (Louis), 26 ans, musicien, Auch.	Acquitté.	17 nivôse an II (6 janv. 1794).
Dupuy (Louis), 20 ans, noble, Saint-Jean-du-Gard.	Acquitté.	6 pluviôse an II (25 janvier 1794).
Dupuy (Pierre), 56 ans, syndic de marine, Gauriac.	Mort.	13 messidor an II (17 juil. 1794).
Durand (Jean), 64 ans, procureur, Libourne.	Six ans de fers et 250,000f d'amende	14 brumaire an II (4 nov. 1793).
Durand (Jean-Baptiste), 27 ans, greffier du tribunal, Libourne.	Huit jours de prison.	11 brumaire an II (1er nov. 1793).

STATISTIQUE DE LA COMMISSION MILITAIRE. 363

NOMS, PRÉNOMS, AGE, LIEU DE NAISSANCE.	DÉCISION.	
	NATURE.	DATE.
Durand (Marguerite), 30 ans, religieuse, Marmande.	Mort.	8 messidor an II (26 juin 1794).
Durand (Suzanne), 26 ans, sans état, Marmande.	Acquittée.	*Idem.*
Durand-Lagrangère (Jean-Étienne), 46 ans, président du tribunal, Libourne.	Huit jours de prison.	22 brumaire an II (12 nov. 1793).
Durand de Ramefort (Léonard) 50 ans, prêtre, Bourdeille.	Mort.	9 thermidor an II (27 juil. 1794).
Durandeau (Pierre), 74 ans, prêtre, Coutras.	Acquitté.	23 brumaire an II (13 nov. 1793).
Duranthon (Jacques), 58 ans, homme de loi, Mussidan.	Mort.	29 frimaire an II (19 déc. 1793).
Duranti (Jean), 60 ans, prêtre, Barau (Gers).	Mort.	19 ventôse an II (9 mars 1794).
Duranton, V. *Busset.*	»	»
Duranty, V. *Duranti.*	»	»
Du Rayet, V. *Paty.*	»	»
Durbet (Louis), 40 ans, comédien, Paris.	Acquitté.	17 nivôse an II (6 janvier 1794).
Durey, V. *Longa.*	»	»
Durieu (Pierre), 51 ans, tailleur, Bruges.	Mort.	29 frimaire an II (19 déc. 1793).
Durinval, V. *Durios.*	»	»
Durios-Durinval (Philippe), 42 ans, comédien, Agen.	Acquitté.	5 nivôse an II (25 déc. 1793).
Dusoller-Saint-Martin (Jean-Auguste), 40 ans, sans état, Bordeaux.	Mort.	24 messidor an II (12 juil. 1794).
Dussaq (Jean), 42 ans, commerçant, Beautiran.	Renvoyé à plus ample informé.	12 pluviôse an II (31 janv. 1794).
Dussault (Françoise), femme de Malet, 28 ans, noble, Castelmoron.	Mort.	28 messidor an II (16 juil. 1794).
Dussault (Jérôme), 74 ans, agriculteur, La Réole.	Mort.	11 thermidor an II (29 juil. 1794).

NOMS, PRÉNOMS, ÂGE, LIEU DE NAISSANCE.	DÉCISION.	
	NATURE.	DATE.
Dussault père (Jean-Maurice), 64 ans, conseiller au Parlement, Bordeaux.	Mort.	22 messidor an II (10 juil. 1794).
Dussault (Marguerite), 21 ans, noble, Bordeaux.	Détention jusqu'à la paix.	4 thermidor an II (22 juil. 1794.)
Dussault (Marie), 22 ans, noble Bordeaux.	Détention jusqu'à la paix.	*Idem.*
Dussault (Marie), 19 ans, noble Bordeaux.	Détention jusqu'à la paix.	*Idem.*
Duthil aîné (Sébastien), 56 ans, capitaine de navire, Gauriac.	Mort.	13 messidor an II (1er juil. 1794).
Duthil jeune (Raimond), 47 ans, juge de paix, Gauriac.	Acquitté.	*Idem.*
Duthozia (Guy), 33 ans, cultivateur, Pellegrue.	Acquitté.	7 pluviôse an II (26 janvier 1794).
Duval père (Joseph), 80 ans, noble, Bordeaux.	Mort.	1er thermidor an II (19 juil. 1794).
Duval fils (Jean-Luc-Joseph), 30 ans, conseiller au Parlement, Bordeaux.	Mort.	6 pluviôse an II (26 janv. 1794).
Duvigneau (Hyacinthe), 42 ans, greffier du tribunal, Bordeaux.	Mort.	9 thermidor an II (27 juil. 1794).
Egmont, V. *D'Egmont.*	»	»
Elies (Marie), 59 ans, institutrice, Bordeaux.	Mort.	8 thermidor an II (26 juil. 1794).
Errera (Daniel), 27 ans, marchand, St-Esprit de Bayonne.	Acquitté.	5 ventôse an II (23 février 1794).
Escorailles (d'), V. *Marcellus.*	»	»
Estèbe (Saint-Eloi), 53 ans, négociant, Québec.	Acquitté.	17 germinal an II (6 avril 1794).
Etourneau (Charles-Alexandre) 25 ans, précepteur, Larioche.	Mort.	17 pluviôse an II (5 fév. 1794).
Eude (Pierre-François), 28 ans, comédien, Paris.	Acquitté.	17 nivôse an II (6 janvier 1794).
Expert (Bernard), 32 ans, Lormont.	Acquitté.	11 brumaire an II (1er nov. 1793).

NOMS, PRÉNOMS, ÂGE, LIEU DE NAISSANCE.	DÉCISION.	
	NATURE.	DATE.
Eydou (Marie-Jeanne), 33 ans, comédienne, Parme.	Acquittée.	17 nivôse an II (6 janv. 1794).
Ezemar (Gabriel-Pascal), 43 ans, homme de loi, La Réole.	20,000f d'amende	8 pluviôse an II (27 janv. 1794).
Fabre (Jean-Baptiste), 46 ans, cap. de navire, Bordeaux.	Acquitté.	11 germinal an II (31 mars 1794).
Faget, V. *Lafon*.	»	»
Fargeau, V. *Benoît*.	»	»
Faucher (Raimond), 65 ans, marchand, Limoges.	30,000f d'amend	22 messidor an II (10 juillet 1794).
Fauquier (Jean-Baptiste), 79 ans conseiller au Parlement, Bordeaux.	Mort.	13 pluviôse an II (1er fév. 1794).
Faure (Jeanne), 66 ans, sans état, Saint-Émilion.	Acquittée.	16 brumaire an II (6 nov. 1793).
Faure (Sabine), 65 ans, sans état, Saint-Émilion.	Acquittée.	*Idem.*
Faure de Rancureau (Robert), 46 ans, conseiller à la cour des aides, St-Amand de Boixe.	Mort.	3 thermidor an II (21 juil. 1794).
Fauvel (Jean), 25 ans, musicien, Rennes.	Acquitté.	17 nivôse an II (6 janv. 1794).
Faye (Pierre-Jean), 35 ans, prêtre, Saint-Macaire.	Détention jusqu'à la paix, exposition e 10,000 fr. d'amende.	6 frimaire an II (26 nov. 1793).
Feilhe (Charles), 50 ans, prêtre, Villeneuve.	Acquitté.	6 thermidor an II (24 juil. 1794).
Felgère (Jeanne), 52 ans, mercière, Bordeaux.	Détention jusqu'à la paix et solidairement 40,000f d'amende.	13 frimaire an II (3 déc. 1793).
Felgère (Marie), 62 ans, mercière, Bordeaux		
Felgère (Marie), 48 ans, mercière, Bordeaux.		
Félix (Sophie), 26 ans, artiste, Clermont.	Acquittée.	17 nivôse an II (6 janv. 1794).
Férignan (Anne), 18 ans, marchande, Bordeaux.	Acquittée.	8 messidor an II (26 juin 1794).

NOMS, PRÉNOMS, AGE, LIEU DE NAISSANCE.	DÉCISION.	
	NATURE.	DATE.
Ferrand, V. *Barret*.	»	»
Ferret (Anne), religieuse, île d'Oléron.	Détention jusqu'à la paix.	7 thermidor an II (25 juil. 1794).
Ferrière, V. *Colck*.	»	»
Ferrière (Gabriel), 47 ans, négociant, Bordeaux.	150,000 francs d'amende.	1er ventôse an II (19 fév. 1794).
Ferrière (Jean), 52 ans, négociant, Bordeaux.	Acquitté.	14 pluviôse an II (2 fév. 1794).
Fessard (Antoine), 36 ans, musicien, Troyes.	Acquitté.	17 nivôse an II (6 janv. 1794.)
Feuilhe (Jean-Barthélemy), 42 ans, homme de loi, Monségur.	Mort.	11 messidor an II (29 juin 1794).
Feuillerade (Gabriel), 43 ans, courtier, Bordeaux.	Acquitté.	3 messidor an II (21 juin 1794).
Filhot de Chimbaud (Gabriel-Barthélemy-Romain), 48 ans, conseiller au Parlement, Bordeaux.	Mort.	22 messidor an II (10 juil. 1794).
Filhot de Chimbaud (Marguerite-Thérèze), 60 ans, noble, Bordeaux.	Mort.	1er pluviôse an II (20 janv. 1794).
Fiquepau (Louise), femme Fonroze, 33 ans, noble, La Martinique.	Détention jusqu'à la paix.	1er thermidor an II (19 juil. 1794).
Fisson-Monaveau (Philippe), 47 ans, noble, Falcyrac.	Mort.	14 germinal an II (3 avril 1794).
Fizeac (François), 79 ans, négociant, Bordeaux.	Acquitté.	8 thermidor an II (26 juil. 1794).
Foi (Léon), 36 ans, colporteur, Turin.	Renvoyé à plus ample informé.	5 ventôse an II (23 février 1794).
Fonbourgade (Jean), 78 ans, noble, Saint-Pey-de-Castets.	Mort.	1er thermidor an II (19 juil. 1794).
Fonbourgade (Jeanne), 31 ans, noble, Saint-Pey-de-Castets.	Mort.	*Idem.*
Fonroze (Elie-Jean), 56 ans, conseiller au Parlement, Eyraud.	Mort.	*Idem.*
Fonroze, V. *Fiquepau*.	»	»

STATISTIQUE DE LA COMMISSION MILITAIRE. 367

NOMS, PRÉNOMS, AGE, LIEU DE NAISSANCE.	DÉCISION. NATURE.	DÉCISION. DATE.
Fontaine (Jeanne), femme Bousquet, 45 ans, rentière, Bordeaux.	Détention jusqu'à la paix, exposition et 15,000ᶠ d'amende.	9 nivôse an II (29 décembre 1793).
Fontard-Courty (François), 35 ans, prêtre, Tournon.	Acquitté.	8 pluviôse an II (27 janv. 1794).
Fontbroge (Jacques-François-Dumas), 60 ans, conseiller au Parlement, Libourne.	Mort.	24 prairial an II (12 juin 1794).
Fontbroge, V. *Chillaud*.	»	»
Fontémoing (Jean), 52 ans, homme de loi, Libourne.	Détention jusqu'à la paix.	21 brumaire an II (11 nov. 1793).
Fontémoing fils (Jean-Baptiste), 25 ans, sans état, Libourne.	Détention jusqu'à la paix, exposition et 60,000ᶠ d'amende.	20 brumaire an II (10 nov. 1793).
Fontenille (François), 46 ans, marchand graisseux, Sardos.	Acquitté.	26 prairial an II (14 juin 1794).
Fourcade (Guillaume), 53 ans, tonnelier, Bordeaux.	Acquitté.	8 brumaire an II (29 oct. 1793).
Fourcaud (Nicolas), 56 ans, négociant, Libourne.	20,000 francs d'amende.	21 brumaire an II (21 nov. 1793).
Fournier (Pierre), 53 ans, peintre, Toulouse.	Mort.	25 brumaire an II (15 nov. 1793).
Foy (Moïse-Marq), 35 ans, marchand et négociant, Bayonne.	50,000ᶠ d'amende.	5 ventôse an II (23 février 1794).
Franco, V. *Dacosta*.	»	»
François (Jean), 38 ans, ferblantier, Belvès.	Mort.	29 frimaire an II (19 déc. 1793).
François (Jean-Jacques), 28 ans, homme de loi, Bordeaux.	Renvoyé à plus ample informé.	22 messidor an II (10 juillet 1794).
Frété (Pierre-Nicolas), 26 ans, courtier, Clairac.	Acquitté.	28 pluviôse an II (16 fév. 1794).
Freulin (Étienne), 30 ans, militaire, Haget-Pardiac (Hautes-Pyrénées).	Mort.	18 messidor an II (6 juil. 1794).
Fringues (François), 32 ans, homme de loi, Espouey.	Acquitté.	11 messidor an II (29 juin 1794).
Fumel (Joseph, comte de), 74 ans, noble, Toulouse.	Mort.	9 thermidor an II (27 juil. 1794).

NOMS, PRÉNOMS, AGE, LIEU DE NAISSANCE.	DÉCISION.	
	NATURE.	DATE.
FUMEL (Marie-Louise, marquise d'Argicourt), 45 ans, noble, Paris.	Mort.	13 pluviôse an II (1er fév. 1794).
FUSIER (Louis-Antoine-Jean-Baptiste), 43 ans, comédien, Nîmes.	Acquitté.	5 nivôse an II (25 déc. 1793).
GAILLARD (Claude), 44 ans, comédien.	Acquitté.	5 nivôse an II (25 déc. 1793).
GALARD (Joseph), 55 ans, prêtre et noble, Serville (Lot-et-Garonne).	Mort.	29 pluviôse an II (17 fév. 1794).
GALOUPEAU (Pierre), 74 ans, cultivateur, Langon.	Mort.	13 nivôse an II (2 janvier 1794).
GANDILLON (Jean), 40 ans, comédien, Orléans.	Acquitté.	17 nivôse an II (6 janv. 1794).
GARAT (Jean-Léonard), 47 ans, rentier, Libourne.	Détention jusqu'à la paix, et 100,000 fr. d'amende.	15 brumaire an II (5 nov. 1793).
GARBARY (Jean), 40 ans, instituteur, Beautiran.	Renvoyé à plus ample informé.	12 pluviôse an II (31 janv. 1794).
GARDISSAN (Antoine), 28 ans, scieur de bois, Montaignaget (Cantal).	Acquitté.	26 prairial an II (14 juin 1794).
GARRY (Claire), 45 ans, ouvrière, Bordeaux.	Mort.	12 messidor an II (30 juin 1794).
GASCHET-DELILLE (Joseph), 52 ans, négociant, Saint-Pierre (Martinique).	Détention jusqu'à la paix et 200,000 fr. d'amende, solidairem' avec Testard et autres associés.	22 ventôse an II (12 mars 1794).
GASSER (Marie-Françoise), 25 ans, artiste, Marly.	Acquittée..	17 nivôse an II (6 janv. 1794).
GASSIOT (Anne), 33 ans, religieuse, Bordeaux.	Mort.	19 messidor an II (7 juil. 1794).
GASTON (Thomas), 23 ans, danseur, Saint-Omer.	Acquitté.	17 nivôse an II (6 janv. 1794).
GAUBAN fils (Pierre-Félix), 30 ans, homme de loi, La Réole.	Mort.	22 prairial an II (10 juin 1794).
GAUBERT (Dieudonné), 28 ans, musicien, Auch.	Acquitté.	17 nivôse an II (6 janvier 1794).

NOMS, PRÉNOMS, AGE, LIEU DE NAISSANCE.	DÉCISION.	
	NATURE.	DATE.
GAUSSENS, V. *Couvreur*.	»	»
GAUTIER (Jean), 31 ans, armateur, Cabara.	20,000ᶠ d'amende.	14 pluviôse an II (2 fév. 1794).
GAUTIER (Pierre-Antoine), 42 ans, négociant, Veau (Charente-Inférieure).	Acquitté.	16 germinal an II (5 avril 1794).
GAUVRY (Jean), 47 ans, secrétaire de M. Dudon, Coutures.	Mort.	12 messidor an II (30 juin 1794).
GAUZEN (Jean), 50 ans, agriculteur, La Réole.	Détention jusqu'à la paix et 100,000 fr. d'amende.	7 pluviôse an II (26 janvier 1794).
GAYON, V. *Lavau-Gayon*.	»	»
GAYOU (Jeanne), 22 ans, servante, Saint-Christoly.	Acquittée.	1ᵉʳ messidor an II (19 juin 1794).
GEISELER (Jean-Geoffroy), 36 ans, négociant, Pologne.	Acquitté.	12 ventôse an II (2 mars 1794).
GELLIBERT, V. *Pons*.	»	»
GEOFFROY (Jacques-Gabriel), 52 ans, figurant, Paris.	Acquitté.	17 nivôse an II (6 janv. 1794).
GÉRAUD (Pierre), dit *Nonet*, 42 ans, marchand, Libourne.	Huit jours de prison.	21 brumaire an II (11 nov. 1793).
GERMAIN (André), 37 ans, comédien, Nîmes.	Acquitté.	17 nivôse an II (6 janvier 1794).
GESLIN-LARENNERIE, 44 ans, orfèvre, Châtaigneraie.	Mort.	1ᵉʳ thermidor an II (19 juil. 1794).
GESTAS (Charles-Sébastien-Hubert), 42 ans, général, Donjeux.	Mort.	7 nivôse an II (27 décembre 1793).
GEVELLE, V. *Anglebert*.	»	»
GIMET (Marie), 32 ans, empeseuse, Bordeaux.	Mort.	18 prairial an II (6 juin 1794.)
GIRAU (Marie), 66 ans, sœur tourière, Bordeaux.	Mort.	7 thermidor an II (25 juil. 1794).
GIRAU (Marguerite), 60 ans, sœur tourière, Bordeaux.	Mort.	Idem.
GIRAUD (Françoise), 56 ans, religieuse, Bordeaux.	Détention jusqu'à la paix.	4 thermidor an II (22 juil. 1794).

NOMS, PRÉNOMS, AGE, LIEU DE NAISSANCE.	DÉCISION.	
	NATURE	DATE.
Giraud (Marguerite), 27 ans, religieuse, Bordeaux.	Mort.	19 messidor an II (7 juil. 1794).
Girodeaux (Joseph), 30 ans, musicien, Bordeaux.	Acquitté.	17 nivôse an II (6 janv. 1794).
Girou (Jean-Pierre), 22 ans, danseur, Montauban.	Acquitté.	Idem.
Girou (Marguerite), 66 ans, sans état, Sainte-Bazeille.	Acquittée.	19 prairial an II (7 juin 1794).
Glynn (Martin), 70 ans, prêtre, Irlande.	Mort.	19 messidor an II (7 juil. 1794).
Gombaud (Jean), 52 ans, meunier, Tauriac.	Acquitté.	13 messidor an II (1er juil. 1794).
Gombaud (Jean-Daniel-Alphonse), 70 ans, noble, Bordeaux.	Mort.	16 prairial an II (4 juin 1794).
Gombaud (Marie), femme Meynard, 48 ans, meunière, Tauriac.	Mort.	27 germinal an II (16 avril 1794.)
Gombaud (Michel), 49 ans, meunier, Berron.	Acquitté.	13 messidor an II (1er juil. 1794).
Gombaud (Pierre), 29 ans, tonnelier, St-Ciers-de-Canesse.	Acquitté.	Idem.
Goudal (Joseph), 41 ans, négociant, Bordeaux.	Deux mois de prison.	4 ventôse an II (22 février 1794).
Goursac (Joseph-Guillaume), 76 ans, homme de loi, Bordeaux.	Détention jusqu'à la paix.	29 prairial an II (17 juin 1794).
Goy (Jean-Paulin), 44 ans, comédien, Paris.	Acquitté.	5 nivôse an II (25 Déc. 1793).
Graich (Pierre), 28 ans, laboureur, Saint-Christoly.	Acquitté.	1er messidor an II (19 juin 1794).
Gramidon (Pierre), 59 ans, serrurier, Langon.	Dix ans de fers.	28 frimaire an II (18 déc. 1793).
Grandidier (Nicolas), 45 ans, concierge, Vigneul.	Trois mois de prison.	13 pluviôse an II (1er fév. 1794).
Grangeneuve cadet (Jean), 38 ans, négociant, Bordeaux.	Mort.	1er nivôse an II (21 déc. 1793).

NOMS, PRÉNOMS, AGE, LIEU DE NAISSANCE.	DÉCISION.	
	NATURE.	DATE.
Grangeneuve (Jean-Antoine), 42 ans, conventionnel, Bordeaux.	Mort.	1er nivôse an II (21 déc. 1793).
Granger (Jean-Jacques), 40 ans, capitaine de navire, Annacady.	Mort.	8 frimaire an II (28 nov. 1793).
Gratian-Pellé, V. *Pellé.*	»	»
Gratiolet (Elie), 54 ans, homme de loi, Bordeaux.	Mort.	8 thermidor an II (26 juil. 1794).
Graves (Amand), 30 ans, assureur, Preignac.	Acquitté.	19 germinal an II (7 avril 1794).
Grenier (Pierre), 50 ans, prêtre, Taillecavat.	Mort.	12 messidor an II (1er juil. 1794).
Grenier-Balmont (Joseph), 52 ans, verrier, Saint-Macaire.	Détention jusqu'à la paix.	7 frimaire an II (27 nov. 1793).
Groc (Jean), 55 ans, président de la cour des aides, Bordeaux.	Mort.	12 messidor an II (30 juin 1794).
Groc (Sophie), 23 ans, sans état, Bordeaux.	Acquittée.	8 thermidor an II (26 juil. 1794).
Groc, V. *Baylac.*	»	»
Groussit (Marie-Françoise), 25 ans, sans état, Bordeaux.	Détention jusqu'à la paix.	13 frimaire an II (3 déc. 1793).
Groussit (Marie-Hortense), 36 ans, rentière, Bordeaux.	Détention jusqu'à la paix.	*Idem.*
Guadet père (Jean), 70 ans, courtier, Saint-Emilion.	Mort.	2 thermidor an II (20 juil. 1794).
Guadet (Marie), 65 ans, vivant avec son frère, St-Emilion.	Mort.	*Idem.*
Guadet (Marguerite-Elie), 35 ans, conventionnel, Saint-Emilion.	Mort.	1er messidor an II (19 juin 1794).
Guadet-Saint-Brice (Jean-Baptiste), 30 ans, adjudant-général, Saint-Emilion.	Mort.	3 thermidor an II (21 juil. 1794).
Guastalla (Abraham), 30 ans, marchand colporteur, Turin.	Renvoyé à plus ample informé.	5 ventôse an II (23 fév. 1794).
Guénot (Bernard), 44 ans, huissier, Bordeaux.	Mort.	4 thermidor an II (22 juil. 1794).

NOMS, PRÉNOMS, AGE, LIEU DE NAISSANCE.	DÉCISION.	
	NATURE.	DATE.
Guerry (Marie), 63 ans, religieuse, St-Sulpice-du-Bernat.	Détention jusqu'à la paix.	4 thermidor an II (22 juillet 1794).
Guessard, V. *Quessard*.	»	»
Guignard (Etienne), 40 ans, notaire, Pineuil.	Mort.	12 ventôse an II (2 mars 1794).
Guilhem (Jeanne), 16 ans, sans état, Les Cayes (Saint-Louis).	Acquittée.	15 frimaire an II (5 décembre 1793).
Guiraud (Pierre), 57 ans, tonnelier, Bordeaux.	Renvoyé à plus ample informé.	13 pluviôse an II (1er fév. 1794).
Guissard (François), 29 ans, chanteur, Paris.	Acquitté.	17 nivôse an II (6 janvier 1794).
Guy, V. *Dornal de Guy*.	»	»
Hache (Jean-Jacques), 49 ans, négociant, Calais.	Mort.	4 frimaire an II (24 nov. 1793).
Hallot (Etienne), 35 ans, homme de loi, Creully.	Mort.	16 frimaire an II (6 déc. 1793).
Haulmière (David), dit *Gaston*, 38 ans, marchand, Castres.	Mort.	18 messidor an II (6 juil. 1794).
Hélies, V. *Elies*.	»	»
Héliès (Marguerite), femme Larrouy, 61 ans, sans état, Paillet.	Détention jusqu'à la paix.	27 messidor an II (15 juil. 1794).
Henry (Gabriel-Denis), 30 ans, Coustens (Moselle).	Acquitté.	5 frimaire an II (25 nov. 1793).
Henry (Jacques), 29 ans, commis-marchand, Metz.	Mort.	3 thermidor an II (21 juil. 1794).
Henry (Michel), 58 ans, marchand, Lyon.	40,000f d'amende	6 pluviôse an II (25 janv. 1794).
Héraud (Jeanne), 34 ans, religieuse, Marmande.	Détention jusqu'à la paix.	7 thermidor an II (25 juil. 1794).
Herrera, V. *Errera*.	»	»
Hesse (Thierry-Charles), 38 ans, négociant, Hambourg.	Acquitté.	24 ventôse an II (14 mars 1794).
Hibot (Augustin), 54 ans, musicien, Paris.	Acquitté.	17 nivôse an II (6 janvier 1794).

STATISTIQUE DE LA COMMISSION MILITAIRE.

NOMS, PRÉNOMS, AGE, LIEU DE NAISSANCE.	DÉCISION. NATURE.	DATE.
Hostain (Joseph), 27 ans, menuisier, Bordeaux.	Acquitté.	5 brumaire an II (26 oct. 1793).
Housset aîné (Michel), 38 ans, boulanger, Bordeaux.	Mort.	24 prairial an II (12 juin 1794).
Hugues (Sophie), 18 ans, danseuse, Paris.	Acquittée.	17 nivôse an II (6 janv. 1794).
Hus (Jean-Baptiste-Eugène), 36 ans, artiste, Bruxelles.	Acquitté.	Idem.
Imbert père (Pierre), 46 ans, marchand de bois, Le Fleix.	100,000f d'amende solidairem¹ avec Mouru-Lacotte.	14 pluviôse an II (2 fév. 1794).
Imbert fils (Pierre), 26 ans, marchand de bois, Le Fleix.		
Ingres (Jean-Bernard), 23 ans, officier de santé, St-Martin-Gimos.	Mort.	24 germinal an II (13 avril 1794).
Jalby, receveur de l'enregistrement, Sainte-Foy.	1,500 francs d'amende.	8 frimaire an II (28 nov. 1793).
Jarry-Lavilette (François), 58 ans, syndic de la navigation, Montélimar.	Mort.	6 messidor an II (24 juin 1794).
Joly (Joseph-Félix), 45 ans, musicien, Nantes.	Acquitté.	17 nivôse an II (6 janvier 1794).
Josset-Pomié, V. *Pomié*.	»	»
Jouin (Charles), 50 ans, tanneur, Courville.	Vingt ans de fers	18 brumaire an II (8 nov. 1793).
Joulin (Claudine), dite *Aimée*, 28 ans, Les *Mères* (Lyon).	Acquittée.	17 nivôse an II (6 janv. 1794).
Journi, V. *Austray*.	»	»
Journu (Auguste), 40 ans, négociant, Bordeaux.	Mort.	15 ventôse an II (5 mars 1794).
Joussaume (Jean), 37 ans, tonnelier, Saint-Macaire.	Un mois de prison	8 frimaire an II (28 nov. 1793).
Juclier (Jean-Jacques), 28 ans, comédien, Orléans.	Acquitté.	5 nivôse an II (25 décembre 1793).
Julian (Joseph), 67 ans, négociant, Bayonne.	Acquitté.	17 ventôse an II (7 mars 1794).

NOMS, PRÉNOMS, AGE, LIEU DE NAISSANCE.	DÉCISION.	
	NATURE.	DATE.
Juste (Joseph), 41 ans, musicien, Sardos.	Acquitté.	17 nivôse an II (6 janvier 1794).
Juzan-Labrauste (Jean), 34 ans, contrôleur du Grand-Théâtre, Mont-de-Marsan.	Acquitté.	*Idem.*
Katter (Henri), 29 ans, négociant, Hambourg.	Acquitté.	25 ventôse an II (15 mars 1794).
Kunkel (Jacques), 36 ans, négociant, Blendolff.	Acquitté.	16 germinal an II (5 avril 1794).
Labadie (André), 33 ans, négociant, Bordeaux.	Mort.	23 prairial an II (11 juin 1794).
Labadie (Bernard), 38 ans, négociant, Bordeaux.	Mort.	*Idem.*
Labadie (Nicolas), 56 ans, musicien.	Acquitté.	17 nivôse an II (6 janv. 1794).
Labadie (Pierre-Marie), 36 ans, négociant, Bordeaux.	Mort.	23 prairial an II (11 juin 1794).
Labarthe, V. *Brunet.*	»	»
La Bouissette, V. *Pagès.*	»	»
Labrauste, V. *Juzan.*	»	»
Labrouste (Marguerite), 70 ans, rentière, Bordeaux.	Acquittée.	15 frimaire an II (5 déc. 1793).
Lacam (Roch), 38 ans, prêtre, Caylus (Tarn-et-Garonne).	Mort.	14 frimaire an II (4 déc. 1793).
Lacaze (Gaston), 25 ans, négociant, Libourne.	Détention jusqu'à la paix et 10,000ᶩ d'amende.	12 brumaire an II (2 nov. 1793).
Lachataigneraie (Catherine-Poulin), 39 ans, artiste, Dijon	Acquittée.	17 nivôse an II (6 janv. 1794).
Laconfourque (Jean), 48 ans, marchand de bois, Bordeaux.	Renvoyé à plus ample informé.	12 pluviôse an II (31 janv. 1794).
Lacorée, V. *Bulliod.*	»	»
Lacotte, V. *Mouru.*	»	»
Lacourt (Simon de), 73 ans, imprimeur, Bordeaux.	Mort.	27 frimaire an II (17 déc. 1793).

NOMS, PRÉNOMS, AGE, LIEU DE NAISSANCE.	DÉCISION.	
	NATURE.	DATE.
Lacouture (Marie-Thérèse), 30 ans, tailleuse, Bordeaux.	Détention jusqu'à la paix.	15 frimaire an II (5 déc. 1793).
Lacouture (Rose), 45 ans, tailleuse, Bordeaux.	Détention jusqu'à la paix.	Idem.
Lacouture (veuve), 62 ans, couturière, Bordeaux.	Détention jusqu'à la paix.	Idem.
Lacroix (Jean-Baptiste-Jérémie) 61 ans, noble, Bordeaux.	Mort.	17 pluviôse an II (5 fév. 1794).
Lacroix (Simon), 48 ans, aubergiste, Sainte-Foy.	Détention jusqu'à la paix.	4 frimaire an II (24 nov. 1793).
Laduguie (Antoine), 73 ans, ancien militaire, Mauroux-Cabanac (Lot).	Mort.	27 messidor an II (15 juil. 1794).
Lafargue (Elisabeth), 25 ans, artiste, Saint-Jean-d'Angély.	Acquittée.	17 nivôse an II (6 janv. 1794).
Lafargue (Jean), 34 ans, homme de loi, Bordeaux.	Mort.	3 frimaire an II (23 nov. 1793).
Lafargue (Jean-Benoît), 23 ans surnuméraire à l'enregistrement, Bordeaux.	Acquitté.	5 frimaire an II (25 nov. 1793).
Lafargue (Pierre-Ambroise), 31 ans, ancien procureur au Parlement, Bordeaux.	Acquitté.	Idem.
Laffon, V. *Devillefumade.*	»	»
Lafitte (Catherine), 56 ans, marchande, Bordeaux.	Trois mois de prison et 20,000ᶠ d'amende solidairement avec ses sœurs.	13 frimaire an II (3 déc. 1793).
Lafitte (Marguerite), 63 ans, marchande, Bordeaux.	Trois mois de prison.	Idem.
Lafitte (Marie), 70 ans, marchande, Bordeaux.	Trois mois de prison.	Idem.
Lafon (Anne), veuve Faget, 58 ans, rentière, Bordeaux.	Détention jusqu'à la paix et 6,000 fr. d'amende.	Idem.
Lafond aîné (Jean), 43 ans, négociant, Bordeaux.	300,000 francs d'amende.	7 germinal an II (27 mars 1794).
Lagasse (Jacques-Antoine), 43 ans, Bordeaux.	Acquitté.	17 nivôse an II (6 janv. 1794).

NOMS, PRÉNOMS, AGE, LIEU DE NAISSANCE.	DÉCISION.	
	NATURE.	DATE.
LAGOANÈRE (Tell), 22 ans, cultivateur, Bordeaux.	Renvoyé à plus ample informé.	12 pluviôse an II (31 janv. 1794).
LAGORÉE, V. *Morian*.	»	»
LAGORSSE (Joseph), 43 ans, commis-négociant, Bordeaux	Acquitté.	2 thermidor an II (20 juil. 1794).
LAGRANGÈRE, V. *Durand*.	»	»
LAGUIRE (Joseph), 57 ans, marchand-droguiste, Mansie (Gers).	Détention jusqu'à la paix et 50,000 fr. d'amende.	12 nivôse an II (1er janvier 1794).
LAJARD (Pierre), 61 ans, courtier, Marseille.	300,000 francs d'amende.	9 germinal an II (29 mars 1794).
LAJARTE, V. *Dufaure*.	»	»
LALANDE (Prosper), 39 ans, chanteur, Toulouse.	Acquitté.	17 nivôse an II (6 janvier 1794).
LALANNE (Jean-Gabriel), 41 ans planimètre, Bordeaux.	Six ans de fers.	8 brumaire an II (29 oct. 1793).
LALIMAN (Jean-Joseph de), 59 ans, conseiller au Parlement, Marmande.	Mort.	22 messidor an II (10 juil. 1794).
LALOUBIE (Jean-Baptiste), 76 ans, cultivateur, Pessac.	Mort.	18 messidor an II (6 juil. 1794).
LAMAGNÈRE (Joseph), 41 ans, homme de loi, Bordeaux.	Mort.	4 messidor an II (22 juin 1794).
LAMAR (Henry), 46 ans, musicien, Davaneau (?) en Bourgogne.	Acquitté.	17 nivôse an II (6 janv. 1794).
LAMARQUE (Pierre-Joseph), 27 ans, négociant, Bordeaux.	Acquitté.	19 messidor an II (7 juil. 1794).
LAMBERT (Jean-Baptiste), 41 ans musicien, Bruxelles.	Acquitté.	17 nivôse an II (6 janvier 1794).
LAMBERT (Marie), 15 ans, comédienne, Bordeaux.	Acquittée.	5 nivôse an II (25 décembre 1793).
LAMBERT (Suzanne), 36 ans, artiste, La Rochelle.	Acquittée.	17 nivôse an II (6 janvier 1794).
LAMBERT-DUPRÉ, V. *Dupré*.	»	»
LAMÉGIE fils (Guillaume), 12 ans, apothicaire, Bordeaux.	Acquitté.	8 thermidor an II (26 juil. 1794).

NOMS, PRÉNOMS, AGE, LIEU DE NAISSANCE.	DÉCISION.	
	NATURE.	DATE.
LAMÉGIE (Mathurin-Désiré), 25 ans, commis au District, Libourne.	Huit jours de prison.	22 brumaire an II (12 nov. 1793).
LAMENAUDE, V. *Pereyra*.	»	»
LAMIT (Pierre), 65 ans, rentier, Libourne.	300f d'amende.	14 brumaire an II (4 nov. 1793).
LAMONTAIGNE, V. *Boisron*.	»	»
LAMOTHE, V. *Lousteau*.	»	»
LANCE, V. *Lanza*.	»	»
LANEAU, V. *Ducis*.	»	»
LANGE (Moïse), 36 ans, négociant, Bordeaux.	80,000f d'amende solidairemt avec son frère.	11 ventôse an II (1er mars 1794).
LANGEVIN.	Renvoyé à plus ample informé.	9 thermidor an II (27 juil. 1794).
LANGOIRAN (Thomas), 60 ans, prêtre, Bordeaux.	Acquitté.	27 frimaire an II (17 déc. 1793).
LANTOURNE (Pierre-Tiburce de), 58 ans, gendarme du Roi, Castillon-de-Lauzun.	Mort.	27 prairial an II (15 juin 1794).
LANZA père (André), 67 ans, marchand de citrons, Gênes.	Acquitté.	12 brumaire an II (2 nov. 1793).
LANZA, femme du précédent.	Acquittée.	*Idem*.
LANZA fils (Michel).	Acquitté.	*Idem*.
LAPERLE, V. *Deperle*.	»	»
LAPÉRIÈRE (Géraud), 36 ans, comédien, Luçon.	Acquitté.	5 nivôse an II (25 déc. 1793).
LAPERRIÈRES (Louis), 33 ans, comédien, Paris.	Acquitté.	17 nivôse an II (6 janv. 1794).
LAPIERRE (Hugues), 58 ans, sans état, Bordeaux.	Mort.	11 messidor an II (29 juin 1794).
LAPIERRE (Paul), 61 ans, marchand, Puy-Castier (Gers).	Mort.	1er thermidor an II (19 juil. 1794).
LAPORTE (Armand-Yves-Jean-Baptiste de), 40 ans, conseiller au Parlement, Flaise.	Mort.	22 messidor an II (10 juillet 1794).

NOMS, PRÉNOMS, ÂGE, LIEU DE NAISSANCE.	DÉCISION.	
	NATURE.	DATE.
Larennerie, V. *Geslin.*	»	»
Largeteau (Jacques), 57 ans, négociant, Libourne.	110,000 fr. d'amende solidairement avec Durey Longa.	12 brumaire an II (2 nov. 1793).
Laroche (Nicolas-Françoise), 36 ans, comédienne, Perpignan.	Acquittée.	5 nivôse an II (25 déc. 1793).
Larrendouette (Raimond), 72 ans, commis-nég^t, Bayonne.	Mort.	3 thermidor an II (21 juil. 1794).
Larrieste (Louis), 74 ans, noble, Agareau en Béarn.	Mort.	9 messidor an II (27 juin 1794).
Larroque (Martin de), 72 ans, noble, Bordeaux.	Mort.	7 pluviôse an II (26 janvier 1794).
Larroque (Pierre-Henri Dumas de), 58 ans, conseiller au Parlement, Bordeaux.	Mort.	1er messidor an II (19 juin 1794).
Larrouy, V. *Hélies.*	»	»
Larrouy (Pierre), 65 ans, maître-écrivain, Escot.	Mort.	27 messidor an II (15 juil. 1794).
Larsan, V. *Du Périer.*	»	»
Lassabathie (Jean-Cyprien), 65 ans, raffineur, Moissac.	Mort.	17 frimaire an II (7 déc. 1793).
Lassabe (P^{re}-Toussaint), 55 ans, officier de santé, Sauveterre.	Mort.	4 thermidor an II (22 juil. 1794).
Lassime (Jean-Jacques de), 43 ans, conseiller au Parlement, Bordeaux.	Mort.	22 messidor an II (12 juil. 1794).
Latapie (Suzanne), 26 ans, artiste, Castelnau-Médoc.	Acquittée.	17 nivôse an II (6 janv. 1794).
Latuillière (Jean), 70 ans, négociant, Salies-en-Béarn.	Acquitté.	17 germinal an II (6 avril 1794).
Laujac-Charrié (Jacques-François), 40 ans, cultivateur, Grignon.	Trois mois de prison et 12,000 fr. d'amende.	12 frimaire an II (2 déc. 1793).
Launay (Marguerite), 53 ans, couturière, La Sauve.	Mort.	16 messidor an II (4 juil. 1794).
Laurain (Jean-Louis), 38 ans, comédien, Versailles.	Acquitté.	5 nivôse an II (25 décembre 1793).

NOMS, PRÉNOMS, ÂGE, LIEU DE NAISSANCE.	DÉCISION.	
	NATURE.	DATE.
Laurent (Louis), 41 ans, horloger, Libourne.	Acquitté.	14 brumaire an II (4 nov. 1793).
Lavaissière (Jacques de), 66 ans, noble, La Réole.	Mort.	8 pluviôse an II (27 janv. 1794).
Lavaissière (Louis de), 66 ans, chanoine, La Réole.	Mort.	16 prairial an II (4 juin 1794).
Lavaissière (Pierre de), 44 ans, gendarme du roi, Bordeaux.	Mort.	11 frimaire an II (1er décembre 1793).
Lavaissière, V. *Verduzan*.	»	»
Lavalette, V. *Boutin*.	»	»
Lavau-Gayon (Pierre), 30 ans, officier de marine, Marmande.	Mort.	2 brumaire an II (23 oct. 1793).
Lavaud (Jeanne), 43 ans, religieuse, Bordeaux.	Détention jusqu'à la paix.	4 thermidor an II (22 juil. 1794).
Lavenue (Raymond), 38 ans, homme de loi, Bazas.	Mort.	25 brumaire an II (15 nov. 1793).
Lavergne (Jean-Joseph-Arnaud) 27 ans, négociant, Rodez (Aveyron).	100,000f d'amende solidairemt avec Changeur.	26 germinal an II (15 avril 1794.)
Laveyssière, V. *Lavaissière*.	»	»
Lavie (Antoine de), 46 ans, président au Parlement, Bordeaux.	Acquitté.	24 ventôse an II (14 mars 1794).
Lavigne (Hugon), 46 ans, menuisier, Sainte-Foy.	Vingt ans de fers.	16 brumaire an II (6 nov. 1793).
Lavilette, V. *Jarry*.	»	»
Lebert (Jeanne), 35 ans, religieuse, Clairac.	Mort.	16 messidor an II (4 juil. 1794).
Leblanc (Jean), 58 ans, rentier, Bordeaux.	Détention jusqu'à la paix et 60,000f d'amende.	13 frimaire an II (3 déc. 1793).
Leblanc (Jeanne), femme du précédent, 48 ans.		
Lebrest (Marguerite), 34 ans, religieuse, Bordeaux.	Mort.	19 messidor an II (7 juil. 1794).
Lebrun (François), 26 ans, horloger, Beaune.	Mort.	28 messidor an II (16 juil. 1794).

NOMS, PRÉNOMS, AGE, LIEU DE NAISSANCE.	DÉCISION.	
	NATURE.	DATE.
Lebrun (Philippe-Amédée-Antoine), 44 ans, receveur des douanes, Dieppe.	Mort.	16 nivôse an II (5 janvier 1794).
Lecomte (Jean-Baptiste), 32 ans, cultivateur, Toulouse.	Acquitté.	2 ventôse an II (20 février 1794).
Lecoq (Jean-Baptiste), 22 ans, militaire, Paris.	Renvoyé à plus ample informé.	29 brumaire an II (19 nov. 1793).
Lecoutre (Marie), 24 ans, artiste, Bayonne.	Acquittée.	17 nivôse an II (6 janv. 1794).
Lecoutre (Pierre), 50 ans, comédien, Beauvais.	Acquitté.	*Idem.*
Lefebvre (Elisabeth), 18 ans, danseuse, Paris.	Acquittée.	*Idem.*
Lefebvre (François), 23 ans, danseur, Paris.	Acquitté.	*Idem.*
Lefebvre père (Jean-Nicolas), 50 ans, comédien, Chartres.	Acquitté.	*Idem.*
Lefeuvre (Antoine-Jean-Baptiste), 51 ans, armurier, Narbonne.	Acquitté.	22 ventôse an II (12 mars 1794).
Lefeuvre (Joseph), Targon.	Renvoyé à plus ample informé.	2 ventôse an II (20 fév. 1794).
Legal (Michel), 36 ans, garde de marine, Sire en Provence.	Acquitté.	25 ventôse an II (15 mars 1794).
Leluc (Mathieu), 30 ans, cordonnier, Bordeaux.	Mort.	15 frimaire an II (5 déc. 1793).
Lemardelé (Antoine), 58 ans, comédien, Dijon.	Acquitté.	17 nivôse an II (6 janvier 1794).
Lemel (Jean-Antoine), 39 ans, comédien, Montreuil.	Acquitté.	5 nivôse an II (25 déc. 1793).
Lemel (Marie), 24 ans, artiste, Milan.	Acquittée.	*Idem.*
Lemercier (Raymond), 40 ans, musicien, St-Jean-d'Angély.	Acquitté.	*Idem.*
Lemesle (Pascal), 28 ans, comédien, Rouen.	Acquitté.	*Idem.*
Lenouvel (Pierre-Auguste), 26 ans, commis, Falaise.	Acquitté.	6 pluviôse an II (25 janv. 1794).

NOMS, PRÉNOMS, AGE, LIEU DE NAISSANCE.	DÉCISION.	
	NATURE.	DATE.
Lepelletier, V. *Roi*.	»	»
Lequin (Louis-Théodore), 26 ans, acteur, Stockholm.	Acquitté.	17 nivôse an II (6 janv. 1794).
Léris, V. *Satyre-Léris*.	»	».
Leroy, V. *Capelle*.	»	»
Lescourre, V. *Rozu*.	»	»
Lescure (Jean), 61 ans, notaire, Saint-Macaire.	Mort.	3 messidor an II (21 juin 1794).
Lesimple (Marie-Gabrielle), femme Pascalis, 28 ans, comédienne, Saint-Germain-en-Laye.	Acquittée.	17 nivôse an II (6 janvier 1794).
Lestrade (François), 43 ans, boulanger, Périgord.	Mort.	28 brumaire an II (18 nov. 1793).
Le Tellier (Jacques), 27 ans, négociant, Bordeaux. Le Tellier (Jean), 29 ans, négociant, Bordeaux.	Détention jusqu'à la paix et 400,000f d'amende.	29 pluviôse an II (17 fév. 1794).
Levêque (Jean), 30 ans, souffleur, Bordeaux.	Acquitté.	17 nivôse an II (6 janv. 1794).
Levère (Jenny), 18 ans, couturière, Le Cap.	Acquittée.	15 frimaire an II (5 déc. 1793).
Liénau (absent), associé de Katter.	60,000f d'amende.	25 ventôse an II (15 mars 1794).
Limousin (Vincent), 34 ans, tonnelier, Pauillac.	Acquitté et 300f d'indemnité.	11 brumaire an II (1er nov. 1793).
Limouzin-Brondeau (Joseph de), 38 ans, agriculteur, Coutras.	100,000 francs d'amende.	15 brumaire an II (5 nov. 1793).
Lionois (Pierre), 42 ans, bijoutier, Eroy (Aube).	Détention jusqu'à la paix.	3 thermidor an II (21 juil. 1794).
Lobgeois fils (Louis-Antoine), 27 ans, ingénieur militaire, Paris.	Acquitté.	4 thermidor an II (22 juillet 1794).
Loiselet (Thérèse), 39 ans, artiste, Lille.	Acquittée.	17 nivôse an II (6 janv. 1794).
Lombard (Claudine), 20 ans, danseuse, Dijon.	Acquittée.	*Idem.*

NOMS, PRÉNOMS, AGE, LIEU DE NAISSANCE.	DÉCISION.	
	NATURE.	DATE.
LOMBARD (Joseph de), 63 ans, noble, Grenoble.	Mort.	9 messidor an II (27 juin 1794).
LONG (Guillaume), dit PATIENCE, 30 ans, ferblantier, Bordeaux.	Mort.	24 prairial an II (12 juin 1794).
LONG fils aîné (Jean-Pierre), dit Patience, 38 ans, ferblantier, Bordeaux.	Mort.	Idem.
LONGA (Durey), 43 ans, négociant, Castillon.	110,000f d'amende solidairem* avec Largeteau.	12 brumaire an II (2 nov. 1793).
LOPES (Aaron), 40 ans, commerçant, Bordeaux. LOPES (Raphaël), commerçant, Bordeaux.	50,000f d'amende solidairement.	23 ventôse an II (13 mars 1794).
LORIAGUE (Pierre), 58 ans, négociant, Saint-Jean-de-Luz.	Acquitté.	19 pluviôse an II (7 fév. 1794).
LORRANDO (Jean), 47 ans, négociant, Pau.	Acquitté.	8 ventôse an II (26 février 1794).
LOUIS, V. Dorfeuille.	»	»
LOUIS (Jean-Jacques), 27 ans, musicien, Paris.	Acquitté.	17 nivôse an II (6 janv. 1794.)
LOUSTALET (Suzanne), 39 ans, religieuse, Bordeaux.	Mort.	8 messidor an II (26 juin 1794).
LOUSTEAU (Bernard), 50 ans, prêtre, Alagos-en-Béarn.	Mort.	7 pluviôse an II (26 janv. 1794).
LOUSTEAU-LAMOTHE (Martial), 42 ans, homme de loi, Bordeaux.	Acquitté.	29 prairial an II (17 juin 1794).
LOUVET (Jean-Robert-Honoré), 38 ans, négociant, Honfleur.	Trois mois de prison et 25,000 fr. d'amende.	13 ventôse an II (3 mars 1794).
LOYAC (Laurent de), 60 ans, conseiller au Parlement, Bordeaux.	Mort.	9 messidor an II (27 juin 1794).
LUGAT (Claude de), 71 ans, noble, La Réole.	Détention jusqu'à la paix et 80,000f d'amende.	8 pluviôse an II (27 janv. 1794).
LULÉ-DÉJARDIN (Charles), 27 ans, homme de loi, Paris.	Détention jusqu'à la paix.	20 brumaire an II (10 nov. 1793).

NOMS, PRÉNOMS, AGE; LIEU DE NAISSANCE.	DÉCISION.	
	NATURE.	DATE.
LUMIÈRE (Thomas), 53 ans, homme de loi, Castillon.	Mort.	14 messidor an II (2 juil. 1794).
LUNDY (Désirée-Rosalie), 25 ans, comédienne, Rouen.	Acquittée.	17 nivôse an II (6 janv. 1794).
LUR-SALUCES, V. *Saluces*.	»	»
MAGENDIE (Jacques), 61 ans, maître d'écriture, Bordeaux.	Acquitté.	9 brumaire an II (30 oct. 1793).
MAGENDIE (Madeleine), 57 ans, couturière, Bordeaux.	Détention jusqu'à la paix.	15 frimaire an II (5 déc. 1793).
MAGOL (René-Marguerite), 40 ans, peintre en miniature, Lyon.	Mort.	25 brumaire an II (15 nov. 1793).
MAILLÉ (Louis-Alexandre), 37 ans, comédien, Paris.	Acquitté.	17 nivôse an II (6 janv. 1794).
MAILLOT (Eugène), 43 ans, souffleur, Paris.	Acquitté.	Idem.
MAISAN.....	Renvoyé à plus ample informé.	24 messidor an II (12 juil. 1794).
MAIZIN, V. *Mézin*.	»	»
MALET (Françoise de), V. *Dussault*.	»	»
MALET (Marguerite-Laurence de), femme DE MELET, 29 ans, noble, Castelmoron.	Mort.	28 messidor an II (16 juil. 1794).
MALO (Jacques), 33 ans, cordelier, Tocqueville.	Acquitté.	6 germinal an II (26 mars 1794).
MAMY cadette (Jeanne), 23 ans, marchande, Lyon.	Détention jusqu'à la paix.	12 messidor an II (30 juin 1794).
MANDRON (Jean-Patrice), 45 ans, écrivain arithméticien.	Mort.	13 frimaire an II (3 déc. 1793).
MANPETIT, V. *Mézin*.	»	»
MANPETIT (Marie), 50 ans, marchande de morue, Bordeaux.	Détention jusqu'à la paix et 20,000 fr. d'amende solidair' avec la V" Mézin.	13 frimaire an II (3 déc. 1793).
MANSENCAL, V. *Mensencal*.	»	»

NOMS, PRÉNOMS, AGE, LIEU DE NAISSANCE.	DÉCISION.	
	NATURE.	DATE.
Marandon (Bruno-Gabriel), 35 ans, journaliste, La Rochelle.	Mort.	6 brumaire an II (27 oct. 1793).
Marcellus (Aglaé de Martin de), 14 ans, noble, Portlibre.	Acquittée, mais renvoyée dans une maison d'éducation	3 thermidor an II (21 juil. 1794).
Marcellus fils (Marie de Martin de), 18 ans, noble, Portlibre.	Détention jusqu'à la paix.	Idem.
Marcellus (Pélagie de Martin de), marquise d'Escorailles, 24 ans, noble, Portlibre.	Détention jusqu'à la paix.	Idem.
Marcellus (Thérèse de Martin de), 54 ans, noble, Portlibre.	Mort.	Idem.
Marchand (Michel-Henry), 58 ans, marchand, Lyon.	40,000f d'amende	6 pluviôse an II (25 janvier 1794).
Maret (Catherine), 42 ans, religieuse, Ponat (Dordogne).	Mort.	19 messidor an II (7 juil. 1794).
Marie, V. *Saint-Georges.*	»	»
Marie-Thomas, 55 ans, musicien Naples.	Acquitté.	17 nivôse an II (6 janv. 1794).
Marqfoy, V. *Foy.*	»	»
Marraquier (Anne-Marie), 52 ans, rentière, Bordeaux.	Détention jusqu'à la paix et 1,000 fr. d'amende.	19 frimaire an II (9 déc. 1793).
Marraquier (Pierre), 46 ans, rentier, Bordeaux.		
Marsœuvre (Jean-Louis-Dominique), 44 ans, peintre en miniature, Bordeaux.	Un mois de prison	11 brumaire an II (1er nov. 1793).
Martegoute (Jean), 15 ans, serrurier, Bordeaux.	Acquitté.	7 thermidor an II (25 juil. 1794).
Martell (Théodore), 42 ans, négociant, Cognac.	150,000 fr. d'amende solidairement avec ses associés.	9 ventôse an II (27 février 1794).
Martial (Jean-François), 30 ans négociant, Bordeaux.	Acquitté.	28 pluviôse an II (16 fév. 1794).
Martignac père, avocat.	Renvoyé à plus ample informé.	»
Martin, V. *Larroque.*	»	»
Martin, V. *Marcellus.*	»	»

NOMS, PRÉNOMS, AGE, LIEU DE NAISSANCE.	DÉCISION.	
	NATURE.	DATE.
MARTIN.....	Renvoyé à plus ample informé.	9 thermidor an II (27 juil. 1794).
MARTIN (Jean), 40 ans, cultivateur, Saint-Symphorien.	Acquitté.	1er frimaire an II (21 nov. 1793).
MARTIN (Jeanne), femme CORONAT, 38 ans, sans état, Bordeaux.	Mort.	9 messidor an II (27 juin 1794).
MARTIN (Léon), 49 ans, négociant, Limoges.	Renvoyé à plus ample informé.	13 thermidor an II (31 juil. 1794).
MARTINEAU neveu (Jean), 32 ans négociant-commissionnaire, Tonneins.	Acquitté.	29 ventôse an II (19 mars 1794).
MASSADE (Dieudonné), 50 ans, commis des postes, Bordeaux.	Acquitté.	12 nivôse an II (1er janvier 1794).
MASSIEU (Jean), 52 ans, maréchal-ferrant, Langon.	Dix ans de fers et 15,000f d'amende.	16 frimaire an II (6 déc. 1793).
MASSIP, V. *Paban*.	»	»
MASSIP (Louis-Auguste de), 64 ans, noble, Saint-Sulpice-du-Bernat.	Mort.	2 thermidor an II (20 juil. 1794).
MASSIP (Louis-Bernard de), 24 ans, noble, Saint-Sulpice-du-Bernat.	Acquitté.	28 messidor an II (16 juil. 1794).
MATHIEU (Charles), 40 ans, cultivateur, Libourne.	Détention jusqu'à la paix.	13 brumaire an II (3 nov. 1793).
MATHIEU (Jean-Baptiste), 78 ans négociant-commissionnaire, Bordeaux.	150,000 francs d'amende.	9 ventôse an II (27 février 1794).
MAURET (Jean), 29 ans, prêtre, Lignan.	Renvoyé à plus ample informé.	24 messidor an II (12 juil. 1794).
MAURIAC (Henry-Cassius), 36 ans, prêtre, Sainte-Sabine.	Mort.	*Idem.*
MAURIAN, V. *Morian*.	»	»
MAUVIGNIER (Pierre-Collas), 60 ans, militaire, Bordeaux.	Mort.	8 messidor an II (26 juin 1794).
MAYEUR (François-Marie), 35 ans, directeur de théâtre, Paris.	Acquitté.	17 nivôse an II (6 janv. 1794).

NOMS, PRÉNOMS, AGE, LIEU DE NAISSANCE.	DÉCISION.	
	NATURE.	DATE.
Médous (Pierre), 40 ans, marin, Bordeaux.	Acquitté.	4 messidor an II (22 juin 1794).
Melet, V. *Malet*.	»	»
Melet (Raimond de), 56 ans, noble, Cessac, district de Cadillac.	Mort.	11 thermidor an II (29 juil. 1794).
Mendes (Jean), dit Blondin, 34 ans, négociant, Bordeaux.	Mort.	2 thermidor an II (20 juil. 1794).
Ménétrier (Marguerite).	Renvoyée à plus ample informé.	6 messidor an II (24 juin 1794).
Mensencal (François), 27 ans, courtier, Bordeaux.	Acquitté.	24 messidor an II (12 juil. 1794).
Mercié (Jean), 68 ans, négociant Bordeaux.	Mort.	17 pluviôse an II (5 fév. 1794).
Mercier-Terrefort (Jean), 58 ans, sans état, St-Estèphe.	Mort.	26 frimaire an II (16 déc. 1793).
Merle (Jean), 34 ans, tonnelier, Saint-Macaire.	Un mois de prison et 3,000 francs d'amende.	6 frimaire an II (26 nov. 1793).
Meslon aîné (Jean-André de), 46 ans, conseiller au Parlement, Bordeaux.	Mort.	22 messidor an II (10 juil. 1794).
Mestre (Étienne), 70 ans, négociant, Bordeaux.	150,000 francs d'amende.	29 pluviôse an II (17 fév. 1794).
Meurisse, V. *Aubert*.	»	»
Meyer (Jean-Daniel), 52 ans, négociant, Magdebourg.	Acquitté.	28 pluviôse an II (16 fév. 1794).
Meynard, V. *Gombaud*.	»	»
Meynard (Jean), 26 ans, meunier, Tauriac.	Mort.	27 germinal an II (16 avril 1794).
Meynot (Pierre-Berthomieu), 39 ans, juge de paix, St-Émilion.	2,000f d'amende.	16 brumaire an II (6 nov. 1793).
Mézin (Marie Manpetit Ve), 58 ans, marchande de morue, Bordeaux.	Détention jusqu'à la paix et 20,000 fr. d'amende solidairement avec sa sœur.	13 frimaire an II (3 déc. 1793).
Michel, V. *Henry*.	»	»

NOMS, PRÉNOMS, AGE, LIEU DE NAISSANCE.	DÉCISION.	
	NATURE.	DATE.
Midart (Dominique), 28 ans, comédien, Metz.	Acquitté.	17 nivôse an II (6 janvier 1794).
Migony (Jean-Pierre), 44 ans, prêtre, Palène.	Mort.	18 frimaire an II (8 déc. 1793).
Milon (Marguerite), 37 ans, religieuse, Galgon.	Mort.	16 messidor an II (4 juil. 1794).
Mimaute (Claire), 35 ans, rentière, Marmande.	Mort.	*Idem.*
Minguin (Gérard), 56 ans, épicier, Escoussans.	Renvoyé à plus ample informé.	12 pluviôse an II (2 janv. 1794).
Minvielle fils (Jean), 38 ans, couvreur, Bordeaux.	Acquitté.	7 thermidor an II (25 juil. 1794).
Mocquard (Mathurin-François) 32 ans, négociant, Le Cap.	Acquitté.	23 ventôse an II (13 mars 1794).
Molinier (Jean), 27 ans, prêtre, Caylus (Tarn-et-Garonne).	Mort.	18 prairial an II (6 juin 1794).
Momus (Vincent), 27 ans, instituteur, La Réole.	Détention jusqu'à la paix.	11 messidor an II (29 juin 1794).
Monaveau, V. *Fisson.*	»	»
Monier (Guillaume), 29 ans, négociant, Libourne.	Huit jours de prison.	21 brumaire an II (11 nov. 1793).
Monnai (Pierre-Noël), 38 ans, artiste, Marseille.	Acquitté.	17 nivôse an II (6 janvier 1794).
Monnier (Jean), 63 ans, agriculteur, Coutras.	Acquitté.	18 brumaire an II (8 nov. 1793).
Monraizin (Charles), 39 ans, comédien, Château-Thierry.	Acquitté.	17 nivôse an II (6 janv. 1794).
Montaubry (Élisabeth), 46 ans, religieuse, Bordeaux.	Détention jusqu'à la paix.	7 thermidor an II (25 juil. 1794).
Montaud (Augustin), 55 ans, chapelier, Bordeaux.	Acquitté.	6 thermidor an II (24 juil. 1794).
Montaud aîné (Jean), 57 ans, chapelier, Bordeaux.	Acquitté.	*Idem.*
Montjon (François de), 69 ans, noble, Bordeaux.	Mort.	13 thermidor an II (31 juil. 1794).
Montsec-Reignac fils (Bernard), 47 ans, conseiller au Parlement, Bordeaux.	Mort.	19 pluviôse an II (7 fév. 1794).

NOMS, PRÉNOMS, AGE, LIEU DE NAISSANCE.	DÉCISION.	
	NATURE.	DATE.
Montsec-Reignac (Louis), 75 ans, conseiller au Parlement, Bordeaux.	Mort.	12 pluviôse an II (31 janv. 1794).
Moreau (Louis), 24 ans, danseur, Paris.	Acquitté.	17 nivôse an II (6 janvier 1794).
Morel (Marie-Louise Revel, femme), 24 ans, 1er rôle dans les pantomimes, Suilli (?).	Acquittée.	Idem.
Morian-Lagorée (Guillaume), 35 ans, rentier, Tabanac.	Acquitté.	19 prairial an II (7 juin 1794).
Morin (Gabriel), 48 ans, cultivateur, Saint-Christophe-du-Double.	Acquitté.	8 messidor an II (26 juin 1794).
Morin (Jean-Bernard), 62 ans, notaire, Blaye.	Acquitté.	11 pluviôse an II (30 janv. 1794).
Morin (Louis-Jean de), 43 ans, noble, Bordeaux. Morin (Pierre de), dit *Tardieu* ou *Darrieux*, 42 ans, noble, Bordeaux.	Détention jusqu'à la paix et solidairement 10,000f d'amende.	Idem.
Moulines (André), 46 ans, cultivateur, Saint-Antoine-du-Queyret.	Mort.	29 frimaire an II (19 décembre 1793)
Moulinier (André), 42 ans, officier de santé, Parempuyre.	Acquitté.	8 thermidor an II (26 juillet 1794).
Mounier, V. *Monier* et *Monnier*	»	»
Mourre (Pierre-Joseph), 60 ans, prêtre.	Mort.	24 frimaire an II (14 déc. 1793).
Mouru-Lacotte, 26 ans, marchand de bois, St-Gérau (?).	100,000 fr. d'amende solidairet avec Imbert père et fils.	11 pluviôse an II (30 janv. 1794).
Muller (Jean-Baptiste), 44 ans, profesr de manége, Luxembourg.	Mort.	9 thermidor an II (27 juil. 1794).
Muller (Jean-Jacques), 59 ans, négociant, Magdebourg.	Acquitté.	4 germinal an II (24 mars 1794).

STATISTIQUE DE LA COMMISSION MILITAIRE. 389

NOMS, PRÉNOMS, AGE, LIEU DE NAISSANCE.	DÉCISION. NATURE.	DATE.
Nairac (Jean-Baptiste), 39 ans, raffineur, Bordeaux.	Acquitté.	16 messidor an II (4 juil. 1794).
Nau (Élisabeth), 18 ans, domestique, Saint-Martin.	Acquittée.	3 thermidor an II (21 juil. 1794).
Nauté (Jean), 52 ans, marchand de toile, Bordeaux.	25,000f d'amende.	7 ventôse an II (25 fév. 1794).
Noffal, V. *Devillefumade*.	»	»
Noirot (Charlotte), 22 ans, comédienne, Nancy.	Acquittée.	17 nivôse an II (6 janv. 1794).
Nonet, V. *Géraud*.	»	»
Nonlabade (Guillaume), 50 ans, négociant, Villeneuve-d'Agen.	Acquitté.	23 ventôse an II (13 mars 1794).
Orré (Claude-Nicolas-Marie), 45 ans, homme de loi, Thouars.	Mort.	28 germinal an II (17 avril 1794).
Paban (Bernard), dit *Massip*, 27 ans, ci-devant abbé, commis-marchand, Clermont.	Mort.	8 germinal an II (28 mars 1794).
Pacary (Pierre), 26 ans, garçon de magasin, Rouen.	Détention jusqu'à la paix.	15 frimaire an II (5 déc. 1793).
Pagès (Marie), 60 ans, sans état, Saint-Jean-de-Luz.	Détention jusqu'à la paix.	21 germinal an II (10 avril 1794.)
Pagès de La Bouissette (Jean-Baptiste), 73 ans, cultivateur, Bas (Lot).	Mort.	9 thermidor an II (27 juil. 1794).
Pailhas (Victorin), 38 ans, négociant, Saint-Sever.	Huit jours de prison.	11 brumaire an II (1er nov. 1793).
Pain (Joseph), 26 ans, danseur, Arlau (?)	Acquitté.	17 nivôse an II (6 janv. 1794).
Pallandre (Arnaud-Antoine), 45 ans, libraire, Bordeaux.	Mort.	28 prairial an II (16 juin 1794).
Pallier (Jean-Baptiste), 38 ans, danseur, Rouen.	Acquitté.	17 nivôse an II (6 janv. 1794.)
Palmade (Pierre), 50 ans, rentier, Pamiers.	Acquitté.	19 brumaire an II (9 nov. 1793).

NOMS, PRÉNOMS, AGE, LIEU DE NAISSANCE.	DÉCISION.	
	NATURE.	DATE.
Pannetié (Simon), 75 ans, prêtre, Bordeaux.	Mort.	3 thermidor an II (21 juil. 1794).
Paris (Simon), 57 ans, juge de paix, Nevers.	Mort.	29 prairial an II (17 juin 1794).
Paris, ex-curé de St-Émilion.	Renvoyé à plus ample informé.	6 thermidor an II (24 juil. 1794).
Parouty (Jacques), 73 ans, prêtre.	Renvoyé à plus ample informé.	22 germinal an II (11 avril 1794).
Pascalis, V. *Lesimple*.	»	»
Pascalis (Louis-Jean-Ferdinand), 32 ans, musicien, Paris.	Acquitté.	17 nivôse an II (6 janvier 1794).
Patience, V. *Long*.	»	»
Paty du Rayet (Bernard), conseiller au Parlemt, Bordeaux.	Mort.	28 prairial an II (16 juin 1794).
Pauze (Léonard), 47 ans, porteur d'eau, Dussac (Dordogne)	Mort.	16 messidor an II (4 juil. 1794).
Pédernad (Antoine), 26 ans, marchand, La Gardiole.	Renvoyé à plus ample informé.	18 germinal an II (7 avril 1794).
Peican (Pierre), 27 ans, marchand quincaillier, Bordeaux.	Acquitté.	9 pluviôse an II (28 janv. 1794).
Peixotto (Charles), 53 ans, banquier, Bordeaux.	1,200,000 francs d'amende.	26 frimaire an II (16 déc. 1794).
Pelet d'Anglade (Jacques de), 72 ans, conseiller au Parlemt.	Mort.	6 nivôse an II (26 décembre 1793).
Pelissier (Jacques), 71 ans, négociant, Bordeaux.	Détention jusqu'à la paix et 50,000f d'amende.	13 germinal an II (2 avril 1794).
Pellé (Gratian), 28 ans, instituteur, Castres.	Acquitté et 400f d'indemnité.	27 pluviôse an II (15 fév. 1794).
Penancier (Nicolas), 42 ans, comédien, Baloi-sur-Seine.	Acquitté.	17 nivôse an II (6 janv. 1794).
Penin (Antoine), 52 ans, prêtre, Poitiers.	Mort.	4 thermidor an II (22 juil. 1794).
Pentous, V. *Peuntous*.	»	»
Pepin (Marie), femme Seguin, 36 ans, sans état, St-Vivien.	Acquittée.	19 prairial an II (7 juin 1794).

NOMS, PRÉNOMS, AGE, LIEU DE NAISSANCE.	DÉCISION.	
	NATURE.	DATE.
Pereyra-Lamenaude (Bernard) 45 ans, noble, Bordeaux.	Renvoyé à plus ample informé.	24 messidor an II (12 juil. 1794).
Pereyre (Isaac), 35 ans, agent de change, Bordeaux.	Acquitté.	13 nivôse an II (2 janv. 1794).
Perpignan (Jean), 45 ans, marchand, Bordeaux.	Détention jusqu'à la paix et 50,000f d'amende.	11 pluviôse an II (30 janv. 1794).
Perrier (Alexandre), 47 ans, propriétaire, Bordeaux.	Mort.	4 thermidor an II (22 juil. 1794).
Péry (Jean-Xavier-Constantin), 30 ans, homme de loi, Bordeaux.	Mort.	16 frimaire an II (6 déc. 1793).
Petit, V. *Claville*.	»	»
Petiteau (Jean), 54 ans, capitaine de navire, St-Émilion.	6,000f d'amende.	16 brumaire an II (6 nov. 1793).
Petiteau (Jean-Pierre), 67 ans, ancien notaire, Rauzan.	Mort.	27 messidor an II (15 juil. 1794).
Petrous (Pierre), 49 ans, prêtre, Arras.	Renvoyé à plus ample informé.	12 pluviôse an II (31 janv. 1794).
Peuntous (Henry), 43 ans, marchand, St-Gos en Ambarès.	Détention jusqu'à la paix et 1,000f d'amende.	13 pluviôse an II (1er fév. 1794).
Pévrieu (Jean-François), 59 ans, marin, Bordeaux.	Acquitté.	15 ventôse an II (5 mars 1794).
Peycan, V. *Peican*.	»	»
Peyronnet (Jean-Louis), 63 ans, trésorier de France, Bordeaux.	Mort.	3 messidor an II (21 juin 1794).
Peyrussan (Jean), 20 ans, exécuteur, Bordeaux.	Renvoyés à plus ample informé.	18 prairial an II (6 juin 1794).
Peyrussan (Jean-Denis), 30 ans, exécuteur, Bordeaux.		
Phélipt père (Jean), 57 ans, négociant, Bordeaux.	50,000f d'amende solidairement.	28 pluviôse an II (16 fév. 1794).
Phélipt fils (Pierre), 22 ans, commis-négociant, Bordeaux.		
Phillis (Jean-Baptiste), 39 ans, musicien, Langon.	Acquitté.	17 nivôse an II (6 janv. 1794).

NOMS, PRÉNOMS, AGE, LIEU DE NAISSANCE.	DÉCISION.	
	NATURE.	DATE.
Pibereau fils (Jean), 28 ans, négociant, Podensac.	Mort.	27 prairial an II (15 juin 1794).
Pibereau père (Raimond), 72 ans, courtier, Podensac.	Mort.	Idem.
Piercou (Marie), 28 ans, comédienne, Escasset (?).	Acquittée.	17 nivôse an II (6 janv. 1794).
Piffon (Auguste), 37 ans, cultivateur, Libourne.	Huit jours de prison.	21 brumaire an II (11 nov. 1793).
Piffon (François), 32 ans, homme de loi, Libourne.	10,000 francs d'amende.	22 brumaire an II (12 nov. 1793).
Piis (Charles-Antoine de), 52 ans, noble, Bordeaux.	Mort.	16 prairial an II (4 juin 1794).
Pimentel (Jacob), 40 ans, négociant, Portugal.	Acquitté.	1er ventôse an II (19 février 1794).
Pinaud (Nancy), 22 ans, tailleuse, Bordeaux.	Acquittée.	4 thermidor an II (22 juil. 1794).
Poleron-Saint-André (André), 26 ans, comédien, Argenteuil.	Acquitté.	5 nivôse an II (25 déc. 1793).
Pomié (Josset, baron du Breuil), 50 ans, sans état, Bordeaux.	Mort.	17 pluviôse an II (5 fév. 1794).
Pomiés (Jean-Pierre), 67 ans, noble, Bordeaux.	Mort.	9 messidor an II (27 juin 1794).
Pons (Gellibert-Hyacinthe), 36 ans, danseur, Lyon.	Acquitté.	17 nivôse an II (6 janvier 1794).
Portefaix (Pierre), 22 ans, portefaix, Moulin-St-Marcel.	Acquitté.	26 prairial an II (14 juin 1794).
Pouchan (Jean-Marie), 40 ans, négociant, Tarbes.	25,000f d'amende.	25 ventôse an II (15 mars 1794).
Poulin, V. *Lachataigneraie*.	»	»
Poussin (Louis), 26 ans, comédien, Lille.	Acquitté.	17 nivôse an II (6 janv. 1794).
Pradelle (Jean-Pierre), 40 ans, médecin, Espalion.	Mort.	24 messidor an II (12 juil. 1794).
Préville (Alphonsine), 21 ans, comédienne, Paris.	Acquittée.	17 nivôse an II (6 janv. 1794).
Prunes (Mathieu-Alexis), 27 ans, sans état, Bordeaux.	Renvoyé à plus ample informé.	12 nivôse an II (1er janvier 1794).

STATISTIQUE DE LA COMMISSION MILITAIRE. 393

NOMS, PRÉNOMS, AGE, LIEU DE NAISSANCE.	DÉCISION. NATURE.	DÉCISION. DATE.
Pujoux fils (Louis), 29 ans, agriculteur, Saint-Macaire.	Un mois de prison et 20,000 fr. d'amende.	7 frimaire an II (27 nov. 1793).
Quessard (Henry), 54 ans, noble, Parcou.	Mort.	27 messidor an II (15 juil. 1794).
Quinard (François), 29 ans, chanteur, Paris.	Acquitté.	17 nivôse an II (6 janv. 1794).
Quinaud (Jean), 53 ans, procureur au Parlement, Bordeaux.	Mort.	24 messidor an II (12 juil. 1794).
Quintin (Georges), 39 ans, marchand, Bergerac	Détention jusqu'à la paix et 10,000 fr. d'amende.	3 frimaire an II (23 nov. 1793).
Raba (Aaron-Henrique), 56 ans, négociant, Bordeaux.	-	
Raba (Abraham-Henrique), 64 ans, négociant, Bordeaux.		
Raba (Gabriel-Salomon-Henrique), 52 ans, négt, Bordeaux.	Solidairement 500,000f d'amende	9 brumaire an II (30 oct. 1793).
Raba (Jacob-Henrique), 60 ans, négociant, Bordeaux.		
Raba (Moïse-Antoine-Rodrigue) 58 ans, négociant, Bordeaux.	-	
Raffin (Jean-Baptiste-Antoine), 29 ans, homme de loi, Saint-Macaire.	Acquitté.	28 brumaire an II (18 nov. 1793).
Raignac (Guillaume-Jean-Baptiste-Joseph), 43 ans, conseiller au Parlement, Bordeaux.	Mort.	9 pluviôse an II (28 janvier 1794).
Raimond (Augustin), 40 ans, négociant, Toulouse.	Mort.	17 pluviôse an II (5 fév. 1794).
Rambaud (Pierre-Thomas), 65 ans, homme de loi, Libourne.	Acquitté.	20 brumaire an II (10 nov. 1793).
Ramefort, V. *Durand*.	»	»
Ramonet (Jean), 64 ans, officier de santé, Bagnères.	Acquitté.	19 messidor an II (7 juil. 1794).
Rasse (Pierre), 39 ans, chanteur, Paris.	Acquitté.	17 nivôse an II (6 janv. 1794).

NOMS, PRÉNOMS, AGE, LIEU DE NAISSANCE.	DÉCISION.	
	NATURE.	DATE.
Rauzan (Léon), 53 ans, noble, Macau.	Mort.	27 messidor an II (15 juil. 1794).
Rauzan aîné (Mathieu), 46 ans, Macau.	Mort.	*Idem.*
Rauzan (Pierre), 38 ans, noble, Macau.	Mort.	28 messidor an II (16 juil. 1794).
Rancureau, V. *Faure.*	»	»
Ravina, V. *Bonal.*	»	»
Rayet (du), V. *Paty.*	»	»
Réaud (Marie), 52 ans, religieuse, Bordeaux.	Détention jusqu'à la paix.	7 brumaire an II (28 oct. 1793).
Reignac, V. *Montsec.*	»	»
Reine-Dorville, V. *Dorville.*	»	»
Revel, V. *Morel.*	»	»
Revord (Henri-Laurent), 37 ans, musicien, Maestricht.	Acquitté.	17 nivôse an II (6 janvier 1794).
Richon (Jean-Antoine), 46 ans, négociant, Bordeaux.	Mort.	4 pluviôse an II (23 janv. 1794).
Rise (Jean), 29 ans, musicien, Saint-Servan.	Acquitté.	17 nivôse an II (6 janv. 1794).
Risteau (François), 45 ans, négociant, Bordeaux.	Acquitté.	27 pluviôse an II (15 fév. 1794).
Rivet (Christophe-Claude), 62 ans, prêtre, Saint-Émilion.	Acquitté.	19 brumaire an II (9 nov. 1793).
Roberdeau, V. *Vigneau.*	»	»
Robert (Pierre), 24 ans, danseur, Bordeaux.	Acquitté.	17 nivôse an II (6 janvier 1794).
Robin (André), 43 ans, tonnelier, St-Ciers-de-Canesse.	Acquitté.	13 messidor an II (1er juil. 1794).
Robrahn (Jean), 58 ans, négociant, Magdebourg.	Acquitté.	12 pluviôse an II (31 janv. 1794).
Rochet (Marie-Victoire), 15 ans, danseuse, Paris.	Acquittée.	17 nivôse an II (6 janvier 1794).
Rognon (Nicolas), 25 ans, commis, Sédan.	Renvoyé à plus ample informé.	27 messidor an II (15 juil. 1794).

NOMS, PRÉNOMS, AGE, LIEU DE NAISSANCE.	DÉCISION.	
	NATURE.	DATE.
Roi (Jean), dit *Lepelletier*, 37 ans, tonnelier, Gauriac.	Acquitté.	13 messidor an II (1ᵉʳ juil. 1794).
Rolland (Antoine), 33 ans, comédien, Fréjus.	Acquitté.	17 nivôse an II (6 janv. 1794).
Rolland (Jean-François de), 70 ans, noble, Bordeaux.	Mort.	1ᵉʳ. thermidor an II (19 juil. 1794).
Romainville (Roger), 35 ans, musicien, Bordeaux.	Acquitté.	17 nivôse an II (6 janv. 1794.)
Roselly, V. *Dorfeuille*.	»	»
Roubeau, V. *Vermilly*.	»	»
Roubigny, Marie-Raphaëlle, 23 ans, danseuse, Napoly (?)	Acquittée.	17 nivôse an II (6 janv. 1794).
Rouffiac, V. *Chaperon*.	»	»
Roujol (Jean-Baptiste), 38 ans, employé des Douanes, Libourne.	Mort.	14 brumaire an II (4 nov. 1793).
Roullet (Jean), 44 ans, homme de loi, Monségur.	Mort.	2 frimaire an II (22 nov. 1793).
Roumegous (Géraud), 68 ans, rentier, Bordeaux.	Mort.	27 messidor an II (15 juil. 1794).
Rousseau (Michel), 35 ans, artiste, Ambroise.	Acquitté.	17 nivôse an II (6 janvier 1794).
Rousseau (Pierre), 56 ans, menuisier, Bordeaux.	Mort.	4 thermidor an II (22 juil. 1794).
Roux (Étienne), 33 ans, maire de Gauriac.	Acquitté.	13 messidor an II (1ᵉʳ juil. 1794).
Roux (Jean-Gaspard-Marie), 36 ans, musicien, Aix.	Acquitté.	17 nivôse an II (6 janv. 1794).
Rozier aîné (Pierre), 28 ans, négociant, Castillon.	Acquitté.	13 pluviôse an II (1ᵉʳ fév. 1794).
Rozier (Pierre), 25 ans, danseur, Lyon.	Acquitté.	17 nivôse an II (6 janv. 1794).
Rozu-Lescourre (Pierre), 52 ans, caissier du Gᵈ-Théâtre, Paris.	6,000ᶠ d'amende	5 nivôse an II (25 décembre 1793).
Ruffet (Nicolas), 26 ans, danseur, Paris.	Acquitté.	17 nivôse an II (6 janv. 1794).

NOMS, PRÉNOMS, AGE, LIEU DE NAISSANCE.	DÉCISION.	
	NATURE.	DATE.
Sabarot (Georges), 50 ans, architecte, Bordeaux.	Mort.	11 thermidor an II (29 juil. 1794).
Saige (François-Armand), 60 ans, maire de Bordeaux.	Mort.	4 brumaire an II (25 oct. 1793).
Saint-André, V. *Cissac.*	»	»
Saint-André, V. *Poleron.*	»	»
Saint-Brice, V. *Guadet.*	»	»
Saint-Denis, V. *Bourges.*	»	»
Saint-Eloi, V. *Estèbe.*	»	»
Saint-Far (Adèle), 15 ans, comédienne, Lyon.	Acquittée.	17 nivôse an II (6 janv. 1794).
Saint-Genis, V. *Bourges.*	»	»
Saint-George (Thomas-Marie de), 40 ans, homme de loi, Auxerre.	Mort.	23 germinal an II (12 avril 1794).
Saint Laurent, V. *Baudin.*	»	»
Saint-Martin, V. *Dusoller.*	»	»
Saint-Valéry (Louise), 19 ans, danseuse, Paris.	Acquittée.	17 nivôse an II (6 janv. 1794).
Saintout (Léonard-Antoine), 67 ans, noble, Bordeaux.	Mort.	1er thermidor an II (19 juil. 1794).
Saissac, V. *Cissac-St-André.*	»	»
Salanave (Jean-Baptiste), 57 ans, marchand, Tarbes.	Mort	2 frimaire an II (16 nov. 1794).
Salles (Jean-Baptiste), 34 ans, conventionnel, Deviges (Meurthe).	Mort.	1er messidor an II (19 juin 1794).
Salom (Moïse), 62 ans, marchand, Bordeaux.	Acquitté.	17 pluviôse an II (5 fév. 1794).
Saluces (Claude-Henry de), 63 ans, Preignac.	Mort.	24 frimaire an II (14 déc. 1793).
Salus, V. *Vidal-Salus.*	»	»
Salvané (Arnaud), 61 ans, agriculteur, Bordeaux.	Mort.	8 thermidor an II (26 juillet 1794).
Sarrazin (Jean), 26 ans, tailleur d'habits, Bordeaux.	Acquitté et. 60f d'indemnité.	12 brumaire an II (2 nov. 1793).

NOMS, PRÉNOMS, AGE, LIEU DE NAISSANCE.	DÉCISION.	
	NATURE.	DATE.
Satire-Léris (Odon), 51 ans, cordier, Bordeaux.	Acquitté.	18 messidor an II (6 juil. 1794).
Saujeon (Pierre), 47 ans, agriculteur, Bordeaux.	Mort.	11 messidor an II (29 juin 1794).
Sauve (Jeanne), 58 ans, religieuse, Saint-Macaire.	Mort.	16 messidor an II (4 juil. 1794).
Schiller (Etienne-Louis), 31 ans, négociant, Bordeaux.	Acquitté.	28 pluviôse an II (16 fév. 1794).
Schiller (Jean-Henry), 42 ans, négociant, Bordeaux.	Acquitté.	*Idem.*
Schonbeck (Jean-Chrétien), 49 ans, négociant, Dantzig.	Acquitté.	*Idem.*
Schuller (Georges-Frédéric), 47 ans, négociant, Worms.	Acquitté.	16 germinal an II (5 avril 1794).
Schwardtzbach (Jean-Baptiste) 46 ans, musicien, Arras.	Acquitté.	17 nivôse an II (6 janv. 1794.)
Schyler, V. *Schiller*.	»	»
Seguin, V. *Pepin*.	»	»
Seguin (Jean), 26 ans, chapelier, Sainte-Bazeille.	Mort.	19 prairial an II (7 juin 1794).
Ségur (Jacques), 32 ans, négociant, Castres.	Acquitté.	6 brumaire an II (27 oct. 1793).
Seignouret (Joseph), 64 ans, négociant, Tonneins.	Détention jusqu'à la paix et 100,000 fr. d'amende.	14 pluviôse an II (2 fév. 1794).
Séjourné (Gabriel), 52 ans, notaire, Bordeaux.	Mort.	11 thermidor an II (29 juil. 1794).
Sellmer (Philippe), 42 ans, musicien, Puttelange.	Acquitté.	17 nivôse an II (6 janv. 1794).
Sellmer (Ursule), 15 ans, les *Amoureuses*, Puy-en-Velay.	Acquittée.	*Idem.*
Serre (Jean), 52 ans, homme de loi, Brives.	Mort.	9 messidor an II (27 juin 1794).
Servan (Guillaume), 58 ans, cultivateur, Saint-Christoly.	Six mois de prison et 3,500 fr. d'amende.	1er messidor an II (19 juin 1794).

NOMS, PRÉNOMS, AGE, LIEU DE NAISSANCE.	DÉCISION.	
	NATURE.	DATE.
SEUR (Jean-Pierre-Léonard), 52 ans, homme de loi, Bordeaux.	Mort.	1er thermidor an II (19 juil. 1794).
SÈZE, V. *Desèze*.	»	»
SIMARD (Pierre), 28 ans, prêtre, Angoulême.	Mort.	14 frimaire an II (4 déc. 1793).
SOL (Nicolas), 31 ans, musicien, Paris.	Acquitté.	17 nivôse an II (6 janv. 1794).
SORBÉ (Jacques-Daniel), 39 ans, raffineur, Bordeaux.	Acquitté.	24 ventôse an II (14 mars 1794).
SOURY (Louis), 29 ans, prêtre, Rochechouart.	Mort.	18 prairial an II (6 juin 1794).
STENDER (Jean-Frédéric), 43 ans, négociant, Hambourg.	Acquitté.	7 ventôse an II (25 février 1794).
STICOTTI (Fortuné), 49 ans, commis aux Douanes, Paris.	Acquitté.	22 ventôse an II (12 mars 1794).
TAFFART (Jean), 33 ans, officier d'infanterie, Libourne.	Détention jusqu'à la paix et 3,000f d'amende.	22 brumaire an II (12 nov. 1793).
TAILLY (Jean-Baptiste), 36 ans, artiste, Angers.	Acquitté.	17 nivôse an II (6 janv. 1794).
TALLEMONT (Jean), 30 ans, marchand, Libourne.	Huit jours de prison.	20 brumaire an II (10 nov. 1793).
TARDIEU, V. *Morin* (Pierre).	»	»
TARDIEU (Charles-Augustin), 47 ans, comédien, Orange.	Acquitté.	17 nivôse an II (6 janv. 1794).
TARTEIRON (Jean), 61 ans, négociant, Gand (Hérault).	Acquitté.	27 pluviôse an II (15 fév. 1794).
TERREFORT, V. *Mercier*.	»	»
TERREFORT (François-Joseph-Chaperon), 60 ans, conseiller au Parlement, Bordeaux.	Mort.	»
TESTARD, V. *Gaschet-Delille*.	»	»
THIAC jeune (Jean), 31 ans, architecte, Bordeaux.	Acquitté.	6 germinal an II (26 mars 1794).

STATISTIQUE DE LA COMMISSION MILITAIRE. 399

NOMS, PRÉNOMS, AGE, LIEU DE NAISSANCE.	DÉCISION.	
	NATURE.	DATE.
THIAC (Thérèse), 60 ans, couturière, Bordeaux.	Mort.	3 thermidor an II (21 juil. 1794).
THIBAUT (Suzanne-Thérèse), 88 ans, religieuse, Bordeaux.	Acquittée.	15 frimaire an II (5 déc. 1793).
THIÉVENT (Jacques-Louis), 35 ans, chef de bureau à la Mairie de Bordeaux, Paris.	Acquitté.	13 ventôse an II (3 mars 1794).
THOMAS-MARIE, V. *Marie*.	»	»
THOMSON (Guillaume), 39 ans, négociant, Bordeaux.	Acquitté.	8 ventôse an II (26 fév. 1794).
TIFFREY (Marie), 74 ans, domestique, Coutras.	Mort.	16 messidor an II (4 juil. 1794).
TOEBAERTS (André), 57 ans, négociant, Bordeaux.	Mort.	6 thermidor an II (24 juil. 1794).
TORRÉ (Antoine), 26 ans, Saint-Remme (?) (république de Gênes).	Acquitté.	17 nivôse an II (6 janv. 1794).
TRAMEZAYGUES (Jean-Bernard), 28 ans, instituteur, Libourne.	Acquitté.	15 brumaire an II (5 nov. 1793).
TRANCHÈRE, V. *Ardouin*.	»	»
TRÉMOLIÈRE (Pierre), 52 ans, négociant, Lustrin.	Acquitté.	27 germinal an II (16 avril 1794).
TRIMOULET (Pierre), 42 ans, commis aux Douanes, Libourne.	Huit jours de prison.	21 brumaire an II (11 nov. 1793).
TROGNON, V. *Chouchoux*.	»	»
TROLONGE, V. *Bouquier*.	»	»
VACQUÉ (Bernard), 60 ans, lieutenant d'infanterie, Langon.	Mort.	28 frimaire an II (18 décembre 1793).
VAILLANT (Jean-Pierre), 27 ans, commis-négociant, Bordeaux.	Mort.	28 messidor an II (16 juil. 1794).
VALANTIN (Léopold), 48 ans, musicien, Vienne (Autriche).	Acquitté.	17 nivôse an II (6 janvier 1794).
VALETY (Jean), 27 ans, artiste, Versailles.	Acquitté.	Idem.

NOMS, PRÉNOMS, AGE, LIEU DE NAISSANCE.	DÉCISION.	
	NATURE.	DATE.
Varenne (Marie-Joséphine), 20 ans, Paris.	Acquittée.	17 nivôse an II (6 janvier 1794).
Vasserot (Simon), 53 ans, marchand de toile, Vic (Hautes-Pyrénées).	Mort.	27 prairial an II (15 juin 1794).
Verduzan (Victoire), 28 ans, religieuse, La Réole.	Détention jusqu'à la paix.	7 pluviôse an II (26 janv. 1794).
Verduzan-Lavaissière, 40 ans, noble, La Réole.	Détention jusqu'à la paix et 30,000 fr. d'amende.	*Idem.*
Vergès (François), 61 ans, officier de santé, Villecontal.	Mort.	11 thermidor an II (29 juil. 1794).
Vergnes, V. *Vernes*.	»	»
Vermilly (Anne), femme Roubeau, 26 ans, artiste, Pistoie.	Acquittée.	17 nivôse an II (6 janv. 1794).
Vernes (Jacob), 36 ans, négociant, Genève.	Acquitté.	5 pluviôse an II (24 janv. 1794).
Verneuil, V. *Dudognon*.	»	»
Verrière (Geneviève), 22 ans, comédienne, Limoges.	Acquittée.	17 nivôse an II (6 janv. 1794).
Viandon (Pierre), 26 ans, vigneron, Cissac-de-Cadillac.	Acquitté.	11 thermidor an II (29 juil. 1794).
Vidal (Joseph), 26 ans, commis marchand, Toulouse.	Acquitté.	3 messidor an II (21 juin 1794).
Vidal-Salus, dit *Belair*, 36 ans, domestique, Morne (Cantal).	Mort.	28 messidor an II (16 juil. 1794).
Vigne (Scholastique), Vᵉ Arrouch, 55 ans, rentière, Bordeaux.	Détention jusqu'à la paix.	7 thermidor an II (25 juil. 1794).
Vigneau (Marie), Vᵉ Roberdeau, 57 ans, sans état, Bordeaux.	Détention jusqu'à la paix et 40,000 fr. d'amende.	13 frimaire an II (3 déc. 1793).
Vigneaux (Jean), 32 ans, marchand drapier, Langon.	Dix ans de fers.	27 frimaire an II (17 déc. 1793).
Vigneron (François), 44 ans, homme de loi, Bordeaux.	Mort.	29 prairial an II (17 juin 1794).

NOMS, PRÉNOMS, AGE, LIEU DE NAISSANCE.	DÉCISION.	
	NATURE.	DATE.
Vigor (Jean), 71 ans, noble, Bourg.	Mort.	27 messidor an II (15 juil. 1794).
Villefumade, V. *Devillefumade*.	»	»
Villeneuve (Marc de), 40 ans, noble, Bordeaux.	Mort.	1er thermidor an II (19 juil. 1794).
Villeneuve (Nicolas-Abel), 25 ans, commis-négociant, Castres.	Mort.	8 brumaire an II (29 oct. 1793).
Villers, V. *Midart*.	»	»
Villers (Rosalie), 25 ans, comédienne, Metz.	Acquittée.	17 nivôse an II (6 janvier 1794).
Virac (Joseph-Baptiste), 63 ans, chirurgien, Langon.	Mort.	17 frimaire an II (7 déc. 1793).
Viser (Antoine), 16 ans, commis, Toulouse.	Acquitté.	3 thermidor an II (21 juil. 1794).
Vitrac (Antoine), 33 ans, domestique, St-Saury (Lot).	Mort.	24 messidor an II (12 juil. 1794).
Vizentiny, V. *Bizentiny*.	»	»
Wenten (Jacques), 49 ans, négociant, Hambourg.	Acquitté.	24 ventôse an II (14 mars 1794).
Wittfoot, négociant.	Renvoyé à plus ample informé.	8 ventôse an II (26 février 1794).
Wustenberg (Jacques-Henry), 47 ans, négociant, Stettin.	30,000f d'amende.	27 pluviôse an II (15 fév. 1794).

Cette nomenclature des personnes qui ont comparu devant la Commission militaire de Bordeaux est la plus complète de toutes celles qui ont été publiées jusqu'à ce jour; nous pensons qu'elle offrira à ce titre un véritable intérêt, car elle est absolument inédite sous cette forme nouvelle, destinée à faciliter les recherches.

Maintenant il ne sera pas inutile de présenter un tableau récapitulatif et sommaire du chiffre des condamnations et des acquittements prononcés d'octobre 1793 à juillet 1794.

Ce tableau, rédigé sur le plumitif même de la Commission contenant les décisions revêtues de la signature des juges, est de la plus scrupuleuse exactitude :

CONDAMNÉS						ACQUITTÉS.		
à mort.		aux fers ou à la détention, avec ou sans amende.		à l'amende, avec ou sans peine accessoire de l'exposition.		HOMMES.	FEMMES.	ENFANTS
HOMMES.	FEMMES.	HOMMES.	FEMMES.	HOMMES.	FEMMES.			
257	44	81	48	55	»	300	67	6
301		129 (1)		55				
485						373 (2)		

Le total des amendes s'élève à 6,940,300 francs.

Sur cette somme, 1 million fut attribué aux sans-culottes et 1,325,000 francs à la construction d'un hospice qui ne fut jamais commencé; ces fonds paraissent avoir été dilapidés par les soi-disant patriotes de 1793 et 1794. Il faut lire à cet égard les philippiques de Cambon, l'austère financier de la Convention nationale.

Nous ne tirerons aucune conséquence des chiffres qui précèdent; ils parlent assez d'eux-mêmes, et toute réflexion devient superflue. La plume de l'historien doit avoir d'ailleurs peu d'émotion : elle trace impartialement les événements, elle groupe les chiffres, elle note les nuances, elle saisit le pli dans le visage; aux lecteurs à faire le reste... Il ne faut pas oublier, toutefois, qu'au dire de Lecointre, de Versailles, témoin non suspect, la Commission

---

(1) 38 sur ces 129 furent en outre condamnés à des amendes. Nous ne les avons pas fait figurer dans les deux colonnes suivantes pour éviter un double emploi.

(2) Y compris les acteurs des deux théâtres au nombre de 171.

militaire de Bordeaux a commis presque autant d'*assassinats juridiques* qu'elle a prononcé de jugements [1].

Le tableau que nous venons de donner resterait incomplet si nous n'y ajoutions la liste des professions de ceux qui ont été acquittés ou condamnés par la Commission militaire : il peut en sortir, à notre avis, un utile enseignement.

Voici cette liste dans l'ordre alphabétique :

	Condamnés.	Acquittés
Agents de change..................................	»	2
Apothicaires et droguistes.........................	1	2
Arbitrateur *(sic)*................................	»	1
Architectes..	1	1
Artistes dramatiques, musiciens, acteurs des théâtres..	»	171
Assureur...	»	1
Aubergiste...	1	»
Avoués...	3	2
Banquier...	1	»
Boulangers...	»	2
Boutonnier...	1	»
Caissier du Grand-Théâtre..........................	1	»
Capitaines de navire...............................	2	1
Chapeliers...	1	3
Commissionnaire en grains et farines...............	»	1
Commis-courtier....................................	»	1
Commis-négociants..................................	9	5
Commis-marchands...................................	1	1
Commis-voyageur....................................	»	1
Commis-teneur de livres............................	»	1
Commis d'administration............................	1	1
Concierges...	1	1
Conventionnels.....................................	5	»
Cordiers...	1	1
Cordonniers..	1	1
Corroyeur..	»	1
Courtiers d'assurances, de marchandises, de vins, etc..	4	5
Couvreur...	»	1
Cuisiniers des deux sexes..........................	1	1
Cultivateurs et agriculteurs.......................	17	10
Directeur du Grand-Théâtre.........................	1	»
Distillateur.......................................	1	»
Domestiques..	7	5
Empeseuses...	3	1

(1) Convention nationale : Séance du 9 frimaire an III.

	Condamnés.	Acquittés.
Employés de l'État (Ponts et Chaussées et Postes).. ...	1	1
Ferblantiers...	3	»
Gantier	1	»
Greffiers...	2	2
Homme d'affaires, intendant........................	1	»
Hommes de loi...	30	7
Horlogers, orfévres, bijoutiers......................	3	1
Huissiers...	2	»
Imprimeurs	2	1
Ingénieur militaire....................................	»	1
Instituteurs des deux sexes..........................	3	4
Journaliste	1	»
Libraire..	1	»
Limonadier	1	»
Magistrats et administrateurs.......................	37	2
Maître de Postes.......................................	»	1
Manége (chef de)	1	»
Marchand de farines..................................	1	»
Marchands drapiers...................................	3	»
Marchands de fer.....................................	1	2
Marchands épiciers...................................	4	1
Marchands de toiles..................................	2	1
Marchands divers.....................................	12	3
Marchands quincailliers..............................	3	1
Marchands de bois de construction.................	2	1
Marchand d'étoffes de soie.........................	1	»
Marchands de bouteilles et verriers...............	1	1
Marchand fripier......................................	»	1
Marchands de citrons................................	»	2
Marchands de morue.................................	3	»
Marchands merciers	3	»
Maréchal-ferrant......................................	1	»
Marins et employés de la marine..................	7	4
Médecins, chirurgiens, officiers de santé	8	4
Menuisiers..	3	2
Meuniers..	2	2
Militaires de tous grades............................	19	3
Négociants-armateurs................................	51	38
Négociants-commissionnaires	4	7
Nobles (ci-devant)....................................	49	2
Notaires...	8	2
Ouvrières couturières................................	7	1
Ouvrière lingère.......................................	1	»
Ouvrières tailleuses...................................	3	1
Peintres en miniature................................	2	»
Peintres en bâtiment.................................	1	1
Perruquiers...	2	1

	Condamnés.	Acquittés.
Planimètre (sic)	1	»
Plâtrier	»	1
Porteur d'eau	1	»
Portefaix	»	2
Précepteur	1	»
Prêtres et religieux	30	6
Professeurs	1	1
Raffineurs	1	2
Receveur de district	1	»
Receveurs et employés des douanes	3	2
Religieuses	24	2
Scieur de bois	»	1
Scribes	6	2
Serruriers	1	1
Tailleurs	2	2
Tanneurs	2	»
Tonneliers	4	6
Tuilier	»	1
Vigneron	»	1
Sans état ou vivant de leurs revenus	35	10
Professions non indiquées	12	11

Le tableau suivant indique l'âge des condamnés et des acquittés au moment de leur comparution :

AGE.	CONDAMNÉS			ACQUITTÉS.
	à mort.	aux fers ou à la détention avec ou sans amende.	à l'amende avec ou sans exposition.	
De 10 à 15 ans	»	»	»	6
De 16 à 25 ans	4	15	1	19
De 26 à 35 ans	52	26	9	60
De 36 à 45 ans	78	30	10	60
De 46 à 55 ans	55	27	11	39
De 56 à 69 ans	77	22	18	23
De 70 à 80 ans	28	7	3	5
De 81 ans et plus.	1	»	»	1
Age non indiqué	6	2	3	160
	301	129	55	373

Il faut ajouter aux chiffres dont nous venons de donner la nomenclature le suicide de Bertonneau qui, poursuivi à Saint-Aubin en Médoc par un détachement de cavalerie de l'armée du général Brune, se tira dans la poitrine, pour échapper au bourreau, un coup de pistolet. La mort fut instantanée. La Commission militaire rendit un jugement pour constater l'identité de Bertonneau et pour ordonner la confiscation de ses biens au profit de la République.

Arrêtons cette statistique rétrospective, et laissons au lecteur toute la liberté de ses impressions...

Qu'il nous soit seulement permis de rappeler cette pensée de Chateaubriand dans ses *Études et Discours historiques :* « Le souvenir d'une seule condamnation » inique, celle de Socrate, a traversé vingt siècles pour » flétrir les juges et les bourreaux ! »

LIVRE IV

BORDEAUX APRÈS THERMIDOR.

CHAPITRE I

JUGEMENT DE LACOMBE.

Manifestations de la joie publique lors de l'arrestation de Lacombe. — On parle librement de ses exactions. — Le parti démagogique s'efface. — Garnier (de Saintes) suspend la Commission militaire. — Il en fait arrêter les membres. — Il est rappelé. — Ysabeau est envoyé en mission à Bordeaux. — La procédure contre Lacombe s'instruit. — Détails fournis par Garnier au Club national. — Arrivée d'Ysabeau. — Il abolit la Commission militaire. — Il assiste au Club national. — Intrigues secrètes des démagogues. — Ils attaquent Ysabeau. — Celui-ci se défend à la Société populaire contre ses détracteurs. — Un quatrain du temps. — Vers de Dégranges : *Le Cri de mon cœur*. — Lettre de Lacombe à Ysabeau. — Création d'une nouvelle Commission militaire pour juger l'ancien président et ses complices. — Lettre de Lacoste au Club national. — Lacombe est conduit à l'audience. — Incidents divers. — Notes biographiques. — Portrait à la plume de Lacombe. — Une note de Jacques Lafontaine. — Lettre anonyme adressée à Lacombe. — Débats d'audience. — Interrogatoire. — Lecture des pièces du procès. — Acte d'accusation de Derey. — Défense de Lacombe. — Il est condamné à mort. — Son exécution. — Horribles représailles. — Couplets de l'acteur Mayeur. — *Lacombe aux enfers*, par Romanelli. — Ysabeau fait enlever la guillotine qui était en permanence sur la place publique depuis dix mois.

Le bruit de l'arrestation du président Lacombe éclata comme un coup de tonnerre à Bordeaux.

On peut affirmer que le 1ᵉʳ août 1794 fut un jour de fête pour la population de cette ville.

La joie publique ne connut pas de bornes, en effet, dès que la double nouvelle de la chute de Robespierre et de l'incarcération du président de la Commission militaire se fut répandue, et comme une traînée de poudre eut rapidement parcouru tous les quartiers de la grande cité.

Le joug sanguinaire était enfin brisé !...

Les visages étaient rayonnants de bonheur; les rues, les cours, les places publiques furent promptement remplis d'une masse de peuple qui faisait éclater bruyamment les preuves de sa satisfaction; on s'abordait, on se prenait les mains, on s'embrassait comme si l'on venait d'échapper à un grand danger; c'était un délire général; de toutes parts retentissaient les cris de *Vive la République! Vive Garnier! A bas les tyrans! Lacombe à mort!...*

Des manifestations eurent lieu devant la demeure du conventionnel, et la population tout entière lui témoigna son approbation pour la mesure qui la délivrait enfin de ses tyrans et des pires ennemis de la République [1].

Ce fut réellement une ivresse universelle. Il est facile de s'en rendre compte, si l'on se souvient que, depuis neuf mois environ, le peuple, outre la misère qui le dévorait, subissait avec une résignation bien proche de la lâcheté la tyrannie de la Commission militaire et les stigmates déshonorants de la Terreur.

La chute de Lacombe et de son infâme tribunal, c'était la liberté reconquise, et le supplice du président devait être une expiation des crimes qu'on lui reprochait à juste titre.

Les victimes, jusque-là retenues par la crainte, parlèrent alors. Elles racontèrent les concussions ignobles, les abus de pouvoir inqualifiables, les persécutions nombreuses du président Lacombe. L'indignation fut d'autant plus éclatante qu'elle n'était pas contenue comme autrefois par la crainte des dangers réels auxquels des indiscrétions auraient exposé leurs auteurs.

---

(1) Le 1er août 1794, il existait *1480* détenus dans les prisons de Bordeaux.

Garnier, acclamé pour son acte de vigueur, habile dans cette circonstance, dut se féliciter d'avoir suivi les inspirations de ses conseillers; le peuple est généreux; il cède facilement au premier mouvement, et grâce à l'arrestation de Lacombe qui dégageait pour un moment sa responsabilité, Garnier put jouir d'une éphémère popularité à Bordeaux.

Il ne faut pas dissimuler d'ailleurs que le parti démagogique ne fut nullement atteint dans son existence par la chute du président. Ses membres virent d'un mauvais œil l'arrestation de leur chef, mais ils se turent par prudence, et durant les jours d'effervescence populaire qui suivirent, ils disparurent de la scène et aucun d'eux n'osa affronter publiquement le réveil de ce lion qu'on appelle le peuple.

Le 2 août, Garnier prit un arrêté pour suspendre provisoirement la Commission militaire, et quelques jours plus tard il en fit arrêter tous les membres (1).

Les événements du 9 thermidor, la mort de Robespierre et de ses adhérents semblèrent d'un bon augure aux Bordelais. Ils y virent le terme des maux affreux dont ils avaient été accablés, et Garnier ne manqua pas, dans les réunions du Club national, de les confirmer dans cette pensée, en déclarant que la Convention avait fait acte de justice en frappant les tyrans, en anéantissant les chefs d'une faction qui voulait établir et maintenir le gouvernement révolutionnaire, fût-ce même au prix de la vie des citoyens.

Dès le 15 thermidor, la Convention rappela les représentants du peuple en mission, et le Comité de Salut public, sur la proposition de Tallien, arrêta qu'Ysabeau se rendrait sans délai dans les départements du Bec-d'Ambès et de Lot-et-Garonne pour y prendre toutes les mesures de sûreté générale qu'il croirait nécessaires à l'intérêt de

---

(1) Arrêté du 7 août 1794.

la République. N'y avait-il pas une arrière-pensée dans la proposition de Tallien?

Cette nouvelle fut reçue avec joie à Bordeaux; Ysabeau y était connu et l'on avait pu apprécier en d'autres temps ses sentiments de modération et de bienveillance : on avait oublié déjà qu'en réalité c'étaient Tallien et lui qui avaient organisé la Terreur dans le département; mais ils avaient paru un moment vouloir résister aux excitations des démagogues, et cette attitude avait suffi pour leur conquérir l'affection de la population bordelaise. A cet égard, le lecteur n'a sans doute pas oublié les détails curieux que nous avons donnés, sur le départ d'Ysabeau, à l'époque où le jeune Jullien avait été envoyé par le Comité de Salut public pour le remplacer au chef-lieu du Bec-d'Ambès.

Quoi qu'il en soit, le Comité des subsistances, apprenant le prochain retour d'Ysabeau, lui écrivit le 5 août : « ...L'occasion de faire encore le bien des sans-culottes bordelais t'est offerte; les témoignages réitérés qu'ils t'ont donnés de leur estime et de leur attachement t'assurent que tu ne sers point des ingrats. Que ton appui leur fasse obtenir les subsistances qu'ils réclament et dont ils n'eurent jamais un plus urgent besoin. Tu sais qu'ils savent souffrir sans murmurer quand le bien public l'exige; ce qui leur donne ce courage est sans doute la conviction intime que le gouvernement leur tendra une main secourable... [1] »

Garnier attendit son successeur, non sans quelque impatience. Il eut, après thermidor, une situation assez difficile; il s'en tira habilement comme nous l'avons dit. L'arrestation de Lacombe fut comme une garantie offerte par lui des sentiments qui le guideraient désormais. Il n'alla pas plus loin au début; il suspendit provisoirement la Commission militaire, puis il resta dans une sorte

---

[1] Archives de la Gironde, série L.

d'expectative, se concertant seulement avec les autorités pour le cas où des troubles viendraient à éclater.

Les précautions prises à cet égard furent inutiles; la réaction fut assez calme à Bordeaux en 1794. L'incarcération de l'ancien président avait satisfait la masse du peuple; on se contentait de parler, puisqu'enfin il était permis de le faire sans péril. Plus tard, en 1795, deux ou trois des hommes qui avaient opprimé la ville furent massacrés par le peuple ou n'échappèrent à la mort que par la fuite.

La réaction thermidorienne, nous le répétons, se borna à des démonstrations bruyantes au Club national et dans les lieux de réunions.

Le 4 août, Garnier invita par une proclamation les habitants de Bordeaux à déclarer au Comité de surveillance ce qu'ils connaîtraient des concussions et des abus de pouvoir reprochés à Lacombe. La veille et l'avant-veille au soir (2 et 3 août) le conventionnel avait assisté à la séance du Club national.

« Citoyens, disait-il, deux conjurations se sont rapidement succédé dans Bordeaux : l'une contre l'unité de la République française, l'autre contre la moralité du peuple et la conscience publique. La première a été terrassée, la seconde est déjà connue et démasquée; mais ceux qui, par faiblesse ou par crainte, ont secondé les spéculations avares d'une magistrature corrompue, encore comprimés par un sentiment aussi faible, se renferment dans le secret d'un silence timide, et ce silence tue la chose publique.

» Citoyens qui vous taisez, envisagez la patrie et le salut public; si vous avez erré par faiblesse, n'allez pas chercher à couvrir cette erreur par un crime. La corruption a empoisonné l'air de cette commune : purifions-le; que les corrupteurs soient démasqués, et qu'avec l'amour de la liberté, le peuple puisse aussi conquérir l'incorruptibilité des mœurs.

» C'est vous, citoyens égarés, qui pouvez amener cette régénération publique; vous avez fait des fautes; l'indulgence vous attend, pourvu que la franchise accompagne vos démarches. Mais si, séduits par une fausse honte, vous vous obstinez au silence, il sera le signe certain de votre attachement et de votre participation au crime. La loi vous sera appliquée dans toute sa rigueur...

» Je connais tous ceux qui ont été les instruments de la corruption : la liste est dans mes mains; mais à mesure que je poursuis le crime, je suis disposé à distinguer l'homme qui, entraîné dans la faute par les menaces d'une autorité puissante et terrible, se voit réduit à l'alternative cruelle ou de tomber sous les coups d'un tribunal inique s'il tient à sa fortune, ou de s'y soustraire s'il sait céder à un sacrifice provoqué.

» Sans doute, le Comité de Salut public saura faire cette distinction, que la justice et l'intérêt de la patrie adoptent de concert; mais pour la mériter, cette indulgence, venez, citoyens, épancher vos sollicitudes et la vérité dans le sein du Comité de surveillance : une faute perd toujours de la gravité de son caractère quand on la fait tourner au profit de ses concitoyens.

» Bordeaux, le 17 thermidor, l'an II de la République française une et indivisible.

» Signé : GARNIER (de Xantes) [1]. »

Une foule considérable assiégeait la salle et ses abords. Garnier parut : le silence se fit, et le peuple attendit avec une curiosité anxieuse les détails dans lesquels le représentant allait sans doute entrer sur les deux événements qui préoccupaient la population : le 9 thermidor et l'arrestation du président de la Commission militaire.

[1] *Journal du Club national* du 20 thermidor an II, n° 16.

Garnier parla longtemps au milieu de l'attention générale; il s'étendit sur le compte de Lacombe, sur ses crimes, ses prévarications; il annonça l'intention de faire juger cet homme par un jury populaire et désigna les noms des citoyens dont il se proposait de composer ce jury. « J'ai découvert, dit-il, des complices à Lacombe, et je crois tenir les fils d'une conspiration dangereuse; » il ajouta que plus de 20 millions avaient été versés dans les mains d'un grand nombre d'intrigants; « que le peuple reste calme, dit-il, qu'il ait confiance dans la justice de la Convention. » Il engagea vivement les citoyens à venir sans crainte faire connaître tout ce qui pourrait contribuer à *mettre les crimes en évidence*. Ce sont ses expressions. Puis il termina en *promettant que la Terreur cesserait d'être à l'ordre du jour*. Cette dernière déclaration fut accueillie par des applaudissements aussi enthousiastes qu'unanimes [1].

Pendant trois soirées, le Club national fut envahi par une foule avide de détails; Garnier chercha à la satisfaire en rééditant le discours que nous venons de résumer, en donnant des conseils de modération et de prudence, en renouvelant ses précédentes déclarations et en recommandant au peuple de se serrer autour de la Convention nationale. « Si je devais un jour, dit-il, démentir les principes que j'ai constamment professés, perdre de vue l'intérêt du peuple pour m'occuper des miens, trahir la liberté que j'ai servie, et rappeler les tyrans que combattit cette main, citoyens, oubliez la longue carrière de vertus passées, ne voyez que mon crime présent, et conduisez-moi vous-mêmes à l'échafaud. Mais si je puis être encore utile à ma patrie, s'il est encore des scélérats qui redoutent ma vigilance, si je dois encore essuyer les pleurs des infortunés que la calomnie opprime, ralliez-vous autour de votre

---

[1] *Journal du Club national* du 24 thermidor an II, n° 18.

représentant, suivez avec lui la cause commune, aidez-le enfin, de tout votre pouvoir, à mettre la justice à l'ordre du jour dans cette portion de la République [1]. »

Le 8 août, Ysabeau arriva à Bordeaux. Les connaissances locales qu'il avait déjà acquises pendant les missions qu'il avait remplies dans le département du Bec-d'Ambès, ainsi que les travaux de son prédécesseur Garnier, devaient lui faciliter, disent les journaux du temps, le bien qu'il se disposait à faire de nouveau à la ville.

Rendant compte, le 23 août, à la Convention des actes de sa mission dans le département du Bec-d'Ambès, Garnier écrivait : « Ysabeau arrive sur ces entrefaites (après l'arrestation de Lacombe) ; il est témoin de l'ivresse du peuple et de l'énergie de son patriotisme. Quant à la commune de Bordeaux, je dois dire que depuis longtemps elle ne le cède à aucune autre en énergie et en républicanisme ; et pendant que ceux qui la trompaient savaient qu'ils trahissaient la patrie, elle, dans son erreur, croyait lui donner des témoignages plus marqués de son dévouement ; c'est dans les fêtes publiques, c'est dans les jours de décade, c'est aux séances populaires que j'ai étudié l'esprit du peuple, et c'est là que je l'ai vu ce qu'il est partout : enthousiasmé de la liberté et animé d'indignation contre les tyrans et les usurpateurs [2]. »

Aussitôt après son arrivée, Ysabeau notifia aux diverses autorités de la ville l'arrêté qui l'envoyait en mission à Bordeaux ; il les invita à correspondre désormais avec lui et à suspendre toute mesure de salut public et de sûreté générale avant de lui en avoir référé.

Garnier et son successeur eurent une longue entrevue, à l'issue de laquelle Ysabeau publia son premier acte qui fut : *l'abolition complète de la Commission militaire.*

---

[1] *Journal du Club national* du 28 thermidor an II, n° 20.
[2] *Journal de la Montagne* du 7 fructidor an II.

Le lendemain, 9 août, Garnier partait pour Paris.

Dès son retour à Bordeaux, Ysabeau, comme il l'avait fait dans sa précédente mission, assista fréquemment aux séances du Club national. Le 9 août au soir, il s'y rendit et sa présence fut accueillie par les bravos de l'assemblée. Il raconta à son auditoire les événements de Thermidor, dont il avait été le témoin oculaire, et auxquels Tallien avait pris une part prépondérante. Il termina son récit, religieusement écouté, par les paroles suivantes : « Peuple de Bordeaux, respirez enfin après tant d'orages; je vous apporte un gouvernement fraternel; désormais chacun peut énoncer librement son opinion, et c'est sur ses actes seuls qu'il sera jugé [1]. »

La salle entière retentit du bruit des applaudissements à ces déclarations consolantes, et l'allégresse se peignit sur tous les visages.

Cependant la procédure suivie contre le président Lacombe s'instruisait avec célérité par les soins du Comité de surveillance. Ses amis et ses adhérents toutefois s'agitaient dans l'ombre; l'audace ne les avait pas abandonnés, et ils espéraient encore de l'imprévu, qui dominait tout à cette époque, un revirement qui les aurait remis au pouvoir. C'était heureusement une vaine espérance! mais ils intriguaient néanmoins, ils ourdissaient en secret leurs trames ténébreuses, et Ysabeau, choisi par eux comme but de leurs calomnies et de leur malveillance, ne tarda pas à être ému des manœuvres par lesquelles on cherchait à le compromettre et à diminuer son prestige aux yeux de la population.

Durant trois séances consécutives, au Club national, les 12, 13 et 14 août, le conventionnel se plaignit avec une amertume non déguisée des suggestions perfides *des amis*

---

[1] *Journal du Club national* du 28 thermidor an II, n° 20.

d'un traître qui bientôt allait être puni. Il protesta vivement contre l'injustice et la mauvaise foi de ses détracteurs et affirma qu'il n'avait pas été envoyé pour rétablir la Terreur et faire encore couler le sang sur l'échafaud; il défendit la Convention qu'on accusait d'être *Maratiste*, et s'écria : Pouvez-vous croire que la Convention ait jamais aimé le sang!...

Vers cette époque, le quatrain suivant courut la ville; il fit fortune. L'esprit français, frondeur et léger, survivait aux larmes et aux misères publiques et privées :

> Lorsque quinze proscrits passèrent l'Achéron,
>   Danton resta seul en arrière :
>   Qu'attends-tu là? lui dit Caron.
> Ami, j'attends Couthon, Saint-Just et Robespierre.

Sur les théâtres de la ville, on récitait au même moment une pièce de vers d'une note plus grave que le quatrain précédent; elle était due à la plume du jeune avocat Dégranges-Bonnet, que plus d'un lecteur a vu siéger à la Cour de Bordeaux en qualité de président de chambre. La réaction pénétrait partout, et l'énergique protestation d'un républicain loyal et sincère contre les excès dont certains hommes avaient souillé la Révolution, était très chaudement accueillie par les spectateurs.

Voici cette pièce de vers, qui était intitulée : *Le Cri de mon cœur* :

> Aujourd'hui que des lois l'inflexible rigueur
> Vient effrayer le crime au front pâle et livide,
> Un long cri de justice, échappé de mon cœur,
> Dénonce au monde entier une secte homicide!
> France, réveille-toi; de tes derniers tyrans
>   La horde se rassemble et dans l'ombre conspire;
> Elle cache un poignard sous ses haillons sanglants,
> Affreux est son regard, affreux est son sourire.
> Rejette de ton sein ces scélérats hideux,
> Ô ma noble patrie, ô République auguste!

Leur rage a poursuivi les jours de l'homme juste;
Les tigres dévorants sont moins féroces qu'eux.
Je me figure encor la France épouvantée
Couverte d'assassins au carnage animés :
D'un crayon proscripteur nos décemvirs armés
Chargent de mille noms leur liste ensanglantée ;
Robespierre a parlé; des juges, des bourreaux
S'excitent au forfait, dressent des échafauds.
Liberté! c'en est fait, ta statue est brisée,
Le char de la Terreur roule sur des tombeaux,
Et du sang le plus pur la France est arrosée.
Sur vous, en frémissant, j'arrête mes regards,
O Nantes, ô Lyon, ô cités trop fameuses,
De Carrier, de Collot, victimes malheureuses !
La foudre gronde, éclate, écrase vos remparts ;
Proscrits par des brigands que tout Français abhorre,
Vos meilleurs citoyens à la mort condamnés
Sont, avant de périr, en spectacle traînés.
Qu'importe l'échafaud quand la vertu l'honore !
Entouré de bourreaux, au milieu des débris,
Un vieillard sous le fer courbe son front paisible.
C'est un républicain, c'est un père sensible;
Quel est son crime enfin? Il a pleuré ses fils.....
Une larme, un soupir, tout vous rendait coupable.
Défendre l'innocence et lui prêter sa voix,
Tendre aux infortunés une main secourable,
Invoquer la justice et réclamer les lois,
C'était de votre mort l'arrêt inévitable.
A cet affreux tableau j'entends mon cœur gémir!
Et qui de nous n'a pas, dans ces jours de misère,
Perdu ce qu'il aimait, ou son fils ou son père?
Justice! c'est le cri qui doit nous réunir.
Robespierre n'est plus; que ses agents frémissent!
Leur démarche égarée et leurs traits qui pâlissent,
Du sang qu'ils ont versé leurs vêtements empreints,
Le crime qui jaillit de leurs regards féroces,
Leurs transports impuissants et leurs discours atroces
Les signalent partout pour de vils assassins.
Ils tentent vainement de ressaisir la hache
Dont les avaient armés d'insolents oppresseurs :
Bourreaux de mon pays, nous bravons vos fureurs;
Notre triomphe est sûr, le crime est toujours lâche !
. . . .
Peuple, né dans ton sein, je t'estime et je t'aime :

> Crois-en mon cœur, flétris un odieux système,
> La Terreur avilit des hommes généreux.
> Rappelle les vertus de ton sol exilées,
> Et que des gens de bien les ombres consolées
> S'apaisent chez les morts en te voyant heureux (1).

Ces vers énergiques, dictés par l'indignation au cœur du jeune poète, font connaître exactement quel était le sentiment public sur les excès de la Terreur et contiennent comme un reflet vivant des impressions qui remplissaient alors les cœurs de la population bordelaise, délivrée enfin de la tyrannie du crime!

La procédure contre Lacombe était terminée; elle fut remise à Ysabeau, qui avait demandé à en prendre connaissance.

Il est facile de s'expliquer à cet égard le désir, pour ne pas dire la curiosité du conventionnel. N'avait-il pas à redouter, ainsi que Tallien, certaines indiscrétions de l'ancien président? N'était-il pas prudent de sauvegarder, s'il était nécessaire, les intérêts et la dignité de la représentation nationale que Lacombe aurait pu chercher à compromettre?

Vers le 11 août, il avait reçu du misérable, devenu le bouc émissaire des crimes de la Révolution à Bordeaux et qui était chargé des malédictions du peuple, la lettre suivante, publiée aujourd'hui pour la première fois :

> « Lisez ces lignes, il s'agit d'un malheureux, il s'agit de la chose
> » publique.
> » L'opinion est révoltée contre moi d'après le rapport de Garnier
> » sur la déclaration de Rey, et j'ai souffert hier mille morts en
> » allant au Comité. L'injustice des hommes est si terrible! Vous
> » devez être fixés sur la valeur et les motifs de la déclaration de Rey.
> » Cet homme lâche et peu délicat a cru pouvoir se sauver en me
> » calomniant, et il n'a pas manqué de le faire.
> » Je suis uniquement coupable de quelques faiblesses qui n'ont
> » porté aucun préjudice à la patrie, et ce n'est pas elles que les
> » citoyens de Bordeaux poursuivent avec tant d'acharnement; ce

---

(1) *Le Barreau de Bordeaux*, par M. Chauvot, p. 570.

» sont les jugements justes et sévères de la Commission que j'ai
» présidée. Je vous crois trop républicains et par conséquent trop
» justes pour céder à ces mouvements irréfléchis de l'opinion
» publique. Vous prémuniriez, s'il était nécessaire, mes juges contre
» elle..

» L'aristocratie ou des vengeances particulières peuvent seules
» désirer de voir tomber la tête d'un Républicain tel que moi.

» C'est à vous Républicains d'éclairer par tous les moyens possibles
» l'opinion publique, de rappeler les principes de la justice, le respect
» dû à un accusé, à un homme malheureux et qui se trouve sous le
» glaive de la loi.

» J'attends, malgré les cris de la rage aristocratique, avec la plus
» grande confiance, le jugement qui doit être prononcé sur mon
» sort. Il trompera sans doute bien des espérances criminelles ; mais
» quel qu'il soit, on m'entendra crier du fond de mon cœur, *vive la*
» *République!* et je la chérirai jusqu'au dernier soupir.

» Signé : LACOMBE.

» Ce qui prouve invinciblement que les citoyens de Bordeaux n'en
» veulent pas à ma faiblesse, ce sont ces cris des malintentionnés :
» *Le tribunal est fixé. Je ne peux plus t'entendre. A bas le tyran de*
» *Robespierre! A la guillotine!* Analysez ces reproches, et jugez(1). »

Cette lettre montre à quelles illusions singulières se laissait aller Lacombe à la veille de l'expiation suprême qui allait l'atteindre : l'hypocrisie et l'audace s'y montrent à un égal degré !

L'examen du dossier rassura sans aucun doute les craintes secrètes d'Ysabeau ; il trouva les preuves recueillies suffisantes pour établir la culpabilité de l'ancien président, dont le peuple demandait avec instance le prompt châtiment, et le 13 août il fit afficher l'arrêté suivant sur les murs de la ville :

« Le Représentant du peuple, délégué par la Convention nationale dans les départements du Bec-d'Ambès et de Lot-et-Garonne, en séance à Bordeaux,

» Considérant que le président de la Commission militaire établie

---

(1) Collection de M. Jules dé Gères. L'aimable et charmant poète nous a très obligeamment communiqué cette curieuse lettre de Lacombe. Nous lui en exprimons toute notre gratitude.

à Bordeaux, a été prévenu de la plus horrible prévarication dans les fonctions redoutables dont il était chargé ;

» Que le jugement d'un pareil délit ne peut être prononcé que par un choix de citoyens purs, et qui, revêtus du pouvoir attribué aux Commissions militaires, vengent la violation des principes et des lois, par une justice prompte et sévère ;

» Considérant aussi que les membres qui doivent composer cette commission, avaient déjà été désignés par son prédécesseur,

» Arrête ce qui suit :

» ART. 1er — Il sera établi à Bordeaux une nouvelle Commission militaire, chargée spécialement et uniquement de juger les délits attribués au ci-devant Président du tribunal établi sous ce nom, et à ses complices.

» ART. 2. — La nouvelle Commission sera composée des citoyens :

LATASTE, *président,*
VEYSSIÈRE (Étienne),
SEGUY,
AZÉVÉDO,
CLOCHARD,
DEREY, *accusateur public,*
SICARD, *secrétaire-greffier.*

» ART. 3. — Les membres composant ladite Commission conserveront les places qu'ils occupent actuellement, et en reprendront les fonctions aussitôt après le jugement des prévenus ci-dessus désignés.

» ART. 4. — La Commission militaire ouvrira ses séances demain 27 thermidor, dans le local attribué au Tribunal qui portait ce nom.

» ART. 5. — Le présent arrêté sera imprimé, publié, affiché et envoyé officiellement à chacun des membres qui doivent se réunir pour juger les prévaricateurs.

» *Fait en séance, à Bordeaux, le 26 thermidor, l'an II de la République française une et indivisible.*

» Signé : C.-Alex. YSABEAU. »

Les juges de la Commission militaire spéciale créée par l'arrêté qu'on vient de lire étaient connus à Bordeaux ; quelques-uns d'entre eux avaient coopéré, avec celui qu'ils étaient appelés à juger, à l'œuvre odieuse du tribunal révolutionnaire. Après le 9 thermidor, ils s'étaient ralliés prudemment à Garnier et à Ysabeau, et ceux-ci avaient peut-être obéi à un calcul en les choisissant : on pouvait compter de leur part sur une application inflexible de la loi, car ils avaient à faire oublier le passé; et l'occasion qui leur était offerte de répudier le système terroriste en frappant sa personnification la plus terrible était de nature, ils l'espéraient du moins, à les amnistier aux yeux de leurs concitoyens de leur participation à des violences contre lesquelles s'élevait hautement la réprobation générale.

En même temps que l'affichage de l'arrêté précédent avait lieu, chacun des membres de la nouvelle Commission militaire recevait à domicile une lettre d'Ysabeau et une ampliation de cet arrêté et en donnait récépissé à l'envoyé du conventionnel [1].

Étienne Veyssière n'accepta pas la mission qui lui était confiée et fut remplacé par Frigière.

Une émotion générale parcourut la ville; la foule stationnait devant les affiches, et de toutes parts on se réjouissait de voir enfin arrivé le jour de la justice et de la réparation.

L'horreur qu'inspirait Lacombe, la crainte que Jullien avait semée, l'affection que l'on gardait pour Ysabeau et Tallien ne sauraient être mieux dépeintes que par la lettre suivante, adressée le 14 août au Club national par un nommé Lacoste :

« Frères et amis, je suis venu dans cette commune pour partager avec vous le plaisir de voir infliger au monstre Lacombe la punition qui était due à ses crimes; Jullien, l'instrument du tyran, l'a protégé : il a contribué par là au malheur de trop de familles, mais plus l'un et l'autre avaient inspiré la terreur, plus nous devons nous réjouir de voir la fin de l'oppression, puisque nous avons le bonheur de voir dans notre sein le représentant Ysabeau.

» J'ai assisté hier à votre séance; j'avoue que j'ai été dans

---

[1] V. le reçu d'Azévédo aux archives de la Gironde, série L.

l'enthousiasme et que je me suis senti ému par le discours de ce digne représentant.

» Ce n'est que par ce discours que j'ai appris que lui et son collègue Tallien avaient été rayés de la liste de votre Société. »

En témoignant son étonnement d'une pareille faiblesse, Lacoste faisait la motion que les noms d'Ysabeau et de Tallien fussent réintégrés sur la liste des membres du Club et que la décision fût notifiée à toutes les Sociétés affiliées.

Il ajoutait en terminant : « Je reviens à Lacombe; ce scélérat est originaire du département de la Haute-Garonne; il y a beaucoup de parents; il fut y faire un voyage il y a environ deux mois; je demande qu'il soit écrit aux Sociétés populaires de *Toulouse, Muret, Carbonnes, Rieux, Cazères, Martres, Montagne-sur-Garonne* ci-devant Saint-Martory, *Auzas, Salies, Mont-Unité* ci-devant Saint-Gaudens, *Miramont, Landorte, Villeneuve, Montréjeau*, pour les exhorter à surveiller tous ceux qu'il a fréquentés, et chercher à découvrir quel a été le genre des liaisons qu'il y a eues, et s'il n'y a pas laissé le produit pécuniaire de ses crimes [1]. »

Cette dénonciation *in extremis* ne reçut aucune suite, mais la lettre est intéressante dans son ensemble comme indication à sa date de l'esprit public.

Le 14 août, au matin, toute la ville de Bordeaux fut sur pied.

La garde municipale et la gendarmerie républicaine faisaient le service du nouveau tribunal.

Une escouade assez forte de gendarmerie et des soldats d'infanterie furent chargés d'aller chercher Lacombe, qui était détenu à la prison du palais Brutus (prison du Parlement) et de le conduire devant ses juges.

Il était environ neuf heures.

[1] Archives de la Gironde, série L

Une foule immense remplissait la place du Palais et les toits et les murailles disparaissaient, nous a raconté un contemporain, sous une véritable tapisserie humaine.

Lacombe sortit de la prison; sa taille était élevée; il avait les cheveux noirs et abondants, le nez fort, long et pointu, les yeux saillants et terribles, et portait le cou à la Cicéron. Il était vêtu d'une jaquette de nankin, de culottes pareilles, avait des bas de soie blancs, des souliers à boucles, et un chapeau à claque *orné d'une grande cocarde tricolore;* son air était assuré, et il promena un regard fier et dédaigneux sur la masse du peuple, qui fit entendre des imprécations bruyantes dès son apparition.

Le cortége se mit en marche.

De toutes parts on entendait crier : *A bas la cocarde nationale! il n'est pas digne de la porter!*

Ces cris, loin d'émouvoir Lacombe, amenèrent un sourire sur ses lèvres.

Au moment où le cortége s'engageait sous la *porte du Caillau,* un jeune homme, profitant de la confusion momentanée causée par l'étroitesse du passage, se précipita à l'improviste, et se glissant sous le cheval d'un gendarme se dressa tout à coup devant Lacombe. Il saisit vivement son chapeau, en arracha la cocarde tricolore et la jetant au loin : *Tu n'es pas digne de porter la cocarde, scélérat,* s'écria-t-il. Puis il disparut dans la foule...

Cet incident dura moins de temps que nous n'en avons mis à le raconter : il souleva d'unanimes applaudissements.

Lacombe repoussa du pied son chapeau, qui fut ramassé par un des hommes de l'escorte, et monta dans un véhicule préparé à l'avance; il y prit place entre deux gendarmes. On dit qu'il fut douloureusement affecté de l'acte de ce jeune homme : On m'a arraché ma cocarde nationale qui m'est si chère, répéta-t-il à diverses reprises. Son assurance commença à l'abandonner.

Le cortége suivit les quais et les fossés de ville; partout sur son passage une foule hurlante et furieuse poussait des cris de malédiction et demandait la tête du coupable.

Lacombe, le visage pâle et la tête courbée, semblait étranger aux menaces qui grondaient autour de lui. Sa pâleur seule trahissait une profonde émotion; peut-être sa conscience faisait-elle monter à cette heure fatale les grondements du remords à son oreille!

Parfois, il plongeait ses regards dans la foule et semblait y chercher sinon un appui, au moins un sentiment de pitié.

Hélas! des cris de rage et de mort retentissaient seuls autour du misérable, et les gendarmes et les soldats avaient de la peine à contenir les flots d'un peuple qui respirait le sentiment de la vengeance.

Parmi les femmes qui suivaient la charrette en faisant entendre des imprécations, une surtout se faisait remarquer par son exaltation fébrile. Vêtue de longs habits de deuil, elle brandissait un poignard et cherchait énergiquement à se rapprocher de Lacombe pour le lui plonger dans le cœur.

On l'écartait en vain; toujours elle revenait, la menace à la bouche, le regard enflammé, traitant Lacombe d'*assassin*, et lui demandant compte de la mort de son mari.

C'était Mme Grangeneuve, femme du député girondin guillotiné le 21 décembre 1793.

La foule était émue de cette grande et respectable douleur [1].

Sur les fossés de ville, devant la Mairie, qui occupait alors le bâtiment où se trouve aujourd'hui une caserne, et en face du Grand-Marché, il y eut un redoublement de fureur. Les

---

[1] Nous avons recueilli ce détail de la bouche même de M. Lafargue de Grangeneuve, juge de paix à Bordeaux, fils aîné du conventionnel.

marchandes se mêlèrent à la foule qui escortait la charrette; les poings étaient levés, les épithètes de *brigand*, de *scélérat, à mort! à mort!* retentirent avec une énergie nouvelle. Dans l'excès de leur indignation, les marchandes puisèrent à pleines mains dans leurs corbeilles; des légumes, des pommes de la *Madeleine* (c'était la saison) furent lancés pêle-mêle à la tête de Lacombe. Aucun projectile ne l'atteignit dangereusement.

Dans la rue du Hâ, au moment où il passa devant l'hôtel des Irlandais qu'il habitait, le peuple lui cria : *Regarde ta maison, tu n'y mettras plus les pieds, scélérat!*

Il arriva enfin.

Il était près de dix heures lorsqu'il entra dans la salle d'audience située dans le local du tribunal criminel.

Cette salle était assez vaste; le siége du tribunal était au fond; à la droite des juges, mais un peu plus bas, était le banc des accusés. En face du siége, au-dessus de la porte d'entrée, il existait une galerie que la foule avait envahie depuis longtemps. Une foule plus considérable encore se pressait dans l'enceinte réservée au public. Les juges occupaient leurs siéges.

A son arrivée, Lacombe fut accueilli par des huées et par des cris d'horreur; mais le danger n'était pas menaçant comme dans la rue, et les imprécations ne furent pas capables de le déconcerter. « Il entra d'un pas ferme, dit » un chroniqueur du temps, promena sur ses juges et sur » l'assemblée des regards insolents et farouches, et s'assit » de l'air dont il s'asseyait lorsqu'il allait prononcer des » arrêts de mort. »

Il montra pendant la durée des débats une arrogance qui acheva d'indisposer contre lui le public et les juges.

Avant d'aller plus loin, esquissons une biographie rapide de l'accusé.

Jean-Baptiste Lacombe naquit à Toulouse (H^{te}.-Garonne)

le 14 février 1760, de parents dans une situation modeste[1]. Un vénérable ecclésiastique, frappé de sa précoce intelligence, lui donna des leçons et fit, dit-on, son éducation. Quand elle fut terminée, Lacombe se fit instituteur public dans sa ville natale et obtint quelques succès : c'est du moins ce qu'il a déclaré lui-même. Il se maria à Toulouse et y vécut dans la pauvreté.

Mais dévoré par une ambition secrète et inassouvie, il se lassa des rigueurs de la fortune et résolut de quitter sa ville natale pour chercher ailleurs un sort plus favorable. Il partit avec sa femme et se rendit à Bordeaux où il arriva vers l'année 1785, *muni de peu d'argent et de ses hardes*.

Peut-être avait-il commis à Toulouse quelque méfait qui l'obligea à fuir cette ville : cela n'a jamais été éclairci. Toujours est-il que Bordeaux, ville populeuse et riche, fixa ses regards ; il avait espéré y trouver des succès plus faciles, un théâtre plus vaste et plus lucratif pour son esprit d'intrigue et pour la satisfaction de ses passions.

Il débuta dans cette ville par l'escroquerie. On raconte, en effet, qu'il vola une voiture à Collineau, sellier, cours de Tourny. Il s'associa ensuite avec un escroc qui jouait le personnage de lord anglais ; ils volèrent de concert pour 1,200 fr. environ de livres au libraire Ducot.

Plus tard, il escroqua 800 fr. de toile à un honorabl commerçant nommé Merzeau, voici dans quelles circonstances : un jour, une voiture déposa devant les magasins de Merzeau une femme élégamment parée ; on s'empressa autour d'elle, on lui montra des pièces de toile ; elle en

---

[1] Extrait des registres des baptêmes de la paroisse Saint-Etienne de Toulouse. — *Jean-Baptiste Marie*, fils de Jean-Pierre Lacombe, tailleur d'habits, et d'Anne Ponsin, mariés, né le quatorzième et baptisé le quinzième février mil sept cent soixante. Parrain Jean-Baptiste Lacombe, marraine Marie Labatut, qui n'ont pu signer, non plus que le père. Abadie, vicaire, signé au registre. (Greffe du Tribunal civil de Toulouse.)

choisit pour une somme assez considérable et partit sans payer. C'était la femme de Lacombe ; les époux étaient certainement de connivence pour commettre cette spoliation.

En 1787, Lacombe se mit sur les rangs comme candidat au Musée, société littéraire créée en 1782 par MM. Duranteau, Saige et Lisleferme. Sur les observations de Péry, les commissaires, au nombre desquels était Vergniaud, rejetèrent la candidature de l'escroc [1].

Ce n'est pas tout : en 1790, il s'asseyait sur les bancs de la police municipale. Il exploitait vers cette époque un pensionnat de jeunes garçons dans une maison qu'il tenait en location de M. Lisleferme, avocat. Ses affaires paraissaient prospérer, et il acheta pour les besoins de son établissement d'éducation sept ou huit tonneaux de vin à une pauvre veuve. Quand il s'agit d'en payer le prix, Lacombe fit la sourde oreille, et afin de se soustraire aux poursuites dont il était menacé, il simula une vente du vin à un nommé Poireau, maître d'écriture, lui donna quittance du prix, et les tonneaux furent déplacés. Lacombe disparut ensuite, et pendant longtemps la malheureuse veuve ne sut ce qu'il était devenu. Heureusement pour elle, Poireau était d'aussi mauvaise foi que Lacombe, et quand celui-ci réclama un jour son vin, l'autre déclara que la vente étant sérieuse et sincère, il n'avait rien à lui remettre. Les deux escrocs s'insultèrent grossièrement, des coups de poing furent échangés ; il en résulta un trouble à l'ordre public, et cette querelle les conduisit l'un et l'autre devant un officier municipal.

C'était Martignac père.

Lacombe et Poireau se traitèrent réciproquement de fripons — (ils avaient raison tous deux), — et Martignac les fit emprisonner. Placés ensemble dans la même

[1] Chauvot, *Le Barreau de Bordeaux*.

chambre, ils comprirent qu'il était de leur intérêt de s'entendre, et ils furent relâchés après une sévère admonestation.

Martignac, soupçonnant l'escroquerie, avertit la veuve qui, par ses conseils, fit saisir le vin resté en dépôt chez Poireau. Les deux escrocs poussèrent l'effronterie jusqu'à actionner la veuve devant le juge de paix de Saint-Seurin. Celui-ci démêla, au milieu des explications confuses qui lui furent données, ce qui s'était passé et condamna Lacombe et Poireau à payer le vin qu'ils avaient mis tout en œuvre pour voler.

Cependant Lacombe s'était jeté dans le mouvement politique qui suivit 1789, et où sa loquacité révolutionnaire était de nature à lui valoir des succès.

En 1790, il se présenta à la Société des *Amis de la Constitution*. Vergniaud et Péry, présents à la séance, ne protestèrent pas, et Lacombe fut admis. « Il est vrai, dit M. Chauvot, que quelques jours plus tard, Martignac père fut repoussé pour avoir été *censeur royal* sous l'ancien régime [1].

A la fin de l'année 1792, Lacombe, à la Société des Amis de la Liberté et de l'Égalité, fit entendre des paroles qui furent généralement désapprouvées; il avait blâmé la Société d'avoir rompu avec les Jacobins de Paris, avait attaqué violemment les ministres girondins et notamment Roland, applaudi hautement aux massacres de Septembre et finalement taxé la Société de *modérantisme*. Appelé à se justifier par le président et par le bureau de la Société, Lacombe maintint tout ce qu'il avait dit, et c'est au milieu du plus grand tumulte que le président Battu lui infligea la peine de la *censure* [2]. Peu de jours après, son nom était effacé du tableau des sociétaires.

---

[1] Chauvot, *Le Barreau de Bordeaux*.
[2] Archives de la Gironde, registre 177, série L.

C'est dans les premiers mois de l'année 1793 que Lacombe se rendit à Sainte-Foy, où il établit une école; il se lia avec les démagogues de cette ville et y connut Tallien, lorsque celui-ci vint y rechercher les Girondins qui avaient quitté le département du Calvados pour se réfugier dans celui de la Gironde. On dit que le conventionnel fut séduit par l'étalage démagogique de l'instituteur. Quoi qu'il en soit, Lacombe ne réussit pas à Sainte-Foy, et il rentra à Bordeaux vers le mois de juillet 1793.

L'heure était propice pour lui; la Commission populaire de salut public épuisait ses derniers efforts et les Jacobins bordelais l'abandonnaient de toutes parts. Lacombe fut de ceux qui hâtèrent sa chute. Dès le commencement de la Révolution, il s'était annoncé comme un de ses plus chauds partisans : parleur infatigable et doué d'une certaine éloquence, il avait eu l'art d'en imposer même à ceux qui connaissaient ses antécédents et sa vie.

Il avait un caractère hardi et était décidé à tout faire pour se rendre la fortune propice; merveilleusement secondé par son intarissable faconde, il réussit à éblouir les citoyens sur son patriotisme et sur ses vertus, et on en arriva à le croire sur parole. Il se prononça souvent contre les abus et les préjugés, défendit des patriotes calomniés, lutta non sans courage avec les autorités insurrectionnelles de Bordeaux, et acquit ainsi la réputation dont il avait besoin pour l'accomplissement de ses projets.

Ses victimes d'autrefois, dont il aurait pu redouter le témoignage, gardèrent le silence. La Terreur approchait et les dangers d'un avenir inconnu commandaient la plus extrême prudence.

Lacombe alors passa pour bon républicain. Enhardi par le succès, il redoubla d'audace, se livra à tous ses instincts révolutionnaires et fit parade de son patriotisme. Dans les clubs et dans les sociétés populaires qu'il assiégeait chaque soir, on le proclama l'*ennemi le plus inflexible de l'aristocratie et du fédéralisme*. Ses partisans vantèrent ses talents et ses vertus, et on alla jusqu'à lui prêter les mœurs d'un Spartiate.

Tel était l'homme qui conquit la faveur des représentants envoyés à Bordeaux; ils furent trompés sur son compte. Grâce à ses intrigues et à l'influence de Peyrend d'Herval dont il rechercha l'amitié, il fut nommé président de la Commission militaire.

Nous trouvons dans un imprimé du temps un portrait qui, malgré le style ampoulé de l'auteur, n'est pas sans offrir de l'intérêt : « Lacombe, y est-il dit, avait fait une
» étude approfondie du crime; son caractère semblait
» incompatible avec l'hypocrisie, mais il savait habilement
» accorder les contraires; à l'emportement, à la colère de
» Busiris, il joignait la dissimulation de Cromwell : il était
» toujours assez maître de lui-même pour ne s'abandonner
» à la violence que lorsqu'elle pouvait servir à cacher sa
» perfidie. Il usait d'un vice pour couvrir l'autre. C'était par
» calcul qu'il faisait des étourderies et même des impru-
» dences dont il se laissait volontiers blâmer; et quand il
» méditait des forfaits ou des vengeances, il avait le regard
» serein de l'intégrité pure. La soif des richesses et l'ambition
» le dévoraient tour à tour; mais la vanité l'emportait sur
» ses autres passions. Il voulait qu'on parlât de lui, il le
» voulait à quelque prix que ce fût; il l'aurait voulu comme
» Érostrate, s'il n'avait pu l'obtenir autrement. »

Cette vanité l'accompagna jusqu'à ses derniers moments; elle était amplement apparue dans les divers interrogatoires qu'il subit, elle se montra tout entière en présence de ses juges.

Président de la Commission militaire, Lacombe, ainsi parvenu à l'apogée de sa fortune, se montra tour à tour, et selon les circonstances, féroce et sanguinaire, ou humain au-delà de toute expression.

Toutefois, il en arriva bientôt, stimulé par sa cupidité et poussé peut-être par des intrigants de son entourage, à accepter des sommes d'argent des accusés qu'il devait juger ou de leurs familles, et la vénalité la plus odieuse vint s'ajouter aux violences de la justice révolutionnaire.

Lacombe régnait par la terreur; il était devenu un maître absolu dont le pouvoir était sans bornes et sans contrôle [1]; toutes les têtes s'inclinaient devant le président de la redoutable Commission, et nul plus que lui ne recevait des honneurs et des témoignages d'amitié, dictés sans doute par la peur à des âmes ayant perdu tout ressort et toute énergie.

Aussi l'avocat Péry aîné, dont le frère était mort sur l'échafaud révolutionnaire, pouvait-il écrire très justement en 1808 :

> ....
> J'ai vu ce même peuple, à cette même place,
> Des tyrans jacobins encourager l'audace.

[1] Nous en citons au hasard une preuve officielle : « Le Représentant du peuple délégué, etc., considérant que sous un régime républicain la détention des innocents est un délit national; qu'en même temps que la loi prononce des peines sévères contre des coupables, elle promet protection aux innocents opprimés; — voulant faire cesser toutes les détentions arbitraires ou dictées par des passions particulières, et celles qui ayant été provoquées par des mesures de sûreté générale se trouvent sans fondement; — après s'être fait rendre compte des motifs qui ont privé de leur liberté plusieurs citoyens; — considérant que le citoyen *Flavigni-Partarrieu* fut arrêté par ordre de Lacombe, après une séance de la Commission militaire, pour l'avoir *fixé* avec impertinence tandis qu'il prononçait un jugement, ce qui est constaté par le rapport officiel fourni par le secrétaire de la Commission militaire; — considérant qu'il n'y a aucune pièce contre la citoyenne Dumas-Laroque, détenue par suite du jugement de son mari; — considérant qu'il n'y a rien contre la citoyenne Montjon, transférée d'Eulalie d'Ambarès *sur une réquisition de la Commission militaire*, soupçonnée de partager les sentiments de son mari, condamné à mort; — que Villechaise, qui loue ses services à ladite citoyenne, a été arrêté sur le même soupçon sans qu'il y ait de pièces contre lui; — vu le rapport du citoyen Dercy, accusateur public près la Commission militaire, qui, après information, a reconnu qu'il n'y avait aucune charge contre la citoyenne Montjon et le citoyen Villechaise, et déclare que les déclarations qui l'ont porté à donner un mandat d'arrêt sont sans fondement, — arrête ce qui suit : — Les citoyens *Flavigni-Partarrieu* et *Villechaise*, les citoyennes *Dumas-Laroque* et *Montjon* seront de suite mis en liberté, etc. — Signé : C.-Alex. YSABEAU. » (18 août 1794.)

> La timide vertu déguisait sa douleur;
> Partout on entendait un langage imposteur;
> Et chacun, poursuivi par l'effroi de la tombe,
> Allait d'un pas tremblant rendre hommage à Lacombe (1).
>
> ....

Jacques Lafontaine, commis au bureau de la Commission militaire, était chargé de transcrire les jugements et de faire signer les juges. Cette formalité s'accomplissait facilement par les collègues de Lacombe. « Quant à lui, a écrit Lafontaine, dont nous respectons le style, mais dont nous corrigeons l'orthographe, il m'était impossible de le rejoindre. Je suis allé souvent chez lui, et toujours à mes sollicitations il a répondu : *qu'il n'avait pas le temps, qu'il signerait toujours*. Lorsque la Commission militaire fut dissoute par la Convention, Lacombe partit pour Toulouse. Le greffier Giffey me donna l'ordre, dussé-je y passer la nuit, de faire signer le *plumitif* à Lacombe avant qu'il partît. J'y allai deux fois à cette époque sans le rencontrer. A la troisième enfin, je le trouvai chez lui, et lui dis qu'il fallait qu'il signât tous les jugements parce qu'on ne savait pas ce qui pouvait arriver. Lacombe me fit rester jusqu'à minuit, et, en signant, il me disait qu'il estimerait mieux faire un travail *de tête que celui-là* (2). »

Mais la Commission militaire reprit son fonctionnement et le *plumitif* s'arriéra de nouveau. Lafontaine, dont le témoignage est précieux, « déclare qu'il lui a été impossible » de faire signer aucun jugement à Lacombe *par la grande » quantité de personnes qu'il avait toujours à sa suite, » tant chez lui lorsqu'il y était, qu'à la Commission » militaire lorsqu'il venait pour tenir ses audiences.* »

On le voit, Lacombe avait des courtisans assidus qui l'entouraient sans cesse, qui l'escortaient partout et lui

---
(1) Chauvot, *Le Barreau de Bordeaux*.
(2) Greffe de la Cour d'appel de Bordeaux, Fonds révolutionnaire.

JUGEMENT DE LACOMBE. 433

faisaient honneur comme à un homme important par ses talents, ses vertus ou ses fonctions !

Mais les ennemis se cachaient dans l'ombre, et nous croyons devoir transcrire une lettre anonyme adressée au sanguinaire président, probablement après quelque horrible hécatombe :

« *A* Lacombe, *le scélérat.*

» Comment peux-tu juger de bons citoyens à mort, qui ont de si bons titres au patriotisme comme les Dupré de Pomarède, les Duteuil, les Taillard de Nérac, sur la dénonciation de scélérats ! Tu n'as pas écouté, indigne, le vrai de ce qu'ils ont dit.

» A te voir parler aux accusés avec ce ton infâme, tu les charges d'horreurs et de propos indignes d'un juge. Des citoyens qui ne devraient pas approcher d'un tribunal, vu la justesse de leurs cœurs, tu les condamnes à mort. Scélérat, tu seras puni de tes forfaits, et ta langue devrait être attachée à un fil d'archal jusqu'à extinction de vie.

» Sois assuré que tu finiras mal ; tu as toujours mal vécu, tu as tenu tous les partis, et tu te montres dans celui-ci, non comme un citoyen, mais comme un vrai scélérat.

» Et quelle récompense en auras-tu ?

» La mort, infâme, et tu seras livré à l'abomination des bons citoyens ! »

L'heure de cette prédiction était venue.

Entrons à l'audience et assistons aux débats du procès.

L'assemblée est tumultueuse et frémissante.

Le représentant Ysabeau est applaudi à son arrivée et prend place dans une tribune.

L'accusateur public Derey se lève. Aussitôt le calme se fait et un silence relatif règne dans la salle.

Derey invite les juges à prêter le serment de remplir leurs fonctions en âme et conscience.

Ceux-ci quittent leurs siéges, et chacun d'eux, la main levée à Dieu, dit : Je le jure.

Cette formalité remplie, l'accusateur public requiert qu'il soit donné lecture par le greffier de l'arrêté d'Ysabeau, que nous avons précédemment transcrit, et des lois contre les concussionnaires et contre les ennemis de la Révolution.

Cette lecture achevée, le président dit à Lacombe :

— Quel est ton âge, ta profession, et quelle place as-tu occupée depuis un an?

Lacombe se lève; son regard est assuré, sa voix ferme et sa contenance arrogante.

— Je m'appelle Jean-Baptiste Lacombe, instituteur, natif de Toulouse, âgé de 34 à 35 ans; j'ai accepté la place de président de la Commission militaire, c'est-à-dire la mort...

— Je ne t'ai pas demandé cela, lui dit le président en l'interrompant; réponds catégoriquement à chacune de mes questions.

L'auditoire retentit de cris d'indignation.

L'accusateur public Derey se lève :

— Je sais, dit-il, en s'adressant au public, que la soif de la vengeance dévore le peuple : *il sera vengé;* mais il faut que le calme et la tranquillité règnent dans cette enceinte pour que les juges puissent remplir les pénibles fonctions qui leur sont confiées. J'adjure en conséquence les citoyens qui m'écoutent de garder le silence.

Ces paroles ramènent un peu de calme.

Lacombe se tournant alors vers la foule :

— Le peuple est trop juste...

Des huées éclatent dans tous les points de la salle; un sentiment de colère anime un instant le visage de l'accusé; puis, voyant qu'il sera impuissant à se faire entendre, il s'assied.

Tous les membres du tribunal sont debout; ils supplient la foule d'être silencieuse et de se confier à leur justice.

Le calme se rétablit de nouveau peu à peu.

— Citoyens, dit Derey en s'adressant au tribunal, Lacombe est accusé d'avoir commis les plus grands crimes en se couvrant du masque de toutes les vertus. Les pièces du procès prouvent que jamais on ne trahit avec plus d'audace la confiance du peuple et de ses représentants; que jamais on n'abusa plus indignement des fonctions de juge; que jamais un homme plus coupable n'occupa la justice! Les pièces du procès sont nombreuses; le temps de les lire et d'en combiner les faits a été court; à peine ai-je trouvé celui d'en transcrire le résultat : mais la soif de la justice dévore le peuple. Il importe de céder à son impatience : c'est l'impatience des vertus républicaines. Le peuple *provoque* un grand exemple de sévérité, *il faut le lui donner*. Je demande que le greffier fasse lecture des pièces.

Sicard, que beaucoup de nos contemporains ont connu au Palais de Justice de Bordeaux et qui est mort il y a une trentaine d'années, exerçant les mêmes fonctions auprès de l'un des juges d'instruction du tribunal, Sicard commença la lecture des pièces du procès [1].

Cette lecture fut écoutée en silence. Mais tout à coup, et après une dizaine de minutes environ, Lacombe se leva, et interrompant le greffier :

— Je demande, dit-il au tribunal, à répondre article par article à toutes ces calomnies, et j'espère mériter encore l'estime de mes concitoyens...

Un tumulte épouvantable éclate à ces mots; les épithètes de *brigand* et de *scélérat* se mêlent aux cris indignés de l'auditoire : *Non, non,* disait-on de toutes parts, *à mort le scélérat!*

Lacombe insistait au milieu du bruit. Le tribunal lui ordonna d'écouter l'accusation tout entière, et mille voix lui

---

[1] Le *père* Sicard, comme nous l'appelions, avait beaucoup d'amitié pour moi, qui étais alors un tout jeune homme; il m'a raconté sur l'époque et sur Lacombe des détails pleins d'intérêt. Il ne parlait de la Terreur qu'en frémissant, me disait-il. Employé au secrétariat de l'ancienne Commission militaire, il avait souvent tenu la plume lors des interrogatoires que Lacombe fit subir à certains accusés.

crièrent : *Assieds-toi, le tribunal est fixé sur ton compte!*

C'étaient ses expressions favorites, nous l'avons constaté, quand il siégeait comme président.

Lacombe insiste encore et avec plus d'énergie; le tribunal lui accorde seulement la permission de prendre des notes, et on lui fait passer un crayon et du papier.

Sicard reprend sa lecture, qui est souvent interrompue par des manifestations bruyantes de l'indignation publique au récit des forfaits du misérable.

Lacombe écrit d'une main convulsive, et par moments il boit quelques gorgées d'eau-de-vie à même d'une bouteille.

Les faits se déroulent successivement, les voiles tombent et la vérité cruelle éclate à tous les yeux.

On remarque la déposition de Martignac père :

« Je me contenterai, dit ce témoin, de citer un fait dont
» j'ai eu connaissance étant officier municipal (c'est le vol
» du vin auquel il fait allusion), car je pense que toutes les
» escroqueries qu'on pourrait citer de Lacombe ne sont
» pas faites pour cadrer avec les autres crimes qu'on lui
» impute. »

Martignac avait raison.

Peu de temps après son installation comme président de la Commission militaire, on voit Lacombe faire un trafic criminel de la justice et mettre à prix la liberté et la vie des citoyens.

Le boulanger Rey et l'avoué Bizat étaient ses entremetteurs accoutumés; sa femme et son frère aîné Henri Lacombe étaient habituellement de complicité dans ses concussions.

« C'est avec la même scélératesse, dit un récit du temps, qu'il marchande, pour ainsi parler, la vie du coupable et les craintes du faible et de l'innocent. S'étant couvert de tous les crimes, il a parfois la lâcheté d'un criminel : craint-il un moment d'être découvert, il s'empresse de rendre quelques sommes qu'il a reçues; il sait fort à propos refuser une bague, pourvu qu'on la lui garde pour un moment plus opportun, et sa femme passe pour avoir été grondée de l'avoir reçue. »

Ayant tout à redouter de ses complices et notamment de Rey et de Bizat, Lacombe cherchait souvent à leur en imposer par ses menaces : « *Tu es maître de mon secret,* disait-il à Rey, *mais je le suis de ta vie.* » Celui-ci ayant été un jour appelé au Comité de surveillance, Lacombe fut dévoré d'inquiétudes. Aussitôt que Rey fut de retour, il lui témoigna ses craintes, et sur l'assurance qu'il n'avait pas été question de lui : « *Si je te croyais jamais assez lâche,* lui déclara-t-il, *pour dire quelque chose, tu ne rentrerais jamais chez toi.* »

Parlant un autre jour à ce même Rey d'une femme honorable, que ses démarches et sa position auraient dû lui faire respecter (c'est de Mme Dudon qu'il s'agit), il s'exprimait ainsi : « *Que dis-tu de cette luronne? Il y aurait de quoi mordre; il faut au moins 1,000 louis pour son mari...* » Et quelque temps après, la pauvre femme n'ayant pu trouver que 100 louis : « *Puisqu'elle ne veut pas,* dit-il, *son mari est f...* » On sait que la tête du procureur général Dudon tomba sur l'échafaud.

La lecture continue au milieu d'un frémissement général; le dossier est volumineux, mais les pièces, plus convaincantes les unes que les autres, démasquent l'hypocrisie de Lacombe et la lâcheté de ses concussions.

Se préoccupant peu de l'auditoire qui vocifère après lui, l'accusé écoute d'une oreille attentive et trace à la hâte les notes qui doivent servir de base à sa défense.

Sicard se rasseoit enfin.

La lecture avait duré près de deux heures et demie.

La chaleur était étouffante et l'air circulait à peine dans la salle d'audience, bien que toutes les fenêtres eussent été ouvertes. Un soleil radieux éclairait cette dernière scène du drame de la Terreur. La foule se pressait à toutes les issues, avide d'entendre, de voir et de maudire.

La lecture n'est pas plus tôt achevée, que les cris : *à mort ! à mort le brigand !* se font entendre avec un redoublement de violence.

Derey se lève et réclame du geste le silence afin de lire son acte d'accusation.

Ce document, très incorrectement écrit d'ailleurs, débute dans les termes suivants :

« Citoyens, vous venez d'entendre la lecture des pièces du procès ; elles vous présentent le tableau le plus hideux. Vous y voyez Lacombe escroc, juge prévaricateur, contre-révolutionnaire et toujours hypocrite.

» Suivons-le dans les trois époques de sa vie, afin que nous prenions une juste idée de sa bassesse et de la perversité de ses inclinations... »

Nous ne transcrirons pas cet acte d'accusation ; nous l'avons résumé en grande partie dans le récit qui précède. Nous nous bornerons à en extraire la nomenclature des divers crimes reprochés à Lacombe ; à cet égard, Derey s'exprime ainsi :

« Vous avez vu la famille Journu-Aubert déterminée à faire tout ce qui serait en son pouvoir pour sauver leur parent qui était hors la loi ; on proposa jusqu'à 300,000 livres : Bizat, ci-devant avoué, fut le porteur de parole auprès de Rey, boulanger, l'ami et l'entremetteur immédiat des propositions pécuniaires et du montant des enchères auxquelles Lacombe adjugeait sa justice. Rey demande deux jours, au bout desquels il répondit à Bizat que la proposition était acceptée ; il fut remis 205,000 livres en assignats, et on disposa des bons pour 95,000 livres.

» Mais Journu-Aubert, qui ignorait ce que sa famille faisait pour lui, ayant prouvé son innocence et son patriotisme au représentant du peuple, fut réintégré dans la loi. Cet événement dut déconcerter nos agioteurs. La famille de Journu réclama les 205,000 livres ; il n'était pas possible de retenir cette somme ; la justice qu'Ysabeau venait de rendre à un patriote bien connu, arrêtait celle de

Lacombe; il fallut se résoudre à la restitution; mais on temporisa; on ne remit la somme que peu à peu; et comme si on avait imaginé que la famille Journu devait avoir de la reconnaissance pour l'acceptation qu'on avait bien voulu faire d'une somme de cent mille écus, on a retenu une somme de 70 à 75,000 livres. La déclaration de Bizat nous dit elle-même que Bory, beau-frère de Journu, avait consenti à laisser 55,000 livres pour les soins qu'on s'était donnés.

» Mais remarquez bien l'artificieuse tournure de Lacombe et de ses agents; on masquait cette horrible concussion du nom d'amende, à laquelle, disait-on, Journu pouvait être condamné, comme si l'amende devait se déposer dans les mains du président; comme si Journu devait être condamné avant d'être entendu, et qu'on eût lu ou entendu sa justification; comme si les juges qui composaient le tribunal avec Lacombe n'eussent vu et opiné que d'après ses vues.

» Chaque jour, pour ainsi dire, est marqué par une prévarication.
» Il fit payer 7,200 livres au citoyen Chappel;
» 48,000 livres pour l'élargissement du citoyen Baux;
» 32,000 livres au citoyen Perayre : 20,000 livres avant l'arrestation de son frère, en lui faisant entendre que ni l'un ni l'autre ne seraient arrêtés, et 12,000 livres quand son frère eut été arrêté; ici la perfidie et le jeu de la liberté des citoyens sont réunis à la plus insolente concussion!

» Il fit payer 160,000 livres au citoyen Changeur, et sur ce que l'entremetteur se récria, car Lacombe voulait d'abord 200,000 livres, il répondit : *Qui veux-tu qui paie, si ce n'est les riches? J'ai des enfants, il faut que je leur assure un sort.* Malheureux! tu ne sentais pas que le souvenir des vertus d'un père qui est mort pauvre est le plus bel héritage que l'on puisse laisser à des enfants. Il est au moins certain qu'aucun crime ne souilla leur patrimoine... »

Cette apostrophe à Lacombe provoqua de longs applaudissements.

Derey reprend :

« Il fit payer 58,000 livres à Jean Tarteyron.
» Il avait reçu 60,000 livres du citoyen Castarède, 13,000 livres de la citoyenne Dubergier, et 50,000 livres du citoyen Castarède, peu de jours avant son arrestation.
» La cupidité de Lacombe et de ses agents s'exerçait sur de petites sommes comme sur des sommes considérables. La femme Bujac, très peu fortunée, donna 1,200 livres dans l'espoir qu'elle sauverait son mari : Bujac fut condamné à mort.

» Les Pimentel frères donnèrent de la dentelle à la femme de Lacombe, et, quelques jours après, feignant d'avoir besoin de 6,000 livres, Lacombe s'adressa au citoyen Béraud, pour qu'il les empruntât pour lui à ses négociants. Béraud emprunta, en effet, cette somme; mais Lacombe qui voulait sans doute se l'approprier sans qu'il pût être recherché à cet égard, pressa le citoyen Béraud de faire lui-même le billet; Béraud refusa, et Lacombe ne prit point la somme.

» Lacombe avait des sommes considérables; il chercha à placer celle de 52,000 livres chez le citoyen Perayre; sur le refus de celui-ci, cette somme fut placée dans les mains du citoyen Aquart.

» Lebrun, receveur ou directeur de la Douane nationale, fut arrêté; ses amis offrirent 100,000 livres, mais on s'y était pris trop tard : déjà il avait paru à l'audience de la Commission. Lacombe craignit d'être soupçonné; il répondit qu'on avait trop tardé, et Rey ajouta que, sans cela, Lebrun aurait été sauvé. Ainsi, la vie des citoyens était un objet de commerce pour Lacombe, sans qu'il se donnât la peine de distinguer les aristocrates des républicains.

» Je presse, citoyens, cette narration accablante pour les hommes justes.

» Vous avez vu la citoyenne Bujac donner 1,200 livres pour acheter le salut de son mari; Bujac est condamné.

» Un autre fait de cette espèce, plus important, plus réfléchi, plus noir encore, a été commis.

» La femme Dudon, comme la femme Bujac, voulait acheter la vie de son mari; elle donne 100 louis d'or : Lacombe, en les recevant, s'écrie qu'il lui en faut 1,000 au moins. Rey rapporte cela à la citoyenne Dudon; elle expose qu'elle n'a pas cette somme; Rey rend cette réponse à Lacombe : Eh bien ! répond ce juge atroce, elle s'en repentira. Il chargea Rey de dire à cette citoyenne qu'il lui fallait cette somme sous trois jours; elle ne put pas la lui donner. Dudon fut condamné, et Lacombe garda les 100 louis en or ! Quel jeu horrible de ses fonctions et des lois !

» Mais mon âme est oppressée par le récit de toutes ces horreurs ! Qu'est-il besoin, citoyens, que je dise ici tous les crimes dont Lacombe s'est rendu coupable ? N'en ai-je pas dit assez pour vous pénétrer d'indignation et vous armer du glaive des lois ?

» D'abord il nia les faits dans son interrogatoire; mais pressé sur les assignats qu'il avait mis dans des boîtes de ferblanc cachées dans son grenier, il dit que sans doute les aristocrates, les ennemis que sa fidélité dans l'exercice de ses fonctions lui avait suscités, avaient méchamment porté ces assignats dans son grenier. Cette évasion ridicule décelait seule son crime; mais son frère, mais Rey, son entremetteur, ont soutenu que c'était par ses ordres que ces assignats, fruit odieux de ses concussions, avaient été portés dans son grenier.

» Mais il est lui-même convenu dans la suite de plusieurs de ses exactions; il a déclaré qu'il avait donné à Ducasse, autre entremetteur, une somme de 3,000 livres, sur celle qu'il avait reçue lui-même de la citoyenne Dubergier.

» Il est convenu que Rey lui remit la somme de 6,000 livres sur les 48,000 livres exigées pour le citoyen Baux.

» N'y eût-il que ces deux aveux, il serait toujours convaincu de concussion.

» Mais il a fait d'autres aveux que la justice doit recueillir avec soin : il a écrit au citoyen Plénaud qu'il avait été égaré par le désir de laisser sa famille dans l'aisance, et il a ajouté *qu'il avait tout nié dans son interrogatoire; par deux motifs*, dit-il, *bien naturels : le désir de cacher ses faiblesses, et surtout l'indignation qu'excitaient dans son âme les calomnies atroces et adroitement ourdies de l'infâme Rey*.

» Il avait tout nié, et cet aveu de sa part prouve la vérité de la déclaration de Rey.

» Il dit qu'il a nié *pour cacher ses faiblesses;* il convient donc qu'il a commis les concussions dont il est accusé; nous ne différons lui et moi que sur les mots; il appelle *faiblesse* ce qui est un crime abominable. Un juge chargé des fonctions les plus rigoureuses, de prononcer la punition des ennemis de la République, et de distinguer avec la plus exacte impartialité les amis des ennemis: un tel juge qui vend la justice est un monstre dont il faut purger la terre! un ennemi de la République! car nous sommes en Révolution, et ce n'est que dans l'exécution pleine et entière des lois révolutionnaires, et par la pratique des vertus qui sont à l'ordre du jour, que le juge se montre l'ami sincère de la Révolution.

» Il niait encore les faits, parce que, dit-il, *il voulait cacher l'indignation qu'excitaient en lui les calomnies atroces et adroitement ourdies de l'infâme Rey*.

» *L'infâme Rey!* Mais si Rey est *infâme*, quelle qualification donnerons-nous à Lacombe? N'est-il pas évident que c'est lui qui a mis Rey en mouvement? qui en a fait un entremetteur?

» Rappelez-vous, citoyens, l'affreux ascendant qu'il avait sur Rey: tantôt il le menaçait de la guillotine s'il osait révéler le secret, lui disant qu'il pouvait faire arrêter les citoyens sans la permission du Comité de surveillance, juger et *faire abattre la tête de quiconque lui donnerait la moindre inquiétude*. Si Rey lui faisait part de ses craintes pour l'un et pour l'autre : *Non*, disait Lacombe, *rien ne peut m'atteindre au poste où je suis, et c'est toi qui pourrais être compromis, si tu ne faisais pas ce que je te prescris…*

» Et Lacombe ne s'accuse que de *faiblesse,* et il traite Rey d'*infâme!* Il faut qu'il soit bien familiarisé avec le crime, et que sa tête soit bien l'esclave de son âme, de cette âme essentiellement immorale, de cet égoïsme qui lui a fait violer les devoirs les plus sacrés, qui ne lui montre que de la *faiblesse* dans les crimes qu'il commet, et qui lui peint des couleurs du crime les complaisances auxquelles il a su amener cet homme, qui a du moins le mérite de la sincérité.

» Citoyens, assez de faits vous ont convaincus, et les dénis de Lacombe n'ébranleront pas votre opinion; mais il sera forcé de renoncer à cette défense artificieuse. Le Comité de surveillance l'a entendu; il l'a confronté avec Rey et Bizat, qui déjà avaient donné leurs déclarations et leurs réponses. Rey et Bizat, en présence du Comité, lui ont soutenu la vérité de tous les faits qu'ils ont articulés, et aucun de ceux qui ont été témoins de ces débats, où Lacombe a déployé tout l'art du mensonge et de l'hypocrisie, n'a douté qu'il ne fût coupable.

» Quels sont les résultats de ces faits?

» Lacombe se conduisit, à l'époque heureuse de la Révolution, comme plusieurs autres dont la corruption était en quelque sorte l'élément. Rappelez-vous, citoyens, l'escroquerie de sept ou huit tonneaux de vin, et comme il fut tancé à cette époque, en 1790, par le municipal qui faisait la police. Lacombe avait déjà parlé avec véhémence de liberté, de vertu, de régénération des mœurs; il parlait une langue étrangère à son cœur; il se disait à la hauteur de la liberté, et il rampait dans la fange de la corruption. Cet esprit qui l'inspirait, ne l'abandonna pas lorsqu'il fut promu aux fonctions de président de la Commission militaire. Voyez ses crimes, ils sont tous imprégnés de son penchant à la plus infâme cupidité; c'est cette cupidité qui presque toujours met toutes ses passions en mouvement, qui lui dicte les plus horribles marchés, qui lui fait peser au poids de l'or l'existence des citoyens! C'est elle qui lui fait mettre dans la même balance l'aristocrate et le patriote, qui lui persuade de sauver l'ennemi de la Révolution, pourvu qu'il lui donne le prix qu'il a exigé, et de faire languir dans les angoisses de la terreur le patriote qui ne peut pas payer, ou qui rougit d'acheter les preuves de son innocence et de son patriotisme.

» Nous savons qu'en général ceux qui ont été condamnés à la peine de mort l'avaient méritée; ils étaient aristocrates ou ils avaient participé à des mesures liberticides; mais Lacombe en entrant en marché avec eux, en cherchant à les sauver moyennant telle somme, participait évidemment au crime de contre-révolution que ces individus avaient dans le cœur. Peu lui importait que la liberté fût anéantie pourvu qu'il fît sa fortune!

» Mais une chose qui fait frémir l'humanité, c'est de voir Lacombe entrer en marché avec les ennemis de la Révolution, les condamner à mort et garder leur argent. Quel calcul! quel sang-froid horrible!

» Observez, citoyens, que les circonstances révolutionnaires où nous sommes exigent de tous fonctionnaires publics une conduite vraiment révolutionnaire; observez surtout que Lacombe était président d'une commission militaire établie principalement pour diriger et hâter la marche de la Révolution. Le crime de prévaricateur est donc aujourd'hui un crime de contre-révolution : le fonctionnaire public qui prend des moyens pour sauver un contre-révolutionnaire est donc lui-même un contre-révolutionnaire; et il doit subir la peine que la loi prononce contre les ennemis de la République.

» Citoyens, depuis quelque temps l'opinion publique commençait à s'élever contre Lacombe; le représentant Ysabeau était sur le point de prononcer son arrestation, au moment où ses pouvoirs lui furent retirés par le Comité de Salut public.

» Lacombe tremblait lui-même, et voilà pourquoi, d'un côté, il faisait dire au représentant Ysabeau qu'il y aurait du danger pour lui à rester plus longtemps à Bordeaux; et de l'autre, il faisait remettre à divers particuliers les sommes et les bijoux qu'il en avait reçus.

» Le représentant Garnier (de Saintes) ne tarda pas à le reconnaître; le bruit de ses prévarications parvint jusqu'à lui : Lacombe fut arrêté.

» Citoyens, vous avez frémi au récit de tant de crimes; vous vous êtes demandé à vous-mêmes comment il était arrivé que cet homme eût été choisi pour exercer les fonctions d'une judicature révolutionnaire.

» C'est à vos malheurs, à vos erreurs, à ce fédéralisme criminel auquel Bordeaux fut entraîné, que vous avez dû ce fléau. Les représentants du peuple envoyés pour rendre cette grande cité au principe de l'unité et de l'indivisibilité de la République ne purent voir partout que des hommes que le fédéralisme avait entachés. Lacombe profita adroitement de cette circonstance. Des hommes généreux sont sans défiance : les représentants furent trompés, et Lacombe fut choisi. Aux vues justes et bienfaisantes des représentants succédèrent les vues iniques et contre-révolutionnaires de Lacombe. Malheureusement la terreur qu'il inspira étouffa longtemps le cri des citoyens. Mais la vérité est parvenue jusqu'aux représentants du peuple; la justice et l'humanité triompheront; la République et les citoyens seront vengés.

» Je requiers, attendu les faits qui résultent des pièces du procès et des aveux de l'accusé, que Jean-Baptiste Lacombe, ci-devant instituteur et ex-président de la Commission militaire séante à

Bordeaux, soit condamné à mort, conformément à la loi du 27 mars 1793; qu'en conséquence il soit livré sur-le-champ à l'exécuteur des jugements criminels, et conduit sur la place Nationale à l'effet d'y subir la peine; qu'en outre ses biens soient déclarés confisqués au profit de la République, et que le jugement qui interviendra soit imprimé, publié et affiché partout où besoin sera. »

La lecture de cet acte d'accusation fut écoutée dans un religieux silence. *Seuls,* dit un contemporain, *des murmures d'horreur se firent quelquefois entendre.*

Mais lorsque l'accusateur public, arrivé au terme de son exposé, requit l'application de la peine de mort, les applaudissements du peuple éclatèrent, les chapeaux furent agités au-dessus des têtes, et les cris de *Vive la République! Vive la Convention nationale!* retentirent dans toute la salle au milieu d'un enthousiasme indescriptible.

Lacombe lui-même, payant d'audace et d'effronterie, se leva, et, agitant son chapeau en l'air, il osa se mêler aux cris du peuple et *profaner les mots sacrés* de Vive la République! Vive la Convention [1]!

Lorsque l'enthousiasme fut apaisé, Lacombe demanda à présenter sa défense.

Il obtint la parole.

Tout ce qu'il put dire dans cette circonstance n'est guère susceptible d'analyse; nous allons essayer toutefois d'en donner une idée générale et succincte.

D'abord, l'auditoire ne voulut pas lui permettre de parler; dès les premiers mots qu'il prononça, sa voix fut couverte par les imprécations de la foule.

L'accusateur public et le président Lataste adressèrent au peuple des invitations réitérées pour obtenir un peu de calme et permettre à l'accusé de tenter une justification difficile, sinon impossible. La voix de la raison fut enfin entendue, et Lacombe put prendre la parole.

---

[1] *Historique de l'interrogatoire et du jugement de Jean-Baptiste Lacombe,* etc. A Bordeaux, de l'imprimerie de la veuve Cavazza, 1794.

Il suivit successivement chacun des chefs d'accusation et chercha à diminuer l'énormité de ses crimes.

Le peuple l'interrompit souvent par des huées et des cris d'indignation.

Assieds-toi, lui criait-on de toutes parts, *nous sommes fixés sur ton compte.*

C'est à grand'peine que les objurgations du président réussirent à maintenir un silence relatif dans cette foule qu'animait un sentiment de suprême vengeance.

Impatienté du bruit et des interruptions, Lacombe, désespéré, criait en vain, s'égosillait, selon l'expression d'un spectateur, pour se faire entendre.

Sa figure était animée, ses yeux lançaient des éclairs, des crispations nerveuses l'agitaient par instants ; il pouvait à peine comprimer les élans de sa nature violente et passionnée.

Profitant d'un intervalle de calme au milieu du bruit incessant, il s'écria en se tournant vers l'auditoire :

— Ce n'est pas pour me soustraire à la mort que je demande le silence, mais pour faire connaître des hommes qui pourraient devenir dangereux...

On l'écouta.

— Si j'ai vécu, citoyens, jusqu'à ce moment, dit-il ; si j'ai supporté l'attente cruelle de la mort, l'attente cruelle de l'ignominie et les remords encore plus déchirants, c'est le désir de vous être utile qui en est cause. J'aurais pu trancher mes jours ; cet instrument que j'ai su cacher (à ces mots il montra un *grand clou*) m'en facilitait les moyens. Je ne l'ai pas voulu ; l'intérêt de ma patrie exige que je démasque des hommes, et j'ai attendu d'être à ce tribunal pour faire mes dénonciations.

Après ces paroles, il jeta le clou, qui tomba sur un spectateur de l'enceinte ; Lacombe lui demanda *tranquillement* pardon.

— J'avais, outre cela, reprit-il, du verre dans ma prison et j'aurais aisément mis en défaut la vigilance de mes gardiens. J'ai donc fait un acte de courage en prolongeant ma vie, plus grand sans doute que celui de me donner la mort; j'ai cru devoir un grand exemple à mes concitoyens; j'ai cru qu'ils seraient satisfaits s'ils me voyaient boire jusqu'à la lie la coupe amère de l'opprobre...

— Tu as eu raison, cria-t-on dans l'auditoire.

— J'ai cru qu'en leur dévoilant quelques-uns de leurs plus dangereux ennemis, ils me tiendraient compte de ce service et que j'emporterais peut-être dans la tombe une portion de leur estime...

— Non, non, non, s'écria l'auditoire indigné.

— Le peuple est toujours juste, dit Lacombe, il ne peut refuser de m'entendre.

De nouveaux cris, longtemps prolongés, couvrirent sa voix.

« Ces interruptions, disent les récits du temps, furent fréquentes, et toujours une sourde rumeur altéra les moments de calme que les juges s'efforçaient d'obtenir. Le peuple ne voyait dans les paroles de l'accusé que perfidie, mauvaise foi, dépit et vengeance. »

C'en était assez, outre le sentiment de répulsion profonde qu'il inspirait, pour indisposer la foule, qui le témoignait par la violence de ses interruptions.

Lacombe put enfin continuer :

— Je suis criminel, dit-il, je me hais moi-même autant qu'on me déteste; je suis loin de vouloir défendre une vie qui m'est odieuse; j'ai mérité la mort, et si mes juges, ce qui est impossible, avaient la lâcheté de ne point ordonner mon supplice, cette main (il éleva sa main droite) punirait mes crimes et le peuple serait vengé...

L'auditoire resta insensible à cette bravade.

— Cependant je dois éclairer mes juges pour que leur

arrêt ne porte que sur les faits qui me concernent; c'est bien assez des fautes que j'ai commises, sans que l'on m'en impute d'autres. Je n'ai nul intérêt à déguiser la vérité; je conviendrai de toutes mes faiblesses...

— Des faiblesses! dis donc des crimes, s'écria l'accusateur public.

— De tous mes crimes, puisque vous le voulez, et je vous en découvrirai même que vous ne connaissez pas. Cette franchise doit vous convaincre que je ne mentirai point lorsque je mettrai sur le compte de mes complices certains faits qu'ils ont mis sur le mien.

Ici, Lacombe se livra à une diatribe violente contre ses complices Rey et Bizat; il avoua sa culpabilité, mais pour les en charger.

— C'est eux, dit-il, qui ont tout machiné, qui ont touché le plus d'argent...

L'accusateur public Derey l'interrompant :

— Je n'entre point, lui fit-il observer, dans le partage des fripons, je ne vois que le crime, et je t'en accuse.

Ces paroles ramenèrent quelques instants Lacombe à la question, mais il ne tarda pas à recommencer ses divagations accusatrices.

A chaque instant, des huées et des cris d'indignation se faisaient entendre.

Lacombe qui, selon les expressions de Bernadau, *était un parleur déterminé et d'une loquacité toute révolutionnaire,* se répandit en déclamations animées, rappelant ses prétendus services et les persécutions auxquelles il avait été en butte de la part de l'aristocratie.

Les membres du tribunal engagent l'accusé à se renfermer dans les faits de la cause; mais leurs conseils sont vains, le peuple murmure, les huées ne tardent pas à recommencer et des cris menaçants se font entendre.

Lacombe se démène sur son banc; il cherche sans succès

à dominer le tumulte, il crie, sa voix s'enroue, la rage et le désespoir se peignent sur sa figure ou éclatent dans ses gestes.

Il accuse le peuple de cruauté : si on refuse de l'entendre, il invite ses juges à le livrer sur-le-champ à l'exécuteur.

Le tumulte redouble à ces mots :

— Eh bien! s'écria tout à coup Lacombe en se tournant vers le peuple, qu'on me livre à votre rage, et baignez-vous dans mon sang...

Le président Lataste rappelle vivement l'accusé au respect qu'il doit au peuple.

— J'ai tort, dit hypocritement Lacombe; je sais que le peuple est respectable même alors qu'il s'égare...

Puis changeant alors de note, il chercha à faire vibrer la corde de l'émotion.

— Au nom de ce qu'il se doit à lui-même, que le peuple n'imite pas l'injustice, quelque part qu'il la voie. Quand je serais le plus horrible des monstres qui jamais eût paru sur la terre, quand j'aurais trempé mes mains dans le sang de la Liberté même, le peuple doit me protéger et m'entendre : ce n'est plus Lacombe qui lui parle, c'est un accusé digne encore de pitié...

— Non, non, exclama l'auditoire.

Et le tumulte renaissait à chaque instant et grandissait avec les émotions et les impatientes ardeurs de la foule. Le président seul parvenait, au nom de la loi, à ramener un peu de calme.

Lacombe alors se lançait dans des divagations étrangères au procès, et la longueur et l'inutilité de ses paroles fatiguaient le peuple, qui attendait toujours la *dénonciation promise des grands coupables*. Son texte préféré était une perpétuelle accusation contre Rey et Bizat, qu'il signalait comme des scélérats et des fripons.

— D'ailleurs, dit-il à un moment, si j'avais suivi les

ordres des représentants, j'aurais fait périr le double de victimes, et beaucoup de ceux qui m'écoutent n'existeraient plus. Oui, je suis moins coupable que les représentants...

— Prends garde, dit l'accusateur public en l'interrompant, prends garde d'aggraver ta cause en faisant des dénonciations tendant à avilir la représentation nationale.

Lacombe se tut et ne revint plus à cet ordre d'idées; il reprit son thème contre Rey et Bizat, qu'il considérait comme les principaux artisans de sa perte.

Invité à se résumer, il chercha à disculper son frère et sa femme.

— Mon frère n'a participé en rien à mes crimes; il n'est coupable que d'un trop grand attachement pour moi puisqu'il n'a fait que cacher sous les toits un argent dont je m'étais dit et dont il me croyait seulement le dépositaire. Le seul tort de mon frère, en réalité, est de n'avoir pas eu le courage de me dénoncer. Quant à ma femme, si malheureuse et si éprouvée en ce moment, elle n'a pas été initiée dans le secret de mes crimes. Souvent elle versait des larmes sur moi, et elle ne passait jamais sur la place Nationale sans frémir : elle savait que le fer des lois attendait son infortuné mari.

Le peuple ne se laissa pas attendrir par cette affectation de sensibilité.

Après s'être plaint avec vivacité des humiliations qu'on lui avait fait éprouver dans le trajet de la prison au tribunal, Lacombe *versa des larmes sur la plus sensible de toutes.*

— Un soldat qui m'escortait, dit-il, a poussé la cruauté jusqu'à m'arracher la cocarde que je portais... (1).

---

(1) Lacombe se trompe ici; ce n'était pas un soldat de l'escorte, mais un jeune homme sorti de la foule et qui arriva jusqu'à lui en passant sous le ventre des chevaux de la cavalerie. *C'est ce que nous a raconté un témoin oculaire.* Il était permis à Lacombe, au milieu des émotions terribles dont il était assailli à ce moment, de n'avoir pas une perception exacte et fidèle des événements. Au fond, le fait était vrai.

L'effet qu'il attendait de ces paroles fut manqué ; un immense éclat de rire, en effet, les accueillit, et l'on entendit de toutes parts des cris de dérision.

Le président réclama sévèrement le silence, et s'adressant à Lacombe :

— Si le tribunal te jugeait innocent, lui dit-il, il aurait trop de plaisir à t'en donner une autre; dans le cas contraire, elle te devient parfaitement inutile.

Lacombe n'eut rien à objecter à cette observation : il termina enfin sa défense en demandant que sa femme, qui était alors dans un état de grossesse assez avancée, ignorât le sort de son mari et que le tribunal voulût bien permettre qu'on lui envoyât tous les jours un des billets dont il avait chargé un de ses amis. « J'en ai préparé une trentaine, dit-il, à des dates différentes. »

Le tribunal, après un court délibéré, renvoya cette demande, ainsi que celle qu'il avait faite relativement à la publication de son testament politique [1], au Comité de surveillance pour statuer ce que de droit.

Au moment même où Lacombe retombe sur son banc visiblement ému et fatigué de ces longs débats, l'accusateur public Derey se lève et requiert le tribunal d'en venir aux opinions.

Un profond silence s'établit, et la foule attend avec une anxiété curieuse et cruelle à la fois.

Chacun des juges, opinant à haute voix, laisse tomber de ses lèvres, au milieu du silence général, ces mots décisifs : *la mort!*

« La Commission militaire, dit le président Lataste,
» Convaincue que Jean-Baptiste Lacombe, ci-devant
» instituteur, ex-président de l'ancienne Commission mili-
» taire, s'est rendu coupable d'exaction, de concussion, de

---

[1] Nous n'avons pu jusqu'à ce jour retrouver ce document.

» prévarications, de la plus odieuse corruption des mœurs
» et de l'esprit public, le déclare traître à la patrie, ennemi
» du peuple; en conséquence, le condamne à la peine de
» mort, conformément à la loi du 27 mars 1793...;

» Ordonne que le présent jugement sera à l'instant exécuté
» sur la place Nationale, imprimé et affiché partout où
» besoin sera; déclare tous les biens dudit Lacombe
» acquis et confisqués au profit de la République [1]. »

Les dernières paroles du président se perdent au milieu d'une acclamation immense où dominent les cris de *Vive la République! Vive la Convention!* Tous les visages respirent la satisfaction de la vengeance, et les chapeaux sont agités en signe de joie.

Lacombe, qui a repris son arrogance, se lève, et agitant son chapeau comme les assistants, il pousse aussi le cri de *Vive la République!*

La foule, indifférente à cette forfanterie, se précipite vers les issues pour quitter la salle et se rendre sur la place Nationale, où l'exécution devait avoir lieu. La confusion est inexprimable, mais la masse du peuple s'écoule peu à peu. La gendarmerie emmène Lacombe. Un chariot l'attendait; il refusa d'y monter. On lui fit remarquer que s'il était conduit à pied au lieu du supplice, on n'était pas sûr de l'arracher à la fureur du peuple. Cette observation vainquit sa répugnance : on le vit alors monter dans le chariot; il s'assit sur une planche, et l'exécuteur des arrêts criminels prit place derrière lui.

Une partie de la garde nationale et de la gendarmerie protégeait le cortége, qui se dirigea vers la place Nationale en passant par le cours Messidor (cours d'Albret) et la rue Dauphine.

Partout sur son passage, les fenêtres étaient remplies de

---

[1] Ce jugement est signé : Lataste, *président*, Frigière, Seguy, Azévédo et Clochard, *membres*, et Sicard, *secrétaire-greffier*.

spectateurs, et la circulation dans les rues était devenue impossible.

Des vociférations se faisaient entendre de toutes parts.

Lacombe était pâle, mais son regard restait hardi et son attitude conservait encore une sorte d'arrogance.

Un peuple immense attendait sur la place Nationale l'arrivée du condamné. Les fenêtres et les toits de toutes les maisons regorgeaient, comme à la place du Palais le matin, d'une foule avide de vengeance et dont les imprécations ne cessaient de retentir.

Des mesures de sûreté avaient été prises par les autorités. L'échafaud était entouré d'un cordon de troupes sur trois rangs; une musique militaire jouait des airs patriotiques, « et » cadrait parfaitement, dit un contemporain, avec la gaîté » qu'inspire naturellement au peuple la mort de ses ennemis; » chacun eût voulu y participer en quelque chose; jamais » fête ne fut plus belle pour les habitants de Bordeaux ! »

Mais un grand bruit se fait entendre; c'est l'acclamation du peuple au passage du cortége : *Voilà le scélérat ! le voilà !*

Le chariot se montre au débouché de la rue Dauphine : il est suivi, entouré, escorté d'une foule poussant des cris furieux, et que la gendarmerie contient à grand'peine. Les rangs s'ouvrent et le cortége arrive bientôt aux pieds de l'échafaud.

Lacombe, dont la crainte fut toujours d'être livré à la juste indignation du peuple, descend du chariot, monte ou plutôt s'élance sur l'échafaud avec la précipitation du désespoir, et, se livrant au bourreau, il voulut se mettre immédiatement *sur la planche*. Mais le peuple demanda à le voir et l'exécuteur Baptiste Peyrussan lui fit faire alors le tour de l'échafaud.

« Le spectateur attentif a peine à le suivre dans ses mouvements. » Le silence se fait, ce silence solennel qui précède toujours la mort d'un homme, quelque coupable qu'il soit; le couteau glisse dans les rainures, un bruit sourd retentit : Lacombe n'existe plus!...

Il était environ six heures du soir.

Une immense acclamation succéda à cet acte de la justice populaire.

L'exécuteur et ses aides montrèrent au peuple la tête et le corps du supplicié.

Cette exhibition fut accueillie par des applaudissements enthousiastes et aux cris mille fois répétés de *Vive la République! Mort aux tyrans!...*

A ce moment et au milieu des démonstrations bruyantes de la joie publique, quelques artisans de désordre, forçant les rangs de la troupe, se précipitèrent et enlevèrent le corps et la tête de Lacombe, avant que les exécuteurs eussent eu le temps de s'opposer à cet acte d'inqualifiable violence.

Le corps fut traîné par les rues; des hommes féroces et des mégères hideuses *mutilèrent* odieusement les restes inanimés de l'ancien président.

Sa tête fut placée au bout d'une pique et promenée au travers des rues de la ville *par des hommes un instant égarés,* dit une brochure publiée peu de jours après ces événements.

L'ordre du général et l'intervention du maire accouru sur les lieux où s'accomplissaient ces abominables représailles, mirent un terme à des excès qui peuvent à peine trouver une excuse dans le sentiment d'une vengeance aveugle et dans l'horreur qu'inspirait l'énormité des crimes de Lacombe.

Le groupe qui s'était emparé de la tête se dirigea, suivi par une grande foule de peuple, vers le cours de l'Intendance, descendit le cours du Chapeau-Rouge, passa devant le Château-Trompette et suivit la ligne des quais en chantant des couplets patriotiques et en remplissant l'air des cris : *Mort aux tyrans! Vive la République!*

Lorsque ces énergumènes furent arrivés au chemin de Lagrange, ils s'arrêtèrent quelques instants et organisèrent des danses autour de la tête de Lacombe. Des citoyens inconnus intervinrent alors et demandèrent la permission d'envelopper cette tête dans une serviette. On la leur accorda et les danses continuèrent; puis, le jour baissa peu à peu, l'obscurité s'étendit sur la campagne, et saisis d'une sorte d'effroi par le silence et les ombres de la nuit, les auteurs de ces ignobles scènes se dispersèrent et rentrèrent cacher dans les cabarets de bas étage de la ville les fureurs assouvies de leur vengeance inexcusable. On ne put ou on ne voulut pas les découvrir.

Quant à la tête de Lacombe, elle disparut, et on ignore ce qu'elle a pu devenir.

Ainsi finit cet homme qui s'était élevé à la faveur des discordes civiles et qu'une réaction politique jeta en pâture à l'échafaud. Sa mort fut comme une expiation donnée au peuple pour les souffrances, les misères et les décimations qu'il avait éprouvées depuis près d'un an [1].

Mayeur, acteur du théâtre de la Montagne et auteur de vaudevilles et de comédies aujourd'hui oubliés, — composa sur la mort du président Lacombe des couplets intitulés :

---

[1] Est mort aincy qu'il et établi au verbal du citoyen Sicard, secrétaire greffier de la Commission militaire especiale établie en datte de ce jour, Jean-Baptiste Lacombe, âgé d'environ 35 ans, natif de Toulouze et domicillié à Bordeaux, si devant instituteur, ex-président de la si devant commission militaire. A Bordeaux le 27 thermidor l'an deux républicain. Signé : G^{me} BARSAC, *officier public*. (Mairie de Bordeaux, Archives de l'état civil.)

Notre excellent et vénérable ami, M. Marchandon, nous a communiqué un portrait gravé du président Lacombe. L'inscription manuscrite suivante était écrite au bas de ce portrait :

> En me voyant, frémis et recule d'horreur;
> De Plutus j'eus la soif, du tigre la fureur;
> La balance en mes mains, au gré de mon caprice,
> Penchait pour l'or, le sang, — jamais pour la justice.

Le Crime découvert. Ils furent chantés avec un grand succès sur l'air *Mourir pour la patrie.* Mayeur les fit imprimer et en vendit de nombreux exemplaires.

Voici ces couplets; c'est de la littérature de complainte et ils n'ont d'autre mérite à nos yeux que celui d'une actualité reflétant les sentiments de l'opinion à cette époque :

I.

Un monstre, en horreur à jamais,
Régnait sur cette ville entière,
Par de trop coupables succès.
Mais expiant de tels excès,
De cet intrigant mercenaire
La tête, en payant ses forfaits,
    Sous le tranchant civique, *(bis)*
Fera dire, en tombant, Vive la République!

II

Lacombe, ce cruel tyran,
Que l'enfer vomit dans sa rage,
Aimait à s'abreuver de sang.
Devant lui le plus innocent
Tremblait d'effroi, perdait courage;
Mais l'anthropophage, en riant,
    Prononçait sa sentence : *(bis)*
Rendre un arrêt de mort était sa jouissance.

III

Sous le masque faux et trompeur
D'un civisme fait pour séduire,
Il cachait un perfide cœur;
Mauvais père, ami corrupteur,
Du vice il employait l'empire
Pour triompher de la pudeur.
    D'une femme interdite *(bis)*
Il condamnait l'époux, après l'avoir séduite.

IV

En sachant jouer la vertu
Qui n'entra jamais dans son âme,

Par l'intrigue il est parvenu ;
Mais bientôt on a reconnu
Le fil d'une cruelle trame
Dont le cœur d'horreur est ému :
Pour punir tant de vices *(bis)*
Il faudrait inventer mille nouveaux supplices.

V

O vous ! car il en est encor,
Ames vénales et perfides,
Dont la soif avide de l'or
Vous fait prendre un coupable essor ;
Vous, vils enfants des *Euménides,*
Frémissez d'un si cruel sort,
Les vertus sont si belles ! *(bis)*
Marchez dans leurs sentiers et soyez purs comme elles [1].

Vers la fin de l'année 1794, Alexandre Romanelli publia une brochure intitulée : *Lacombe aux enfers ou le Jugement de Pluton* [2] ; elle renferme, au milieu de beaucoup de longueurs ayant des prétentions philosophiques, des pages qui ne sont pas sans intérêt. Nous croyons pouvoir citer les suivantes :

« Lacombe, président d'une commission assassine établie à Bordeaux, fier de son pouvoir, secondé par des lois féroces, épouvantables, fit de son tribunal un coupe-gorge affreux où souvent l'honnête homme ne pouvait sauver sa vie qu'en perdant son portefeuille. Lacombe... fut l'instrument docile de la haine, de l'ambition, de la vengeance et du despotisme. Regardant la liberté de ses concitoyens comme sa propriété, il égorgeait la nation au nom de la nation même. Jaloux de montrer son activité, il écoutait les délations sans les approfondir. Il condamnait, sans

---

[1] A Bordeaux, chez Moreau, imprimeur, 1794. Bibliothèque de Bordeaux, n° 26005 A².
[2] A Bordeaux, chez Silva Lafforest, l'an III de la Liberté, 35 p. in-8°.

se mettre en peine de l'immoralité du dénonciateur et sans avoir égard aux qualités du dénoncé. Pour perdre un homme de bien, il soudoyait même des accusateurs. S'il écoutait la justification d'un citoyen irréprochable, c'était avec un froid laconisme, et l'envoyait à la mort sans être touché ni par son innocence, ni par les larmes et la ruine d'une famille entière. Pénétrant volontiers dans les cachots, il n'y fut jamais saisi d'une secrète horreur à la vue de l'innocence persécutée et malheureuse. Après avoir insulté à la vertu dans ces demeures infortunées, il l'environnait d'espions qui inscrivaient sur le livre de mort les accents de la douleur et les cris du désespoir. Du haut de sa chaise curule, il interrogeait ses victimes avec hauteur; il mêlait à ses discours l'ironie, l'adresse et la menace. Satisfait de les voir environnées de bourreaux, il levait sur elles un front sinistre dont la pitié n'adoucissait jamais l'affreux caractère. Par ses questions insidieuses, il voulait arracher des aveux que la vérité éloignait des infortunés. Il aimait à voir le visage expirant de ses victimes. Il voulait connaître leurs dernières paroles, et la manière avec laquelle elles avaient marché à l'échafaud. Barbare, fripon, voleur, dilapidateur, féroce, il prenait d'une main et égorgeait de l'autre. Combien n'a-t-il pas égorgé de familles après les avoir ruinées!... Combien n'a-t-il pas fait de trompeuses promesses!... Combien n'a-t-il pas versé de sang qu'il avait promis d'épargner!... Éloignons de nous ces cruels ressouvenirs... Dans les derniers jours de sa puissance, il avait tellement accru de férocité, il avait tellement pris du goût pour le sang, qu'il envoyait d'innocentes victimes à l'échafaud sans presque les interroger, sans vouloir les entendre. Son âme était tellement pétrie pour le crime, qu'au milieu de ses horribles forfaits il ne perdait rien de sa gaîté, il riait, il dansait, il jouait. Sans cesse dans des banquets somptueux, il recherchait tous les plaisirs, et s'endormait enfin dans les bras de quelques odieuses messalines (1). »

Le grand Ferrère plaidant, en 1795, contre la nièce de Lacombe, s'écriait : « Jeanne Tautin a pris par choix, et pour aider à sa scélératesse lucrative, ce nom qui signale le brigand le plus forcené dont l'existence ait déshonoré l'humanité, ce nom dont l'articulation pénible ressemble au gémissement de la mort : c'est Lacombe qu'on l'appelait (2). »

On voit par ces quelques citations l'impression d'horreur laissée dans l'opinion publique par le souvenir du président Lacombe et de ses forfaits, impression qui se conserva longtemps parmi les habitants de la ville de Bordeaux.

Le 15 août au matin, on afficha sur tous les murs de la ville l'arrêté suivant d'Ysabeau :

« Le Représentant du peuple délégué par la Convention nationale dans les départements du Bec-d'Ambès et de Lot-et-Garonne, en séance à Bordeaux,

» Voulant soustraire à la vue des citoyens l'instrument du supplice qui, par sa permanence, semble les menacer tous ; tandis que sous un régime juste et humain, il n'est destiné qu'à frapper les *conspirateurs,* les *traîtres* et les *concussionnaires,*

» ARRÊTE que l'instrument du supplice, dressé sur la place Nationale, sera sur-le-champ enlevé par l'exécuteur, et déposé par lui dans un lieu convenable, sous sa responsabilité, et qu'à l'avenir il ne sera dressé qu'au moment où la punition de quelque coupable l'exigera, pour être soustrait aussitôt après l'exécution.

» Fait en séance, à Bordeaux, le 27 thermidor, l'an II de la République française une et indivisible.

» Signé : C.-Alex. YSABEAU. »

L'ordre du représentant avait été exécuté dans la nuit, et le 15 août au matin, la place Dauphine apparut débarrassée

---

(1) Nous devons la communication de la brochure de Romanelli à l'obligeance de notre excellent ami M. P.-A. Clouzet aîné. Qu'il reçoive ici l'expression de notre gratitude. Il y a peu de littérateurs bordelais qui n'aient puisé dans sa riche collection et qui ne lui doivent un légitime tribut de reconnaissance.

(2) Chauvot, *Le Barreau de Bordeaux.*

enfin du sanglant instrument que par euphémisme on appelle aujourd'hui *les bois de justice.*

La guillotine était restée en *permanence,* à Bordeaux, au milieu de la place publique, *depuis le 23 octobre 1793, jusqu'au 14 août 1794,* c'est-à-dire pendant près de dix mois!

Il faut remonter bien loin dans le passé pour trouver d'aussi terribles spectacles et pour chercher des aïeux à cette race d'hommes, au cœur impitoyable, dont nous avons raconté les excès.

Et pourtant, nous devons le dire, dût-on nous taxer d'un optimisme que nous ne croyons pas mériter, Bordeaux fut épargné.

Grâce à la modération, très relative à coup sûr, du représentant Ysabeau, notre malheureuse ville, si coupable aux yeux de la Convention, échappa au sort déplorable qui atteignit Lyon, aux massacres épouvantables qui ensanglantèrent Nantes, aux incendies qui détruisirent Bédouin, aux hécatombes effroyables dont des cités nombreuses présentent le désolant tableau.

Que serait-il advenu, en effet, si Carrier, Saint-Just, Couthon ou Collot d'Herbois avaient été envoyés en mission à Bordeaux? Le sang généreux des citoyens eût été plus largement répandu; il ne serait peut-être pas resté pierre sur pierre de l'antique *Burdigala.* Des ruines et le nom de *Commune Franklin,* qui fut alors proposé par les sans-culottes, auraient seuls rappelé la bonne ville qui, paisible et tranquille de nos jours, baigne ses pieds dans les ondes de la *jaune* Garonne, comme l'avait qualifiée au ive siècle notre illustre compatriote Ausone.

Sans doute la Providence ne l'a pas voulu!

CHAPITRE II

LES COMPLICES DE LACOMBE.

Procédure contre les complices de Lacombe. — Ses lenteurs. — La population réclame. — L'accusateur public Derey fournit des explications au Club national. — Les accusés sont traduits devant la Commission militaire. — Rey, Bizat, la femme Lacombe, Lacombe aîné et Ducasse. — Débats d'audience. — Jugement. — Réaction thermidorienne. — Ysabeau est en butte aux calomnies. — La guillotine à quatre tranchants. — Le peuple la livre aux flammes. — Le *Livre rouge*. — Historique de ce pamphlet. — Poursuites contre ses auteurs. — Ils sont acquittés. — Amnistie générale.

Nous aurions considéré notre œuvre comme terminée si nous n'avions à faire connaître le châtiment qui frappa les complices du président Lacombe, et si nous ne tenions à nous expliquer sur deux faits qui ne sont pas sans importance et qui ont souvent ému l'opinion.

Nous voulons parler de la *guillotine à quatre tranchants* et du *Livre rouge*.

En ce qui concerne les complices de Lacombe, la procédure instruite contre eux fut longue et laborieuse; peut-être aurait-on désiré dans certaines régions se contenter de la mort de l'ancien président et la considérer comme un holocauste suffisant aux mânes des victimes immolées pendant la Terreur. La voix d'une partie de la population se fit bientôt entendre, et l'inaction des autorités devint l'objet des critiques les plus vives.

Elles atteignirent des proportions telles que l'accusateur public Derey crut devoir y mettre un terme en faisant des communications sur ce sujet au Club national. Le 22 octobre au soir, il monta à la tribune de cette assemblée, et après avoir rappelé que *depuis longtemps le peuple attendait avec une juste impatience le jugement des complices du scélérat Lacombe,* il ajouta : « Eh bien ! cette impatience sera satisfaite; demain ils paraîtront au tribunal; ils seront interrogés et jugés le lendemain. »

Cette déclaration fut accueillie avec faveur.

Les 23 et 24 octobre, l'affaire fut appelée et jugée; mais faut-il le dire, le peuple, qui avait épuisé toutes ses colères sur Lacombe, se montra indifférent au jugement de ses complices.

Lataste, Frigière, Seguy, Azévédo et Clochard siégeaient en qualité de juges; Sicard tenait la plume comme greffier.

Les scènes qui avaient marqué les débats du procès de Lacombe ne se renouvelèrent pas dans cette circonstance : le sentiment du mépris avait remplacé celui de la vengeance.

L'audience du 23 octobre fut consacrée tout entière à la lecture des pièces de la procédure.

Les accusés étaient au nombre de cinq :

C'étaient : 1° *Rey* (Jean), boulanger, âgé de quarante ans, né à Montauban (Tarn-et-Garonne);

2° *Bizat* (Pierre), ancien avoué, âgé de quarante et un ans, natif de Villegouge (Gironde);

3° *Lagarde* (Jeanne femme Lacombe), sans profession, âgée de trente-quatre ans, native de Bauzel;

4° *Lacombe* aîné (Jean-Marie-Henri), ouvrier en plumes, âgé de 37 ans, né à Toulouse (Haute-Garonne);

5° *Ducasse* (Jean-Jacques), instituteur, âgé de trente et un ans, né à Sarrancolin (Hautes-Pyrénées).

Tous les faits que nous avons indiqués lors du procès de Lacombe furent exposés de nouveau.

La part de chacun des accusés dans les concussions et les prévarications de l'ex-président fut établie aussi clairement que possible, malgré les récriminations et les contradictions réciproques de Rey et de Bizat.

Jeanne Lagarde reconnut qu'elle avait reçu des présents

considérables; elle avoua toutes les imputations dont elle était l'objet.

Lacombe aîné avait aidé son frère à cacher l'argent extorqué aux malheureux qui avaient essayé de racheter leur vie; il ne put s'en défendre, tout en cherchant à se justifier.

Quant à Ducasse, il se trouva fourvoyé par une circonstance toute fortuite dans ce quatuor de misérables : il avait servi d'intermédiaire à Castarède pour traiter de sa rançon avec Lacombe lui-même, qui réclama 140,000 livres; mais sa participation à ce seul acte relevé contre lui n'avait aucun caractère criminel : il était l'instituteur des enfants Castarède, et c'est par affection pour lui qu'il avait accepté d'intervenir afin de sauver le père de ses élèves.

Derey donna lecture de son acte d'accusation et renonça à toute réquisition contre Ducasse.

Les accusés présentèrent ensuite leur défense.

Elle fut écoutée avec une patiente impartialité, dit M. l'abbé O'Reilly.

Rey essaya de jouer le rôle d'un niais que Lacombe aurait séduit et qu'il aurait ainsi entraîné au crime; il supplia le tribunal de ne pas le considérer comme un contre-révolutionnaire, protesta de ses sentiments patriotiques et demanda son acquittement.

Bizat parla avec une rare effronterie et chargea Rey de toute la responsabilité des crimes qui leur étaient reprochés.

Rey s'éleva contre les paroles de son co-accusé, le taxa de perfidie et opposa les dénégations les plus véhementes et les plus positives.

Jeanne Lagarde fut défendue par Loustau-Lamothe avec un talent qui aurait mérité une meilleure cause.

Lacombe aîné ne chercha pas à démontrer son innocence; il se borna à témoigner la douleur que la conduite de son frère lui avait causée; il affirma qu'il lui avait souvent donné des conseils et que ses larmes avaient été vaines pour l'arrêter dans la voie fatale où il devait compromettre toute sa famille.

Ducasse voulut fournir des explications, mais le tribunal les jugea inutiles.

Derey, après la clôture des débats, requit les juges de formuler à haute voix leur opinion.

Cette formalité remplie, le président Lataste prononça le jugement :

Rey fut condamné à mort et ses biens confisqués.

Bizat, Jeanne Lagarde femme Lacombe, et Lacombe aîné furent condamnés chacun à vingt ans de fers et à l'exposition.

Ducasse fut acquitté et mis immédiatement en liberté.

Aussitôt après le prononcé du jugement, Rey se leva, et quittant le rôle d'imbécile qu'il avait joué jusqu'à ce moment, il parla avec une sorte d'éloquence : « Je vais paraître devant Dieu, s'écria-t-il; c'est le moment de dire la vérité. Je la dois à mes juges, je la dois au peuple et je la dois à ma conscience. Je le déclare donc devant le peuple et devant l'Être Suprême, trop offensé par moi : c'est Bizat qui fut mon instigateur et celui de Lacombe même; c'est Bizat qui nous séduisit l'un et l'autre par l'appât des richesses; c'est Bizat qui nous a perdus tous deux! » Il entra dans quelques détails sur les sommes que Bizat s'était attribuées, puis il demanda pardon au peuple de ses crimes et ne fit aucune récrimination contre la peine qui le frappait.

L'audience fut levée sans autre incident, et au milieu de l'indifférence complète du peuple[1].

La réaction thermidorienne continua cependant durant

---

(1) Nous devons à M. Gaullieur, archiviste de la ville de Bordeaux, la communication d'une brochure devenue très rare, contenant le jugement rendu contre les complices de Lacombe. Qu'il reçoive ici l'expression de nos sincères remercîments.

près d'une année encore, et c'est dans les séances du Club national qu'il faut en suivre les stériles agitations. Ysabeau y éprouva des mécomptes cruels [1]. Ces agitations durèrent jusqu'au jour où les représentants Paganel, Boussion et Blutel, réunis en commission à Bordeaux, ordonnèrent, par mesure d'ordre public, la fermeture du *doyen des clubs de France,* comme on le fit remarquer alors.

Le 2 juillet 1794 (3 thermidor an II), au moment où la Terreur était arrivée à son apogée à Bordeaux et où il tombait jusqu'à treize têtes par jour, une invention infernale et caractéristique de ces temps de folie politique où le mépris de la vie avait été érigé en principe, fut proposée à Lacombe. Il en approuva l'idée et confia à son collègue Lacroix fils, membre de la Commission militaire, le soin d'en assurer l'exécution.

Il s'agissait d'une *guillotine à quatre tranchants.*

L'instrument du supplice ne répondait pas aux besoins d'extermination qui étaient à l'ordre du jour. Il fallait mieux et plus. Rey, cordonnier, reçut le 3 thermidor an II une autorisation signée Lacroix fils et contre-signée Chandru, greffier, pour faire construire, de concert avec la municipalité, la *guillotine monumentale* qui avait obtenu l'adhésion de Lacombe.

Les événements devancèrent l'application de ce mode expéditif de destruction, et le silence se fit autour de l'invention nouvelle.

Le secret toutefois ne fut pas bien gardé; car, le 3 pluviôse an III (22 janvier 1795), le citoyen Bois, commissaire national, se présenta au Comité de surveillance et déclara « verbalement qu'il était instruit que, vers fructidor dernier,

---

[1] *Appendice,* note XXVI.

» on avait construit à Bordeaux une guillotine à quatre
» tranchants; que cette construction, contraire à toutes les
» lois même révolutionnaires et bravant celles de la justice et
» de l'humanité (si elle a existé), doit être connue, et qu'elle
» existe, en effet, chez Lanaspèse, derrière le jeu de paume. »

« Le Comité, étonné qu'une mesure aussi extraordinaire tenant même à la barbarie eût été dans Bordeaux, nomme à l'instant deux commissaires pour se transporter sur les lieux, visiter l'endroit où l'on assure qu'est encore cette guillotine, et en faire leur rapport au Comité séance tenante.

» Une heure après leur départ, les citoyens Courtez et Vinatié, commissaires, se rendent au Comité et annoncent s'être transportés dans le magasin du citoyen Fadville, rue Constantin, n° 15; les clés du magasin étaient chez le citoyen Lasmartre, même rue, n° 27. Après s'être fait ouvrir ledit magasin, et à leur grand étonnement, ils ont vu en effet un échafaud très considérable pour servir à une guillotine et tenant la circonférence d'une grande salle; à cet échafaud sont deux grandes portes en forme de portes de grange et cinq à six portes sur les côtés, plus un grand escalier de treize à quatorze marches; sur ledit échafaud est une trappe qui paraît faite pour recevoir les cadavres, et un trou pour que les têtes disparaissent. Cet échafaud est peint en rouge, et l'on a reconnu que les deux principales portes sont faites de manière à faciliter l'entrée du chariot qui doit emporter le coffre rempli de têtes et de cadavres.

» Ils ont demandé quel avait été le charpentier qui avait construit cet échafaud et le marchand qui avait fourni le bois. On leur a répondu que c'était le citoyen Burguet, charpentier, qui l'avait construit, et le citoyen Fadville qui avait été le marchand de bois.

» Ledit citoyen Lasmartre et la citoyenne Fadville ont de plus déclaré auxdits commissaires que la façon de cet instrument avait été payée d'après le visa de Clochard, notable ou officier municipal, et que le marchand de bois avait aussi fait viser son compte par ledit citoyen Clochard; mais qu'il n'avait pas été payé, et que ce compte avait depuis été rapporté au district, où il est maintenant.

» D'après ces différents renseignements, le Comité, voulant avoir de plus amples éclaircissements, envoie chercher pour demain onze heures le citoyen Burguet jeune, charpentier, rue Traversière, n° 18, se réservant, d'après son interrogatoire, de prendre des renseignements ultérieurs, soit auprès de Clochard, soit auprès du marchand de bois, soit auprès de tous autres [1]. »

Nous allons transcrire sur le registre même du Comité de surveillance les diverses phases de l'information à laquelle il procéda à l'occasion de cette monstrueuse affaire.

Le 4 pluviôse an III (23 janvier 1795), « on procède à l'interrogatoire de Burguet jeune, charpentier, constructeur d'un échafaudage considérable propre à recevoir une guillotine, d'après lequel ledit Burguet est renvoyé chez lui et promet d'autres renseignements qu'il cherchera à se procurer, et sauf les mesures à prendre par le Comité [2]. »

Le même jour, « on écrit aux citoyens Rey, Clochard, Meunier, Jayet, Béchade et Quentin, pour les inviter à venir demain à onze heures au Comité [3]. »

Le 24 janvier, « Meunier, peintre, rue Notre-Dame, se présente au Comité et y donne quelques renseignements sur l'échafaud destiné à une guillotine, construit dans le magasin de Fadville [4]. »

Le 25 janvier, « on procède à l'interrogatoire des citoyens Jayet fils, Sarrazin, serruriers, Péchade et Clochard, architectes, ce dernier employé au bureau des travaux publics de la commune, et ce relativement à un échafaudage immense pour la guillotine [5]. »

(1-2-3-4-5) Registre D, Comité de surveillance (Archives de la Gironde).

Le 3 février 1795, « on procède à l'interrogatoire de Rey, cordonnier, rue de la Justice, n° 14, relativement aux travaux qu'il a faits à une guillotine, d'après quoi et la remise qu'il fait de l'ordre qu'il a reçu à cet égard, il est renvoyé chez lui (1). »

Le 8 mars 1795 (18 ventôse an III), « on délibère de signer *ne varietur* les différentes pièces concernant la construction d'un échafaudage de guillotine; Reine et Courtez sont chargés de ce soin (2). »

Au courant de la séance du même jour, « les citoyens Reine et Ségur déposent sur le bureau 23 pièces relatives à l'échafaudage de guillotine, lesquelles ils ont signées *ne varietur,* conformément à la délibération, savoir :

» 1° Autorisation de la Commission militaire en date du 3 thermidor an II (2 juillet 1794), signé Lacroix fils, membre de la Commission, et par la Commission, Chandru, greffier, donnée au citoyen Rey, cordonnier; au bas de ladite pièce est un renvoi au bureau des travaux publics de la commune, en date du 8 du même mois, signé Pierre Thomas, maire;

» 2° Interrogatoire du citoyen Rey, cordonnier, en date du 15 pluviôse, 3e année, relatif à l'échafaud;

» 3° Interrogatoire du citoyen Burguet jeune, charpentier, en date du 4 pluviôse, 3e année, concernant l'échafaud;

» 4° Interrogatoire du citoyen Baptiste Péchade, architecte de la commune, en date du 6 pluviôse, 3e année, concernant le même objet;

» 5° Interrogatoire des citoyens Jayet fils et Sarrazin, tous deux associés et serruriers, en date du 6 pluviôse, 3e année, relativement au même objet;

» 6° Interrogatoire du citoyen Jean-Jacques Mesnier,

(1-2) Registre D, Comité de surveillance (Archives de la Gironde).

peintre, en date du 5 pluviôse, 3ᵉ année, concernant le même objet;

» 7° Interrogatoire du citoyen Clochard, architecte et notable de la commune, en date du 6 pluviôse, 3ᵉ année, concernant le même objet;

» 8° Plan de l'échafaud;

» 9° Autre plan de l'échafaud;

» 10° Billet de Burguet, charpentier, remis par celui-ci au citoyen Jayet fils, serrurier, et que ce dernier a signé *ne varietur;*

» 11° Un état de ce que coûte l'échafaud;

» 12° Un bon du citoyen Quentin, notable, pour le bois nécessaire audit échafaud, en date du 14 thermidor an II;

» 13° à 22° Dix pièces qui n'ont pas de rapport à l'échafaud;

» 23° Rapport des citoyens Vinatié et Courtez, commissaires nommés par le Comité, concernant ledit échafaud, en date du 3 pluviôse, 3ᵉ année (1). »

Telles sont les indications que nous avons rencontrées sur la *guillotine à quatre tranchants.* Nous ne désespérons pas de trouver le dossier de cette affaire, et nous compléterons plus tard, s'il y a lieu, les documents qui précèdent.

Nous ajouterons seulement qu'à une époque que nous ne saurions préciser, le peuple vint en foule, poussé par la colère et l'indignation, s'emparer de cette guillotine, qu'il en entassa pêle-mêle les diverses pièces afin d'en faire un auto-da-fé, et que le jeune Grangeneuve, fils aîné du conventionnel, conduit par quelques citoyens, vint y mettre le feu. Les flammes eurent bientôt dévoré ce cruel témoignage de la barbarie et de la cruauté des modernes Catilinas.

L'inventeur et les fabricateurs de cet instrument de

---

(1) Registre D, Comité de surveillance (Archives de la Gironde).

supplice échappèrent, dit-on, par la fuite aux représailles populaires [1].

Il nous reste à parler maintenant du *Livre rouge*.

Nous extrayons d'un rapport du Commissaire général de police Pierre Pierre le paragraphe suivant :

« Le 18 brumaire avait renversé les factions; les principes
» libéraux et conciliateurs du gouvernement consulaire
» avaient calmé toutes les passions haineuses, et depuis
» deux ans les partis n'existaient plus à Bordeaux. »

Un fait grave faillit compromettre cette situation.

En voici les détails :

Vers le milieu de mois de juillet 1802, M. Partarrieu, juge au tribunal criminel du département de la Gironde, s'était rendu rue Porte-Dijeaux, à l'hôtel de la Providence tenu par Brunet, pour y faire visite à l'un de ses amis, grand juge de la Guadeloupe, de passage à Bordeaux.

Brunet profita de cette visite pour demander un conseil à M. Partarrieu : il lui communiqua une lettre anonyme qu'il venait de recevoir et par laquelle on l'informait que son nom était inscrit dans une liste de proscription qu'on imprimait et qui devait être bientôt livrée à la publicité. On l'engageait à prendre des dispositions pour éviter le désagrément d'une pareille inscription *et on insinuait qu'un sacrifice d'argent serait de nature à lui valoir sa radiation de la liste projetée.*

M. Partarrieu se fit confier cette lettre, et la porta de suite au commissaire général de police Pierre Pierre.

Celui-ci lança ses limiers les plus habiles.

Il ne tarda pas à apprendre qu'on imprimait secrètement *une liste contenant par ordre alphabétique les noms de*

---

[1] Nous tenons ces détails de M. Grangeneuve lui-même.

divers citoyens désignés comme terroristes, cannibales, buveurs de sang, etc.

Il prescrivit sans délai des mesures pour déjouer les précautions employées par les éditeurs et imprimeurs de cette liste pour échapper aux recherches, et les ayant fait suivre à la piste dans tous les locaux où ils s'étaient successivement retirés, il les fit enfin saisir, le 20 septembre 1802, au moment où ils s'occupaient de l'impression et de la correction des épreuves de leur travail.

Il était dix heures du matin, lorsque les commissaires Bernède et Rouget, assistés de leurs agents, firent invasion rue Saint-Paul en ville, n° 27 (actuellement rue des Facultés), dans une chambre au deuxième étage, où se trouvaient deux hommes.

L'un déclara s'appeler *Tisseyre* (Jean-Louis), imprimeur, rue du Loup, n° 70.

Le deuxième *Bourguignon* (Joseph-Hélène), instituteur, rue Pont-Long, n° 6 (aujourd'hui rue d'Arès).

Les commissaires saisirent soit rue Saint-Paul, soit rue Pont-Long, chez Bourguignon, le manuscrit du livre qu'on a depuis appelé le *Livre rouge,* la première feuille tirée en double exemplaire de cet ouvrage, la deuxième feuille en composition, et quelques vignettes destinées à servir de frontispice.

Bourguignon et Tisseyre furent arrêtés et écroués au dépôt du commissaire général de police.

Pierre Pierre leur fit subir un premier interrogatoire.

Bourguignon déclara qu'il n'était pas l'auteur du livre rouge; qu'un homme, qu'il ne connaissait pas, lui avait porté pour la copier la liste saisie; qu'il en avait fait deux copies, dont l'une n'était pas complète, et qu'un peu plus tard l'inconnu avait retiré son manuscrit, lui laissant les deux copies. Puis il avoua que l'idée du bénéfice que pouvait produire la publication de la liste l'avait décidé à la faire imprimer; qu'il s'était adressé dans cet objet à Tisseyre, qui avait accepté à la condition de partager les bénéfices avec lui. Il rejeta sur sa grande misère l'accomplissement d'une action qu'il ne considérait pas d'ailleurs comme répréhensible, le gouvernement et les autorités constituées n'étant pas attaqués dans le *Livre rouge*.

Tisseyre confirma purement et simplement la déclaration de Bourguignon.

Le lendemain, celui-ci, que sa réclusion avait sans doute porté à réfléchir, déclara au commissaire général de police que l'homme qui lui avait remis l'original du manuscrit était *Germain* aîné, doreur, rue de la Justice.

Germain, arrêté sur-le-champ, opposa les dénégations les plus formelles aux déclarations de Bourguignon.

Sur l'ordre du grand juge et ministre de la justice Regnier, une procédure s'instruisit contre les trois prévenus. Des difficultés de compétence et de qualification se produisirent; l'affaire pouvait être considérée sous deux rapports :

1° Tentative de trouble public et d'attentat à la sûreté publique et individuelle;

2° Escroquerie, puisqu'on aurait essayé d'*obtenir de l'argent* de quelques hommes crédules, en leur promettant qu'à ce prix ils ne seraient pas inscrits sur la liste.

M. le procureur général au criminel Buhan, un magistrat éminent qui a laissé des souvenirs au Palais et dont les descendants directs ou par alliance continuent de nos jours les traditions d'honorabilité dans le commerce ou dans les fonctions judiciaires [1], M. Buhan soumit ces difficultés au ministre.

Le 10 janvier 1803, le directeur du jury d'accusation de Bordeaux rendit son ordonnance : Bourguignon et

---

[1] MM. Buhan, négociants à Bordeaux; M. Vergez, commis-greffier à la Cour d'appel, petit-fils par sa mère de Buhan, etc., etc.

Tisseyre furent renvoyés devant la police correctionnelle sous l'inculpation d'escroquerie, et Germain relaxé à défaut de charges suffisantes.

Un mois après, l'affaire fut appelée devant le tribunal correctionnel.

M. Monnerie présidait.

MM. Latour et Dumeynieux siégeaient en qualité de juges.

M. Lulé-Déjardin remplissait les fonctions du ministère public.

M. Duisabeau, avoué, et MM. Dezest et Peyronnet, défenseurs officieux, assistaient les prévenus.

Le 10 février 1803, le tribunal prononça l'acquittement de Bourguignon et de Tisseyre.

Le procureur général Buhan interjeta appel de ce jugement.

L'affaire traînait en longueur, quand on apprit tout à coup que la liste incriminée avait été imprimée et se vendait à Bordeaux presque publiquement.

Le ministre de la justice, informé de cette circonstance, invita le procureur général à *relever son appel, à provoquer l'annulation du jugement pour cause d'incompétence et à faire renvoyer l'affaire devant le tribunal criminel.*

M. Buhan se conforma à ces instructions, et nous lisons dans le réquisitoire qu'il présenta au tribunal criminel :
« Que la liste qui fait l'objet de cette procédure a été
» suivie d'une autre de même genre, où les noms sont
» écrits en lettres rouges; qu'à cette dernière, on en a
» opposé une autre d'opinion contraire et que dans ce
» moment même on s'occupe d'une quatrième... »

Sur les conclusions du procureur général, le tribunal criminel annula le jugement du tribunal de police correctionnelle de Bordeaux, et renvoya l'affaire devant le directeur du jury d'accusation de Libourne.

Le 25 avril 1804, les prévenus comparurent devant cette nouvelle juridiction.

Au pied de l'acte d'accusation du commissaire du gouvernement est écrit : « La déclaration du jury est : » *Non,* il n'y a lieu. Libourne, le 5 floréal an XII. » Signé : Fourcaud l'aîné, chef du jury. »

Bourguignon et Tisseyre, en conséquence de cette déclaration, furent définitivement rendus à la liberté, et le *Livre rouge,* bien qu'il soit devenu très rare aujourd'hui, reçut une large publicité; c'était le dernier effort de la réaction thermidorienne.

Quoi qu'il en soit de l'acquittement prononcé par le jury de Libourne, le *Livre rouge* est à notre avis une œuvre regrettable à tous les points de vue et qui, dans tous les cas, comme document historique, perd une partie de sa valeur après la procédure que nous venons de résumer.

Aussi ne doit-on pas s'attendre à trouver ici une reproduction de ce livre.

Nous avons dit, au début de notre travail, que nous n'écrivions ni un pamphlet, ni une œuvre de parti. Nous tiendrons notre promesse jusqu'au bout, et nous ne nous donnerons pas le facile plaisir de réveiller des deuils ou d'inquiéter des familles qui ne sauraient être rendues responsables des fautes de leurs auteurs; ceux-ci, entraînés par la fatalité des circonstance, ont pris aux événements de l'époque douloureuse que nous avons essayé de raconter une part où l'activité fiévreuse des temps ne laissait malheureusement aucune place à la réflexion qui tempère les emportements de l'âme, ou à cette voix secrète de la conscience qui dirige nos actions dans la voie du bien. On avait peur, on voulait sauver sa tête à tout prix, et sous l'abaissement et la servitude qu'imposait la Terreur, des natures faibles ou timorées eurent recours à des moyens que blâme la plus élémentaire honnêteté.

Faisons paix à la cendre des morts.

Une raison plus élevée que celle tirée d'une sentimentalité que répudie souvent l'histoire implacable, nous guide d'ailleurs et trace notre conduite.

Le 26 octobre 1795, le jour même où elle terminait sa laborieuse session, la Convention nationale, imitant en cela la haute sagesse et la prudence de l'Assemblée constituante, proclama une amnistie générale pour tous les crimes ou délits ayant un caractère politique, commis depuis le 21 septembre 1792.

Quelques jours plus tard, toutes les procédures en cours d'instruction contre les terroristes ou les dilapidateurs de la fortune publique furent partout suspendues, et les prisons rendirent leur proie...

Le moment n'est pas venu de soulever le voile d'oubli que l'Assemblée régicide a voulu jeter, peut-être dans un esprit d'apaisement, sur les dernières traces de nos discordes civiles.

Nous nous arrêtons : d'autres, plus tard, retrouveront les monuments de cette histoire, et peut-être jugeront-ils opportun de l'écrire, afin de léguer aux générations à venir les enseignements et les leçons qui se dégagent des malheurs et des gloires des générations qui dorment dans la tombe.

FIN DU SECOND ET DERNIER VOLUME.

APPENDICE

NOTE I, p. 12.

Au nom de la République française une et indivisible.

Les Représentants du Peuple,
Voulant accélérer, par tous les moyens qui sont en leur pouvoir, la punition des conspirateurs, réclamée par tous les bons citoyens ;
Conformément à leur arrêté en date d'hier,
Arrêtent ce qui suit :

ART. 1ᵉʳ — Il sera établi dans la ville de Bordeaux une Commission militaire, composée de sept membres, nommés par les Représentants du Peuple.

ART. 2. — Cette Commission sera chargée : 1° de reconnaître l'identité des personnes mises hors de la loi par les divers décrets de la Convention nationale, avec celles actuellement en état d'arrestation, et de les faire exécuter sur-le-champ ;

2° De juger définitivement, et en dernier ressort, tous les prévenus de conspiration contre l'unité, l'indivisibilité de la République ;

3° Tous les émigrés rentrés sur le territoire de la République, ainsi que les *prêtres* qui ne se sont pas soumis *à la Loi de la déportation ;*

4° Tous ceux qui, par leurs discours ou leurs écrits, ont provoqué ou provoqueraient par la suite le rétablissement *de la royauté et la dissolution de l'État ;*

5° De connaître de toutes les contraventions et d'appliquer les peines portées par les divers décrets de la Convention nationale, relatifs aux étrangers, à la prohibition des marchandises anglaises et à l'accaparement ;

6° De poursuivre tous les fonctionnaires publics qui, chargés du maniement des deniers du peuple, les ont dilapidés ;

7° Et enfin de connaître de toutes les affaires qui leur seront renvoyées par les Représentants du peuple.

Art. 3. — Les citoyens *Lacombe, Giffey, Rey, Parmentier, Marguerié, Morel* et *Barsac* composeront cette Commission militaire, qui entrera aujourd'hui en activité.

Art. 4. — Le greffier, les huissiers et autres agents de la Commission seront nommés par elle.

Art. 5. — La municipalité de Bordeaux est requise de faire fournir un local commode pour tenir les séances de la Commission.

Art. 6. — Le général de l'Armée révolutionnaire est requis de faire exécuter, sans délai, tous les jugements et arrêtés de la Commission.

Art. 7. — Les Représentants du peuple fixent provisoirement la résidence de la Commission militaire, à Bordeaux, se réservant de la faire transporter dans les divers lieux du département où il y a, ou aura des conspirateurs à punir.

Art. 8. — Le présent arrêté sera imprimé, publié et affiché.

Fait à Bordeaux, le dixième jour de la troisième décade du premier mois de l'an deuxième de la République française, une et indivisible.

C.-Alex. Ysabeau, M.-A. Baudot, Tallien, Chaudron-Roussau.

Par les Représentants du peuple :

Peyrend-d'Herval, *secrétaire de la Commission, commissaire des guerres.*

NOTE II, p. 20.

—

Les Représentants du peuple en séance à Bordeaux,

Considérant que la Société des Amis de la Liberté et de l'Égalité, dite des Récollets, a toujours été le point de réunion de tous *les fédéralistes,* de tous les membres de la Commission populaire;

Considérant que le seul moyen de propager les vrais principes de la Révolution, c'est de détruire toutes les sociétés ou clubs où l'on en professe de contraires;

Voulant au nom de la nation récompenser le patriotisme constant et énergique *des braves sans-culottes composant* le Club national,

Arrêtent ce qui suit :

Art. 1ᵉʳ — La Société des Amis de la Liberté et de l'Égalité, dite des Récollets, établie à Bordeaux, est supprimée comme composée de *royalistes* et de *fédéralistes.*

Art. 2. — Le local occupé par cette société est mis à la disposition du Club national, ainsi *que tous les effets* qui en dépendent.

Art. 3. — Les autorités constituées tant civiles que militaires tiendront la main à l'exécution du présent arrêté, qui sera en outre imprimé, publié et affiché.

A Bordeaux, le troisième jour de la première décade du deuxième mois de l'an II de la République française une et indivisible.

Signé : C.-Alex. Ysabeau, M.-A. Baudot,
Chaudron-Roussau, Tallien.

Peyrend-d'Herval, *secrétaire de la Commission.*

NOTE III, p. 38.

Au nom de la République française une et indivisible.

Les Représentans du peuple en séance à Bordeaux,

Arrêtent que le nommé Cussy, ci-devant membre de la Convention nationale, mis hors la loi et déclaré traître à la patrie par le décret du 28 juillet dernier, rappelé dans l'article trois de celui du 3 octobre, et actuellement détenu dans une des maisons d'arrêt de Bordeaux, sera à l'instant traduit devant la Commission militaire établie dans cette ville et chargée de reconnaître l'identité des personnes et de mettre la loi à exécution.

Fait à Bordeaux ce huitième jour du deuxième mois de l'an second de la République française une et indivisible (29 octobre 1793).

C.-Alex. Ysabeau, Tallien.

Par les Représentans du Peuple :

Peyrend-d'Herval, *secrétaire de la Commission, commissaire des guerres.*

NOTE IV, p. 39.

Liberté.   Égalité.

Au nom de la République française une et indivisible.

Bordeaux, le neuvième jour de la première décade du deuxième mois de l'an II de la République.

Les Représentants du peuple en séance à Bordeaux,

Vu la pétition présentée par les citoyens composant la Commission militaire établie à Bordeaux,

Arrêtent que chacun desdits citoyens recevra à titre d'indemnité la somme de dix-huit livres par jour à compter du deuxième jour de la troisième décade du premier mois, jour de l'installation dudit tribunal; cette indemnité sera paiée par le paieur général du département du Bec-d'Ambès sur la quittance personnelle des commissaires militaires, et sera rétablie dans la caisse du paieur général sur les biens confisqués des hommes que la loi condamne.

C.-Alex. YSABEAU, TALLIEN.

Par les Représentants du peuple :
PEYREND-D'HERVAL, *secrétaire de la Commission.*

NOTE V, p. 52.

ARRÊTÉ
des
REPRÉSENTANS DU PEUPLE EN SÉANCE A BORDEAUX.

Les Représentans du peuple en séance à Bordeaux,

Voulant réorganiser toutes les Administrations de la Ville de Bordeaux, qui depuis trop long-temps sont dans une inactivité funeste pour la chose publique, désirant donner au Peuple des Magistrats dignes de sa confiance, et faire reprendre aux opérations administratives leur cours ordinaire, conformément aux Décrets de la Convention nationale des 6, 14, 23 août et 17 septembre dernier,

Arrêtent ce qui suit :

ART. 1er — Tous les membres de l'ancienne administration du District de Bordeaux ayant été mis hors de la loi par le Décret du 6 Août dernier, aucun citoyen ne doit obéir aux arrêtés qui pourroient être émanés de cette administration, depuis qu'elle a été frappée par la loi.

ART. 2. — Et après avoir consulté les bons Sans-culottes de Bordeaux, et avoir recueilli les renseignements qui leur ont été adressés, tant par le Club national que par une infinité de bons citoyens,

Les Représentans nomment pour composer l'administration du District de Bordeaux, les citoyens suivants :

DIRECTOIRE.

RIDAULT fils aîné.	REYNAUD.
LE MOAL.	MONVILLE.

CONSEIL.

Boy, *Président*.
Fontanes.
Servilliers.
Mille.
Viette.

Chateau.
Benoist.
Duret.
Jay, de Ste-Foy, *Proc.-Syndic*.
Girard, *Secrétaire*.

Art. 3. — Cette nouvelle administration entrera sur-le-champ en activité et remplira provisoirement les fonctions déléguées par la loi aux administrations de Département dans l'étendue du District de Bordeaux, Département du Bec-d'Ambès, et ce, conformément à l'Arrêté pris par les Représentans du Peuple, réunis à Agen, le 20 Septembre dernier.

Art. 4. — Cette nouvelle administration est requise, au nom de la Patrie, de porter ses premiers regards sur les *subsistances* du Peuple, sur les secours à accorder aux parens des Défenseurs de la Patrie et sur la vente prompte de tous les domaines des émigrés et des individus *mis hors de la loi,* ou dont les biens ont été confisqués au profit de la Nation, par les Jugemens des Tribunaux et de la Commission Militaire.

Art. 5. — Le présent Arrêté sera imprimé, publié et affiché partout où besoin sera.

Fait à Bordeaux, le troisième jour de la seconde décade du second mois de la deuxième année de la République française une et indivisible.

C.-Alex. Ysabeau, Tallien, Brival.

Par les Représentans du peuple :

Peyrend-d'Herval, *secrétaire de la Commission, commissaire des guerres.*

NOTE VI, p. 75.

Bordeaux, le 16 brumaire de l'an deuxième de la République.

Le Comité révolutionnaire de surveillance du département du Bec d'Ambès, aux Comités de surveillance des autres départements.

Frères et amis, vous aurez appris avec plaisir l'heureuse révolution qui vient de s'opérer dans notre cité. Les aristocrates, les fédéralistes, les accapareurs de tout genre qui, depuis longtemps, tenaient le peuple sous le joug le plus odieux, viennent enfin de rentrer dans le néant; plusieurs d'entre eux ont déjà payé de leurs têtes leur criminelle audace, et nous espérons que dans peu notre ville sera entièrement purgée de tous ces monstres.

Les Représentans du peuple délégués dans notre département ont pensé que le seul moyen de découvrir les traîtres était d'établir un Comité de surveillance révolutionnaire composé de vrais sans-culottes, prêts à se sacrifier pour la cause de la Liberté, et à faire les recherches les plus scrupuleuses pour découvrir les traîtres jusque dans leurs derniers repaires.

C'est au nom de ce Comité que nous vous invitons à nous donner tous les renseignements que vous pourriez avoir sur quelques individus suspects, qui pourraient, malgré notre surveillance, se soustraire à nos recherches. Nous correspondrons directement avec vous; faites-en de même, et par ce moyen nous parviendrons à empêcher que le sol de la République ne soit plus longtemps souillé de la présence des conspirateurs.

Salut et fraternité.

Les membres composant le Comité de correspondance,
LÉARD, DORGUEIL.

NOTE VII, p. 111.

COMMISSION MILITAIRE.

La République française une et indivisible.

ARRÊTÉ
de
LA COMMISSION MILITAIRE SÉANTE A BORDEAUX.

Du 8 frimaire, l'an II de la République française, une et indivisible (28 novembre 1793).

La Commission militaire, vu la lettre des agens du conseil Exécutif, Demaret et Patrice, et les pièces envoyées par la municipalité, d'après son invitation;

Considérant qu'il est infiniment essentiel de poursuivre tous les auteurs et instigateurs des cris séditieux et infâmes de *Vive le Roi!* poussés dans la salle du Grand Spectacle, le 17 Juin dernier.

Considérant que la Convention nationale a ordonné au Ministre de la Justice de lui rendre compte de la procédure qui a été faite à cet égard, et qui, par une négligence inconcevable, a été jusques à ce jour ensevelie dans un profond oubli.

Considérant que ceux qui ont donné lieu à ce cri séditieux sont les premiers coupables; qu'ils peuvent d'ailleurs donner des renseignements propres à faire découvrir toutes les machinations qui tendaient à renverser la République et à donner un maître à la France.

Considérant que depuis le commencement de la Révolution, le Grand-Théâtre de Bordeaux, à l'exemple de celui de Paris, a fait tous ses efforts pour anéantir l'esprit public et seconder les vues contre-révolutionnaires des aristocrates et des négocians de cette ville.

Considérant que parmi les acteurs qui composent ce spectacle, un très petit nombre est pénétré des principes de l'égalité, et qu'ils seront les premiers à applaudir aux mesures que la justice et l'intérêt public dictent dans ce moment à la Commission.

Arrête que tous les membres composant ce spectacle seront à l'instant arrêtés et traduits dans le secrétariat de la Commission, pour y être séparément interrogés afin de découvrir, d'après leurs diverses dépositions, ceux d'entre eux qui ont le plus contribué à pervertir l'esprit public dans la ville de Bordeaux, de connaître les complices des perfides qui se sont permis de crier *Vive le Roy!* pendant la représentation de la pièce intitulée : *La vie est un songe*, et de statuer contre les coupables ce qu'il appartiendra.

Invite tous les bons citoyens qui auraient à donner à la Commission quelques renseignements relatifs à cette affaire, de se transporter au Département, pour les lui communiquer.

Fait et arrêté dans la salle du secrétariat, le 8 Frimaire, l'an deuxième de la République française une et indivisible.

Signés : LACOMBE, *président,*

REY,
PARMENTIER,
MARGUERIÉ, } *membres de la Commission.*
MOREL,
BARSAC,

Par la Commission :
GIFFEY, *secrétaire.*

NOTE VIII, p. 114.

LIBERTÉ.   VIVRE LIBRE OU MOURIR.   ÉGALITÉ.

Au nom de la République française une et indivisible.

Bordeaux, le troisième jour de la deuxième décade du deuxième mois de l'an II de la République (3 novembre 1793).

Les Représentans du peuple en séance à Bordeaux,

Requère *(sic)* les administrateurs du district de La Réole, département du Bec-d'Ambès, de leur présenter dans le délai de quinzaine l'état nominatif de tous les gens riches, aristocrates et hommes suspects et accapareurs, qui doivent en ce moment être taxés révolutionnairement pour subvenir aux dépenses extraordinaires, ainsi que l'indication précise des sommes qui peuvent être imposées.

Signé : TALLIEN.

Par les Représentans du peuple :
Signé : PEYREND D'HERVAL, *secrétaire de la Commission, commissaire des guerres.*

(Archives de la Gironde, série L.)

NOTE IX, p. 140.

Du 26 frimaire an II (16 décembre 1793).

LA COMMISSION MILITAIRE, instruite que les Représentants du peuple ont reçu plusieurs lettres anonymes dans lesquelles on les insulte de la manière la plus indécente, et on ose même les menacer des plus affreux supplices ;

Que la représentation nationale vient d'être encore une fois violée à Bordeaux dans la personne du député Tallien qui, de concert avec son collègue Ysabeau, travaille avec tant de zèle à la propagation des vrais principes et assure la subsistance du peuple ;

Qu'arrêté le 23 frimaire, à neuf heures trois quarts du soir, par cinq scélérats, ce digne représentant de la nation faillit à subir le sort du courageux Beauvais ;

Considérant que des conspirateurs, qui sont encore en grand nombre dans Bordeaux, veulent décourager les Représentants du peuple ou rendre inutiles les efforts généreux des sans-culottes ;

Considérant qu'ils doivent tous se réunir plus que jamais afin de découvrir tous les malveillants, et de faire avorter leurs trames criminelles ;

Considérant que le tribunal chargé de poursuivre tous les ennemis de la Révolution ne peut s'empêcher de rechercher par tous les moyens qui sont en son pouvoir les auteurs de tous les crimes qui ont été commis contre les Représentants du peuple ;

ARRÊTE :

1° Tous les bons citoyens sont invités, au nom de la patrie et de leur propre sûreté, de se rendre au secrétariat de la Commission militaire pour y dénoncer les auteurs, fauteurs ou instigateurs des lettres anonymes, des propos contre les Représentants du peuple et de l'assassinat du député Tallien.

2° Tous ceux qui auraient eu la faiblesse de retirer quelque personnage suspect et qui par là sont devenus les complices de tous ces crimes sont requis de les dénoncer à l'instant, et s'ils obéissent à la présente réquisition, le tribunal, en faveur de leur démarche quoique tardive, leur pardonne d'avance cette faiblesse criminelle.

3º Tous ceux qui, ayant entendu quelque propos contre les Représentants du peuple, contre les autorités constituées ou contre la Liberté, ne s'empresseront point d'en instruire la Commission, ceux qui, sachant que telle personne suspecte est logée dans tel lieu, ne viendront pas la dénoncer, seront punies des peines les plus sévères.

Fait en l'audience publique, les jour, mois et an susdits.

Signés : LACOMBE, *président*.
GIFFEY, *secrétaire-greffier*.

NOTE X, p. 142.

ARRÊTÉ
du
COMITÉ RÉVOLUTIONNAIRE DE SURVEILLANCE
DU DÉPARTEMENT DU BEC-D'AMBÈS, SÉANT A BORDEAUX.

Le Comité révolutionnaire de surveillance du département du Bec-d'Ambès, voulant allier les mesures de sûreté avec les procédés que l'humanité exige;

Considérant que nombre de personnes vaquent autour des prisons et maisons d'arrêt pour tâcher d'introduire des papiers et pratiquer des intrigues auprès des détenus; que lorsqu'ils ne trouvent pas assez de facilités pour entrer et intriguer, ils se servent de serviettes et autres ustensiles dans lesquels on porte des alimens pour y glisser des papiers; que le but de toutes ces manœuvres ne peut être, de la part des détenus, que d'indiquer à leurs parents et amis les moyens de soustraire les preuves des délits dont ils sont accusés, et de la part de ces derniers, de faire échapper des coupables,

Arrête ce qui suit :

ART. 1er. — A compter de la date du présent, les factionnaires des maisons d'arrêt et prisons ne laisseront entrer qui que ce soit (excepté les membres du Comité, ses délégués ou les officiers municipaux chargés de la police).

ART. 2. — On ne pourra, sous quelque prétexte que ce soit, s'attrouper devant lesdites maisons, sous peine d'être arrêtés comme suspects. Les factionnaires qui négligeraient la consigne seront punis d'après les règlemens militaires, et l'officier de garde sera responsable de cette consigne.

Art. 3. — Il sera enjoint au concierge-geôlier des prisons et maisons d'arrêt de se pourvoir des provisions nécessaires aux détenus, et aux termes des décrets, ils fourniront à chaque détenu une ration consistante, savoir : pour le dîner, la soupe et le bouilli, ou des légumes, à l'option du prisonnier ; le soir, un rôti, une salade et une demi-bouteille de vin.

Art. 4. — Le Comité se réserve de fixer le prix de la ration.

Art. 5. — Conformément au décret de la Convention nationale du 17 septembre dernier qui porte, art. 3 : « Les Comités de » Surveillance et de Sûreté générale de la Convention, les Comités » de surveillance établis dans les différentes communes de la » République et toutes autorités constituées ne pourront délivrer » aucune permission de voir les détenus, lesquels, pendant tout le » temps que durera leur détention, auront seulement la faculté de » correspondre au dehors par écrit, pour la direction de leurs » affaires domestiques et pourvoir à leurs besoins dans le lieu de » leur détention. » D'après cette loi et les précédents articles, personne ne pourra pénétrer auprès des prisonniers, et ils ne pourront correspondre au dehors que par écrit pour leurs affaires domestiques et pourvoir à leurs besoins dans le lieu de leur détention ; cependant aucune lettre ni écrit ne pourra être envoyée sans avoir été lue par le Comité ou par ceux qu'il aura commis à cet effet.

Art. 6. — Le présent arrêté sera imprimé, publié et affiché, non seulement à Bordeaux, mais encore dans tout le département du Bec-d'Ambès.

Fait en séance, le 25 frimaire, l'an II de la République une et indivisible.

Signé : Peyrend d'Herval, *président*.
Saint-Blancart, *secrétaire*.

NOTE XI, p. 158.

Les Représentants du peuple composant le Comité de Salut public de la Convention nationale aux Représentants du peuple en séance à Bordeaux.

Paris, le 20 pluviôse, l'an II de la République (8 février 1794).

La loi du 14 frimaire, citoyens collègues, n'anéantit point le Comité des subsistances, de surveillance, ni les autres établissements que vous avez formés à Bordeaux pour y ranimer la liberté, l'égalité que le fédéralisme en avait éloignées ; à moins que ces établissements ne présentent des centralités que proscrit le gouvernement révolutionnaire.

Mais alors c'est à vous à concilier l'exécution de la loi avec l'existence de ces établissements, de manière à conserver le bien qui en résulte et à faire disparaître ce que leur organisation actuelle peut offrir d'illégal.

Vous en trouverez facilement les moyens dans votre zèle et dans votre expérience.

Salut et fraternité.

Les Membres du Comité de Salut public chargés de la correspondance;

Signé : BILLAUD-VARENNE, COLLOT D'HERBOIS.

(Archives de la Gironde, série L.)

NOTE XII, p. 158.

LIBERTÉ.   ÉGALITÉ.

Bordeaux, le premier jour de la deuxième décade du quatrième mois de l'an II de la République française une et indivisible.

Les Représentants du peuple en séance à Bordeaux,

Informés que la Commission militaire de Bordeaux reçoit directement les sommes résultant des condamnations qu'elle prononce contre les individus qui sont traduits devant elle ;

Considérant que les fonctions de juges, administrateur et de receveur ne doivent pas être confondues et qu'il est important d'éloigner même jusqu'aux soupçons de l'aristocratie, afin que toutes les opérations de ce tribunal révolutionnaire se trouvent sanctionnées par l'opinion publique,

Arrêtent ce qui suit :

ART. 1er. — La Commission militaire établie à Bordeaux ne pourra plus désormais recevoir directement ou indirectement aucune des sommes provenant des condamnations par elle prononcées ; l'administration du district de Bordeaux sera seule chargée de ces recouvrements.

ART. 2. — Toutes les sommes en assignats ou numéraire étant actuellement au greffe ou au secrétariat de la Commission militaire, seront, dans les vingt-quatre heures, en présence d'un membre de l'administration du district, versées dans la caisse du payeur général du département du Bec-d'Ambès, et celles qui seront ultérieurement payées seront également déposées dans la même caisse, afin d'opérer le remplacement des mandats donnés par les Représentants du peuple.

Art. 3. — Afin d'assurer la comptabilité et le service exact de l'administration et éviter tous les retards qui pourraient résulter du défaut de connaissance des opérations de la Commission militaire, elle sera tenue de faire tous les jours passer au district de Bordeaux copies en forme de tous les jugements qu'elle aura rendus.

Art. 4. — Il sera fait un état détaillé de toutes les matières d'or ou d'argent, effets précieux, bijoux ou autres qui se trouvent en ce moment au secrétariat de la Commission, et le district de Bordeaux en disposera comme des biens appartenant à la nation; et ceux qui y seront déposés par la suite seront dans les trois jours remis entre les mains des dépositaires qui auront été indiqués par le district.

Art. 5. — Le Directoire du district se concertera sur tous les objets avec le régisseur des domaines nationaux.

Art. 6. — Le traitement des membres de la Commission militaire, ainsi que les frais de bureau, impressions et autres dépenses, seront payés sur les mandats délivrés par le Directoire du district et tirés sur celle des caisses où les sommes provenant des condamnations auront été versées.

Art. 7. — Le présent arrêté sera, dans le jour, notifié à la Commission militaire et au district de Bordeaux.

Signé : C.-Alex. Ysabeau, Tallien.

Par les Représentants du peuple :

Signé : Peyrend d'Herval, *secrétaire de la Commission.*

NOTE XIII, p. 161.

Du 21 thermidor an III (8 août 1795).

Le Comité de surveillance de la commune de Bordeaux a pris connaissance des renseignements demandés à la municipalité par le Conseil d'administration du 21e régiment de chasseurs à cheval sur la conduite du citoyen Rey, ci-devant membre de la Commission militaire.

Il a réuni toutes les pièces qui pouvaient exister pour ou contre ce citoyen et a consulté l'opinion publique ; il va en faire un rapport fidèle, qui servira sans doute à détruire les préventions défavorables dont il se trouve entouré parmi ses camarades.

Jean Rey, originaire de Montflanquin, capitaine du 19e régiment de chasseurs, fût nommé par arrêté des Représentants du peuple

Ysabeau et Tallien, membre de la Commission militaire organisée le 2 brumaire de l'an second.

Il exerça les fonctions qui lui étaient déléguées depuis l'époque de l'organisation du tribunal jusqu'au 13 frimaire, et il est même à remarquer qu'il n'a pas assisté, durant cet intervalle d'un mois, onze jours aux jugements de plusieurs condamnés, notamment de Roullet, Hache et Sallenave, morts victimes de leur dévoûment à la cause de la liberté.

Le premier usage qu'il fit des grands pouvoirs qui lui étaient délégués, fut une invitation au Comité de surveillance de faire arrêter la mère d'un émigré, cette invitation ainsi conçue :

« Le Comité de surveillance est invité à faire arrêter sur le champ
» la nommée Beynette, mère d'un émigré, femme qui a manifesté
» des mauvais principes, et qui reste au Sablona, sur la route du
» Bouscaut; il serait urgent de la faire arrêter ce soir. — Signé : REY. »

Cet acte n'était ni arbitraire ni vexatoire, car il existait une loi qui ordonnait l'incarcération des père et mère d'émigrés.

Il a fait ensuite servir ses pouvoirs à tranquilliser les citoyens vertueux, mais proscrits par la tyrannie décemvirale, tels que Bonus, les frères Montaut et Camescasse; les déclarations qu'ils ont faites à ce sujet ne laissent aucun doute sur les motifs qui l'ont déterminé. Si la reconnaissance de ces citoyens a été assez importune pour lui faire accepter des cadeaux, du moins est-il vrai qu'il n'a exercé aucun acte de vexation pour s'enrichir des dépouilles d'aucun citoyen.

Des éclaircissements positifs pris sur la conduite du citoyen Rey prouvent qu'il eut tant d'horreur de la scélératesse des agents de la tyrannie, qu'il préféra quitter les fonctions de juge et aller au poste d'honneur combattre les ennemis extérieurs de la République que de contribuer aux assassinats commis par cette Commission d'infâme mémoire.

Il a rendu des grands services à plusieurs citoyens de Bordeaux, et plusieurs des membres du Comité le connaissent sous les rapports les plus avantageux; ils lui doivent la justice de dire que, lors de la mesure tyrannique prise contre le commerce de Bordeaux, il s'éleva avec courage contre les auteurs et brava la puissance qu'ils avaient acquise auprès des Représentants en mission.

Tels sont les renseignements recueillis sur la conduite du citoyen Rey. S'il y avait un seul fait à sa charge, nous le transmettrions de la même manière.

(Archives de la Gironde, série L, registre 487, f° 277.)

NOTE XIV, p. 208.

Le Représentant du peuple en séance à Bordeaux,

Voulant achever l'organisation du gouvernement révolutionnaire, d'après les pouvoirs qui lui ont été confiés, arrête ce qui suit :

Art. 1er. — L'administration du département du Bec-d'Ambès sera composée, conformément à la loi du 14 frimaire, des citoyens

Duvernay,	Peyrebrune, de Cadillac,
Thomas, de Sainte-Foi,	Lamothe aîné, de Blaie (Blaye),
Laumont, de Lesparre,	Monville,
Lafargue, de Bazas,	Desgranges.

Art. 2. — Dans le cas où quelques-uns des citoyens ci-dessus nommés ne pourraient occuper la place à laquelle ils sont appelés, les citoyens *David, Azévédo* et *Barrau* les suppléeront dans leurs fonctions.

Art. 3. — Le citoyen *Fellixe* exercera les fonctions de secrétaire général.

Art. 4. — Les administrations de district cesseront le 15 floréal prochain les fonctions départementales qui leur avaient été confiées provisoirement, et qu'elles ont exercées à la satisfaction des administrés; elles se référeront en tout pour la portion d'autorité qui leur est attribuée, et pour leur relation avec l'administration du département, aux dispositions de la loi du 14 frimaire dernier.

Art. 5. — Les mêmes administrations de district feront passer à celle du département tous les papiers relatifs aux parties administratives dont celle-ci demeure chargée par la loi ci-dessus citée.

L'administration du district de Bordeaux sera composée ainsi qu'il suit :

DIRECTOIRE.

Les citoyens

Fontane,	Étienne Vaissière,
Viette,	Bazercle.

CONSEIL.

Les citoyens

Lemoal,	Lacoste,
Duret,	Lavielle,
Meyère,	Pons,
Chateau,	Élie Dupuy.

Agent national, le citoyen Jay.
Secrétaire, le citoyen Girard.

Le tribunal criminel du département sera composé ainsi qu'il suit :

Président, le citoyen Lacombe.
Accusateur public, le citoyen Reynaud.
Greffier, le citoyen Compain.

L'agent national près le district de Bordeaux est chargé de convoquer les juges des différents tribunaux de district qui doivent former, par trimestre, le tribunal criminel, conformément aux lois.

Le tribunal de district de Bordeaux sera composé ainsi qu'il suit :

JUGES.

Les citoyens

Dupac,	Dalon,
Gaube,	Dufresne,
Baron,	Fadeville.

Commissaire national, le citoyen Boy.
Secrétaire, le citoyen Michel.

SUPPLÉANTS.

Les citoyens

Tonneins, rue des Faures,	Loustaut, de Pessac,
Roudier,	Fleury, maire de La Teste.

Le bureau de conciliation sera composé ainsi qu'il suit :

Les citoyens

Rosat aîné,	Loriague père,
Barbaret, notaire,	Baptiste Oré,
Dumoulin,	Pittey, de Pessac.

Greffier, le citoyen Blanquet.

La présente proclamation et l'arrêté qui la suit seront imprimés, publiés, affichés et enregistrés dans tous les districts, tribunaux et municipalités, à la diligence des agents et commissaires nationaux.

Fait en séance, à Bordeaux, le 25 germinal an II de la République française une et indivisible (14 avril 1794).

Signé : C.-Alex. Ysabeau.

NOTE XV, p. 240.

EXTRAIT DES REGISTRES
DU
COMITÉ DE SALUT PUBLIC DE LA CONVENTION NATIONALE

du 29ᵉ jour du mois floréal, l'an II de la République française une et indivisible (18 mai 1794).

Le Comité de Salut public arrête que le nouveau Comité de surveillance établi à Bordeaux en exécution de son précédent arrêté, sera composé de 9 citoyens dont les noms suivent : *Compain, Laye, Rosseeuw, Michenot, Huin, Lelom, Cassan, J.-J. Guignan, Plénaud.*

Ils seront installés, en conformité de l'arrêté de ce jour, par le citoyen JULLIEN, envoyé par le Comité à Bordeaux, d'où il lui en rendra compte.

Ont signé au registre : *B. Barère, Robespierre, C.-A. Prieur.*

Pour extrait : *Robespierre, B. Barère, Collot d'Herbois, Carnot, Billaud-Varenne.*

Pour copie : Signé : *Marc-Antoine Jullien*, membre de la Commission exécutive de l'instruction publique, envoyé par le Comité de Salut public à Bordeaux.

Pour copie conforme. Signé : *Michenot,* président, et *Lelom,* secrétaire.

(Archives de la Gironde, série L.)

NOTE XVI, p. 248.

Au citoyen Ysabeau, Représentant du peuple en séance à Bordeaux.

Citoyen représentant, j'ai à me reprocher d'avoir été trompé sur ton compte, mais j'ai dit hautement que je ne pouvais cesser de t'être attaché.

J'ai entendu dire de toi mille faits que je n'ai pu croire, et j'ai défendu ta cause constamment et avec assez de force pour être expulsé d'auprès de Jullien.

Lorsque j'ai paru chez toi avec cet homme, dont la jeunesse devait éloigner le soupçon, tu as pu distinguer que ce n'était pas sans une vive douleur que j'étais témoin d'une scène fâcheuse pour toi et insultante pour la représentation nationale.

Je n'ai point été appelé pour la formation de la municipalité, ni du Club, parce que j'ai fortement défendu ta cause, celle de Tallien, ainsi que celle de plusieurs patriotes de Bordeaux.

Un écrit a été rédigé où l'on te faisait plusieurs inculpations insignifiantes; j'ai tracé de ma main le seul reproche grave qui y fût articulé. Au surplus, je dois à la vérité que si je n'ai pas ajouté foi à tout ce qu'on a dit, cependant j'ai été ébranlé au point de te retirer une partie de mon estime, sans jamais te désirer rien de fâcheux.

Quant à la Convention, je n'ai rien à me reprocher; je n'ai pas vu sans ombrage l'énorme pouvoir de R..., j'ai dit à plusieurs personnes que ce colosse ne pouvait longtemps se soutenir; mon opinion actuelle est que ceux qui ont déjoué le tyran Robespierre, ont rendu à la chose publique un service important. Je crois que l'envie a dicté la plupart des inculpations graves qu'on t'a fait et que je n'ai pu croire.

Si ma tête est utile à la chose publique, qu'elle tombe, et désormais je t'estime assez pour te recommander, dans ce cas, une femme et quatre enfants que je chéris uniquement.

Si tu veux m'entendre, je suis à ta porte.

Salut et fraternité.

Signé : DUFRESNE.

(Archives de la Gironde, série L.)

Cette lettre *sans date* fut adressée à Ysabeau lors de sa seconde mission à Bordeaux après les événements du 9 thermidor.

NOTE XVII, p. 286.

EXTRAIT
DU
BULLETIN DE LA CONVENTION NATIONALE
du 19 messidor an II (7 juillet 1794).

La Société populaire de Castillon, département du Bec-d'Ambès, à la Convention nationale.

Citoyens Représentants,

Nos recherches n'ont pas été vaines, et nos promesses ne le sont point : en vous annonçant la prise du scélérat Barbaroux, nous osâmes vous assurer que, morts ou vivants, ses perfides complices Pétion et Buzot seraient bientôt en notre pouvoir.

Ils y sont en effet, ou pour mieux dire, ils n'y sont plus. Il était trop doux pour des traîtres le supplice que la loi leur préparait; et la justice divine leur en réservait un plus digne de leurs forfaits.

On a trouvé leurs cadavres hideux et défigurés à demi rongés par les vers; leurs membres épars sont devenus la proie des chiens dévorants, et leurs cœurs sanguinaires la pâture des bêtes féroces. Telle est l'horrible fin d'une vie plus horrible encore. Peuple, contemple ce spectacle épouvantable, monument terrible de la vengeance!

Traîtres, que cette mort ignominieuse, que cette mémoire abhorrée vous fassent reculer d'horreur et frémir d'épouvante : tel est le sort affreux qui tôt ou tard vous est réservé.

NOTE XVIII, p. 287.

Du 21 messidor an II.

Jullien, membre de la Commission exécutive de l'instruction publique, chargé par le Comité de Salut public de la régénération des autorités constituées de Bordeaux, se rend à la maison commune, dissout et recompose sur le champ la municipalité. Dans son discours, il retrace rapidement les fonctions nombreuses et importantes confiées aux municipalités par le Gouvernement révolutionnaire. — Il démontre qu'il faut plus que du patriotisme pour les remplir avec succès; il observe que le déplacement des individus n'est pas seul un motif de suspicion, et qu'il reconnaît d'excellentes intentions à la plupart des membres de l'ancien Conseil général de la commune.

....

Avant de nommer les membres ci-après, Jullien s'était entouré de toutes les précautions qui peuvent faire espérer un bon résultat...

NOMS DES CITOYENS
QUI COMPOSENT LA NOUVELLE MUNICIPALITÉ.

Pierre THOMAS, *maire.*
CLÉMENCEAU, *agent national.*
CHAMBERT, *substitut.*

OFFICIERS MUNICIPAUX.

Lataste.	Sage.	Lafite aîné, raffineur.
Champon.	Lude jeune.	Darblade.
Boissel.	Joseph David.	Alary.
Fulchie fils.	Bijon, march. drapier.	J.-B. Jogan.
Veyssière aîné.	Carvalo.	Carles, marchand.
Dalliot.	Domecq père.	
Glaire.	Seguy.	

NOTABLES

Petermann.	Mandron fils.	Labrunie.
Sébastien Couteaux.	Duboquet.	Gerbier.
Gewis.	Piot.	Laclotte fils aîné.
Bouillon.	Vinatier.	Pallar.
Frigière.	Rues.	Margaron.
Banel fils.	Perron.	Malavergne.
Millas.	Barsac.	Cantau.
Lafon.	Castex.	Boyé.
Lanes.	Siron.	Gaubric.
Clochard.	Castanié aîné.	Deyme.
Quantin.	Dupin jeune.	Moutard, *secrét.-greff.*
Milon.	Maynelin.	Martineau, *trésorier.*
Dalbespeyre.	Laclaverie fils.	
Thounens.	Fourcade jeune.	

(*Journal du Club national* du 24 messidor an II.)

NOTE XIX, p. 287.

SÉANCE DU CLUB NATIONAL
du 21 messidor an II (9 juillet 1794).

Une foule immense remplit l'enceinte et les tribunes du Club. Les paroles de Jullien, la veille au soir, avaient causé une vive curiosité et on attendait la réalisation promise...

Jullien arrive et monte à la tribune. Il retrace les succès éclatans des défenseurs de la patrie; il fait lecture du décret de la Convention qui enjoint aux troupes ennemies d'évacuer dans vingt-quatre heures le territoire français, sous peine d'être livrés à la bayonnette des républicains. — Il démontre que l'énergie est nécessaire et essentielle à un gouvernement révolutionnaire; que l'audace de nos guerriers répond à la sage prudence de nos législateurs, et il invite les citoyens de Bordeaux à répondre aussi aux espérances du Comité de Salut public et aux mesures qui tendent à la régénération de cette commune.

Il donne connaissance au peuple de l'épuration qu'il a faite de la municipalité de Bordeaux, d'après les ordres du Comité de Salut public.

Les noms des citoyens qui composent la municipalité régénérée sont accueillis par des applaudissements unanimes, et l'opinion publique se prononce avec cette force imposante qui déjoue les projets des malveillants et les calomnies répandues pour irriter les défiances, éveiller les inquiétudes et fomenter la division.

C'est peu, selon lui, que l'opinion publique paraisse bonne et révolutionnaire dans les grandes réunions des patriotes. Il demande qu'on s'occupe enfin de former une bonne conscience publique qui soit le résultat de toutes les consciences particulières, qui prenne sa source dans l'amour bien prononcé de la vertu, dans l'attachement invariable aux principes, dans les vertus privées qui font du bon père de famille, du bon époux, du bon fils, un vertueux citoyen.

C'est peu d'avoir de bonnes autorités constituées, si la Société populaire n'offre pas cet ensemble de patriotisme, de vertus et de lumières qui doit la rendre propre à l'instruction du peuple, digne d'obtenir sa confiance et d'attirer ses regards. Il rappelle ce qu'a été depuis longtemps le Club national, abandonné à des discussions oiseuses, à de petites cabales, à l'esprit de parti, à des considérations particulières, à des haines personnelles, tandis qu'il s'agit des grands intérêts de la liberté et de la patrie.

Quand Brutus voit aux pieds de la statue de Pompée ces mots écrits : *Tu dors*, il se réveille, César est frappé et la liberté triomphe dans Rome. Et toi, Club national, si ta nullité a pu te mériter le même reproche, s'il s'offre aux yeux de chacun de ceux qui regardent les bustes de Pelletier et de Marat cet avertissement salutaire : *Réveille-toi!* que les factions soient frappées et détruites; que les intrigans et les fripons disparaissent.

Les maux invétérés réclament de grands remèdes. On ne transige point avec l'impérieuse nécessité ; une demi-mesure entraîne à une marche rétrograde ; plus de palliatifs inutiles si l'on veut une entière guérison. Marius vit couper de sang-froid la partie gangrenée de son corps; des républicains français pourraient-ils se refuser à subir avec courage une semblable opération quand le bien public l'exige?

Après une longue série de motifs, Jullien propose que le Club national s'anéantisse lui-même pour être recréé de suite, en n'y admettant que les citoyens unanimement reconnus pour patriotes.

Le plus vif enthousiasme et des applaudissements unanimes suivent cette proposition.

Le Club national, par l'organe de son président, se déclare dissous.

Le Club n'étant plus qu'une simple réunion de citoyens non constitués en société populaire, le commissaire du Comité de Salut public occupe le fauteuil. On lit une liste de citoyens, et ceux-là seulement sont admis que la voix publique proclame républicains connus et prononcés.

Le peuple, enivré d'une joie touchante et naïve, se porte après la séance dans la cour de la maison commune et dans les lieux publics où des chants civiques et des danses célèbrent à la fois et le triomphe de nos armées et la régénération de la commune et du Club national de Bordeaux.

(*Journal du Club national* du 24 messidor an II.)

NOTE XX, p. 289.

ARRÊTÉ
du
REPRÉSENTANT DU PEUPLE GARNIER (DE XANTES)
EN MISSION DANS LE DÉPARTEMENT DU BEC-D'AMBÈS.

Citoyens, la publicité est la garantie de la liberté : si les sociétés populaires ont déjoué toutes les conspirations, c'est que leurs mesures, comme leur surveillance, ont été publiques; il ne peut donc exister dans un gouvernement libre que des associations dont les membres ayent le peuple entier pour juge de leurs actions, le sentiment constant du bien pour guide de leurs conseils.

Il a existé dans plusieurs lieux de la République des sociétés particulières qui ont beaucoup servi à la liberté, par le penchant qui les entraînait vers la haine de la tyrannie : ces sociétés sont connues sous le nom de Sociétés maçonniques. Aujourd'hui, sans doute, le même amour qui les dirigeait vers l'égalité les porte à étendre ce principe, sur lequel est assise notre Révolution; mais ces assemblées, qui ont la vertu et l'humanité pour base, ont aussi le secret pour institution : c'est là que retirées de l'œil de la surveillance publique, elles délibèrent les actes de leur bienfaisance; tout, jusqu'à la vertu qu'elles exercent, peut devenir dès lors dangereux, car la publicité est pour la liberté ce qu'était le mystère pour la servitude.

C'est dans les sociétés partielles qu'une fraternité plus épanchée peut entraîner vers un sentiment plus indulgent, que le modérantisme peut s'établir en système; c'est là que la rigidité de la surveillance s'altérant, on va perdre dans l'épanchement d'une amitié trop familière, cette austère rigidité qui soutient l'inflexibilité du républicanisme et l'impartiale rigueur du fonctionnaire, dont l'amour inquiet et soupçonneux pour la liberté ne peut se partager avec aucune autre affection.

J'ai vu par moi-même et je me suis convaincu qu'il ne peut exister qu'une seule loge, celle du peuple; que toute assemblée secrète éveille le soupçon et l'inquiétude; c'est là le sentiment que j'ai fini par partager, et c'est lui qui me commande en ce moment une mesure que sollicite la sûreté publique.

Jusqu'ici les loges de maçon ont été l'école des préceptes de la liberté : elles ont été utiles tant que la tyrannie a été puissante; mais aujourd'hui que l'égalité triomphe, elle ne doit avoir qu'elle-même pour appui.

Il n'est pas un homme qui, fixant sa réflexion sur ces associations partielles, ne sente qu'elles peuvent devenir un repaire pour l'aristocrate et le conspirateur; c'est là que, couverts du manteau de l'amitié, des malveillants, après avoir épuisé sans fruit toutes les ressources de leur perfidie, iront, hors de toute surveillance, tendre des piéges à la crédulité et forger des armes contre la liberté.

Nous savons que dans la commune de Bordeaux il existe plusieurs Sociétés maçonniques. Nous sommes loin d'attaquer les principes comme les vues des membres qui les composent, puisqu'ils nous sont encore inconnus; mais c'est la nature de l'association elle-même que nous devons atteindre.

Sur ce grand théâtre, nul rassemblement qui n'a pas le peuple pour spectateur ne peut être considéré avec l'œil de l'indifférence; et si dans quelques autres endroits ces réunions ne nous ont pas frappé, c'est que, moins en garde contre l'esprit public du pays, nous avions moins de motifs d'être soupçonneux; mais quand les rapprochements donnent plus d'importance aux objets, ils doivent être saisis avec un œil plus observateur.

Nous croyons donc que l'intérêt public, la tranquillité d'une grande cité et la nécessité de ne laisser aucune trace d'inquiétude à la défiance du républicain, ni aucun aliment de faction à la malveillance du faux patriote, nous commandent de réunir toutes ces assemblées privées à la grande assemblée du peuple, qui a le droit de tout voir comme de tout connaître.

En conséquence, arrêtons :

Art. 1er — Toute association privée ou secrète, sous quelque dénomination qu'elle puisse exister, demeure interdite et supprimée.

Art. 2. — Il ne peut exister que les seules assemblées populaires, avouées par le gouvernement et par l'opinion publique.

Art. 3. — Trois jours après la publication de notre présent arrêté, les citoyens qui se trouveront réunis en loge ou autre association secrète, seront arrêtés et détenus comme suspects.

Art. 4. — Sera notre présent arrêté imprimé, publié, affiché et envoyé dans toutes les communes du département.

Bordeaux, le 23 messidor, l'an II de la République française une et indivisible.

Signé : Garnier.

(*Journal du Club national*, n° 4.)

NOTE XXI, p. 296.

ARRÊTÉ
du
REPRÉSENTANT DU PEUPLE GARNIER (DE XANTES)

EN MISSION DANS LE DÉPARTEMENT DU BEC-D'AMBÈS.

Citoyens, le droit de pétition est un des droits les plus sacrés de l'homme libre.

Envoyés dans le département du Bec-d'Ambès, par la Convention nationale, pour toutes les mesures de sûreté générale et de bien public, nous ne perdrons pas de vue les intérêts individuels.

Chaque citoyen, en s'approchant de nous, y trouvera son frère et son égal; le patriote opprimé, surtout, trouvera un appui et un défenseur dans son représentant.

Cependant, comme la commune de Bordeaux embrasse des établissements étendus et comporte de grands détails d'administration générale, pour lesquels notre mission est particulièrement consacrée,

Nous devons prévenir les citoyens du département, pour l'ordre de notre travail, qu'il y aura des jours marqués pour les opérations d'administration générale, et que nous les lui consacrerons tous entiers.

Les autres jours seront destinés aux réclamations individuelles; et sans distinction comme sans préférence, celui qui se sera le premier présenté, sera le premier écouté.

Nous devons également prévenir les citoyens que nous ne nous occuperons d'aucune des pétitions qui regardent directement les différentes autorités constituées, compétentes pour y statuer, à moins que l'on ait à demander le redressement de quelques griefs.

Nous devons également prévenir les corps administratifs qu'ils ne doivent point nous renvoyer les réclamations qui les concernent; car chaque moment qu'ils nous enlèvent par des demandes étrangères et qui ne doivent pas nous occuper, sont autant de larcins faits à la chose publique.

En conséquence, nous arrêtons ce qui suit:

ART. 1er — Il y aura 3 jours consacrés par décade à toutes les réclamations individuelles. Ces trois jours seront le tridi, le sextidi et le nonidi.

ART. 2. — Tout citoyen sera entendu, par ordre d'enregistrement de sa pétition.

ART. 3. — Les séances commenceront depuis 8 heures du matin jusqu'à 2, et depuis 4 du soir jusqu'à 8.

Art. 4. — Les autres jours sont entièrement consacrés aux travaux et aux opérations publiques.

Art. 5. — A moins de mesures d'urgence, les fonctionnaires publics laisseront en entier aux pétitionnaires les 3 jours indiqués.

Art. 6. — Sera notre présent arrêté imprimé, lu, publié, affiché et envoyé dans toutes les communes du département, où il sera proclamé à la diligence des Agents nationaux.

Bordeaux, le 27 messidor, l'an II de la République française une et indivisible.

Signé : Garnier (de Xantes).

Le secrétaire de la Commission,
Signé : Tristan.

(*Journal du Club national* du 30 messidor an II, n° 6.)

NOTE XXII, p. 296.

ADRESSE DE LA MUNICIPALITÉ
AUX CITOYENS DE BORDEAUX

Du 15 juillet 1794.

Citoyens, vos nouveaux magistrats, en vous faisant connaître la réorganisation de la municipalité et leur installation, vous doivent et se doivent à eux-mêmes de prendre, en votre présence, l'engagement solennel de veiller aux précieux intérêts qui leur sont confiés, avec assiduité, avec zèle; ils ont des devoirs nombreux à remplir; une grande responsabilité pèse sur leur tête; leur administration est environnée d'écueils créés par la malveillance et l'aristocratie; ils ont également à se défendre de ce modérantisme coupable, qui tue la liberté avec le langage de l'indulgence et de la philosophie, et de cette exagération perfide, qui tue le patriotisme en calomniant la Révolution; mais ils connaissent les ennemis de la patrie, leur surveillance active percera le voile dont ils s'enveloppent; l'échafaud est là, ils les y conduiront avec courage, et ils apprendront ainsi à leurs concitoyens qu'on n'est point traître impunément, et que la vertu est le seul asile où l'homme de bien n'ait rien à craindre.

Trop souvent des administrateurs surchargés d'affaires, excédés de demandes, oublient qu'ils sont citoyens avant d'être magistrats, et qu'ils doivent traiter les citoyens dont les affaires les appellent à leurs bureaux, avec calme, avec ce ton d'amitié et de fraternité qui doivent unir tous les membres d'une même famille.

Il existe encore dans l'organisation de la municipalité une confusion, tant dans la distribution des bureaux, que dans leur placement et l'ordre de leur travail, bien désagréable pour les citoyens qui sont souvent obligés de parcourir 20 bureaux avant de parvenir à celui dont ils ont besoin.

Nous allons nous occuper sans relâche, citoyens, de corriger tous ces abus; vous viendrez au milieu de nous porter vos réclamations ou des avis fraternels; vous trouverez, dans chacun de nous et dans les différents agents de la municipalité, cet accueil qu'ont droit d'attendre des citoyens qui parlent à leurs égaux, à des hommes qui doivent être les premiers instituteurs de la morale et de l'honnêteté publique; et l'ordre rigoureux que nous allons établir sera tel que votre temps et vos intérêts seront également ménagés.

Tels sont, citoyens, les moyens par lesquels nous chercherons à mériter votre confiance; mais, nous vous le dirons avec franchise, nos efforts seraient vains si vous-mêmes n'étiez pas profondément pénétrés du respect qu'on doit à la loi et à ses organes, si vous ne vous hâtiez de donner à vos mœurs cette austérité républicaine, qui seule peut assurer le triomphe de la liberté et établir le gouvernement républicain sur une base immuable. Oui, nous devons vous le dire, chaque bon citoyen doit exercer, par son exemple, par ses discours, une sorte de magistrature infiniment respectable; sa maison doit être l'école de toutes les vertus publiques et privées, et c'est à lui seul peut-être qu'il appartient de proscrire, par son influence, ces restes impurs de la tyrannie, qui souillent encore les yeux des républicains, et qui mettent un obstacle invincible à la régénération complète de nos mœurs et de nos opinions.

Tels sont nos devoirs respectifs, citoyens; remplissons-les fidèlement, notre bonheur est à ce prix.

Délibéré à Bordeaux, en Conseil général de la commune, le 27 messidor, etc.

Signé : Pierre THOMAS, *maire,*
MOUTARD, *secrétaire-greffier.*

(*Journal du Club national* du 2 thermidor an II, n° 8.)

NOTE XXIII, p. 298.

ARRÊTÉ
du
REPRÉSENTANT DU PEUPLE GARNIER (DE XANTES)
EN MISSION DANS LE DÉPARTEMENT DU BEC-D'AMBÈS.

Citoyens, il suffit de vouloir la liberté pour la conquérir; mais la volonté n'est pas suffisante pour la conserver : c'est à l'union soutenue, aux efforts combinés, à la surveillance infatigable des vrais patriotes qu'il convient d'en assurer le règne.

Dans un pays où toutes les vertus doivent se mettre à la place de tous les vices, il faut de grands combats comme de grands sacrifices. Les républicains doivent marcher en masse; mais avant de s'unir, ils doivent se connaître. Cette connaissance d'eux-mêmes, ils ne l'acquerront qu'en se jugeant avec sévérité, qu'en mettant en évidence aux yeux du peuple leurs opinions, leurs mœurs, leurs liaisons et jusqu'à leur silence.

Mais pour que son jugement soit sain, il ne faut aucune influence astucieuse qui l'entraîne vers l'erreur, et longtemps elle a dominé dans la Société populaire de Bordeaux.

Frappé de sa mauvaise composition, Jullien avait dirigé ses mesures vers une meilleure organisation : son plan était bon, le travail était bien commencé; mais ce que l'énergie avait entamé, le modérantisme se proposait de le finir.

Après en avoir conféré ensemble, nous sommes convenus qu'un système d'épuration plus sévère amènerait une fin plus satisfaisnte, et nous l'avons concerté.

Déjà l'intrigue a préparé la censure, et celui qui a échappé plusieurs fois à l'œil facile du peuple, craint l'œil trop sévère du patriote observateur.

La malveillance, de son côté, lance ses traits : on tente de désunir dans l'opinion, des hommes qui se sont concertés dans le travail; on se persuade d'égarer sur leur compte la confiance du peuple par la calomnie; mais ce que l'intrigue croit avoir gagné de terrain par l'astuce, la vertu le reprend au double par sa franchise.

Eh! que nous importent au surplus les croassements d'une minorité turbulente qui improuve, quand la voix dominante du peuple les étouffe.

Écrasons l'intrigant qui rampe, notre conscience est là qui nous soutient.

Les bons principes d'une commune tiennent à la bonne composition de sa Société populaire.

Mais il faudra, dit-on, *six mois pour bien réorganiser le club de Bordeaux!* Eh! quel est donc le patriote pur qui regrettera un pareil sacrifice, s'il le mène à un résultat où les épurations passées n'ont pu le conduire? Celui qui s'afflige de la mesure prise, craint la mesure, et sa crainte en justifie la bonté.

En conséquence, après en avoir délibéré avec Jullien, commissaire du Comité de Salut public, nous avons arrêté ce qui suit :

Art. 1er. — La cité de Bordeaux ne pouvant exister, même momentanément, sans société populaire, le Club national, dont Jullien, de l'assentiment du peuple, avait commencé la réorganisation, continuera ses séances publiques, comme par le passé.

Art. 2. — Pour assurer la perfection de l'épuration de la Société, il sera fait choix par le peuple, et en notre présence, de 15 épurateurs sur le patriotisme, la probité et l'énergie desquels il n'y aura aucun reproche à former.

Art. 3. — Ces 15 individus seront pris parmi les 30 candidats qui, dans un scrutin de la Société populaire, auront obtenu le plus de suffrages. Chaque membre sera tenu de signer la liste qu'il fournira.

Art. 4. — Les 30 noms sortis seront successivement appelés suivant la pluralité des voix qu'ils auront obtenues.

Art. 5. — A mesure qu'on les appellera, nous leur ferons les interpellations convenables, pour connaître leur conduite depuis 1789 ; la manière dont ils se sont prononcés dans les grands événements de la Révolution ; s'ils ont pris quelque part active dans le fédéralisme ; s'ils ont été membres de l'exécrable Commission populaire, ou s'ils en ont prêché les principes.

Art. 6. — Les 15 épurateurs pris dans la liste, ou sur l'indication du peuple, seront soumis à la censure de tous les citoyens présents ou qui feraient parvenir des reproches écrits et signés.

Art. 7. — L'admission faite, les 15 épurateurs formeront un jury populaire.

Art. 8. — Les citoyens de la commune qui voudront entrer dans la Société populaire, iront donner leur nom, le lieu de leur demeure et de leur section, dans un bureau qui sera indiqué par les épurateurs.

Art. 9. — Il sera fait un tableau décadaire de 250 candidats inscrits, divisé en 10 colonnes de 25 noms par jour.

Le tableau sera imprimé et affiché; et les candidats inscrits ne pourront passer à l'épuration qu'à la décade suivante, et suivant le tour et le jour de leur inscription sur le tableau.

Art. 10. — A mesure que chaque individu sera appelé, il montera à la tribune; le président du jury lui fera les interpellations suivantes :

Depuis quelle époque es-tu patriote?

Quels ont été tes principes sur la Révolution?

Comment t'es-tu conduit comme citoyen privé?

Comment, comme fonctionnaire public?
Quelle a été ton opinion sur l'établissement de la République?
Sur la mort du tyran?
Sur la révolution du 31 mai?
As-tu pris quelque part active dans la faction scélérate du fédéralisme?
As-tu été membre de la Commission populaire?
Ou en as-tu publiquement appuyé le système par tes opinions ou tes écrits?
Ne t'es-tu pas fait remarquer par un langage et une conduite suivie de modérantisme?

Art. 11. — Ceux des candidats qui seront convaincus par le jury d'être coupables de quelques-uns des faits ci-dessus détaillés, seront rejetés de la Société populaire. L'ajournement pourra avoir lieu si le jury ne trouve pas des reproches assez graves pour déterminer la rejection. L'ajournement ne pourra être moindre de 6 mois.

Art. 12. — La rejection ou l'admission sera prononcée par le président du jury, après avoir recueilli à haute voix l'opinion de tous les épurateurs et donné lui-même la sienne.

Art. 13. — Les citoyens de l'assemblée auront tous le droit de proposer des reproches. L'individu à épurer fournira seul ses moyens de justification.

Art. 14. — Les reproches écrits seront adressés au président du jury ou à nous, et il en sera donné lecture, pourvu qu'ils soient signés et que la demeure du signataire soit indiquée.

Art. 15. — L'épuration de la Société finie, le jour de la décade qui la suivra, tous les membres de la nouvelle société seront tenus de se trouver à la séance et de promettre solennellement au peuple et à leur conscience, de soutenir avec un courage inébranlable la République une et indivisible; de faire une guerre continuelle à tous les conspirateurs, les intrigants et les hommes sans mœurs; de diriger tous leurs efforts vers l'instruction et les vertus publiques.

Art. 16. — Pendant tout le cours des épurations, la séance populaire s'ouvrira toujours par la lecture des papiers publics, et le travail de l'épuration commencera ensuite. Les comités continueront leurs travaux et sont invités à les suivre avec activité.

Art. 17. — La liste des membres de la Société régénérée sera envoyée à celle des Jacobins de Paris.

Art. 18. — Sera notre présent arrêté imprimé, publié, affiché et distribué aux citoyens de la commune de Bordeaux.

Bordeaux, le 28 messidor l'an II, etc.

Signé : Garnier (de Xantes).

Signé : Tristan, *secrétaire de la Commission*.

(*Journal du Club national* du 2 thermidor an II, n° 7.)

NOTE XXIV, p. 298.

ARRÊTÉ
du
REPRÉSENTANT DU PEUPLE GARNIER (DE XANTES)
EN MISSION DANS LE DÉPARTEMENT DU BEC-D'AMBÈS.

C'est par leur marine que les esclaves anglais insultent à notre liberté naissante ; c'est par sa marine que notre République, réprimant leur orgueil, ira planter sur la tour de Londres ce drapeau tricolore que leurs mains avilies ont tenté de profaner.

Bordeaux offre un port avantageux pour la République ; son chantier, maintenant sans énergie, laisse à peine voir son existence ; une frégate et une corvette, depuis longtemps en construction, offrent tous les traits d'un établissement languissant. Cependant tout doit être vie et action chez un peuple libre. Il faut donc que tous les travaux reprennent leur activité. L'exemple de Brest et de Rochefort doit aiguillonner l'émulation des ouvriers de Bordeaux. Ils sont républicains comme les premiers ; comme les premiers, ils doivent se plaire dans les obstacles et les vaincre tous.

Laissons aux vils esclaves les efforts ordinaires de l'habitude, les républicains doivent tenter des efforts inconnus.

On nous assure que la frégate *la Décade française* ne peut sortir du port avant deux mois. Eh bien ! prouvons la fausseté de ce calcul, en la mettant à l'eau le 30 thermidor. Ranimons tous les ouvrages. Que les bras répondent à l'impatience de la volonté. Créons partout, et que, sur les mers comme sur la terre, nos ennemis voyent notre puissance et frémissent.

Une des causes principales de la lenteur des travaux du port provient de la dissémination des divers ateliers et établissements relatifs à la marine, et de l'insubordination des ouvriers du port. Rapprochons dans un même lieu, et mettons dans la même main les principaux établissements. Rappelons à la discipline tous ceux qui travaillent pour la liberté. L'insubordonné est l'ennemi de la République, débarrassons-en les bons ouvriers qu'ils cherchent à attiédir ou à séduire, et bientôt le port de Bordeaux, suivant ses ressources, ne le cédera en activité à aucun autre de la République.

Art. 1er. — L'hôpital des enfants trouvés de cette commune, joignant le chantier de construction de la marine nationale, ayant paru à l'administration de la marine, ainsi qu'à nous, d'une utilité importante, nous arrêtons qu'il demeure réuni à l'arsenal des constructions.

Art. 2. — La municipalité de Bordeaux s'occupera incessamment de nous indiquer, parmi les domaines nationaux celui qu'elle jugera le plus commode et le plus convenable pour l'établissement des orphelins. Elle nous fera part de ses recherches, pour que nous fassions nous-même l'examen du local.

Art. 3. — Il sera fourni une livre et demie de pain par jour, à compter du 1er thermidor, à tous les ouvriers employés aux ouvrages de la marine nationale. La municipalité aura soin de placer auprès du chantier de construction un boulanger, uniquement occupé à cuire pour les ouvriers et autres employés du port.

Le boulanger sera sous la surveillance immédiate de l'agent maritime.

Art. 4. — Les ouvriers en tout genre, nécessaires pour les travaux du port, sont mis dès ce moment en réquisition.

Art. 5. — L'ingénieur constructeur nous fournira l'état des différentes matières qui lui manquent, pour que, par la voie de la réquisition, nous les mettions le plus tôt possible à sa disposition.

Art. 6. — Tout individu qui se soustraira aux réquisitions, sera arrêté et renfermé comme suspect.

Art. 7. — L'ingénieur constructeur, et sous ses ordres un maître et un contre-maître, surveilleront les travaux, dirigeront l'emploi des matières, à l'effet de prévenir ou arrêter les dilapidations, distribueront les ouvriers de manière qu'il ne puisse résulter ni confusion ni perte de temps.

Art. 8. — Les maîtres et contre-maîtres se rendront aux chantiers et ateliers, aux heures indiquées pour l'entrée des ouvriers aux travaux, lesquelles seront annoncées par le son de la cloche.

Art. 9. — Les employés civils, préposés aux appels, s'y rendront aux mêmes heures et s'assureront, par un appel général, si tous les ouvriers sont présents; ils feront en outre, pendant le cours du jour, des appels interrompus en variant les heures.

Art. 10. — L'ouvrier qui, présent au premier appel du matin ou du soir, se trouvera absent, perdra, pour la première fois, sa demi-journée, et sera en arrestation tout le jour de la décade suivante; en cas de récidive, sa paie sera pendant dix jours réduite à moitié; il sera tous les jours tenu au travail, et tous les soirs de la décade, il sera conduit à la maison d'arrêt, pour le reprendre le lendemain. En cas d'absence pour la troisième fois, il sera regardé comme malveillant et comme tel il demeurera détenu jusqu'à la paix.

Art. 11. — Si les employés civils ne sont pas rendus à l'heure fixe, ils perdront pour la première fois la journée de leur traitement, et pour la seconde ils seront destitués.

Art. 12. — Nous nous chargeons de la surveillance des officiers principaux soit civils, soit militaires, et dans le cas d'infraction à leur devoir, leur destitution sera par nous prononcée et même l'incarcération s'il y a lieu.

ART. 13. — L'inspecteur civil sera chargé, dans son inspection journalière, de tenir des notes exactes des ouvriers qui ne se seront pas trouvés aux appels ordinaires et interrompus.

Il tiendra un état des réductions de leur solde, et au bout de chaque mois, le profit de ces réductions sera proportionnellement versé en faveur des ouvriers qui auront été assidus.

ART. 14. — Aucun des ouvriers des chantiers, ateliers et magasins ne pourra sortir pendant la durée des travaux, sans être muni d'une permission signée par l'ingénieur constructeur ou l'employé civil, qui en aura reçu l'autorisation de l'agent maritime.

ART. 15. — Les officiers civils et militaires, conjointement avec l'ingénieur-constructeur, les maîtres et contre-maîtres veilleront avec le plus grand soin, à ce que les ouvriers ne dilapident pas le bois.

ART. 16. — Ces ouvriers ne pourront emporter que des hachures, conformément à l'art. 4 du titre 4 de la loi du 25 janvier (vieux style)

Tout bois de chêne ou de sap reconnu avoir été fendu ou scié sera arrêté. L'ouvrier qui en sera saisi, subira pendant trois mois une détention de nuit, avec réduction de la moitié de sa paie, laquelle tournera au profit des bons ouvriers.

En cas de récidive, il sera jugé et puni comme voleur d'effets nationaux.

ART. 17. — L'article précédent sera également appliqué à ceux qui couperaient des cordages, des toiles à voiles, ou qui feraient dans le port, les arsenaux et les magasins des enlèvements quelconques d'effets de la République.

Ceux qui auraient acheté des copeaux formés de pièces de bois dénaturées, subiront pour la première fois la peine portée par le premier paragraphe de l'art. 16 de notre arrêté, et en cas de récidive, celle du paragraphe 2.

ART. 18. — Si ce sont des citoyens qui sont convaincus d'avoir fait l'achat, ils paieront le bois le triple de sa valeur. Le prix sera distribué au bout du mois en faveur des ouvriers sans reproche, et les acheteurs seront condamnés en trois mois de détention.

ART. 19. — La frégate *la Décade française* sera lancée à l'eau le 30 thermidor, et à raison des efforts qu'auront faits les bons républicains, travaillant à la construction, nous nous réservons de leur donner des marques de notre satisfaction.

ART. 20. — Ceux des ouvriers qui auront montré de l'insubordination, seront privés pour la première fois de leur journée, pendant une décade, et leur détention sera de même durée. En cas de récidive, ils seront détenus pendant un an comme hommes dangereux et suspects.

Si faisant des réclamations fondées, on ne leur rendait pas justice, ils viendront nous trouver, et nous serons toujours prêts à les écouter, pourvu qu'ils nous fournissent la preuve de leur innocence.

Art. 21. — L'agent maritime est tenu, sous sa responsabilité, de surveiller et suivre l'exécution de notre arrêté.

Art. 22. — Sera notre présent arrêté, imprimé, lu, publié, affiché et distribué dans les chantiers, arsenaux et ateliers de ce port, et envoyé au Comité de Salut public et à la Commission de la marine et des colonies.

Bordeaux, le 29 messidor, l'an II de la République française une et indivisible.

GARNIER (de Xantes).
TRISTAN, *Secrétaire de la Commission nationale.*

NOTE XXV, p. 326.

Du 1er octobre 1794.

Le discours de Garnier aux Jacobins fait le plus grand bien à Bordeaux dans la classe des citoyens qui raisonnent. J'en ai entendu plusieurs se demander : Que dites-vous de Garnier et de son discours? Comme ce gaillard-là nous aurait menés si on nous l'avait laissé! Il se découvre maintenant tout entier.... — *Vous rappelez-vous*, disent quelques-uns, *comme cet homme changea de figure et de manière de parler pendant les deux jours qu'il demeura ici après la chute de Robespierre?* Il fut bien aisé de connaître alors qu'il n'était pas du parti de ceux qui avaient culbuté le triumvirat. — Et, disait un autre, la querelle qu'il chercha aux confiseurs sur ce qu'ils faisaient confire des fruits non encore mûrs, prétendant que c'était enlever au peuple les moyens de s'alimenter? Quel homme à grandes idées pour approvisionner une cité comme Bordeaux de subsistances! etc., etc.

(*Notes* de Derey, accusateur public près la Commission militaire : Archives de la Gironde, série L.)

NOTE XXVI, p. 464.

LIBERTÉ. *Mort aux tyrans. Paix aux peuples.* ÉGALITÉ.

RÉPUBLIQUE FRANÇAISE UNE ET INDIVISIBLE.

Agen, le 20ᵉ jour du mois vendémiaire an III de la République française une et indivisible (11 octobre 1794).

C.-Alex. Ysabeau, *Représentant du peuple, délégué par la Convention nationale dans les départements du Bec-d'Ambès et de Lot et Garonne, au citoyen Darnaud, général de brigade, commandant à Bordeaux.*

C'est dans ton sein, mon cher général, que je veux verser les inquiétudes qui me dévorent sur la situation de Bordeaux. Cette commune, à peine échappée aux malheurs qui eussent occasionné son entière destruction, si elle n'eût trouvé des amis sincères dans ceux qui étaient chargés d'y rétablir l'ordre, cette commune veut se replonger de nouveau dans des troubles dont il est difficile de calculer les suites. Quelques esprits inquiets, ambitieux et dominateurs s'y sont ressaisis de nouveau de l'opinion publique et il semble qu'une nouvelle terreur ait paralysé la masse des bons citoyens et les empêche d'émettre leur vœu. Ils avaient cependant juré tous de se tenir attachés à la Convention nationale, unique ressource des bons citoyens dans ces temps de trouble et d'orage; vains serments que l'air a emportés! Ils ne veulent plus entendre que les cris de fureur et de rage proférés par cette poignée qui gouvernait, tourmentait et pillait impunément la République sous l'égide protectrice du triumvirat. Ils applaudissent au signal de la guerre civile et du massacre des Représentants du peuple! Ils n'ont pas lu le rapport de Robert Lindet; ils se sont donné de garde de répandre les principes sages qui y sont développés; ils ne veulent plus entendre parler des discussions de la Convention nationale et leurs murs sont tapissés des écrits et des discours mensongers où l'autorité légitime est dégradée, où on cherche à en élever une autre rivale et subversive de celle à laquelle le peuple a délégué ses pouvoirs. Tel est, ce me semble, le résultat fidèle des séances du Club national, qui enfin a pris parti pour les ennemis de la Convention nationale. Encore quelques jours et on y entendra l'éloge de Robespierre et de ses agens; car le but des meneurs est évidemment de faire le procès à la révolution du 9 thermidor... Infortunés! qui ne savent pas qu'ils en seront les premières victimes et qu'ils deviendront tôt ou tard la proie d'intrigans plus savants et de dominateurs plus habiles qu'eux! Qui connaît le terme de l'arbitraire et de la tyrannie, lorsqu'on fait taire la justice et les lois?

Je vois avec plaisir s'approcher le terme où finira cette mission qui se présentait à moi sous un point de vue si agréable et qui est devenue une source de chagrins et d'amertumes. Je livrerai volontiers à des mains plus habiles ce pénible fardeau; mais tant que je serai responsable de la tranquillité à Bordeaux, je dois prendre toutes les précautions que la sagesse exige pour qu'elle soit maintenue.

Des avis certains m'apprennent qu'une foule d'étrangers se rendent dans cette commune et qu'ils y arrivent tous armés de pistolets et de sabres. On en compte plus de deux mille dans une seule décade.

La réimpression des débats des Jacobins et du discours de Garnier, dans lequel il invite *les Français à se réunir aux Jacobins* (1), a dû être le signal de ce renfort. Je sais que le coup était monté depuis longtems et que déjà les mangeurs d'hommes se partagent en idée les cadavres et les dépouilles des Bordelais. Néanmoins jusqu'à ce que le peuple français ait renoncé formellement à la Convention qu'il a nommée, il est de notre devoir de nous opposer aux progrès et aux tentatives des factieux et de veiller au dépôt précieux pour la République des vaisseaux, des marchandises et des denrées que renferment la ville et le port de Bordeaux.

Je te charge donc de te concerter avec la municipalité et le Comité de surveillance pour connaître ce que viennent faire tous ces étrangers à Bordeaux et pour veiller sur leurs démarches, leurs liaisons et les maisons qui les recèlent.

La sûreté publique t'autorise à désarmer ceux qui paraîtraient suspects ou qui ne satisferaient pas aux questions qu'on a droit de leur faire.

Comme il n'est pas douteux que tous ces étrangers ne s'emparent de l'enceinte et des tribunes du Club pour applaudir ou huer à propos, il est nécessaire que tu invites quelques bons citoyens à surveiller cette manœuvre.

Tu me rendras compte de tes mesures et du résultat de tes recherches; j'ai encore assez d'ouvrage dans ce pays-ci et j'avoue que j'ai peine à m'arracher à ces contrées paisibles et fidèles, où tous les citoyens ne font qu'un cœur et qu'une âme, *pour me jeter de nouveau au milieu des intrigues, des faussetés, des trahisons et des cris féroces.* Ici le cri de ralliement est vive la République, vive la Convention nationale, et cependant on y est très prononcé contre les aristocrates et les modérés. Ici on discute, dans des sociétés populaires nombreuses et tranquilles, les intérêts de la patrie et les

---

(1) Ces mots sont soulignés par le représentant Ysabeau.

moyens d'améliorer le sort du peuple. Ici les passions tumultueuses se taisent devant la loi et ses organes, et on envoie froidement au Comité de Sûreté générale tous les appels au massacre, à la division et à la guerre civile, qui obtiennent chez vous de si bruyants applaudissements... Lis les merveilles qu'opèrent les braves soldats de Lot-et-Garonne; pendant qu'ils se battent si glorieusement, leurs pères, leurs amis entretiennent le calme dans leurs foyers et repoussent les tentatives des êtres sans mœurs et sans aveu qui voudraient allumer le flambeau de la discorde.

Je ne pousserai pas plus loin cette comparaison. Courage, mon brave ami; la Convention nationale triomphera des artisans de malheurs et de troubles, ou nous ne survivrons pas à la honte de notre patrie et à la perte de notre liberté.

(Archives de la Gironde, série L.)

FIN DE L'APPENDICE.

LISTE DES SOUSCRIPTEURS

A L'HISTOIRE DE LA TERREUR

A BORDEAUX

(Suite.)

Andrieu (Albert).
Arnaud fils.

Béchade (Armand).

Carmes (Supérieur des RR. PP.).
Cayre (J.).
Champion, à Paris.
Chanvril.
Collège Saint-Joseph de Tivoli.
Corne, à Bégadan.

Demons (D^r).
Depas (Victor).
Desclaux de Lacoste.
Dumeau (Amand).
Durat.

Espanet, curé de Ludon.

Faure (J.).
Fourcaud (Alcide).

Gaudin.
Gautier.

Gragnon-Lacoste.
Guibert.

Imbert (Paul).

Jauzenque.

Labarry.
Labarthe (V.).
Lamothe.
Lisle (De), à Blanquefort.
Lur-Saluces fils (Comte de).

Michon.
Moureau, professeur au Petit Séminaire

Noguès (L.).

Promis.

Simon, Directeur de l'exploitation des Chemins de fer du Midi.
Société Philomathique.
Sznajderski.

Verdalle (Henri), Docteur en Médecine.

TABLE DES MATIÈRES.

LIVRE III.

LA TERREUR.

Chapitre I. — Création de la Commission militaire	5
— II. — La Commission militaire à Libourne	54
— III. — La Fête de la Raison	72
— IV. — Destitution du Comité de surveillance	144
— V. — Marc-Antoine Jullien	198
— VI. — Statistique de la Commission militaire	329

LIVRE IV.

BORDEAUX APRÈS THERMIDOR.

Chapitre I. — Jugement de Lacombe	407
— II. — Les complices de Lacombe	460
Appendice	475
Liste des Souscripteurs (Suite)	510

Bordeaux. — Imp. G. Gounouilhou, rue Guiraude, 11.

NOUVELLES PUBLICATIONS DE LA LIBRAIRIE FERET & FILS
COURS DE L'INTENDANCE, 15, A BORDEAUX

CARTE
DU
DÉPARTEMENT DE LA GIRONDE
A L'ÉCHELLE DE $\frac{1}{40,000}$

publiée par l'Administration départementale suivant les décisions du Conseil général de la Gironde, devant former

UN BEL ATLAS
De 22 feuilles Colombier.

gravé sur pierre par la Maison Ehrard, de Paris, et tiré à 6 teintes.

On souscrit chez MM. FERET et Fils, éditeurs à Bordeaux.

La Carte de la Gironde, gravée par la Maison Ehrard, de Paris, sera exécutée par feuilles pleines dont le cadre intérieur aura 0m800 de longueur et 0m551 de largeur. Elle comprendra vingt et une feuilles, plus une carte d'ensemble qui sera probablement à l'échelle de 200,000e.

La Carte au 40,000e donnera la topographie par courbes de niveau distantes de dix mètres ; elle indiquera les cultures au moyen de teintes plates, contiendra les routes, les chemins classés et les chemins ruraux les plus importants, tous les cours d'eau, enfin de nombreuses indications sur les anciens monuments, les grandes usines, etc., etc.

Elle présentera six teintes différentes : les routes, les chemins, les délimitations de communes, cantons, etc., et les noms propres seront imprimés en noir. En bleu seront imprimés les cours d'eau, étangs, l'Océan, etc.

Les courbes de niveau et les cultures seront désignées par quatre teintes bien tranchées et d'un effet très agréable à l'œil.

Conditions de la Souscription. — Le prix de cette Carte, qui formera un magnifique Atlas in-folio, est fixé à 50 fr. Ce prix sera réduit à 40 fr. pour les premiers souscripteurs, jusqu'au 31 mars prochain.

La livraison aux souscripteurs sera faite en 10 séries de deux ou trois feuilles placées dans une couverture imprimée.

Le prix de chaque série sera de 5 fr., réduit à 4 fr. pour les premiers souscripteurs et payable à la livraison.

Un escompte de 3 fr. sera fait à ceux qui payeront, en souscrivant, le prix de l'Atlas complet.

CARTE AGRICOLE
DU
DÉPARTEMENT DE LA GIRONDE
Dressée par M. Th. MALVEZIN.

Prix : 6 fr.
(Publication de la Société de Géographie commerciale de Bordeaux.)

CARTE ROUTIÈRE & VINICOLE
DU MÉDOC
Dressée par M. Th. MALVEZIN pour accompagner l'ouvrage du même auteur intitulé
LE MÉDOC & SES VINS
Une feuille colombier tirée en trois couleurs.

Prix : 4 francs.

LE R. P. PANNETIER
UN MARTYR BORDELAIS
SOUS LA TERREUR
Par M. Ch. CHAULIAC

Un volume in-8° édité avec luxe.

CRAYONS & PINCEAUX
ALBUM
DE
PENSÉES-VIGNETTES
Par Victor DESSIAUX.

Ouvrage couronné par l'Académie des Sciences, Belles-Lettres et Arts de Bordeaux.

Un vol. in-18 jésus imprimé avec luxe.

Prix : 3 francs.

DE LA NÉCESSITÉ
DE CRÉER
UN PORT MARITIME
A L'EMBOUCHURE DE LA GIRONDE
Par J. GOUDINEAU
Docteur en droit et maire de Jau.

Br. in-8. — Prix : 50 cent.

ASSORTIMENT COMPLET DE BROCHURES
SUR
LE PHYLLOXERA & LA NOUVELLE MALADIE DE LA VIGNE

www.ingramcontent.com/pod-product-compliance
Lightning Source LLC
Chambersburg PA
CBHW071712230426
43670CB00008B/990